高等教育应用型人才培养"十三五"规划教材

运输港站与枢纽

刘志萍 ◎ 主编

西南交通大学出版社
·成 都·

```
图书在版编目（CIP）数据

运输港站与枢纽 / 刘志萍主编. —成都：西南交
通大学出版社，2018.3（2022.7 重印）
 高等教育应用型人才培养"十三五"规划教材
 ISBN 978-7-5643-6105-1

 Ⅰ. ①运… Ⅱ. ①刘… Ⅲ. ①交通运输中心–高等学
校–教材 Ⅳ. ①U115

 中国版本图书馆 CIP 数据核字（2018）第 048144 号
```

高等教育应用型人才培养"十三五"规划教材
运输港站与枢纽
刘志萍　主　编

责任编辑	周　杨
封面设计	何东琳设计工作室
出版发行	西南交通大学出版社 （四川省成都市二环路北一段 111 号 西南交通大学创新大厦 21 楼）
邮政编码	610031
发行部电话	028-87600564　028-87600533
官网	http://www.xnjdcbs.com
印刷	四川森林印务有限责任公司
成品尺寸	185 mm×260 mm
印张	19
字数	475 千
版次	2018 年 3 月第 1 版
印次	2022 年 7 月第 3 次
定价	63.00 元
书号	ISBN 978-7-5643-6105-1

课件咨询电话：028-81435775
图书如有印装质量问题　本社负责退换
版权所有　盗版必究　举报电话：028-87600562

前 言

运输港站与枢纽是实现交通运输的基础和组织保证。它可以使多种运输方式相互沟通形成贯通的运输网络，对运输体系功能的完善乃至所在城市的发展都起着重要的推动作用。宏观布局合理、规模适当、功能齐全的运输枢纽与港站，是综合交通运输网络高效运转的基础和前提。

近些年，我国交通运输行业发展迅猛，尤其是综合交通运输的发展。在此背景下，各高校开设的交通运输类专业也已由原来的专门研究铁路、水运或公路交通运输向研究综合交通运输方向转移，学生的就业去向也呈现多元化趋势。本书正是根据我国当前综合交通运输发展趋势编写的。

本书的编写思路是：编写一本理论联系实际，深入浅出，既有理论深度又有实践意义，具有较强实用性、前瞻性，并力图在理论上和实践上共同反映出当前交通运输研究最新前沿成果的书籍。该书在全面归纳和总结各种运输方式（公路、铁路、水运、航运和城轨等）的港站设施设计理论与方法的基础上，对枢纽规划、设备布局、场库面积与能力计算、流线疏解等方面内容进行了总结提炼，强调了共同理论规律与方法，特别是大型的港站枢纽均涉及不同交通方式的衔接和配合，强调其整体的规划、分析与设计，强调整体社会效益的优化，强调大交通的系统思想。

结合当今交通运输发展趋势，本书还介绍了集装箱场站设计、轨道交通车站、高速铁路客运站等相关内容。本书融入了北京交通大学海滨学院交通运输教学团队多年的教学实践及相关课题研究成果，注重交通运输实践性强的特点和科学技术不断向交通运输领域渗透的趋势，特别注意将当前运输港站与枢纽的科学研究前沿成果反映到教材中，每章内容后配以现实港站枢纽规划设计中的典型案例以帮助学生理解，使学生对运输港站与枢纽的知识有全面、系统、深入的了解。

全书共分 8 章：第 4 章和第 5 章由杜翠霞老师编写，第 6 章由聂正英老师编写，其余章节由刘志萍老师编写。本书可作为交通运输类、物流工程类、汽运工程类、管理工程类的本科生和高职学生教学用书，也可作为相关专业交通规划设计和交通管理部门工作人员的参考用书。

本书的编写参考并引用了大量文献，在此我们谨向有关专家学者表示诚挚的谢意，特别是一些文献在参考文献中疏于列出，对此我们表示万分歉意。由于时间仓促，加之水平有限，不足之处和错误在所难免，欢迎各位专家和同行批评指正。

特别感谢北京交通大学海滨学院教务处、交通运输系给予的大力支持！

编 者
2017 年 10 月

目　录

第一章　绪　论 ··· 001
  1.1　运输港站与枢纽的概念和功能 ··· 001
  1.2　运输港站与枢纽的分类 ·· 003
  1.3　运输港站与枢纽的重要性 ··· 004
  1.4　我国运输港站与枢纽的发展现状及规划情况 ······························· 005
  1.5　国外运输港站与枢纽的发展趋势 ··· 008
  1.6　运输港站与枢纽的学科研究内容 ··· 009

第二章　交通港站与枢纽总体规划与布局 ·· 011
  2.1　交通枢纽布局规划概述 ·· 011
  2.2　交通枢纽规划影响因素 ·· 018
  2.3　港站布局方法及优化模型 ··· 036
  2.4　我国运输港站与枢纽的发展规划 ··· 046
  2.5　案例——郑州现代综合交通枢纽发展规划（2014—2020年）（摘选） ············ 055

第三章　交通流线分析、设计及疏解 ·· 061
  3.1　交通流线概述 ·· 061
  3.2　交通流线分析与设计 ··· 064
  3.3　交通流线疏解 ·· 069

第四章　铁路站场 ·· 082
  4.1　中间站 ··· 082
  4.2　区段站 ··· 085
  4.3　编组站 ··· 092
  4.4　客运站 ··· 099
  4.5　货运站 ··· 104
  4.6　案例——北京南站客运枢纽 ·· 112

第五章　城市轨道交通车站 117

5.1　车站的分类 117
5.2　车站的组成 119
5.3　车站的线路 120
5.4　换乘站 121
5.5　案例——深圳地铁1号线华强路站设计 125

第六章　公路站场 129

6.1　汽车客运站 129
6.2　汽车货运站 152
6.3　汽车停车场（库） 164
6.4　案例——江门长途汽车客运站设计 173

第七章　港　口 178

7.1　港口概述 178
7.2　港口布局与规划 187
7.3　港址选择 197
7.4　港口水域的平面布置 203
7.5　港口陆域设施 220
7.6　港口布置方案的综合评价 239
7.7　案例——青岛港前湾集装箱港区三期规划设计 242

第八章　航空机场 249

8.1　机场概述 249
8.2　影响机场布局的因素 255
8.3　航站楼规划设计 259
8.4　机场飞行区设计 263
8.5　地面运输区规划设计 275
8.6　案例——上海浦东国际机场二号航站楼规划设计 275

附录：相关国家标准、设计规范与要求汇总 293

参考文献 295

第一章 绪 论

运输港站与枢纽是国家或地区交通运输系统的重要组成部分，是不同运输方式或几条运输干线交会并能办理客货运输作业的各种技术设备的综合体，有大量客货流集散，具有优越的地理位置和方便的交通运输条件。

交通枢纽与交通运输紧密相连，其作用和性质也与交通运输密切相关，交通枢纽是交通运输发展的必然产物，是实现交通运输的基础和组织保证，它可以使多种运输方式得以相互沟通，形成贯通的综合运输网络。

枢纽港站具备一定的功能要求，主枢纽港站不仅具有一定规模的吞吐能力和集疏运能力，而且还具有运输组织、中转换装、装卸储存、多式联运、通信信息以及生产、经营、管理和生活辅助服务等多项基本功能。这对有效组织运输、压缩客货在港站滞留时间，减少中转环节，发展联合运输，培育和发展统一开放、竞争有序的运输市场等具有重大意义。伴随着交通运输事业的快速发展，交通枢纽作为综合运输体系中重要组成部分，在我国已取得了较大的发展，并在综合运输系统的形成、运输效率的提高、运输市场的规范等方面的作用越来越明显，因此，在交通运输业发展建设中，对运输港站与枢纽进行高标准的规划和建设，已经成为至关重要的工作。

1.1 运输港站与枢纽的概念和功能

1.1.1 运输港站与枢纽的概念

交通运输的主要任务是安全、迅速、经济、便利地运送旅客和货物，为国家现代化建设和提高人民物质、文化生活水平服务。在完成这项任务中，港口、车站及枢纽起着至关重要的作用。

港站是指各种运输方式办理客货运输业务、运输工具保养维修以及为用户提供相关服务的地方，是运输产业的生产与技术基地。包括海港、河港、航空港、铁路车站、公路车站、地铁车站等。

枢纽意为关键的部分或起重要作用的部分，也是事物相互联系的中心环节。《辞海》中的解释为"比喻事物的关键或重要的地点"。对于交通枢纽，思卡洛夫在《城市交通枢纽的发展》一书中这样定义："交通枢纽是国家统一体系的组成部分，它决定着路网相邻路径的运输特点，是由若干种运输所连接的固定设备（构造物）和活动设备（载运工具、装卸机械）等组成的一个整体，共同完成货物及旅客运输的中转与地方作业。"有教材中这样定义："交通枢纽是设在多条运输干线交会处或多种运输方式衔接地，能够共同办理多种运输业务，可为用户提供综合性运输服务的场所。"也有教材中这样定义:"交通枢纽是两种以上干线运输方式衔接地区或者几条运输线路的交会处,同时承担一种或几种运输方式的枢纽功能,是由一个或几个运输站场及若干交通设施组成的综合整体,是交通运输的生产组织基地。"上述定义可以说是从不同的侧面、不同的角度揭示了交通枢纽的含义,或是揭示交通枢纽某一方面的属性。本书中以下定义能较全面概括交通枢纽的内涵和外延,即:交通枢纽是在两条或者两条以上运输线路的交会、衔接处形成的,或者由两种或两种以上运输方式在此处相衔接,具有运输组织、中转、装卸、仓储、信息服务以及其他服务功能的综合性设施。其中,服务于一种交通运输方式的枢纽称为单式交通枢纽,也称部门性枢纽,例如单一的航空机场、铁路火车站、海运与内河港口、公路客货运输中心等;服务于两种或者两种以上交通运输方式的枢纽称为复式交通枢纽,又称综合交通枢纽,综合交通枢纽由部门性枢纽组成,但不是简单的叠加,而是有机的构成。因此,研究综合交通枢纽决不能单纯地去研究各个部门性枢纽,然后再将其拼凑在一起,而应当把它们看成是一个紧密相连的整体,这样才能得到一个比较正确的认识。此外,综合交通枢纽也是我们现阶段见得最多的交通枢纽,同时,大型综合交通枢纽是当前交通枢纽在运输业发展的趋势。

交通枢纽与运输港站既有联系又有区别。首先,运输港站是交通枢纽构成的基本要素之一。运输港站可以是铁路站场、公路站场、港口或航空港等,它们通过铁路、公路、航道、航空线等互相连接,从而实现了综合交通枢纽的功能。运输港站是交通枢纽实现其功能的载体,交通枢纽的各项功能都要在运输港站中得以实现。其次,交通枢纽是运输港站发展的高级形式。我国运输港站成千上万,但是能成为交通枢纽的却非常少。只有当运输港站的客运量达到某个阶段,其在综合交通运输中的地位非常重要的时候才可能成为交通枢纽。

交通枢纽的形成和发展受自然条件与地理位置,运输技术进步,经济联系的方向与规模,交通网原有基础与发展条件,枢纽所在城市的发展条件等影响,反过来,交通枢纽对于地区之间的联系,地区和城市的发展又起到促进作用。大城市、大工业中心、大型海港或河港往往形成交通枢纽,例如:北京、上海、广州、武汉、深圳、郑州、重庆、成都、西安等。

1.1.2 运输港站与枢纽的功能

运输港站与枢纽集中了综合交通系统的多种运输方式,其基本功能就是将一个或几个方向的各种运输方式的客货流分送到其他运输方式或方向,具体体现在以下5个方面:

(1)运输港站与枢纽是多种运输方式的交会点,是大宗客货流中转、换乘、换装与集散的场所,是各种交通运输方式衔接和联运的主要基地。

(2)运输港站与枢纽是同一种运输方式多条干线相互衔接,进行客货中转及对营运车辆、船舶、飞机等进行技术作业和调节的重要基地。

(3)从旅客到达枢纽港站到离开枢纽港站的一段时间内,为他们提供舒适的候车(船、机)环境,包括餐饮、住宿、娱乐服务;提供货物堆放、存储场所,提供包装、处理等服务;办理运输手续、货物称重、路线选择、路单填写和收费;旅客购票、检票;运输工具的停放、技术维护和调度。

(4)运输港站与枢纽大多依托于一个城市,对城市的形成和发展有着很大的作用,是城市实现内外联系的桥梁与枢纽。

（5）为旅客出行换乘，货物配载及联运提供信息服务，即通过计算机及信息通信设施形成信息网络，提供车、客、货信息的通信服务。

1.2 运输港站与枢纽的分类

运输港站与枢纽的类型很多，根据不同的标准可以进行不同的分类。

1.2.1 按地理位置划分

按地理位置划分，可分为陆路运输港站与枢纽，海滨运输港站与枢纽和通航江河岸边运输港站与枢纽。

陆路运输港站与枢纽主要是内陆城市依托于公路、铁路运输，具有交通运输中转、换乘、换装等多种功能，如北京等大型城市都属于这一类型枢纽。海滨运输港站与枢纽是集中在沿海地带，以进行海运为主的港站与枢纽，上海和大连等城市就属于这一类型枢纽。在国际远洋运输方面，这类港站发挥了极大的作用。而且随着我国物流业和远洋运输与国际市场的进一步接轨，中国日益融入了WTO，这样的港站与枢纽将有更大的发展潜力。通航江河岸边运输港站与枢纽依托的是国内的大江、大河等内河境岸，以内河水运配合其他交通方式的工作，发挥港站与枢纽作用，其规模一般比前两种类型要小，但也很重要。如江河干流沿岸的宜昌、武汉、南京等城市都属于这一类型枢纽。

1.2.2 按交通枢纽的运输方式划分

按交通枢纽的运输形式划分，有如下几种类型的交通枢纽：铁路公路河岸枢纽，如上海、天津、汉堡、纽约；铁路公路内河枢纽，如广州、武汉、重庆、莫斯科、法兰克福；铁路公路航空枢纽，如北京、郑州、东京、巴黎；内河公路枢纽，多为中小城市。由同种运输方式，两条以上干线组成的枢纽为单一枢纽；由两种以上运输方式的干线组成的枢纽为综合枢纽。

1.2.3 按运输方式的组合形式划分

按运输方式的组合形式划分，可分为铁路-公路港站与枢纽、水路-公路港站与枢纽、水路-铁路-公路运输港站与枢纽、铁路-公路-航空港站与枢纽、综合运输港站与枢纽。

铁路-公路港站与枢纽，是我国交通枢纽的主要形式，分布在内陆，由公路和铁路干线组成。

水路-公路港站与枢纽，由河运或海运与公路运输方式组成，一般水运起主要作用，公路以集散客货为主，其中内河公路枢纽多为中小城市。

水路-铁路-公路运输港站与枢纽，是由水路、铁路和公路三种运输方式相结合所形成的，但一般来说其中一种运输方式是处于主体地位的。其中包括两种：（1）铁路-公路-河海枢纽，如上海、天津、汉堡、纽约；（2）铁路-公路-内河枢纽，如广州、武汉、重庆、莫斯科、法兰克福。

铁路-公路-航空港站与枢纽，是由铁路、公路和航空三种运输方式相结合所形成的，如北京、郑州、东京、巴黎。

综合运输港站与枢纽是由铁路、公路、水运、航空和管道各种运输方式相互结合、相互协调组成，是交通运输发展的一种新形式，也是21世纪我国交通运输业发展的一个新方向。

1.2.4 按承担客货运输业务的状况划分

按承担客货运输业务的状况划分，可分为中转港站与枢纽，地方性港站与枢纽和混合型港站与枢纽。

中转港站与枢纽，以办理中转和直通客货运输业务为主，地方运量比例较少。地方性港站与枢纽以办理地方作业为主，中转运输量少。混合型港站与枢纽有大量的地方业务，同时还办理相当数量的直通客货运输业务。

1.2.5 按交通运输干线与场站空间分布形态划分

按交通运输干线与场站空间分布形态划分，可分为终端式港站和枢纽，伸长式港站与枢纽，辐射式港站与枢纽，辐射环形港站与枢纽，辐射半环形港站与枢纽。

终端式港站与枢纽，分布于陆地干线的尽端或陆地的边缘处，如乌鲁木齐、青岛等城市。伸长式港站与枢纽，干线从两端引入呈延长式布局，如兰州市。辐射式港站与枢纽，各种干线可以从各个方向引入，如郑州、徐州等城市。辐射环形港站与枢纽，由多条辐射干线和将其连接起来的环线构成，如北京市。辐射半环形港站与枢纽，分布于海、河、湖岸边。

1.2.6 按运输港站与枢纽的位置特性划分

按交通枢纽的运输方式划分，可分为单式交通枢纽和综合交通枢纽。单式交通枢纽是指同一种运输方式的主干线交叉点，分叉点或衔接点形成的交通枢纽，它是为某种运输方式自身而设置的，比如铁路枢纽、公路枢纽、水运枢纽、航空枢纽等。而综合交通枢纽则是由两种或多种运输方式组成的主干线的交叉点，分岔点或衔接点形成的交通枢纽，是为了各种运输服务所设置的。如铁-水、铁-公、公-水-铁等运输方式的综合交通枢纽。

1.3 运输港站与枢纽的重要性

交通运输的主要任务是安全、迅速、经济、便利地运送旅客和货物，为国家现代化建设，提高人民物质，文化生活水平服务。在完成这项任务时，港口、车站及枢纽起着至关重要的作用。

港口和车站是交通运输的基层生产单位，它集中了与运输有关的各项技术设备，如客运设备，货运设备，运转设备，船舶，飞机，机车、车辆、动车组等检修设备和通讯、信号、联锁闭塞设备等。它参与运输过程的主要作业环节，如有旅客售票、乘降、中转换乘，货物承运、保管、装卸、交付，车、船、飞机等接发、整备、检修、乘务组更换、货运检查等。这些都必须在港口或车站上办理。

港口和车站对保证运输工作质量起着决定作用。据统计，我国铁路货车一次全周转时间中，车辆在站作业和停留时间约占 67%。因此，合理地布置和有效地运用车站和枢纽的各项设备，是保证运输安全、正点，加速运载工具周转，降低运输成本的关键。

港口和车站及枢纽的能力是运输网络能力的主要组成部分。港口和车站及枢纽内部各项设备能力的协调、港口和车站及枢纽与相邻区间能力的协调是保证运输畅通的先决条件。

港站及枢纽在交通建设投资和固定资产中占有很大的比重。如我国铁路，截至 2010 年年底全路约有 5 700 多个车站，全部站线长度约占线路总长的 35% 以上。因此，为了有效地使用国家资金，降低工程造价，节约港站用地，必须高度重视港站及枢纽的设计和规划。

港站及枢纽既是沟通城乡、联系各省区和国内外的门户，又是联系社会生产、分配、交换和消费的纽带。规划好港站及枢纽总图，不仅具有经济意义，而且还具有政治意义。

1.4 我国运输港站与枢纽的发展现状及规划情况

改革开放以来，我国从战略高度规划和布局了一大批不同的运输枢纽城市或区域，使得港站枢纽的建设进一步向规模化、集约化、信息化方向发展，为交通运输网络的形成、港站枢纽功能的提升和发展提供了良好的发展机遇和前景。

1.4.1 公路网及公路枢纽现状及规划

到 2015 年年底，全国公路里程达到 457 万千米，全国高速公路通车里程已达 12.5 万千米。根据《国家公路网规划（2013 年—2030 年）》，国家公路网规划总规模 40.1 万千米，由普通国道和国家高速公路两个路网层次构成。普通国道网由 12 条首都放射线、47 条北南纵线、60 条东西横线和 81 条联络线组成，总规模约 26.5 万千米，其中利用原国道 10.4 万千米、原省道 12.4 万千米、原县乡道 2.9 万千米，合计占规划里程的 97%，其余 3% 约 0.8 万千米需要重建；目前达到二级及以上技术标准的普通国道路线约占 60%，按照未来基本达到二级及以上技术标准测算，共约 10 万千米需要升级改造。国家高速公路网由 7 条首都放射线、11 条北南纵线、18 条东西横线，以及地区环线、并行线、联络线等组成，约 11.8 万千米，目前已建成 7.1 万千米，在建约 2.2 万千米，待建约 2.5 万千米，分别占 60%、19% 和 21%，另规划远期展望线约 1.8 万千米。

国家公路运输枢纽是位于重要节点城市的国家级公路运输中心，与国家高速公路网共同构成国家最高层次的公路运输基础设施网络。国家公路运输枢纽主要由提供与周边国家之间、区域之间、各省之间以及大中城市之间公路客货运输组织及相关服务的客货运输站场组成，是保障公路运输便捷、安全、经济、可靠的重要基础设施，是国家综合交通运输体系的重要组成部分。国家公路运输枢纽由客运枢纽站场和货运枢纽站场组成，提供公共交通运输服务，其核心功能包括：支持经济社会发展：提高运输能力和效率，促进工业化，加快信息化，服务现代化；服务现代综合交通运输，强化运输过程的无缝衔接；服务公路快速客货运输，强化快速客货运输组织功能；服务集装箱运输，拓展内陆口岸功能；服务现代物流业发展，强化货运枢纽的物流功能；服务交通信息化建设，提供及时有效的客货运输信息；服务公众便捷安全出行：方便公众出行，加强源头安全管理，提升运输服务水平，为公众提供便捷、安全、可靠的出行条件；保障国家安全：加强运输组织，协调运力，保障国家重点物资和紧急物资运输，保障春运、黄金周旅客运输，确保社会稳定，维护经济安全；服务可持续发展：有效提高运输装备的利用效率，合理组织多式联运，发挥综合运输优势，提高综合运输能力，集约利用土地，降低能源消耗，促进交通与环境的和谐发展。全国公路主枢纽布局规划中国家公路运输枢纽总数为 179 个，其中 12 个为组合枢纽，共计 196 个城市。国家公路运输枢纽覆盖了所有直辖市、省会城市和计划单列市及地级城市 137 个，覆盖城市占全国地级以上城市总数的 60%，覆盖总人口占全国总人口的 60%；覆盖了 84% 的国家开放口岸、56% 的陆路边境口岸和 98% 的国家级经济技术开发区，覆盖了 100% 的沿海主要港口和 93% 的内河主要港口、全部的大中型枢纽机场、所有特等火车站和铁路集装箱中心站以及 68% 的一等火车站。

1.4.2 铁路网、铁路枢纽现状及规划

到 2015 年年底，全国铁路营业里程达到 12.1 万千米，高速铁路营业里程超过 1.9 万千米。根据国家"十三五"铁路网规划纲要，到 2020 年，在建成石家庄至济南、济南至青岛、宝鸡至兰州等高速铁路，全面贯通"四纵四横"高铁主骨架的基础上，继续实施一批条件成熟、发展需要的高铁项目，有序构建便捷、高效的高速铁路网络，拓展高铁覆盖范围，缩短区域间时空距离。到 2020 年，高铁里程达到 3 万千米，基本覆盖城区常住人口 100 万以上城市。

在铁路网中，几条铁路干线交叉或衔接的地点，由若干个车站、站间联络线、进站线和信号等组成的总体，称为铁路枢纽。我国铁路枢纽约有 500 多个，一般也是全国或者省区的政治、经济、文化中心或工业基地和水陆联运中心等，在《中长期铁路网规划（2008 年调整）》中明确标注北京、上海、广州、郑州、武汉、西安、成都、重庆为中国八大铁路枢纽发展重点。此外还有六大枢纽性客运中心：北京、上海、广州、武汉、西安和成都；十大区域性客运中心：哈尔滨、沈阳、济南、郑州、西安、南昌、福州、昆明、南宁、乌鲁木齐和贵阳。

1.4.3 水路运输、港口发展及规划

截至 2015 年年底，全国港口拥有生产用码头泊位 31 259 个，万吨级及以上泊位 2 221 个。其中，沿海港口万吨级及以上泊位 1 807 个；内河港口万吨级及以上泊位 414 个。全国万吨级及以上泊位中，专业化泊位 1 173 个，通用散货泊位 473 个，通用件杂货泊位 371 个。全国沿海港口（含长江南京以下港口）深水泊位超过 2 100 个，内河航道通航总里程 12.7 万千米，其中等级航道 6.63 万千米，高等级航道达到 1.36 万千米，集装箱箱位 260.4 万标箱。

全国主枢纽港口的布局规划是发展 43 个主枢纽，其中沿海港口 20 个，内河港口 23 个，覆盖了沿海 14 个开放城市、4 个经济特区、海南经济特区的省会以及水运主通道上全部省会

城市和大中城市的 66%。

1.4.4 航空运输、城市轨道交通发展及规划

截至 2015 年年底，通航民用运输机场达到 210 个，其中定期航班通航机场 206 个，年旅客吞吐量达到 100 万人次以上的通航机场有 70 个，年旅客吞吐量达到 1 000 万人次以上的通航机场有 26 个，定期航班航线 3 326 条，按重复距离计算的航线里程为 786.6 万千米。

近年来，我国的轨道交通运营规模快速增长，制式多元发展，网络化格局基本形成。客运总量不断增加，客流强度平稳增长。发车间隔缩短，运输效率提高，服务水平提升。至 2015 年年底，全国有 26 个城市开通城市轨道交通，共计 116 条线路，运营线路总长度 3 618 千米，其中，地下线 2 093 千米，占 57.8%；地面线 404 千米，占 11.2%；高架线 1 119 千米，占 31.0%。在 3 618 千米的运营线路中，地铁为 2 658 千米，占 73.4%；其他制式（包括轻轨、单轨、市域快轨、现代有轨电车、磁浮交通、APM）960 千米，占比 26.6%。运营车站 2 236 座，其中换乘站 384 座，全国轨道交通累计配属车辆 3 538 列，日均计划开行总列次 34 360 次。

至 2016 年 2 月底，规划线路总规模达到 44 市、4 705 千米，总投资计划超过 2 万亿。

1.4.5 综合交通枢纽发展及规划

综合交通枢纽是综合交通运输体系的重要组成部分。综合交通枢纽是多种交通运输方式、多条干线交叉会合，为实现运输过程所拥有的设备综合体。综合交通枢纽的范畴包括客、货在枢纽内的运送过程，枢纽技术设备（车站、港口、干线、仓库等）和运营管理等方面。

综合交通枢纽具有以下特点：运输方式复杂（包括公路、铁路、水运、航空、城市交通等多种方式）；运输流线、流向复杂（列流、车流、客流、货流）；中转作业复杂（不同方式、不同站点间中转）；枢纽始发和终到客货量大；枢纽布局影响因素多。

从国家发展和改革委员会了解到，到 2020 年，我国将在全国重要综合交通枢纽城市，打造 100 个以大型高铁车站为主和 50 个以机场为主的现代化、立体式综合客运枢纽。

综合客运枢纽是交通方式之间和区域之间大规模客流组织换乘的大型交通站场。印发的《关于打造现代综合客运枢纽提高旅客出行质量效率的实施意见》明确，超大城市的主要客运枢纽间换乘时间不超过 1 小时、换乘次数不超过两次，特大城市换乘时间不超过 45 分钟，大城市换乘时间不超过 30 分钟。在枢纽站场内，采用同台或立体换乘的方式，不同交通方式换乘时间一般不超过 3 分钟。

意见明确，机场、高速铁路和城际铁路客运站、普通铁路客运站、公路客运站、城市轨道交通车站、公交枢纽等主要站场将尽可能同站布置。此外，推进"交通＋商业"等多资源整合、多功能融合的立体式空间布置与建筑体设计，加强地上、地下分工空间功能的合理布设，强化土地及空间资源的集约节约高效利用。

目前国内的综合客运枢纽多是平面布置，地上、地下空间利用还不充分。将来综合客运枢纽可以地面和地下建客运设施，地上建商业开发设施。商业开发收益可以用于回馈公益性较强的交通基础设施建设运营，这也有利于引入社会资本投资。

截至 2016 年年底，规划的综合交通枢纽重大建设示范工程中，国家发改委和地方政府共建的枢纽示范城市有广州、武汉、重庆、乌鲁木齐、昆明、郑州等。综合客运枢纽有北京新机场、青岛新机场、成都新机场；北京铁路丰台站、星火站等。客运换乘站点包括特大城市地铁换乘系统优化工程、空铁联运工程等。

1.5 国外运输港站与枢纽的发展趋势

总的来说，国外的运输枢纽正向现代化、综合化、专用化发展。现代化的枢纽港站具有现代化的建筑结构，中转作业的大厅以及现代化的管理信息系统。特别是随着社会经济的发展和高新技术的不断开发和大量使用，很多高新技术成果都应用于运输枢纽规划建设、管理等各个方面，主要体现在以下几个方面：

（1）大量的高新技术以及科研成果应用于运输港站与枢纽的建设、运营和管理。例如：计算机管理系统，条形码识别技术，全球定位系统，计算机最佳运输路径选择等。这些高新技术在运输枢纽建设及营运和管理的应用，大大提高了运输枢纽的效率，降低了成本。

（2）不断完善运输枢纽的规划、设计理念。发达国家经过长期的摸索和探求在理念上已经基本形成了一套比较成熟的运输枢纽的规划、设计理念并不断进行修改完善，在运输枢纽规划、建设方面尽量减少人为因素。枢纽的布局规划主要是由市场需求来决定，把方便旅客和提高服务水平放在第一位。

（3）注重运输枢纽与城市的协调发展。世界上不少工业发达国家十分重视城市，特别是作为政治、经济、文化中心的大城市的现代化运输枢纽的建设，趋于向建筑空间和交通空间相契合，形成空中、地面、地下三度空间的交通网络。同时，也很注意运输枢纽对周围环境的影响。例如在运输枢纽规划过程中，通过采用先进的规划理念，减少因运输枢纽规划建设而产生的交通阻塞、污染和噪音等问题，同时也非常注意枢纽的运营对环境，以及对附近居民日常生活的影响。

目前国外综合交通枢纽的发展趋势为：

（1）随着交通运载工具的发展，综合交通枢纽关联的运输方式越来越多；

（2）随着城市的发展，枢纽的范围越来越大；

（3）随着城市的发展，枢纽市区范围内的干线功能逐步转移为市区运输，而在城市外围进一步修建环线和迂回线；

（4）枢纽站点的发展逐步趋向物理衔接无缝化；

（5）客运服务综合化、立体化、人性化；

（6）枢纽客货运组织逐步走向信息化、物流化、一体化。

为了实现我国综合交通运输体系发展目标，重视综合运输枢纽合理布局与规划，成为近期内发展的重点任务之一。而综合交通枢纽与路网布局协调性、与城市布局的协调性，枢纽规划布局中各种运输方式之间衔接是否合理紧凑、各站点布局分工协作是否恰当，旅客转运换乘、货物中转是否便利。这些问题作为枢纽布局、规划的关键，在理论与实践中并没有很好地解决。随着城市化的进程、城市的快速发展，以及各种运输方式的大力发展，这些问题越来越严重，是今后一定时期内在理论上必须深入研究、实践中需要重点解决的问题。

1.6 运输港站与枢纽的学科研究内容

运输港站与枢纽学科是以线路、港口工程为基础，以先进运输组织为依据，对港站及枢纽各项设备进行合理布置及综合运用，提出满足运营要求的优化设计方案。

学科的研究重点是：

（1）综合交通枢纽与运输网络布局的协调理论和方法研究。
（2）综合交通枢纽与城市规划协调发展的理论和方法研究。
（3）综合交通枢纽中各种交通方式相互协调的理论和方法研究。
（4）综合交通枢纽站点合理布局及分工理论和方法研究。
（5）港站各项设施合理规模、合理作业流程、合理布局研究。
（6）港站各车场、库房等合理平纵断面，车站咽喉结构，各项设备需要数量、能力计算，协调与加强途径。

在进行港站与枢纽设计和规划时应遵守下列原则：

（1）保证必要的运输能力。港站及枢纽各项设备的能力应当适应近、远期客货运量的需求，并应具有必要的储备能力。
（2）保证作业安全和人身安全。港站及枢纽设备布置和设计技术条件应符合有关规章、规程和标准的要求，把提高安全可靠性贯穿于整个设计中。
（3）要有全局观点。港站及枢纽设计是一项系统工程，不仅要注意本身内部各项设备的合理布局以及其与相邻线路能力的相互协调，而且要考虑与其他各种运输方式的配合。满足城市规划、工农业布局和国防等多方面的要求。
（4）要注重投资效益，节省基建费用。在满足设计期运能需求和保证安全的前提下，尽可能节省工程费用，少占用地。
（5）积极采用国内外先进技术。根据经济发展水平和不同运输需求，采用不同层次的技术和装备，系统配套，发挥整体效能，以适应港站现代化的要求。
（6）考虑进一步发展的可能性。布置港站及枢纽的各项设备时．要预留扩建用地，做好分期过渡方案，避免不必要的废弃工程。
（7）此外，港站及枢纽的布置还应满足环境保护，节约能源等各项要求。

复习思考题

1. 简述运输港站与枢纽的概念
2. 简述运输港站与枢纽的功能及其分类。
3. 进行港站与枢纽设计和规划时应遵循哪些原则？
4. 我国运输港站与枢纽的发展是否与运输需求相适应？运输港站及枢纽的发展是否与其

他运输环节相协调?

5. 在港站及枢纽规划与设计中我们在枢纽衔接无缝化、客运服务人性化、运输组织信息化、物流化等方面还存在哪些问题?

6. 运输港站与枢纽的学科研究内容有哪几方面?

第二章　交通港站与枢纽总体规划与布局

2.1　交通枢纽布局规划概述

运输港站与枢纽规划是在区域社会经济发展规划、城镇体系规划、城市总体规划以及土地利用规划等上级规划基础上进行的专门规划，其主要内容包括港站与枢纽的总体布局规划和单个港站与枢纽的规划设计。

运输港站与枢纽的总体布局规划属于长期发展规划，对交通枢纽的建设、运营和管理起宏观指导作用。运输港站与枢纽的总体布局必须服从社会经济发展的战略目标，符合规划地域的总体规划和生产力布局，满足社会经济发展产生的运输需求。同时，运输港站与枢纽的总体布局还要充分适应交通运输发展的需要，考虑各种运输方式之间的有效衔接，实现信息互通、能力匹配，使多式联运保持持续、高效。交通枢纽与交通运输网络布局的协调性、与城市布局的协调性，枢纽规划布局中各种运输方式之间衔接是否合理紧凑、各站点布局分工协作是否恰当，旅客转运换乘、货物中转是否便利等，是交通港站及枢纽规划与布局中需要重点解决的关键问题。

2.1.1　交通枢纽布局规划的重要性及内容

作为交通运输的生产组织基地和交通运输网络中客货集散、转运及过境的场所，交通枢纽是提高客货运输速度的关键环节。为保障运输生产的顺利进行，运输港站与枢纽的规模、场站设施设置、运力分布及结构层次的确定至关重要。而做好交通港站与枢纽总体布局规划是优化运输结构，发挥综合运输港站优势，合理布置运输线路，做到运力分配合理化的关键一步。

交通枢纽是整个交通网络的重要组成部分，也是运输网络上耗资较大的设施。网络上枢纽的数目、位置、规模均需认真布局规划。交通枢纽总体布局规划是一项复杂、涉及因素众多的系统工程，交通枢纽影响区域的经济发展水平、产业结构、产业布局、人口及其他社会因素，运输结构与运力布局，规划交通枢纽的辐射范围以及原有交通枢纽的规模等都直接关系到交通枢纽的规模、场站设施设置、运力分布及结构层次。此外，交通枢纽总体布局规划还应该与运输网络规划、城市规划配合。

交通枢纽布局规划的具体内容包括多个交通枢纽的总体布局规划和单个港站与枢纽的规划设计。

多个交通枢纽总体布局规划的主要内容包括社会、经济与交通运输的调查与分析、发展预测、交通枢纽场站布局优化、枢纽系统设计、社会经济评价、建设项目实施序列计划和资金筹措等工作。根据内容设计的领域和具体操作方式可将其划分为三个层次：

（1）分析规划区域中各种交通方式的相互衔接关系，确定交通枢纽的主要功能、性质和不同方式交通枢纽的相互关系。

（2）在交通枢纽运转的系统效益最优的前提下，对各种方式交通枢纽的场站总体布局（数量、位置和规模）进行优化。并对交通枢纽中不同子系统的构成、运营管理进行初步规划和设计。

（3）在确定交通枢纽场站布局方案后，对交通枢纽建设的实施步骤进行规划，以保证交通枢纽的建设适当超前于交通需求的发展，又避免因交通枢纽建设过于缓慢或超前带来的经济损失。

以上三个层次遵循了综合交通枢纽总体布局规划的客观规律，从宏观分析入手，逐步过渡到具体规划布局和实施计划的过程。

单个交通枢纽的规划设计主要是指枢纽的选址、规模、等级的确定，并根据相关国家标准、设计规范及设计年度的客运量或货运量预测等进行单个枢纽的平面布置、流线分析设计与组织、各功能区合理设置与布置、作业区面积确定与工艺指标计算、作业流程设计及枢纽内部各种交通设施的合理配置等，也就是说对布局确定了的交通枢纽场站的具体功能、运作流程、相关的硬件设施和配套设施、组织管理系统等进行详细设计的过程。其运作流程如图2-1所示。

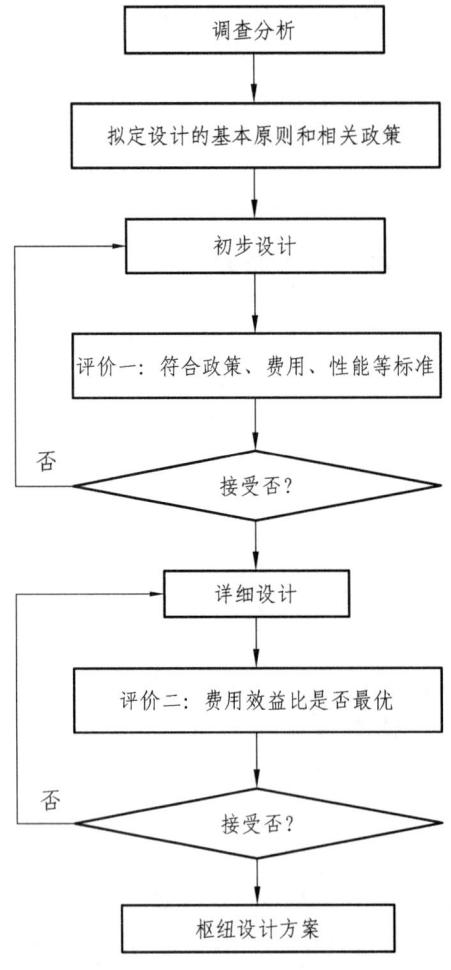

图 2-1　交通枢纽规划设计流程图

2.1.2 交通枢纽布局规划的原则

1. 充分考虑规划区域（城市）在全国综合交通运输网中的地位

交通枢纽规划建设不仅应从规划区域社会经济发展和交通运输需求出发，还要满足全国经济发展、产业布局的需要。同时，交通枢纽规划应充分体现规划区域的经济特点，综合考虑规划枢纽所在城市、地区乃至全国路网中的层次、地位、功能，以区域甚至全国路网为依托，合理选址，充分利用规划枢纽对外的交通运输条件，并应适合该规划区域经济向规模化、集约化和高附加值化发展的要求。

2. 引导交通需求合理化

交通枢纽规划应根据规划区域的发展战略和土地利用规划，积极引导城乡一体化、多中心分散组团式城镇体系的形成和发展，形成合理的交通结构，使整个交通系统向综合交通运输体系发展。

3. 适度超前

从交通经济学的观点看，交通基础设施投资可分为"追随型投资"和"开发型投资"。若交通基础设施建设滞后于经济发展，则会阻碍经济的进一步持续稳定发展；反之，若过分超前，则会降低投资效益，造成投资成本的损失。因此，交通枢纽规划既不能滞后于交通需求，也不能过度超前。例如：港口建设与经济发展间的适应度是 1.1∶1～1.2∶1。

4. 强调多交通方式的综合协调

充分考虑交通枢纽在整个交通运输网络中的地位以及各种交通方式的相互协调、相互依托，从而保证整个运输过程的连续性，提高运输效率。交通枢纽规划应结合铁路、公路、水运和航空等交通方式在整个交通运输体系中的分担比率，通过交通枢纽的合理规划布局使各种交通方式有机衔接，从而实现各种交通方式的相互协调和整个规划区域的规划目标。同时，还要确定建设项目的优先顺序和实施时间序列，做到有步骤、有计划地实施规划。

5. 规划建设和管理运用并重

交通枢纽的规划建设中既要重视发展"硬件"，建设必要的运输服务设施，又要认真研究"软件"的开发设计，建立科学合理的组织管理系统，使枢纽的硬、软件系统结合为一个有机整体，真正实现融管理于服务之中这一科学有效的运行机制。

6. 满足规划区域（主要为城市）总体规划原则

交通枢纽规划要符合城市的总体发展规划，在土地利用方面与城市用地功能保持一致，并留有发展余地，做到"新旧兼容，节省投资"，并注意减少污染，保护环境。

2.1.3 交通枢纽内部布局的基本要求

交通枢纽内部的布局主要指枢纽内部各种交通设施的合理配置，交通枢纽内部布局合理与否对交通枢纽乃至整个交通运输体系的运转效率有着重要影响。合理的交通枢纽内部布局应满足以下基本要求：

（1）交通枢纽内各种运输设备的布局，应服从交通运输网的规划，从交通运输网布局的全局出发，研究合理利用各种运输能力，并考虑枢纽在交通运输网中承担的任务以及与相邻枢纽合理分工，不使设备重复或因设备不足而影响运输通畅。

（2）充分保证各种交通方式之间的相互协调。使主要客流、货流在枢纽内经路顺直、便捷，保证整个交通枢纽的畅通。各种交通方式相互协调的条件有：

① 运输过程的连续性。

② 与运输过程相衔接的各种设备通过能力（或输送能力）相适应。

③ 各环节的作业时间相互协调。

（3）方便城市的生产和居民生活，避免和减少对城市的不良影响，如各种运输线路尽量避免穿越城市，各种客货运输设备应按其与城市的工业生产及居民生活的关系，分别按不同情况进行布局，并注意适应环保的要求等。

（4）交通枢纽的布局在能力上要留有余地，以适应社会、经济不断发展的要求，同时也不能造成能力浪费。

2.1.4 交通枢纽布局规划的思路

在站场布局原则的指导下，根据交通枢纽客货站运量的预测结果，分析影响枢纽站场布局的各相关因素，宏观确定客货站场的总数量及其理论分布位置。然后，参照交通运输部颁发的有关站级标准和国内外枢纽站设计的有关参数，充分考虑现状的实际情况和城市规划中可能提供或预留的用地，综合确定客货枢纽站的布局方案。交通枢纽布局思路如图2-2所示。

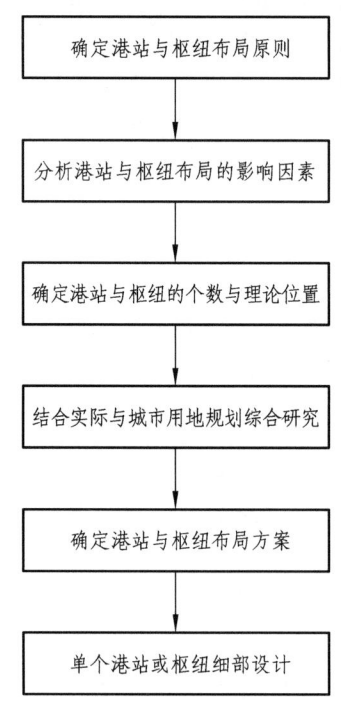

图 2-2 交通枢纽布局思路框图

客货站场是交通枢纽的重要组成部分，是承担运输服务、中转作业的主要载体，但仅有这些也难以全面满足旅客出行方便性、货物运输快速性的要求。这就需要在枢纽站点的下一层次，根据用地性质、运输需求设置相应的货物交易市场、货物受理点、联合售票处及客运停靠站等，作为辅助设施点与枢纽站场，共同组成城市客货运站场服务系统。但由于客货服务网点规模较小，层次较低，故不在枢纽布局规划中研究，可在城市的分区规划或专用规划中予以考虑，并在实施过程中进行相应的建设，以充分发挥交通枢纽站点的功能和作用，同时又方便货主和乘客。

2.1.5 交通枢纽布局规划的步骤

1. 交通枢纽需求分析与预测

交通运输需求分析与预测，是交通枢纽规划布局的一项重要内容。在与交通运输有关的各项经济分析、研究和决策中，交通运输需求预测往往是一项基础性的重要工作，主要包括两部分：社会经济预测和交通运输需求预测。

交通运输需求预测不仅仅指"运输量的预测"，在进行运输量预测的同时，还应当结合运输结构预测和运输供给能力的预测，才能满足规划预测的要求。

1）社会经济发展预测

交通运输需求是一种由各种社会经济活动派生出的需求，社会各种经济活动促成了交通运输需求的产生，而经济、科技的发展水平又决定了交通运输技术装备水平。对交通运输需求做出合理的预测，首先应该对现状和历史相关社会经济发展资料进行调研，并对规划期的社会、经济发展水平进行预测和评估。

社会经济发展预测是在国家与地方政府制定的宏观或微观经济政策的指导下，以经济发展的历史与现状为出发点，以调查研究数据和统计资料为依据，以科学的定性分析判断和严谨的定量计算为手段，对预测对象有关经济活动的发展演变规律进行揭示，从而对预测对象的未来经济发展演变程度预先做出科学的推测。

在对社会经济发展进行预测的各项经济指标和社会指标中，与交通运输关系比较密切的有：国内生产总值 GDP 及其构成（第一、第二、第三产业）、国民生产总值 GNP、国民收入、社会总产值、工农业总产值及人均指标；人口发展水平（人口总量、构成及其流动性）和土地利用状况等。旅客和货物交通运输需求受到多方面经济和社会因素的影响，具体为：

（1）影响旅客交通运输需求的社会经济因素。社会经济发展水平、居民消费水平、人口数量及城市化程度、出行费用（即运输服务价格）、交通运输供给的数量与等级、政策因素、其他运输方式的竞争等。

（2）影响货物交通运输需求的社会经济因素。经济发展水平、国民经济产业结构和产品结构、运输线网的数量和质量、运价水平的变动、国家经济政策和经济体制的变化、资源分布状况等。

通过对以上影响交通运输需求的社会经济指标的历史和现状数据进行调查分析，利用一定的定性、定量的经济预测方法和模型（判断预测法、专家评估法、市场调查法、类推法、时间序列分析法、回归分析法、灰色理论等），便可以预测出研究区域未来各经济指标的数值。在此基础上，便可以建立与此社会经济发展水平相适应的运输系统。

2）综合交通运输需求预测

交通运输需求量预测是交通运输系统规划的重要组成部分。现代交通规划理论中的交通需求预测习惯上分4个阶段进行，即交通产生预测、交通分布预测、交通方式分担预测、交通分配预测。这4个阶段预测模式在城市交通规划领域已被广泛应用，理论和技术上已趋于成熟。而在区域交通运输规划领域，由于涉及的地域范围广大、单位众多、管理层次复杂等原因难以完全按传统的4阶段模式进行预测，而要根据区域的大小、特征、背景，确定需要预测的内容，选择合适的预测方法，进行区域交通运输需求量预测工作。

（1）综合交通运输需求预测的理论框架。交通运输作为一项重要的基础设施，是国家经济发展和人民生活水平提高的重要前提条件，它在国民经济发展中占有很重要的地位。生产的扩大、区域间经济联系的增强、人民消费水平的提高和人民经济活动的增多必然要对交通运输服务提出更多的需求，因此，综合交通运输需求预测必须直接建立在区域社会经济发展预测与土地利用分析预测基础上，一般包括3部分内容：运输量预测、运输供给能力预测、运输结构预测。

综合交通运输需求预测是在考虑运输供给能力限制的基础上，结合运输量预测和运输结构的预测而得出的，其预测的理论框架如图2-3所示。从预测内容的相互联系来看，综合交通运输需求预测可以分为总交通运输需求预测和客货流需求预测两部分。总交通运输需求预测是宏观意义上的交通运输需求预测，主要是从总量上把握全国或整个部门或整个地区的客货交通运输需求量，包括发送量、到达量、周转量以及平均运程；这些预测有时是分货物品名或旅客类别的，有些则是笼统的，其特点是只考虑总量，从根本上不涉及具体发到地和具体线路上的客货流量。而客货流量需求预测则是把已预测出的客货运总量，在分析地区间实际交通、地理情况的基础上具体分解到运输方式和运输线路上，客货流交通运输需求预测结果更接近于实际的客货位移。从图2-3中还可以看出，总交通运输需求预测与客货流预测之间存在交叉的部分。

（2）综合交通运输需求量预测方法。综合交通运输需求量是指在一定时期、一定社会经济结构下进行社会经济活动所产生的交通运输的数量。它是用客货运量、客货运周转量来表示的。在对其进行预测时，通常采用专家法和模型法。

模型法属于定量预测方法，主要有：时间序列预测法、回归预测法、增长率法、乘车系数法、产值系数法、弹性系数法等。

3）运输需求结构预测

综合交通运输需求量从结构上来讲，主要包含两方面：一是在总运输需求量中客运量和货运量的结构比率；二是总运输需求量（含客运量和货运量）由综合运输系统的5种运输方式分别承担的结构比率。交通运输方式分担预测又称交通运输方式划分预测或交通运输方式选择预测，主要是指对公路运输与铁路、水路、航空、管道运输方式之间的分担量预测。

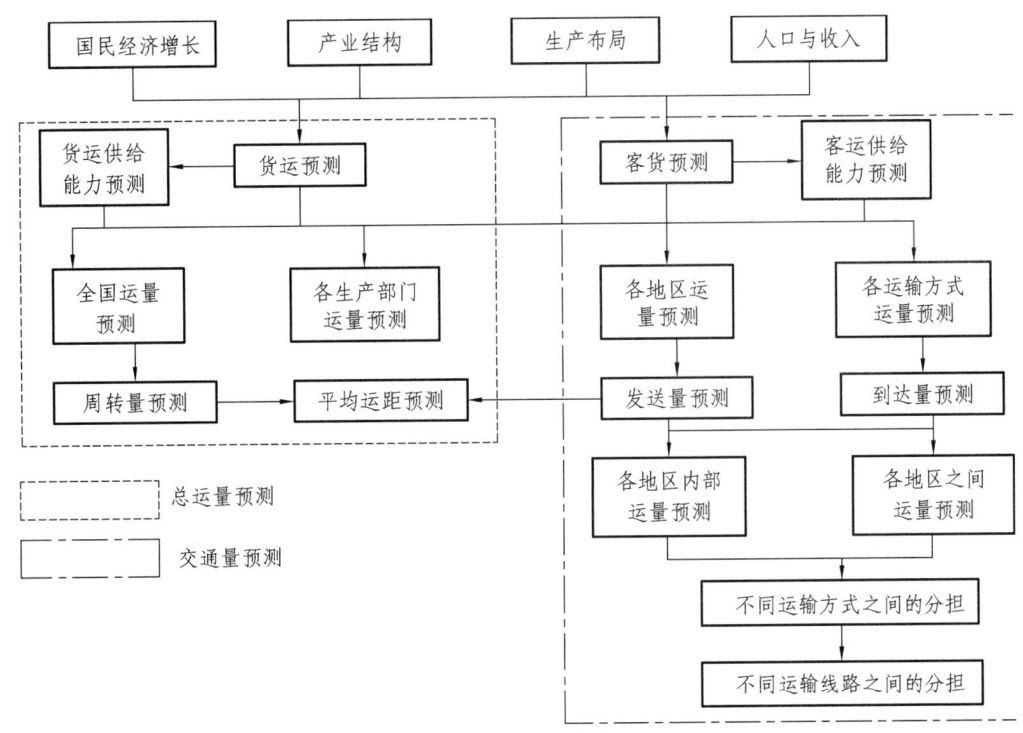

图 2-3 综合运输需求预测理论框架

2. 交通枢纽规模的确定

对于客货运站场规模预测,应当以市场需求为基础,结合运输线网规模的预测,对站场功能的确定与划分进行分析,从而确定场站的等级和规模。

从统计概念的角度,交通枢纽规模是以客货流发送量(或客货流设计量)大小来描述交通枢纽规模的大小。交通枢纽的客货流发送量(或设计量)越大则表明交通枢纽的规模越大;同样,交通枢纽规模越大,其发送量(或设计量)自然也就越大。以发送量(或设计量)大小描述交通枢纽规模是一种最常用的方法,如:我国确定公路客运枢纽场站规模的依据,一直采用统计年度的年平均日旅客发送量。根据年平均日旅客发送量的情况,将公路客运枢纽场站划分为 4 个等级(见表 2-1);而铁路客运枢纽场站规模的确定,则采用旅客最高聚集人数这个指标划分枢纽等级,一般分为特大型、大型、中型、小型 4 个等级,见表 2-2。

表 2-1 按年平均日旅客发送量的公路客运站枢纽等级划分(人)

站级规模	年平均日旅客发送量 Q	站级规模	年平均日旅客发送量 Q
一级车站	$Q \geqslant 10\ 000$	三级车站	$1\ 000 \leqslant Q < 5\ 000$
二级车站	$5\ 000 \leqslant Q < 10\ 000$	四级车站	$Q < 1\ 000$

表 2-2 按旅客最高聚集人数的铁路客运站枢纽等级划分(人)

站级规模	旅客最高聚集人数 H	站级规模	旅客最高聚集人数 H
特大型车站	$H \geqslant 10\ 000$	中型车站	$400 \leqslant H < 2\ 000$
大型车站	$2\ 000 \leqslant H < 10\ 000$	小型车站	$50 \leqslant H < 1\ 000$

要确定枢纽客货运场站规模,最基本的是要确定枢纽场站设计年度的日旅客或货物的发送量。

以公路交通枢纽及站场为例,公路客货运量预测是进行客货运站场规模确定的基础。公路交通枢纽及站场客、货运量预测要在分析社会经济、交通运输发展状况以及两者之间的内在联系的基础上,对规划区域内的社会经济和交通运输未来发展趋势进行研究,并对有关的社会经济指标和运量的发展值进行预测。

预测的内容包括规划区域内社会经济发展状况预测和运输量预测。其中运输量预测包括公路、铁路、水运和民航客货运量预测,以及交通枢纽组织量预测与适站量预测、分方向适站量预测。交通枢纽规模预测框图如图 2-4 所示。

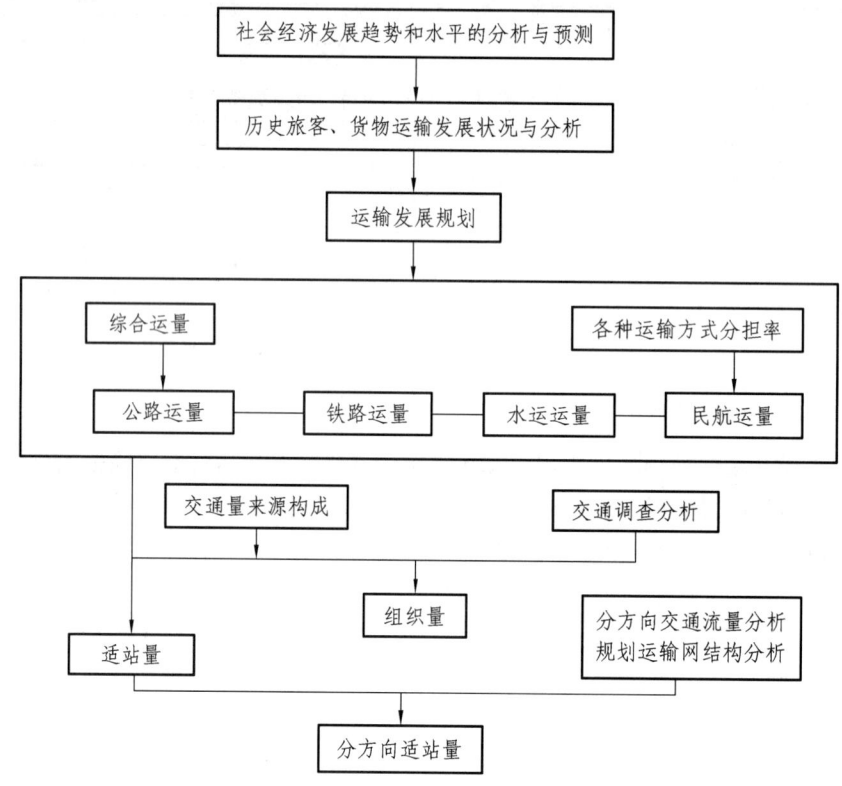

图 2-4　交通枢纽规模预测框架图

2.2　交通枢纽规划影响因素

2.2.1　辐射范围

交通运输港站功能(直通功能、中转装卸换装功能、枢纽地方作业及城市对外联系功能)的发挥与交通枢纽港站的交通辐射范围是分不开的。

所谓辐射范围(该术语通常被铁路、公路等部门采用)或腹地(通常为水运部门采用),就是交通线或港站的服务地区,或称为以港站为中心的经济区。辐射范围(经济腹地)是港站枢纽生命活力的源泉，港站与枢纽通过运输网络和各种运输方式与其辐射范围进行联系。港口腹地是指港口货物吞吐和旅客集散所及的地区范围。港口经济腹地是港口经济的商品流通潜力。由于大范围的货运规模不是一域一地的产品能够满足的，因此经济腹地是港口生命活力的源泉，开发港口必须把交通辐射范围内的商品经济潜力作为货运量的资源范围来看待。现代化的港口一般具有双向腹地，即面向内陆的陆向腹地和面向海外的海向腹地。

1. 港口的陆向腹地与海向腹地

港口是海运与内陆运输和内河运输最为方便的连接点。但是从港口出口的货物不一定是由该港口城市所产生的；同时，由该港口进口的货物也不一定全部用于该城市消费。

通常我们把经过港口而又以继续运输为目的的货物称为过境中转货物。既然过境货物不是港口城市所产生的，也不是在港口城市消费的，而是以继续运输为目的，因此我们有必要研究港口与其陆向腹地之间以及港口与其前方海外国家之间的关系，而这种关系决定了港口过境中转货物的流量、流向，从而在很大程度上也就决定了该港口的规模和地位。

1）港口的陆向腹地范围

港口的陆向腹地指以某种运输方式与港口相连，为港口产生货源或消耗该港进口货物的地域范围。从地理位置上看，港口的陆向腹地还可分为近处腹地和远处腹地。而港口吞吐量的大小则主要取决于该港相对于这两种腹地的区位属性，即既取决于该港相对于其近处腹地的向心性或集中性，也取决于该港相对于其远处腹地的中间化程度。港口陆向腹地的大小不仅与港口所在的区位有关，同时也与港口同内地之间的贸易和运输联系的紧密程度相关。如位于长江入海口的我国最重要的港口上海港，直接依托长江三角洲地区，不仅担负着江、浙、沪等地大部分货物的进出口，而且其腹地范围通过各种运输方式延伸到几乎整个长江流域。但像南通港则主要担负着苏北地区货物的进出口。一些国际性的港口，其腹地甚至可以覆盖几个国家，如位于莱茵河和马斯河入海口的世界著名港口鹿特丹，其陆向腹地不仅覆盖了荷兰、比利时、卢森堡，而且还延伸到德国，尤其是德国的鲁尔工业区。其处理的进出德国的货物量比德国最大的港口汉堡港还要多，经过鹿特丹港运往德国的货物占该港进口货物的七成。但多数港口只覆盖其所在国的全国或部分范围，如爱尔兰唯一的外贸港口都柏林，其港口腹地覆盖爱尔兰全国。

一个港口的陆向腹地大小，主要取决于该地区与其他地区是否存在贸易关系以及贸易量的大小。然而，这种贸易关系又取决于该地区发展的水平和规模。一个经济不发达或闭关自守的地区与外界的联系必然很少。而一个经济发展水平较高，开放程度也较高的地区与外界的贸易必然较多。另外该地区人口密度大小也是决定腹地进出口需求的重要因素。

影响港口腹地范围大小的另一个重要因素是该地区与该港口之间的运输联系。如果没有一定的运输方式将港口与某地区连接起来，则该地区就不可能成为港口的腹地。港口与腹地的运输连接可以通过铁路、公路、内河、航空或管道来连接。但目前世界多数港口与腹地间的联系主要是通过内河、铁路和公路来连接的。如上海港凭借其扼长江和海岸线中点的优势和四通八达的公路网和铁路网优势，其腹地覆盖几乎整个长江流域和华东地区。又如欧洲著名港口安特卫普通过谢尔德河、马斯河及莱茵河与比利时和欧洲的 1 500 km 的内河网相连。通过内河驳船可以与丹麦的哥本哈根、波兰的华沙、南斯拉夫的贝尔格莱德、匈牙利的布达佩斯、法国的里昂、德国的波恩相连。

港口的腹地是有限的，它不可能无限制地扩大。这主要因为在其他条件不变的情况下，随着腹地范围的扩大，腹地与港口之间的运输距离增长，从而使运输成本增加。更重要的原因还在于其他港口的竞争。一个地区往往不止有一个港口，如我国长江三角洲地区就有上海、南京、南通、镇江、宁波、舟山等港口。这些港口共同拥有上海、江苏、浙江三省及长江中上游这样一块腹地。货主通常通过比较运输线路、运输工具、运输费用、运输时间以及中转次数、港口班轮的密集程度等来选择港口。另外货主与承运人之间的某些协议也影响货主对港口的选择。

2）港口的海向腹地范围

港口的海向腹地范围是相对于港口的陆向腹地而言的。所谓港口的海向腹地是通过海运船舶与某港口相连的其他国家或地区。它可以是某一个国家或地区，也可以是几个国家或地区，甚至是几个大洲。如我国的上海港与世界上160多个国家和地区的400多个港口通航。从上海港始发的国际定期班轮航线有20余条，每月有100多个航班直达北美、欧洲、澳洲、波斯湾、地中海、东南亚及东北亚等地区。因而对于上海港这样一个国际港口而言，这些地区都成了其港口的海向腹地。

如果把陆向腹地看成是港口发展初期的传统条件，海向腹地的开拓则为港口的发展注入了新的活力。随着世界经济一体化的发展，今后海向腹地对港口的作用和影响将逐步加强。当然港口与海向腹地各国（或地区）的联系的紧密程度并不相同，主要取决于以下几种因素：

首先，港口海向腹地与陆向腹地是互补的，港口的海向腹地与陆向腹地是以港口为交汇点的两个辐射面。也就是说两者之间存在着交叉的供求关系。如果这种互补性较强，则意味着由港口进出的货流比较平衡，有可能吸引着更多的班轮公司挂靠该港，从而使该港口与其海向腹地的联系就更加紧密。

其次，港口与其海向腹地之间的距离相近性以及与国际航线的距离相近性。一个港口如果离一个国家或地区的海运距离较近，则该港一般与这个国家或地区的联系就会比较频繁。如上海港就可以将日本看成是其海向腹地，青岛可以将韩国看成是其海向腹地。又如英吉利海峡两岸的海港都将其对岸国家看成是自己港口的海向腹地。相近性还有一层含义，即某一港口与国际航线的相近程度。如果某港口靠近重要的国际航线，则不管从何处而来的船舶挂靠该港都不会耽搁太多时间，从而使该港口的海向腹地面积更加广大，与海向腹地的联系也就更密切。如新加坡位于太平洋与印度洋航运要道的马六甲海峡，是亚非欧澳四洲海上交通的十字路口，因此新加坡就成为国际航运班次云集、集装箱处理量名列前茅的世纪著名港口。虽然其本国的陆向腹地十分狭小，但由于其海向腹地十分广阔，承担国际中转的比重较大，因而其在世界航运界的地位也就十分牢固。

另外，传统上的联系也影响港口与其海向腹地之间联系的一个重要因素。虽然反殖民地国家政治上取得了独立，摆脱了宗主国的统治，但是由于原殖民地与发达资本主义国家有着较长时间的传统关系，宗主国和殖民地两国人民之间有着相同的语言和文化，这促使了两地之间贸易的延续。这种传统的联系有助于港口与其海向腹地国家联系的加强。

然而，港口与其海向腹地之间的联系远不及港口与其陆向腹地的联系那样稳定。这主要因为港口与其海向腹地之间唯一的联系就是船舶。而船舶运输又不像公路、铁路、内河和管道那样具有固定的运输轨道，船舶可以随时改变航线挂靠其他港口。加之，其他运输方式如大陆桥和航空运输的竞争也使港口与海向腹地的联系变得更加松散和不牢固。

2. 站场辐射范围

辐射范围与运输线路或站场相互依赖。运输线路是其辐射范围内的经济单位和据点，是进行客货运输、旅行交往的工具，是辐射范围内经济活动的必要条件。在港站枢纽的辐射范围内，生产力布局及其与地域的结合情况，又通过客流和货流对运输站场、运输线路的现状与发展远景起决定作用。

和其他类型的经济区一样，辐射范围也有现状和远景（设计）之分，二者的划分方法和实际作用显然不同。

现状辐射范围是现有交通站场或交通线已形成的吸引范围，它主要由经济地理勘查来决定。其程序为：对既有站场、既有运输线路过去和现在的客货运量进行研究，进而调查客货流的起点与终点，最后把那些通过该线及站场生成、吸引流量的经济据点从地理上连成一片，即辐射范围。其主要作用：（1）通过它了解交通线和站场同地区经济的联系，从而论证交通线和站场的经济地理意义；（2）发现辐射范围内存在的不合理运输，以及与客货流分布有关的交通线和站场、生产单位布局的缺陷，并由此提出改进措施。

设计辐射范围是新建及改建运输线路及其站场的未来辐射范围。地理勘察，辅以经济分析和计算。其程序为：调查可能被设计站场吸引地区的远景生产与交通布局情况，由此推测其可能产生的客货流规模和方向，根据经济单位、运输线路和客货流的分布，找出合理的运输联系方案，最后把倾向于设计线或其站场的经济据点，从地理上连成一片并确定其界限，即设计辐射范围。其主要作用是根据辐射范围各经济单位远景生产的发展和交换的变化，预计线路及港站建成或改建后的运输量，而运输量又是决定站场运输能力和技术标准的主要依据。

3. 辐射范围的分类

按运输联系的性质分类分为直接辐射范围、联合辐射范围、间接辐射范围。

直接辐射范围包括所有与该枢纽站场交通线有直接联系的经济单元（厂矿、中转机构）所组成的完整地带。这些经济单位物资的全部或局部调入或调出，都经过与该枢纽站场相连的交通线。

联合辐射范围：与该枢纽站场相联系的其他同级站场的直接辐射范围，其中的物质利用与该站场相连的交通线联运，并在该枢纽站场装或卸，其站场的辐射范围成为该枢纽站场的联合辐射范围。

间接辐射范围：经济行为通过该港站，利用该港站相连的交通线，不在该港站装卸。

2.2.2　交通运输网络规划

交通运输网络是在一定空间范围（国家或地区）内由几种运输方式的线路和枢纽等固定技术装备组成的综合体。它是运输生产的主要物质基础，其空间分布、通过能力和技术装备体现了整个交通运输系统的状况与水平，在交通运输业的发展中占有十分重要的地位。其结构与水平直接影响着交通运输系统的功能。

交通枢纽是分布在交通运输网络中的重要节点，交通枢纽必须依托于一个城市及其所在区域的交通运输网络。

交通枢纽规划与交通运输网络规划是区域交通规划中两个紧密联系、互为补充的重要内容，两者具有密切的互动关系，其相互关系如图 2-5 所示。

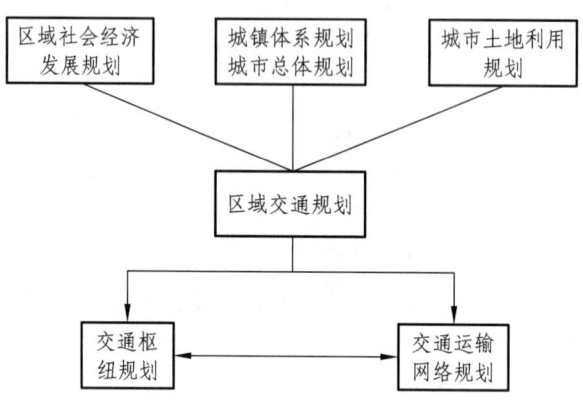

图 2-5　交通枢纽规划与其他规划的关系

交通枢纽的优化布局必须以交通运输网络的合理规划为前提，而交通枢纽的规划和建设又会影响其所在区域的交通运输网络的运转。

即使是一个已经达到最优化的交通运输网络，在布设了交通枢纽以后，可能导致网络的交通流分布发生改变，从而改变其原有的最优平衡状态。

在交通枢纽规划过程中，应该在交通运输网络规划与交通枢纽规划之间建立一定的反馈机制。应使交通枢纽与干线在建设上和能力上相适应，做到枢纽与相衔接的各条干线同步建设，同时进行技术改造，同时投入使用，确保线路畅通，各环节的运输能力都可得到合理利用，并能互相调剂与补充。

交通运输网络规划是交通枢纽规划的主要依据。交通运输网规划是根据国家工农业生产布局与客、货流规划，同时考虑政治、经济、文化和国防等各方面的要求所拟订的交通发展远景规划。在其分阶段发展中，交通运输网络规划应明确交通枢纽点的分布和车流集散规律，指出交通枢纽的性质、规模、范围及它们之间的大致分工，从而规定出交通枢纽在交通运输网络上的作用。在此基础上，结合城市规划和其他运输方式的要求以及交通枢纽所在地的地形、地质、水文等自然条件进行交通枢纽总图设计方案的比选。

交通运输网络规划中新线的分阶段建设，必然引起有关线路的部分交通流改变运行路径，从而对有关枢纽在交通运输网络上的作用产生巨大影响。例如，在图 2-6 所示路网上修建 AE 新线，一方面由于 A 枢纽和 E 枢纽都有新线引入接轨，枢纽引入干线方向增多，必然增加枢纽的工作量和作业的复杂性，从而在一定程度上影响枢纽的性质、规模及专业车站的分布和进、出站线路的引入。另一方面，C 枢纽则由于 AE 新线的分流，减轻了作业负担，使 C 枢纽布局相对简化，通过能力得到一定程度的加强。此外，AE 新线的修建对相邻的其他有关枢纽 B、F 也有不同程度的影响。

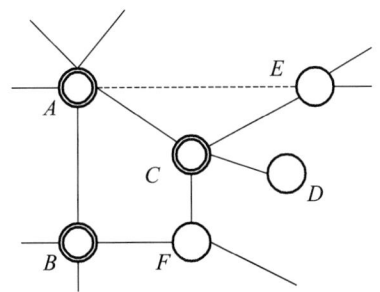

图 2-6 路网与枢纽规划示意图

交通运输网络规划对于研究确定有关交通枢纽的分工与协作以及交通枢纽分阶段发展具有决定性的意义。如果只孤立地研究个别交通枢纽规划而不从交通运输网络整体规划的角度考虑有关枢纽的分工与协作,将会出现交通枢纽间分工协作关系不明,以致设备重复或设备规模不能满足生产建设的要求。

2.2.3 城市规划

1. 交通枢纽与城市内外交通的关系

交通枢纽总是以某一个城市为依托的,其功能就是连接城市内外交通。交通枢纽与所在城市的性质和功能有着密切的联系,在进行交通枢纽布局规划时,必须考虑城市交通系统与交通枢纽的相互关系。

交通枢纽的运转由旅客(或货主)、运输企业和政府三个部分共同参与。它不仅与交通枢纽所在区域的交通网络的物理特征有关,还与三个参与枢纽运营的主体的相互关系有关。以货物运输为例,可以把交通枢纽的运转分为枢纽内部的短距离散货运输和枢纽与交通运输网络上其他枢纽之间的长距离集中运输两部分,而枢纽就是联系两个阶段的节点。

枢纽内部的短距离运输实际是交通需求者(旅客或货主)利用城市内道路进行的,与交通需求者对运输路径和站点位置的选择行为有关,与城市交通融为一体。从微观意义上讲,交通需求者选择什么路径、什么场站完全取决于交通需求者个人对整个交通运输网络的判断和期望,政府只能借助完善城市内部交通网络的方式实现对交通需求者个人行为的合理诱导。此阶段交通行为可用交通规划理论进行描述。

枢纽之间的长距离运输则是利用城市间的公路、铁路、水路和航空线路等进行,交通需求者对这部分的关心程度较低,相反运输企业会在这个阶段对自己的运力、运输线路的安排进行较为详细的研究,保证运输企业的经济效益最大化。

交通枢纽的运转机理可以用图 2-7 所示的两个层次来说明。交通枢纽规划的最终目的,就是通过合理的交通枢纽场站布局,来引导交通需求者和运营者的微观行为,使之符合综合运输系统社会效益最大化的宏观目标。

2. 交通枢纽规划与城市规划的配合

交通枢纽承担着城市的内外联系,是城市整体的一部分。交通枢纽与城市相共生,并在相互促进中不断发展。为使交通枢纽既方便城市生产生活又能充分发挥运输效能,交通枢纽的规划设计和建设必须与城市规划密切配合。交通枢纽规划应纳入城市规划，服从城市规划的总体安排，以便更好地为城市建设、工业生产、人民生活和旅行服务；城市规划应对交通枢纽的各项设备进行合理配置，务求各种运输方式的设备之间有方便和经济的联系，保证满足运营要求，以便提高运输效率，降低运输成本，尽可能地减少对城市环境与市政建设的影响和道路系统的交叉干扰。

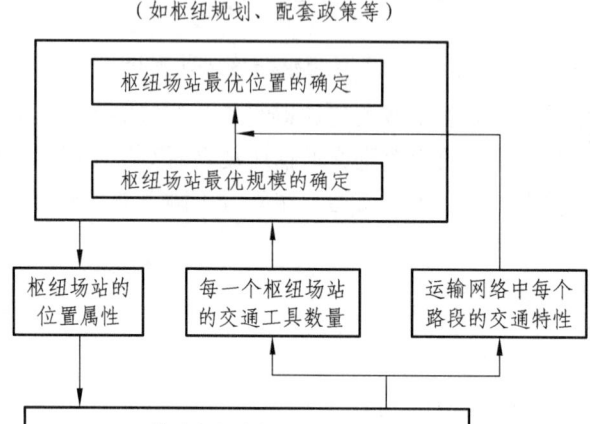

图 2-7　交通枢纽运转机理示意图

交通枢纽各项设备是城市总体的有机组成部分，设备布置对城市结构的形成与发展有着重大影响，应在空间上紧密地与城市其他设施有机结合。

（1）直接与城市生产和生活有密切联系的设施，应设在市区内或市区边缘，并应与有关的城市功能区布局密切配合，如铁路、公路的客运站和水运客运码头与居住区靠近，货运站和码头与工业区、仓库区靠近等。

（2）不直接为城市服务但又是前项设施所必需的辅助设施，如客站、货站的进站线路，铁路和水运的客运技术作业场所（客车船舶停放、清洗、整备的场坞）等应尽量不设在市区内，也不能远离市区，尽量减少对市区的干扰。

（3）与城市生产和生活无关的设施应尽可能布置在城市外围适当的地方。如铁路编组站、货物中转站与码头、集装箱转运基地等应尽量远离市区，并应便于运营。

在枢纽内各种设备的布置上充分注意保护城市环境。

（1）危险品货物装卸站点应设于市区之外；

（2）粉末易扬货物不能设在盛行风向的上侧或最小风频的下侧位置；

（3）交通建筑物特别是陆上线路和大型站场应选择适宜地形修建，不应妨碍城市排水和郊区农业灌溉；

（4）采取积极措施防止和减轻交通噪声对居民聚居地段的干扰。

交通运输必须拥有通畅的疏运、集散条件。首先，要有紧密衔接和通畅的城市道路系统，并在车站、码头前配有与集散量相应的广场；其次，要求铁路、港口、公路、机场能力上的协调，以利相互疏集；最后，车站、港口、机场的选址及其配套的各项公共建筑的布置应统一规划布局，组成完整的建筑群，形成和谐、壮观的市容。

交通是城市建设的先行，交通建设在时间上要超前，在规模和能力上要有一定的储备，为远景发展留余地。充分考虑交通与城市发展前景，规划远景发展与预留用地，是交通枢纽所在城市规划的一项重要原则。城市交通用地的远景规划布局，包括原址用地扩大和建设新址两个方面。由于交通设施和城市各项用地与各类企业有广泛的联系，其位置的变动涉及面较大，故一般以在原址扩大为宜，将车站附近用地、港口附近陆域和岸线进行规划控制，对于规划中已安排的新港、新站的用地，同样需要控制和预留。

3. 交通枢纽布置形式与城市布局的配合

由于交通枢纽布置形式有多种，与城市布局的关系也比较复杂。因此在处理两者间的关系时，要做具体分析。随着城市布局与枢纽形式的不断发展变化，交通枢纽的布置模式不可能固定不变，但其基本原则应是既考虑枢纽本身运营的需要与发展，又要力求避免干扰城市。

交通枢纽按交通运输干线与场站空间分布形态一般可分为：终端式枢纽，主要分布于陆上干线尽头或陆地的边缘处；伸长式枢纽，干线从两端引入呈延长式布局；辐射式枢纽，各种干线可以从各个方向引入；辐射环形枢纽，由多条放射干线和将其连接起来的环线构成；辐射半环形枢纽，一般分布于海、湖、河岸边。

铁路枢纽的线路、站场较多，会对城市造成较多的分割和干扰。因此正确选择线路走向与站场位置，避免和减少对城市的包围、分割、干扰，是搞好规划布局的重要前提。同时，选好铁路与道路立交桥位置，布置好防护带和绿化系统，组织好与城市道路的衔接也很重要。以下以铁路枢纽布置形式与城市布局的配合为例进行说明。

（1）一站枢纽：与城市的关系较简单，一般城市沿主要干线一侧发展，如图2-8（a）所示。各铁路方向均直接引入一个客货运共用的联合车站，客运站房和货场最好位于城市一侧，其特点是设备集中，管理方便，运营效率高，但客货运作业互有干扰，能力较小，一般位于中小城市的车站可采用此布置形式，如四平、牡丹江枢纽。此类型枢纽，一旦当货运量较大，受地形限制必须客货分侧布置时，应将货运量大的工业企业布置在货场一侧，而城市的主要部分仍布置在客运站一侧，同时要修建跨线铁路的立交桥，以尽量减少铁路对城市交通的干扰。

图2-8（b）所示布置形式则由于铁路干线分割城市主要地区，对城市干扰较大。

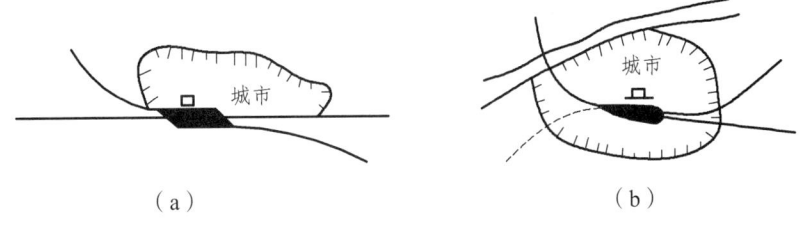

图2-8 一站枢纽在城市中的布置方案

（2）三角形和十字形枢纽。

三角形枢纽与城市的相互位置有两种可能方案。第一种，见图2-9（a）：城市基本上位于枢纽的某一象限内，互相干扰少，城市有一定发展余地；第二种，见图 2-9（b）：枢纽将城市分割为二，互相干扰较大。三角形枢纽的特点是有较大客、货运量交流的三个铁路方向引入，而在各引入线上布置有不同的专业车站，并在其间铺设联络线以便各方向间中转列车的运行，它的通过能力和具有联络线的一站枢纽基本相同，如鹰潭枢纽。

十字形枢纽，城市被十字交叉的铁路干线分割成多块互相干扰更加严重，如图 2-9（c）所示。十字形枢纽通常建于具有大量通过车流而相互间交流量很少的两条铁路干线的交叉点，一般采用立体疏解，并在主要车流方向进口处设置必要的客、货运联合车站和联络线，以便无调中转列车能顺直地通过本枢纽而取得缩短运程、减少交叉干扰和节省投资的效果，如怀化、石家庄、齐齐哈尔等枢纽。

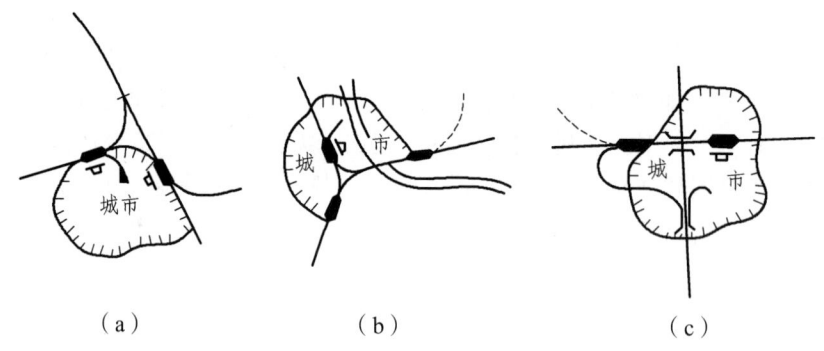

图 2-9　三角形和十字形枢纽在城市中的布置方案

（3）顺列延伸式枢纽。

受地形限制，城市用地呈狭长形带状发展时，铁路枢纽往往沿城市纵向延伸，与城市有较长的接触范围，这种枢纽的特点是各铁路方向由两端引入，各专业站顺序布置在中轴线上，铁路干线应尽量沿城市边缘布置，以防止城市被分割，如图 2-10 所示。优点是进站线路疏解简易，有利于与城市规划相配合；缺点是所有客、货列车都需在中轴线上运行，从而中轴线往往就成了限制枢纽通过能力的咽喉地段，如兰州、太原、西安等枢纽。

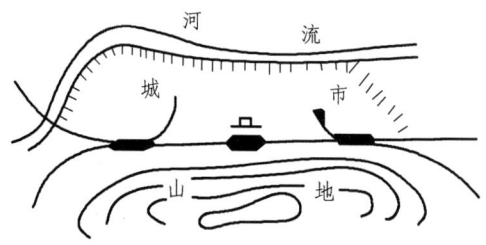

图 2-10　顺列式枢纽在城市中的位置

（4）并列式枢纽。

并列式铁路枢纽应将客运站布置在市区一侧，而将编组站布置在市区边缘，两端复杂的进站线路疏解区应尽量避免设在市区内。市区应尽量在靠近客运站一侧发展，如图 2-11 所示。此种布置形式枢纽的特点是各铁路方向的旅客列车和货物列车按不同的运行径路分别引入相互平行布置的客运站和编组站。由于在枢纽内实现了客、货分流，避免了客、货车运行的交叉干扰，提高了通过能力，但其进站线路结构比较复杂，需要修建较多的跨线桥，如郑州枢纽。

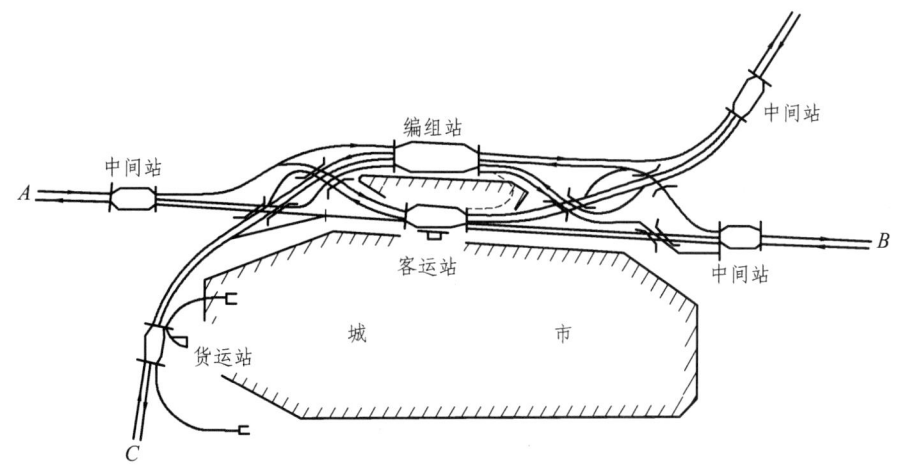

图 2-11　并列式枢纽在城市中的位置

（5）环形或半环形枢纽。

运输量大且作业复杂的大型枢纽，当引入铁路方向很多、需配置较多的专业车站时，为便于各方向客货运输交流、避免引入线过于集中在某一汇合点和为地区客货运服务提供方便，通常应随运量的发展逐步修建一些联络线、迂回线与直径线，将各铁路方向、专业车站连接起来，从而形成了枢纽的环形布局。环形枢纽大大地提高了通过能力和运营商的机动灵活性，如北京、哈尔滨枢纽。

环形枢纽所在城市一般在铁路环线内发展。当设有两重环线时，内环线主要为城市货运或客运服务，设置或衔接客运站、货运站或货场；外环线为铁路运转服务，设置编组站。环线的位置既不宜布置于市区内避免影响城市发展，也要防止将环线移出城市过远而不便于城市使用，另外，还要避免环线穿越风景旅游区。

（6）尽端式枢纽。

尽端式枢纽（也称终端枢纽），一般位于大港埠、大矿区所在地、铁路干线的终端，根据作业的需要修建一系列专业车站及相应的联络线和其他铁路设备，并将编组站设在出入口处，以有效地控制车流。尽端式枢纽依所服务的对象又可分为港湾铁路枢纽（如大连、连云港枢纽）和工业铁路枢纽（如大同、本溪枢纽）。尽端式枢纽的布置要服从枢纽终端的港湾、矿区或工业区的布局。滨海地区尽端枢纽的引入应尽量沿城市内陆的边缘，避免分割城市与海湾的联系，如图 2-12 所示。

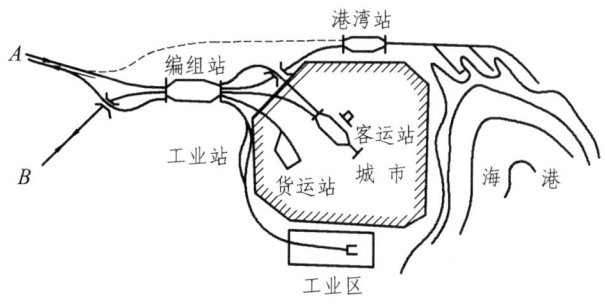

图 2-12　尽端式枢纽在城市中的位置

（7）混合式枢纽。

在引入铁路方向较多、工业企业布局分散、客货运量大，地方和中转运输任务繁重，需设置多处客运站、货运站及编组站而又受到某些条件的限制时，根据具体情况综合采用上述一些图形组合成混合式枢纽，如图 2-13 所示。我国的武汉枢纽是典型的混合式枢纽，由顺列式、三角形和环形布置组合而成，其中沿京广线的丹水池（枢纽前方站）、江岸西（编组站）、汉口（客运站）、汉西（客货运站）、汉阳（客货运站）、武昌（客运站）、武昌南（编组站）、大花岭（枢纽前方站）等车站为顺列布置，汉丹线及武大线引入枢纽均为三角形布置，并在武昌南站与武昌东站间修建了南环线使京广线与武大线连通形成环状结构。类似地，沈阳枢纽布局也属于混合式枢纽。

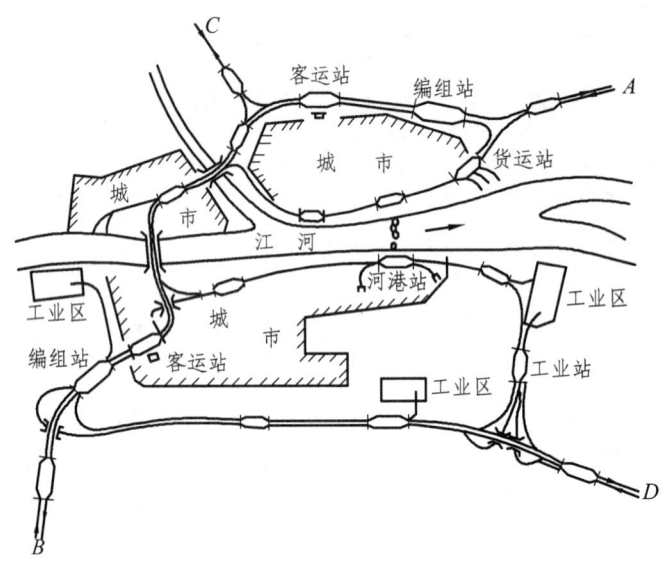

图 2-13　混合式铁路枢纽

我国中小型铁路枢纽的引入铁路方向一般为 3～4 个，多采用一站枢纽或顺列式枢纽布置形式；大型枢纽的引入铁路方向较多，一般为 5～8 个，多采用混合式布置图形。其他国家的特大型枢纽，引入方向可达 10 多个，并有穿越或深入市区的直径线和尽头线，多采用环形或半环形枢纽布置形式，如法国的巴黎、德国的柏林、俄罗斯的莫斯科、英国的伦敦、日本的东京、美国的芝加哥枢纽等。

4. 交通枢纽场站布局与城市道路的配合

在城市规划中处理客运站、货运站与城市道路的关系时，一方面要保证车站与城市各区联系方便，使旅客和货物及时集运和疏散，另一方面又要尽量使集散的交通流不要与城市主要交通流发生干扰。

客运站与城市道路的联系主要通过站前广场来实现。

（1）广场位于城市道路尽端，见图 2-14（a）。这种广场不受通过车辆和行人的干扰，便于广场上组织城市车辆到发与停留、旅客休息和候车等活动，但由于广场只有一条通往城市的道路，集散能力小，在客流集散量大而城市交通运输组织复杂的客运站上不宜采用。

（2）广场位于城市干道一侧，见图 2-14（b）。这种广场便于大量客流集散，集散能力较大，但广场的人流与城市干道的车辆容易发生干扰，故在设计时要求广场要有一定的进深，以便将广场的人流和车流组织与城市通过车辆分隔开来。

（3）与几条辐射道路相联系的广场，见图 2-14（c）。这种广场集散能力大，但广场到发的车流和人流需要绕行，广场交通运输组织较复杂。

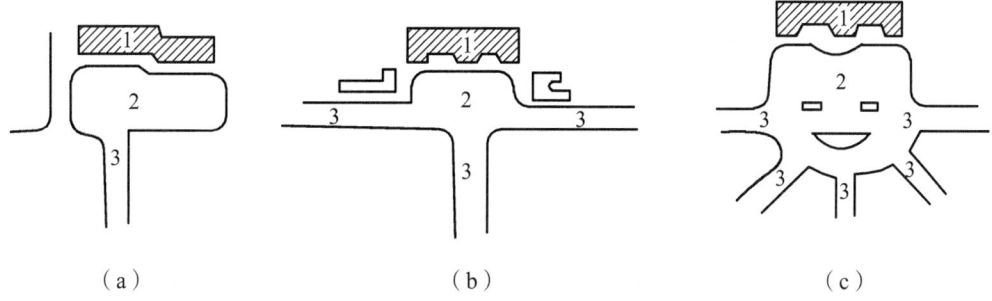

图 2-14　站前广场与城市道路连接方式

1—站房；2—广场；3—城市道路

（4）多广场与城市道路连接方式，见图 2-15。多广场主要包括主广场、副广场和子广场，主广场位于主站房正面一侧，供小汽车和旅客停留，可设计成立体三层，一层为绿化花坛，二层停放自行车，三层为商场；副广场设于出站口，供公共交通车辆到发；子广场设于子站房一侧，供旅客和车辆停留。这种广场不仅功能多样，集散能力大，人流与车流干扰较少，且空间开阔，场景美观，为旅客创造了方便的购物条件和舒适的休息环境。

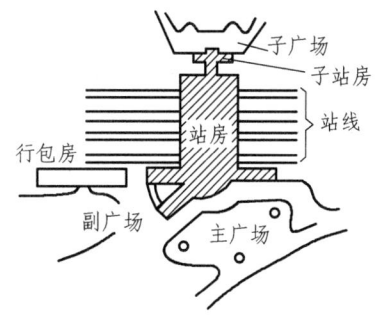

图 2-15　多广场与城市道路连接方式

为了便于旅客乘降，在有地铁的城市，客运站还应直接与地铁连通，将旅客输送到市中心，如图 2-16（a）所示。在国外还有的将客运站伸入市中心的地下，如图 2-16（b）所示，在地下设置多层的客运站，这样就完全避免了与城市交通的干扰。

综合性货运站或货场进、出口处应修建辅助道路与城市货运干道相连接，避免将货场直接布置在城市干道旁侧。货运站的道路应与铁路线路平行布置，附近应有相应的市内交通运输停车场，如图 2-17 所示。

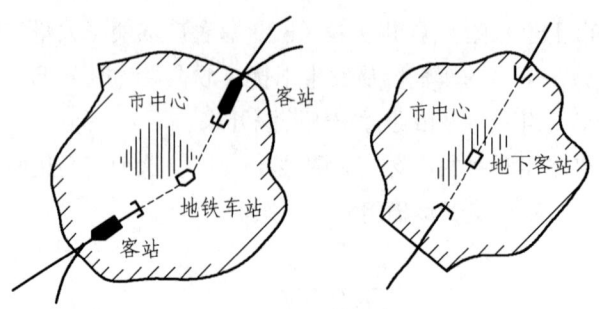

图 2-16 客运站与城市中心的联系方式

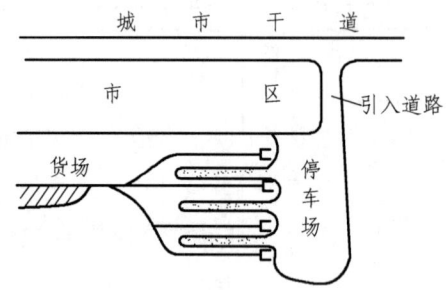

图 2-17 货运站与城市道路相互位置

5. 交通枢纽既有设备的利用与改造

交通枢纽规划应尽量考虑利用原有运输设备，从布局现状出发，根据生产需要进行改造，在改造时应与城市总体规划相结合。在统一规划下做到全面安排，结合生产发展的要求，分期施工，逐步投入生产。交通枢纽的总体改造主要有以下几个方面。

1）铁路站场改造

铁路站场改造主要包括各种设施功能的调整与其分布位置的变动，以便加强各种设施相互之间的联结和分工，改善枢纽设施与其服务对象之间的联系。

（1）客运站的改造方式主要有以下 4 种：

① 原址扩建。这是最主要的一种方式，许多位于市区的客运站与城市道路网以及站前商业服务设施已形成密切关系，此时往往以就地改建、扩建为宜。

② 在不改动线路布局的前提下，客运站选址另建。

③ 迁址建站，拆除部分干扰严重的线路。

④ 客运站连同线路一同外迁新建。当穿切城市特别严重又有可能外迁时应尽可能外迁。

（2）货运站改建：

有以下情况时可将既有货运站改建为其他站：

① 当车站货场在货源方向的对侧，引起城市交通流跨过铁路；

② 货运站与编组站的相对位置与车流方向相反，造成大量折角车流；

③ 货运站设在居民稠密的市区，距工业区、仓库区过远，等等。

改建铁路货运站应注意按专业化分工建设高度机械化作业的作业区，并与城市工业区等密切配合，如将大型卸煤作业区与城市热电站紧密结合，建筑材料到达站与城市大型构件厂、机械搅拌站布置在一起。

各种车站之间的联络线应保证运行便捷，但又应尽量不穿过市区，不得不伸入市区时则应力避与主干道路相交叉。

2）港口码头的改造

港口码头是水陆联运的连接点，其改造既要便于改善陆上与水上运输的作业，还要调整其与城市的关系。港口码头的改造包括许多内容，在客运与货运码头的调整上与铁路作法相同，按其与城市关系进行统一规划，与所在城市有关的设施宜设在市区，无关的设施设于非市区的对岸或郊区。在用地部署上应增加陆域作业场地，就近建设港口后方设施；扩展水域，并按"深水深用"原则做好远近期安排。特别应注意为居民靠近水面留有足够岸线。必要时可将原有设施加以拆除，或对规划设计加以修改，留出必要面积建设滨海（河）公共绿地，修建公共设施。

3）加强城市公交枢纽规划建设

城市公共交通是保证交通枢纽内各种交通方式相互衔接与集散当地客、货流的重要环节。为加强城市公共交通能力，除增加机动车辆外，还须合理安排市内街道网，有时也包括市内水道。在城市规划中，必须为车站、港口、飞机场等客、货流集中的地区布置城市交通干道，应避免直接位于环城干道旁，但又不能距环路过远。

此外，交通枢纽内新建大桥时，必须考虑建桥后对交通枢纽既有设备的重大影响。如大桥建成后可能引起桥下游沿岸河道冲淤规律变化，从而会导致岸线条件变化；桥上游航行船舶也会受桥梁净空的限制，因而使航道等级降低；铁路线路、站场、对外公路走向都会随桥梁建设而变化，城市一些干道的功能与道路网结构也将发生变化。这些都会引起交通枢纽总体布局的变化。因而，在确定大桥位置时，除进行桥位地址施工条件、工程投资的比较和考虑城市对桥位选定的要求外，还必须考虑建桥后交通枢纽运输组织、现有枢纽设备的充分利用与分期改造。

2.2.4 自然条件

各种运输方式的运输活动都是在广大的地域空间中进行的，自然条件是影响交通枢纽布局规划的重要因素。应该指出，自然条件对交通枢纽规划的影响随着现代化科学技术的发展而逐步减少，但自然条件对交通枢纽场站的选址、建设投资、运输能力以及建成后的运输成本和运营费用支出的影响仍不可忽视，必须给予正确的估价。

1. 工程地质条件

（1）对地质条件陆上运输的线路、车站、港口码头的地基和周围地段的稳定性有重要影响，这与地质构造、岩石性质、自然病害等有关。在地层活动地段、断裂破碎带、软土沼泽地区不宜建设铁路和港口。对于滑坡崩塌、泥石流、岩溶地段等也应尽可能避开，或采用必要的工程措施予以防护。

（2）枢纽内的主要设备（如铁路编组站、客运站、机务段、大型建筑物等），必须考虑其基底土壤的坚固性和稳定性，以免将来使用时造成危害，因而必须对上述地段的工程地质情况作详细勘测，制定措施以保证建筑物不受不良地质变化的影响。

（3）当站场或建筑物的部分用地或其边缘布置在沼泽地带或土质松软地带时，应仔细研究其构造。一般如淤泥厚度不超过 15 m 时，仍可布置站场建筑物，但工程上要做特殊处理，查明其是否吸收雨水或地下水，可否将其梳干后再行决定站场路基的布置范围，或决定是否绕避这种地区。

2. 水文地质条件

水文因素中的流量、水深及其季节性变化，直接影响到水运、港址的选择、码头位置及规模等。地下水的高度对于铁路、公路、管道的路基稳定性也有一定影响。

枢纽内站场标高受所在地区江河水位标高的直接影响，一般可分为两类：一类属于自然条件的江河洪水位及内涝水位，这是根据历史上洪水位资料推算百年周期的水位来确定的；另一类是因国家大规模水利建设筑坝蓄洪抬高了水位，这是根据拦洪坝最大蓄水位来确定的。必须同时根据以上两种水位来确定各地区的确切水位。

站场线路的标高一般应在最高水位之上。但有时采取防洪排涝措施，可以减少为抬高站场线路标高而需要的大量土石方工程。特别是原有站场线路标高较低时，改建时更应从实际出发，采取下列有效措施：

（1）利用当地的江河堤防控制洪水位，使站场标高位于江河洪水位之下，而由内涝水位控制。

（2）与城市水利规划密切配合，共同确定降低内涝水位。

（3）修筑防洪路堤或排洪沟。

铁路正线或公路路基一般不宜兼作防洪路堤，以防洪水冲塌路基而中断车辆运行。如需兼作防洪路堤，则应对路基做特殊设计，并在沿线有关桥涵处加修闸门。

站场沿山坡布置时，为排除山洪威胁，可在路基高坡一侧修建排洪沟，接通河道，引洪入河，保护站场路基不受冲刷。

3. 工程取土问题

地处平原或地势低洼地区的交通枢纽，由于洪水位或内涝水位的控制，修建站场和进、出站线路立体疏解等工程，必然引起大量的土石方工程，使填方、取土发生很大困难。在研究枢纽设计方案拟定站场标高时，必须与取土问题同时研究。取土地段过远，不仅会延长工程进度，增加工程造价，而且会引起运输和劳力等一系列工程组织问题。

交通枢纽站场工程取土地点应选择在城市规划建筑用地范围以外。必须注意不使农田水利受到影响，并结合工程改地造田。城市建设工程或水利工程常有不同数量的弃土，应与有关单位互相配合，尽量利用弃土。取土应选择质地良好而且便于开采的土壤。

2.2.5 区域社会经济发展水平

1. 区域社会经济发展与交通运输

1）经济增长对运输需求的影响

交通运输作为一项重要的基础设施，是国家和地区经济发展和人民生活水平提高的前提条件,它在国民经济中占有重要的地位。交通运输的增长与经济增长有着密切的联系。一方面,生产的扩大和人们经济活动的增多必然要对交通运输服务产生更大的需求;另一方面,对交通运输业的投资也进一步刺激经济的增长。因此,经济增长与交通运输的发展是同步的。

(1)经济的发展阶段对运输需求的影响。

人均收入水平反映了一个国家或地区经济发展水平和居民消费水平,人均收入较高的国家或地区,人均经济规模和消费水平较高,因而对交通运输的需求也较大。另一方面,经济发展水平较高的国家或地区,其建设基础设施的能力也较强。

各国家或地区的产业结构与其经济发展阶段密切相关。由于各产业对交通运输的需求是不同的,产业结构的变化也将影响对交通运输的总需求。有研究显示,第三产业对交通运输的需求强度是最强的,其次是第二产业。过去几年里,我国产业结构发生了深刻的变化,其中最为显著的特点就是第三产业的比重大幅上升,这就表明了对交通运输的需求将增加。

城市化水平也是与经济发展水平紧密相关的。目前,我国正处于城市化加速发展期,城市化将是拉动我国经济发展的巨大力量,同时城市化的加速发展也将是推动城市交通运输发展的直接动力。

(2)区域间的经济社会联系。

由于区位、地理、气候、资源的自然条件,以及人文、历史条件各异,各地的发展条件不同,发展基础不同,从而形成了区域间发展模式的不同和发展的不平衡,这也就使得区域间存在着社会经济的横向联系。加强区域间的横向联系,可以促进资源的有效利用和资金、技术、人才的合理流动,改善产业结构、产品结构和产业组织结构,有利于区域的协调发展,提高区域经济的总体效率。交通运输业的发展有利于促进区域间的联系,区域间经济社会联系的增强也将拉动交通运输的增长。

2)区域社会人口对交通运输的影响

我国人口众多,根据第六次人口普查,目前我国人口约14亿人,其中约50%分布在农村,随着我国商品经济的发展,城乡之间、乡村之间的物资流通和短途客运将大大增加。

随着改革开放的实施,城乡人民生活水平的提高,人们的出行需求量增加,年人均出行次数大幅度提高,特别是公路人均出行次数提高最快。在城市和农村体制改革的推动下,城乡之间的商品生产和流通发展很快,商品交换和人员流动日益频繁,据国外有关方面研究,人均国民生产总值达1 000美元时,境内旅游的人数日益增多;人均国民生产总值达3 000~4 000美元时,出境旅游的人数日益增多。到2020年,预计我国人均国民生产总值将达2 000多美元,国内的跨省、跨地区的旅游人数会有较大增加,客运任务将日益繁重。

人口增长不仅对客运量影响很大,对货运量影响也很大。人口的增多,相应的消费量也随着增大,统计显示,2014年,我国公路货运业平均每年为每人运输和接收22吨货物。随着人口的增加和人均生活水平的提高,由此所带来的货运量是可观的。

随着城市化和乡镇企业的发展,许多地区将调整生产力布局,出现人口向城市、向自然条件优越的地区、向经济发达的地区、向主要水陆交通线聚集,总的趋势是由南向北、由沿海向内地扩散。在城乡一体化进程中,城乡之间、乡村之间物流规模将日益扩大。2016年发布的《中国居家大件物流行业大数据报告》显示:2015年中国社会物流总额达220万亿元,货车司机3 000万人,在用车辆1 450万辆,从事物流活动的企业法人单位数超30万家,物流岗位吸纳的从业人员总数超过 3 000 万人，从业人数逼近 9 000 万人，是增长最快的实体行业之一，中国已成为名副其实的物流大国，到 2020 年从业人员将更多，产生的公路货运量也是非常可观的。

农村剩余劳动力的转移。我国人口众多，农村人口比例较大，人均耕地面积少，再加上农业现代化的进展，农业劳动生产率不断提高，农村剩余劳动力日益增长，大量的剩余劳动力将涌向城市，造成客流量的增加，交通压力增大。各种交通设施，包括车站、码头的利用率大幅度提高，对各种交通设施的规模、服务质量的要求也将提高。

交通枢纽一般为经济发达、人口密集的交通集散、换乘、装卸聚集地。随着对交通的需求日益增长，必须建设相当规模的枢纽港站才能解决客货量对运输的需求。

2. 区域经济水平与枢纽港站

区域经济水平是影响枢纽港站客货流的最重要的影响因素，下面主要从港口货流量和公路、铁路旅客和货物运输需求两方面进行介绍。

1）影响港口货流量经济要素

（1）国民经济发展水平。

随着生产的发展，对原材料需求增多，生产的产品也进一步增加。因此通过具体了解国民经济活动——工农业生产总值、国民收入等可能的增长幅度，可以预测国内贸易流量和通过港口进出的货物流量的发展趋势。为此必须了解以下几个方面的资料：

① 资源分布。我国各地区区位、地理、气候、资源分布等自然条件存在差异，区域间的经济发展模式与发展速度的不平衡，使得区域间存在着资源的相互流动，如西煤东运、北材南运、北油南运等。

② 生产力布局。生产力布局是产生港口货流的主要因素。已形成的生产力布局决定了各种物资的生产地与消费地在空间的相对位置，从而决定了货物的流量、流向和结构，这也是港口货流的基本特征。

③ 工农业生产的规模和结构。工农业的生产增长和结构变动将影响港口货流的结构变动以及流量的增长。主要是冶金、采掘、石油、电力、建筑、农业等部门的产品和原材料构成了港口的主要货流。

④ 人口变动情况。包括人口总数、分布密度和增长趋势。总人口的增加，意味着港口货流的变化。

⑤ 中央和地方各级政府的有关方针政策。这些政策将对国家和地区经济发展的方向和速度产生影响。

（2）经济腹地发展水平。

港口的兴衰与其经济腹地的发展紧密相连。港口必须倚重其所在的腹地才能稳步地发展。腹地的经济发展水平高、增长快，则港口货流增长也快。对腹地经济发展的分析需考虑以下因素：

① 腹地经济活动。包括腹地内的工农业生产的规模和结构，腹地所实行的经济政策、发展规划，腹地内供求变化趋势，产品的季节性生产，各种货类及其装卸特点，运输方式和运输工具等。

② 腹地人口变动情况。包括腹地的人口总量、分布密度和增长趋势。要特别注意腹地经济活动发生时出现的短期人口密集。

③ 腹地地理条件。主要包括腹地内地形、山脉和河流的走向，季节及气候变化的影响等。

④ 临近港口状况。主要是指港口的相对地理位置，临近港口和本港口可能拥有共同的经济腹地，因此临近港口的设施、效率、经营方式，对腹地的吸引力及港口之间的组合和分工等，既可能给港口带来机遇，也可能构成威胁。

2）影响公路、铁路旅客和货物运输需求的社会经济因素

（1）影响旅客运输需求的经济因素。

① 国民经济发展水平。

对于国民经济发展水平较高、人均经济规模和消费水平较高的国家或地区，对运输的需求也较大。此外，经济发展水平高的国家或地区，其基础设施的建设能力也较强。

② 人们出行需求。

随着国家经济的发展，人民生活水平的提高，人均出行需求量增加，年人均出行次数大幅度提高，特别是公路人均出行次数提高最快。城市之间、城乡之间客流量增加，交通压力增大，各种交通设施包括码头、车站的利用率大幅度提高，对各种交通设施的规模、服务质量的要求也逐步提高。

③ 经济建设引力。

经济建设引力是影响枢纽场站客运量流向的重要因素。随着城市化进程的加快，以及乡村剩余劳动力的转移，很多地区出现了人口向城市、向自然条件优越地区、向经济发达地区、新开发区、向主要水陆运输线聚集，总的趋势是由南向北、由沿海向内陆扩散。

（2）影响货物运输需求的经济因素。

随着国民经济的发展，对原材料需求增多，生产的产品也进一步增加，城乡之间、乡村之间的物资流通大量增加。

① 资源分布。

资源分布是自然形成的，具有其客观性，我国的主要资源如煤炭、石油、木材等大多分布在西北、东北和西南地区，而消费地多在经济较发达的中南、华东和华南地区，这就形成了大宗货流：西煤东运、北材南运、北油南运等。

② 产业结构对运输需求的影响。

各国或各地区的产业结构对交通运输的需求也是不同的，产业结构的变化也将影响对交通运输的总需求。有研究显示，第三产业对交通运输的需求强度是最强的，其次是第二产业。过去几年里，我国产业结构发生了深刻的变化，其中最为显著的特点就是第三产业的比重大幅上升，这种变化导致了货物运输需求量的增长。

③ 人口增加对货运量的影响。

人口增长不仅对客货运量影响很大，对货运量也有重大影响。人口的增多，相应的消费量增大。随着人口的增加和人均生活水平的提高，由此所带来的货运量是可观的。

④ 辐射区域的经济发展水平。

枢纽港站的兴衰与其辐射范围的发展紧密相连。需考虑的因素见前面港口货流量需求影响因素——港口经济腹地需考虑的因素。

2.3 港站布局方法及优化模型

2.3.1 交通枢纽港站布局方法概述

交通枢纽是组织交通运输并保证交通运输网络畅通的基本条件。由于受交通发生吸引源的分布、交通运输网络特点和自然环境等因素的影响，使得在同样的地域范围和同样的交通运输网络上，不同布局的交通枢纽场站，会导致不同的交通运输效率和社会经济效益。因此，交通枢纽场站的合理布局，是根据对社会经济发展和交通需求的预测结果，利用交通规划和网络优化理论和方法，综合考虑交通发生吸引源的分布情况、交通运输条件以及自然环境等因素，对交通枢纽场站的数量、地理位置、规模和与其他枢纽的相互关系进行优化和调整，以实现整个交通枢纽系统的运输效率最大化。

早期时候，我国交通枢纽场站的规划与布局研究往往局限于单一系统之中，主要按照各种交通方式的枢纽形式分别进行专门的规划，在每一类规划中适当考虑其他交通方式的影响，一般实践中常采用单纯的数学物理模型，如重心法、微分法以及交通运输的效益成本分析法等。随着运筹学的发展，出现了最优化方法，如线性规划和整数规划等。这些方法虽然比数学物理模型较好地反映了交通枢纽的运转机理，更接近于实际情况，但仍只是从静态的、抽象的角度研究枢纽场站的规划与布局，没有考虑枢纽所处交通运输网络的动态变化对其布局带来的影响，也不能反映综合交通运输网络的节点层与其他层面的互动关系，因而计算结果可靠性不高，通常只能为定性分析提供参考。

近年来，交通领域的学者们开始尝试把交通规划、交通流理论应用到交通枢纽场站布局规划研究中，力图反映交通枢纽所在区域交通网络的动态变化特性，从交通枢纽的运转机理和交通枢纽与交通网络之间的动态关系入手，把交通规划的四阶段理论与物流学的物流网点选址模型相结合，运用运筹学的方法，对综合交通枢纽港站布局规划的新模型和新方法进行探索和研究，但这些方法仍处于探索阶段，还有待进一步的研究。

交通枢纽分为客运枢纽和货运枢纽，由于客运交通流在组成要素和运输环节方面均比货运交通流简单，其组成要素是单一的人，其运输环节主要以人的空间位移为主；而货运交通流不仅有货物种类的区别，货物流通过程中还有装卸搬运、仓储、包装和配送等环节，因此货运枢纽场站的布局要比客运枢纽复杂得多，相应的对货运枢纽场站布局的优化模型和方法的研究也比较受重视，本书所述的基本上都是货运枢纽场站布局方法。以下主要介绍两种常用的场站布局方法：单一交通方式的交通枢纽场站布局方法——数学物理模型、运筹学模型；综合交通枢纽港站布局模型——两阶段法。

2.3.2 单一交通方式的交通枢纽场站布局方法

单一交通方式的场站布局分为一元交通枢纽场站布局和多元交通枢纽场站布局。一元交通枢纽场站布局是指在规划的枢纽服务范围内只设置一个站点的布局问题。在实际的交通枢纽中，这种问题并不多，因为一个枢纽通常需要一系列的场站协调工作才能运行，但由于多元枢纽场站布局变量多、约束多，为了简化模型，减少计算量，可以把它变换成一元枢纽场站布局问题求解。数学物理模型是求解一元交通枢纽场站布局问题的常用方法，其中最常用的模型是重心法和微分法。

1. 重心法

重心法是一种模拟方法，它将运输系统中的交通发生点和吸引点看成是分布在某一平面范围内的物体系统，各点的交通发生、吸引量分别看成该点的重量，物体系统的重心就是枢纽港站设置的最佳点，用求几何重心的方法来确定交通枢纽港站的最佳位置，其数学模型如下：设规划区域内有 n 个交通发生点和吸引点，各点的发生量和吸引量为 $W_j(j=1,2,\cdots,n)$，坐标为（x_j，y_j），其中 $j=1,2,\cdots,n$。需设置枢纽港站的坐标为（x，y），枢纽系统的运输费率为 C_j。根据平面物体求重心的方法，枢纽港站最佳位置计算公式如下：

$$\begin{cases} x = \sum_{j=1}^{n} C_j W_j x_j / \sum_{j=1}^{n} C_j W_j \\ y = \sum_{j=1}^{n} C_j W_j y_j / \sum_{j=1}^{n} C_j W_j \end{cases} \quad (2-1)$$

重心法的特点是简单，但它将纵向和横向坐标视为独立的变量，与实际交通系统的情况相去甚远，求出的解往往是不精确的，只能作为交通枢纽港站布局的初步参考。

例 2-1：设规划区域内有 5 个交通发生点（吸引点），各点的坐标位置、发生量（吸引量）以及运输费率如表 2-3 所示，确定需设置港站的坐标。

表 2-3 交通发生点的坐标、发生量和运输费率表

交通发生点（吸引点）j	发生量（吸引量）W_j（担）	运输费率 C_j（美元/担/英里）	坐标	
			x_j	y_j
1	2 000	0.050	3	8
2	3 000	0.050	8	2
3	2 500	0.075	2	5
4	1 000	0.075	6	4
5	1 500	0.075	8	8

解：利用式（2-1）运用重心法来确定需设置港站位置。具体求解过程如表 2-4 所示。

表 2-4 求解过程表

j	x_j	y_j	W_j	C_j	$W_j C_j$	$W_j C_j x_j$	$W_j C_j y_j$
1	3	8	2 000	0.050	100.00	300.00	800.00
2	8	2	3 000	0.050	150.00	1 200.00	300.00
3	2	5	2 500	0.075	187.50	375.00	937.50
4	6	4	1 000	0.075	75.00	450.00	300.00
5	8	8	1 500	0.075	112.50	900.00	900.00
合计					625.00	3 225.00	3 237.50

由表 2-4 可以得出需设置港站的位置坐标为：

$x=3\,225.00/625.00=5.16$

$y=3\,237.50/625.00=5.18$

2. 微分法

微分法是为了克服重心法的缺点而提出的，它的前提条件与重心法相同，但系统的总费用 F 为：

$$F = \sum_{j=1}^{n} C_j W_j \left[(x-x_j)^2 + (y-y_j)^2\right]^{1/2} \tag{2-2}$$

通过对总运费 F 取极小值，即分别令 F 对 x 和 y 的偏微分为零，得到新的极值点。求解公式为：

$$\begin{cases} x = \dfrac{\sum_{j=1}^{n} C_j W_j x_j / \left[(x-x_j)^2 + (y-y_j)^2\right]^{1/2}}{\sum_{j=1}^{n} C_j W_j / \left[(x-x_j)^2 + (y-y_j)^2\right]^{1/2}} \\ y = \dfrac{\sum_{j=1}^{n} C_j W_j y_j / \left[(x-x_j)^2 + (y-y_j)^2\right]^{1/2}}{\sum_{j=1}^{n} C_j W_j / \left[(x-x_j)^2 + (y-y_j)^2\right]^{1/2}} \end{cases} \tag{2-3}$$

微分法需要以重心法的结果为初始解，不断迭代。直到前后两次迭代的解误差不超过设定范围，从而得到最佳结果。虽然它从数学上可以给出交通枢纽港站的具体位置，但这个结果仅仅是数学解，还需要放到实际的交通系统中去进行进一步的调整。

例 2-2：继续例 2-1 中的问题，若以重心法求解所得的港站位置坐标作为初始解，求使得总费用最小的港站位置。

解：这里不妨令 $d_j = \left[(x-x_j)^2 + (y-y_j)^2\right]^{1/2}$，利用例 2-1 的结果作为初始解，根据公式（2-3）来求解表 2-5 中的方程，可以得出第一次迭代的位置坐标。

表 2-5 求解过程表

j	$W_j C_j$	$W_j C_j x_j$	$W_j C_j y_j$	d_j	$W_j C_j/d_j$	$W_j C_j x_j/d_j$	$W_j C_j y_j/d_j$
1	100.00	300.00	800.00	35.52	2.815	8.646	22.523
2	150.00	1 200.00	300.00	42.63	3.519	28.149	7.037
3	187.50	375.00	937.50	31.65	5.924	11.848	29.621
4	75.00	450.00	300.00	14.48	5.180	31.077	20.718
5	112.50	900.00	900.00	40.02	2.811	22.489	22.489
合计					20.249	102.009	102.388

则修正后的坐标为：

$x=102.009/20.249=5.038$

$y=102.388/20.249=5.057$

此时的总成本为 21 431 美元。若利用计算机编制相关文件，可以实现更多的迭代过程，当总成本不再下降时即获得总成本最低的港站选址位置。本例题的迭代过程如表 2-6 所示。

表 2-6 迭代过程表

迭代次数	X 坐标	Y 坐标	总成本（美元）
0	5.160	5.180	21 471.00
1	5.038	5.057	21 431.22
2	4.990	5.031	21 427.11
3	4.996	5.032	21 426.14
4	4.951	5.037	21 425.69
5	4.940	5.042	21 425.44
6	4.932	5.046	21 425.30
7	4.927	5.049	21 425.23
8	4.922	5.051	21 425.19
9	4.919	50.53	21 425.16
10	4.917	5.054	21 425.15
11	4.915	5.055	21 425.14
…	…	…	…
100	4.910	5.058	21 425.14

总成本在第 11 次迭代以后就不再下降。因此此时的坐标位置就是使得总成本最低的港站选址坐标位置（4.910，5.058）。

3. 成本分析法

成本分析法是在已经具有一个枢纽港站位置的选择集的前提下，以枢纽系统的总成本最小为目标，通过简单的财务计算，比较选择最佳的位置。该方法假设有 n 个交通发生点，分别具有发生量 $(W_1, W_2, W_3, \cdots, W_n)$，而且用一定准则已经得到 m 个待选港站位置 $(P_1, P_2, P_3, \cdots, P_m)$，每个港站的建设、运营成本为 $(R_1, R_2, R_3, \cdots, R_m)$。假设单位吨千米运费相同且为 C，其余运输条件相同，各交通发生点到港站的距离用矩阵 $D\{d_{ij}\}(i=1,2,3,\cdots,n)$ 表示。则每个待选站点的总费用为：

$$C_i = R_i + \sum_{j=1}^{n} d_{ij} W_j \quad (i=1,2,3,\cdots,n) \tag{2-4}$$

计算出每个港站的总费用，从中选择总运输成本最小的点作为最佳的港站地址。

上述方法简单易行，在研究枢纽港站选址方法的早期得到广泛应用，但由于它们是用简化和抽象的数学模型模拟枢纽运行机制，在实际运用中具有下述缺点：

（1）在求解过程中都以静态的总费用最小为优选目标，运输费率为固定值，既没有考虑实际的路网结构，也没有考虑客货流在道路上的互相交织混杂对交通流在路网上分配结果的影响。实际上，路网上每个路段的流量不同，其通行时间、运输费用也不同，单一的费率无法反映枢纽运转的实际情况。

（2）重心法和微分法为纯粹的数学解析方法，它采用的距离是平面上的几何距离，而实际的交通网络并非如此，往往导致求出的所谓数学解没有实际意义，只能作为下一步分析的最粗略的初始解。

（3）成本分析法实际只是一个简单的港站选址成本比较法，除了具有上述费用计算的不足外，由于它必须先得到一个待选站点集合，又面临如何合理划分枢纽所在区域的客货流通服务区，如何得到待选站点初始解等问题。

在交通枢纽的货运系统中，由于存在货种的差别，不同货种在枢纽内部流动的费用和对场站布置的要求不同，因此枢纽货运场站的布局比较复杂，不确定运输也更多。但从区域整体的角度看枢纽场站的布局，可以从货流整体的角度进行规划，因而就有了多元枢纽场站布局模型，这类模型主要有：混合整数规划模型、运输模型、以最小出行时间为目标函数的布局模型及CFLP（Capacityed Facility Location Problem）法。

在交通枢纽的货运系统中，由于存在货种的差别，不同货种在枢纽内部流动的费用和对场站布置的要求不同，因此枢纽货运场站的布局比客运场站的布局要复杂，不确定运输也更多。但从区域整体的角度看交通枢纽的布局，可以从货流整体的角度来进行规划，多元场站布局的模型应运而生。

4. 以总成本最低为目标函数的布局模型（混合整数规划模型）

设在一个供需平衡的系统中有 m 个发生点 A_i（$i=1,2,\cdots,m$），各点的发生量为 a_i；有 n 个吸引点 B_j（$j=1,2,\cdots,n$），各点的需求量为 b_j；有 q 个可能设置的备选场站地址 D_k（$k=1,2,\cdots,q$），如图2-18所示。发生点发生的交通量可以从设置的场站中中转，也可以直接到达吸引点。假定各备选地址设置枢纽场站的基建投资、中转费用和运输费率均为已知，以总成本最低为目标确定枢纽场站布局的最佳方案。

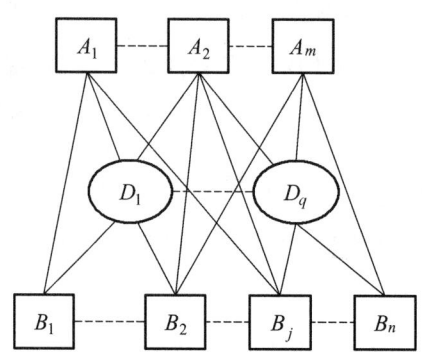

图2-18 多元枢纽场站布局的网络结构示意图

多元枢纽场站布局的数学模型为

$$\min(F) = \sum_{i=1}^{m}\sum_{k=1}^{q}C_{ik}X_{ik} + \sum_{k=1}^{q}\sum_{j=1}^{n}C_{kj}Y_{kj} + \sum_{i=1}^{m}\sum_{j=1}^{n}C_{ij}Z_{ij} + \sum_{k=1}^{q}\left(F_kW_k + C_k\sum_{i=1}^{m}X_{ik}\right) \quad (2\text{-}5)$$

约束方程为

$$\sum_{k=1}^{q}X_{ik} + \sum_{j=1}^{m}Z_{ij} \leqslant a_i \qquad (i=1,2,\cdots,m)$$

$$\sum_{k=1}^{q}Y_{kj} + \sum_{j=1}^{m}Z_{ij} \geqslant b_i \qquad (j=1,2,\cdots,n)$$

$$\sum_{i=1}^{m} Y_{ik} = \sum_{j=1}^{n} Y_{kj} \quad (k=1,2,\cdots,q)$$

$$\sum_{i=1}^{m} X_{ik} - MW_k \leq 0$$

$W_k=1$ 表示 k 被选中，$W_k=0$ 表示 k 被淘汰，$X_{ik} \geq 0$，$Y_{kj} \geq 0$，$Z_{ij} \geq 0$

式中　X_{ik}——从发生点 i 到备选枢纽场站 k 的交通量；

　　　Y_{kj}——从备选枢纽场站 k 到吸引点 j 的交通量；

　　　Z_{ij}——直接从发生点 i 到吸引点 j 的交通量；

　　　W_k——备选枢纽场站 k 是否被选中的决策变量；

　　　C_{ik}——从发生点 i 到备选枢纽场站 k 的单位费用；

　　　C_{kj}——从备选枢纽场站 k 到吸引点 j 的单位费用；

　　　C_{ij}——直接从发生点 i 到吸引点 j 的单位费用；

　　　F_k——备选枢纽场站 k 选中后的基建投资；

　　　C_k——备选枢纽场站 k 中单位交通量的中转费用；

　　　M——一个相当大的正数。

这是一个混合整数规划模型，可以用"分支定界法"求解模型，求得 X_{ik}、Y_{kj}、Z_{ij} 和 W_k 的值。X_{ik} 表示枢纽场站与发生点的关系，$\sum_{i=1}^{m} X_{ik}$ 决定了该枢纽场站的规模；Y_{kj} 表示枢纽场站 k 与吸引点的关系，$\sum_{k=1}^{q} W_k$ 为区域内应布局枢纽场站的数目。

该方法在理论上是非常完善的，但仍然是对实际问题的简化，没有考虑枢纽场站规模的限制、建设成本、运营费用的非线性等实际影响因素。即使如此，由于考虑了枢纽场站基本建设投资，出现了 0-1 型整数变量，模型的建立和求解仍然很复杂，因此混合整数规划模型只能用于比较简单的交通网络中。

5. 以最小出行时间为目标函数的布局模型

在划分交通小区的基础上，对人口和出行时间进行调查。具体为：根据社会经济与交通调查结果可以得出每个小区 i（$i=1,2,\cdots,n$）的人口占全市人口的比例，记为 d_i；调查小区 i 到达规划枢纽场站 k（$k=1,2,\cdots,m$）的公共交通运行时间，记为 m_{ik}（选取统一的标准，如公共交通工具为出租车、公共汽车、小客车等）。假设城市中有不同方位出行需求的居民是均匀分布在市区内的，则旅客到达枢纽内每个客运站的市内运行时间为 t_{ik}，则有

$$t_{ik} = \sum_{i}^{n} d_i m_{ik} \tag{2-6}$$

接着确定出城运行时间，在城市的各个出入口方向分别确定几个点，计算乘客从各个规划枢纽场站 k 到相应出入点 h（$h=1,2,\cdots,r$）的运行时间，记为 t_{kh}。其中火车到相应出城口位置的时间按有铁路线和无铁路线分为几十分钟和无穷大，取大数值 M 代表无穷大，则乘客从市内出发地到达城市出入口的总花费时间 T_{ih} 为

$$T_{ih} = t_{ik} + t_{kh} \quad (i=1,2,\cdots,n; k=1,2,\cdots,m) \tag{2-7}$$

最后，建立优化模型。可根据从城市任何一个小区出发经由各个场站到达城市各出入口总的出行时间最小建立枢纽场站优化模型。

目标函数：

$$\min(T) = \sum_{h=1}^{r}\sum_{k=1}^{m}\sum_{i=1}^{n} T_{ih} C_{kh} \tag{2-8}$$

约束条件：

$$\sum_{h=1}^{r} C_{kh} \leqslant E_k \quad (k=1,2,\cdots,m)$$

$$\sum_{k=1}^{m} C_{kh} \leqslant F_h \quad (h=1,2,\cdots,r)$$

$$C_{kh} \geqslant 0$$

式中 T_{ih}——每单元客货从小区经站场到达城市出入口的时间（min）；

C_{kh}——发往各出入口方向的客货流量（客运单位：人次，货运单位：t）；

E_k——规划枢纽各个场站生产规模（客运单位：人次，货运单位：t）；

F_h——分方向客货流预测结果（客运单位：人次，货运单位：t）。

用运筹学理论借助计算机很好求解此非平衡运输问题模型。

6. CFLP 法

CFLP（Capacityed Facility Location Problem）方法是针对交通枢纽的场站规模有限的情况提出的，这种方法只需要运用运输规划模型，从而使计算工作大大简化。CFLP 法的基本思想是首先假设交通枢纽的场站布局方案已经确定，即给出一组初始场站集合，根据该初始方案，按照运输规划模型求出各初始场站系统的发生、吸引范围，然后在各场站的服务范围内分别移动场站到其他备选地址，以寻找各服务范围内总成本最小的新场站位置，再将新场站位置代替初始方案，重复上述过程直至整个交通枢纽的场站服务范围内的总成本不能再降低为止。

总结上述交通枢纽场站布局规划模型，发现它们存在以下共同点：

（1）模型建立在对现实路网高度抽象和简化的基础上；

（2）模型的计算都需要网络中的"运输费用"这一关键参数；

（3）模型的计算结果缺乏与实际交通网络的动态反馈机制；

（4）模型没有区分不同交通方式，仅仅是从数学理论的角度进行分析。

因此，上述模型在实际的交通枢纽规划应用中还存在很多问题，例如运输费用的非线性变化、交通网络的改变对枢纽布局的影响、不同交通枢纽之间的相互关系等，都不能得到很好的解答。因此，我国目前的交通枢纽规划实践中，采用数学模型进行定量计算的并不多，或者仅把定量计算的结果作为定性分析的参考。

2.3.3 综合交通枢纽港站布局模型——两阶段法

前面介绍的各种交通枢纽场站布局模型和方法，都是从数学角度进行分析和建模的，没有区分不同的交通方式，也不能同时计算不同交通方式的枢纽布局。在综合交通枢纽规划中，一方面受自然条件的限制，使得铁路车站、港口和机场的选址和布局可以调整的空间比较狭窄，另一方面由于对综合交通枢纽在中转换乘、运输组织等方面的要求，又使得一体化考虑综合交通枢纽中各种交通运输场站的布局非常重要。需要指出的是，所谓"综合交通枢纽规划"，是从综合运输系统的角度，最大限度地协调各种交通枢纽的场站布局，使它们在整体最优的目标下有机衔接。综合交通枢纽规划的最终目的，就是通过合理的交通枢纽场站布局，来引导交通需求者和运营者的微观行为，使之符合综合运输系统社会效益最大化的宏观目标。

解决这一问题的思路是从寻找一个与其他交通方式联系最为密切、可调整性较大的基本交通方式入手，通过优化这一基本交通方式的枢纽布局，来带动整个综合交通枢纽的优化。5种交通方式中，公路运输系统作为联系其他交通方式的纽带，其灵活性和可调整性较大，因此可以公路交通枢纽的优化布局为目标，把铁路、水运、航空和管道这几种交通方式的枢纽作为公路站场布局的约束条件，综合考虑交通枢纽布局与交通运输网规划的关系以及城市对外交通网与城市道路网的衔接，用"交通发生地-交通场站"和"交通场站-目的地"的两个阶段来模拟人们对综合交通枢纽的使用，在优化过程中，使公路站场的布局最大限度地保证各种交通方式的有机衔接，从而提高综合交通枢纽的运转效率。

第一阶段是在公路交通枢纽服务范围内分别从其客、货发生源出发，根据用户平衡原理，选择各自认为最优的路径，到达客、货运站场。这个过程是利用城市交通系统完成的，它与城市内部的交通混合在一起，具备城市交通流的相应特性，因此采用交通规划的四阶段理论来分析各场站在枢纽内部的分布状况和对路段走行时间、运输成本的影响，从而初步确定枢纽的数量和位置。

第二阶段是旅客或货物到达枢纽的有关场站后，由运输企业根据本企业的运营管理情况，按一定的时间、线路和配载方法，把它们运到目的地。两个阶段的连接点就是综合交通枢纽的场站。由于规划者不能控制交通市场供需双方的微观行为，只能通过合理规划和布局枢纽的场站，来达到宏观引导需求者的选择和供给者的运营行为，使整个运输系统达到社会效益最大或者广义费用最小的目标。所以，一个合理布局的公路交通枢纽规划方案，不仅要使不同性质的交通场站衔接方便，还要在枢纽运转过程的两个阶段间起承上启下的作用。

1. 第一阶段模型

第一阶段的模型基于以下两个假设：

（1）交通需求者对不同交通方式场站的选择，取决于该次出行的距离。

（2）每个交通场站内部的运营管理已达到最优状态。

基于以上两个假设，公路交通枢纽场站与其他交通方式场站的中转换乘成本，主要由场站之间的行车时间和费用构成，不考虑旅客或货物在场站内部的等待时间和作业费用。同时，以其他性质的交通场站为重心的发生吸引点与公路交通枢纽场站之间的交通量，主要是它们之间的中转换乘量。此外，交通需求者在选择不同交通枢纽场站时的方式划分问题，主要根据不同出行距离的比例构成而得到。

在第一阶段，对外交通需求者是利用城市道路来实现从出发地到交通场站的出行，可以采用四阶段交通需求预测法，分析它们在城市交通网络上的分布特征，并根据这一特征初步确定公路交通枢纽场站位置的备选集合。计算步骤如下：

（1）确定综合交通枢纽的服务范围。根据交通枢纽所在城市的城市总体规划、土地利用规划和国家综合交通网络的总体布局规划和实际的交通需求，确定综合交通枢纽的服务范围，即客货流通区。

（2）以公路交通枢纽为基准，根据土地使用特性划分综合交通枢纽内部的客货运交通小区。以综合交通枢纽所在城市的城市总体规划为依据，调查规划区域内的人口、土地利用现状、区域综合交通运输现状和公路场站、水运港口、铁路车站、航空机场等布局现状，分别确定客货运交通小区。

（3）确定交通路网。在整个规划区域所包含的小区范围内，以各小区内起关键作用的交叉路口、港口、铁路客货运站、机场为节点，以客货流通小区内主要对外运输干道和各小区间的主要干道（公路和城市道路）为边确定规划区的现状客货交通干道网。在现状交通网的基础上，根据已有的道路建设规划，确定规划年的客货运交通干道网，作为交通流分配的基础。

（4）公路交通枢纽交通小区的交通量发生、吸引预测。根据现状调查得到各小区的客货运发生、吸引量。同时预测各规划目标年度规划区域的总运输量、分交通方式的运输量。

（5）交通分布预测。对公路网中的机动车进行现状 OD 调查，分别得到规划区域的区域间全日或高峰小时的机动车出行 OD 矩阵及客、货运 OD 矩阵，并调查客流、不同货种的主要流向。在现状机动车 OD 矩阵的基础上，预测规划年份的区域机动车 OD 矩阵。

（6）客货运交通量分配。把预测得到的客运、货运 OD 交通量在路网上进行分配，得到每个路段上的客、货运交通量。在分配过程中，要特别考虑港口、铁路车站、机场、大型经济技术开发区特殊节点的发生、吸引量与公路交通枢纽场站之间的关系，充分体现其他交通方式与公路之间的衔接。

交通量的分配可以采用目前交通规划理论很多成熟的分配方法，如用户均衡分配法（F-W法）、多路径概率分配法等，把全部的机动车交通量在路网上进行分配。然后根据分配得到的路段交通流和路段走行时间、走行费用等信息，分别再对客流和货流在路网上分配一次，得到客、货流各自的流向特点，作为对客货站点优化计算过程的参考。

（7）初步确定客货运枢纽场站的备选位置。根据交通分配结果，选择那些连接路线多、通过交通量大的节点作为第二阶段公路交通枢纽场站布局优化的备选位置。

2. 第二阶段模型

得到公路交通枢纽场站的备选集合后，第二阶段的模型采用物流学中求解"物流中心选址"问题的运筹学模型和方法，从备选集合中求解合适的场站位置。由于四阶段交通需求预测法预测的是道路交通量，而与交通场站各项指标关系更为密切的是客、货运的运输量，因此需对综合交通枢纽的总运输量、分交通方式运输量进行预测，进而确定公路交通枢纽组织量、适站量。

第二阶段模型的计算步骤如下：

（1）综合交通枢纽交通小区的运输量的发生、吸引预测。调查每个客、货运交通小区的主要客货源点的分布和现状发生吸引强度，确定小区的客货运输量的发生量和吸引量（不考虑区域内部的出行，客运单位取人次，货运单位取吨），预测未来各交通小区的客货运发生量和吸引量。

（2）确定运输网络。公路交通枢纽运转网络的节点有三类：① 转运点。即交通枢纽，由第一阶段得到的场站备选集合构成，其流入量等于流出量。② 发生点。由规划区域内部的各小区构成，发生量从第一阶段计算得到。③ 吸引点。由规划区域外的各大区构成，吸引量从第一阶段计算得到。运输网络的边由各发生点到运转点的城市主干道和由运转点到吸引点的公路主干道组成。

（3）确定广义费用矩阵。调查综合交通枢纽所在城市的客货运输市场，综合考虑社会定价和实际运价，确定一个合理的客货运价函数。根据第一阶段的交通量分配结果，用最短路法计算城市路网上从发生点到运转点之间的走行时间。运转点到吸引点的最短距离取公路主干道的距离。把运输价格与走行时间价格加总，得到一条路径上的广义费用，作为转运模型优化计算的费用标准。

（4）客货运枢纽场站理论位置和规模的计算。以运输成本最小化为目标，以总发生量不超过生产规模、总吸引量不小于需求规模、总发生量等于总吸引量为约束条件，利用运转模型的求解方法，从第一阶段得到的备选方案中，选择合适的枢纽站点。

计算的数学模型如下：

目标函数：

$$\min(F) = \sum_{i=1}^{m}\sum_{k=1}^{q}(C_{ik}+C_k)X_{ik} + \sum_{k=1}^{q}\sum_{j=1}^{n}C_{kj}Y_{kj} + \sum_{i=1}^{m}\sum_{j=1}^{n}C_{kj}Z_{ij} \qquad (2-9)$$

约束方程为：

$$\sum_{k=1}^{q}X_{ik} + \sum_{j=1}^{n}Z_{ij} = a_i, (i=1,2,\cdots,m)$$

$$\sum_{k=1}^{q}Y_{kj} + \sum_{i=1}^{m}Z_{ij} = b_j, (j=1,2,\cdots,n)$$

$$\sum_{k=1}^{q}X_{ik} = \sum_{j=1}^{q}Y_{kj}, (k=1,2,\cdots,q)$$

$$X_{ik}, Y_{kj}, Z_{ij} \geqslant 0$$

式中 X_{ik} ——从发生点 i 到备选枢纽场站 k 的运输量；

Y_{kj} ——从备选枢纽场站 h 到吸引点 j 的运输量；

Z_{ij} ——直接从发生点 i 到达吸引点 j 的运输量；

C_{ik} ——从发生点 i 到备选枢纽场站 k 的单位运输费用；

C_{kj} ——从备选枢纽场站 k 到吸引点 j 的单位运输费用；

C_{ij} ——直接从发生点 i 到达吸引点 j 的单位运输费用；

C_k ——备选枢纽场站 k 中单位运输量的中转费用。

求解此线性规划模型，可得决策变量 X_{ik}、Y_{kj} 的值。X_{ik} 表示了枢纽场站 k 与发生点的关系，$\sum_{i=1}^{m}X_{ik}$ 决定了该枢纽场站的规模，若 $\sum_{i=1}^{m}X_{ik}=0$ 说明备选节点 k 处不应设置枢纽场站，即 k 点被淘汰。Y_{kj} 表示了枢纽场站 k 与吸引点的关系。

此阶段计算结束后，可以得到一个综合交通枢纽中的公路主枢纽场站的布局方案。但是，一旦交通网络中出现了新的场站，交通网络的物理结构和交通流分布形态就可能发生新的改变。而之前的场站优化是基于没有场站的交通网络进行的,为了消除这个偏差,切实反映交通网络运行的实际情况,合理诱导客货流的分配,还要返回第一阶段,重新确定增加了场站的交通网络,再分配一次。比较前后两次分配的路段交通流的偏差,如果满足一定的准则,则接受所得到的场站集合,否则再循环进行第一、二阶段的计算,直至前后两次交通量分配结果的偏差满足要求。

需要指出的是,综合交通枢纽的规划是一个受多种因素影响和约束的过程,上述的理论计算结果是经过多次抽象后得到的,它还不能完全代表实际情况。因此,应该根据理论计算的结果,在国家宏观政策和上级规划的指导下,结合综合交通枢纽所在区域的实际土地利用情况和交通干道分布情况,对计算得到的场站规划布局方案进行分析调整,最后确定场站的实际布局方案。

2.4 我国运输港站与枢纽的发展规划

2.4.1 公路枢纽布局规划

公路运输枢纽是在公路运输网络的节点上形成的货物流、旅客流及客货信息流的转换中心。2004年国家公路运输枢纽布局方案确定国家公路运输枢纽总数为179个,其中12个为组合枢纽,共计196个城市。1997年原45个公路主枢纽已全部纳入布局规划方案,是国家公路运输枢纽的重要组成部分,并居主导地位,具体布局方案见表2-7。这45个公路主枢纽站覆盖了全国30个省会城市、人口在100万以上的特大城市的80.6%和工业产值在100亿元以上的城市的73.3%。到2010年,全国45个公路主枢纽站已基本建成,并完善相应的软硬件配套服务和管理设施。

表2-7 国家公路运输枢纽布局方案

地区	省份	城市	数量
东部	北京	北京	1
	上海	上海	1
	天津	天津	1
	河北	石家庄 唐山 邯郸 秦皇岛 保定 张家口 承德	7
	辽宁	*沈(阳)抚(顺)铁(岭) 大连 锦州 鞍山 营口 丹东	6
	江苏	南京 *苏(州)锡(无锡)常(州) 徐州 连云港 南通 镇江 淮安	7
	浙江	杭州 *宁(波)舟(山) 温州 湖州 嘉兴 金华 台州 绍兴 衢州	9
	福建	福州 *厦(门)漳(州)泉(州) 龙岩 三明 南平	5
	山东	*济(南)泰(安) 青岛 淄博 *烟(台)威(海) 济宁 潍坊 临沂 菏泽 德州 聊城 滨州 日照	12
	广东	*广(州)佛(山) *深(圳)莞(东莞) 汕头 湛江 珠海 江门 茂名 梅州 韶关 肇庆	10
	海南	海口 三亚	2
东部合计			61

续表

地区	省份	城市	数量
中部	山西	太原 大同 临汾 长治 吕梁	5
	吉林	长春 吉林 延吉 四平 通化 松原	6
	黑龙江	哈尔滨 齐齐哈尔 佳木斯 牡丹江 绥芬河 大庆 黑河 绥化	8
	安徽	合肥 芜湖 蚌埠 安庆 阜阳 六安 黄山	7
	江西	南昌 鹰潭 赣州 宜春 九江 吉安	6
	河南	郑州 洛阳 新乡 南阳 商丘 信阳 开封 漯河 周口	9
	湖北	武汉 襄樊 宜昌 荆州 黄石 十堰 恩施	7
	湖南	*长（沙）株（洲）潭（湘潭） 衡阳 岳阳 常德 邵阳 郴州 吉首 怀化	8
中部合计			56

地区	省份	城市	数量
西部	内蒙古	呼和浩特 包头 赤峰 通辽 呼伦贝尔 满洲里 巴彦淖（nào）尔 二连浩特 鄂尔多斯	9
	广西	南宁 柳州 桂林 梧州 *北（海）钦（州）防（城港） 百色 凭祥（友谊关）	7
	重庆	重庆 万州	2
	四川	成都 宜宾 内江 南充 绵阳 泸州 达州 广元 攀枝花 雅安	10
	贵州	贵阳 遵义 六盘水 都匀 毕节	5
	云南	昆明 曲靖 大理 景洪 河口 瑞丽	6
	西藏	拉萨 昌都	2
	陕西	*西（安）咸（阳） 宝鸡 榆林 汉中 延安	5
	甘肃	兰州 *酒（泉）嘉（峪关） 天水 张掖	4
	青海	西宁 格尔木	2
	宁夏	银川 固原 石嘴山	3
	新疆	乌鲁木齐 哈密 库尔勒 喀什 石河子 奎（kuí）屯 伊宁（霍尔果斯）	7
西部合计			62

备注：*为组合枢纽

国家公路运输枢纽布局规划，总体上贯彻了"依托国家高速公路网，完善综合交通运输体系，覆盖主要城市、服务全国城乡"的布局思路，其作用和效果表现在：

（1）体现了"以人为本"。国家公路运输枢纽覆盖了所有直辖市、省会城市和计划单列市及部分地级城市，覆盖城市占全国地级以上城市总数的60%，覆盖总人口占全国总人口的60%；该网络覆盖了78%的国家AAAA级旅游景点，为公众旅游、休闲出行创造了便利。

（2）突出了"服务经济"。国家公路运输枢纽覆盖城市的地区生产总值约占全国国内生产总值的87%；该网络覆盖了84%的国家开放口岸、56%的陆路边境口岸和98%的国家级经济技术开发区，加大了长三角、珠三角、环渤海等经济发达地区的枢纽覆盖密度，充分考虑了支持西部大开发、振兴东北老工业基地、促进中部地区崛起等战略的需要。

(3)强化了"综合运输"。该网络覆盖了100%的沿海主要港口和93%的内河主要港口、全部的大中型枢纽机场、所有特等火车站和铁路集装箱中心站以及68%的一等火车站,有助于充分发挥公路运输的集疏作用,进一步提高我国综合交通运输的整体效率。

2.4.2 铁路枢纽发展规划

铁路是国民经济大动脉、关键基础设施和重大民生工程。党中央、国务院高度重视铁路发展。2004年,国务院批准了《中长期铁路网规划》(以下简称《规划》)。2008年,国家发展和改革委员会组织进行了修编调整。为更好地服务和支撑国家重大战略,国家发改委于2014年底启动规划修编工作,请铁路总公司研究提出规划修编方案建议,各省(区、市)研究提出相关建议。经各方面努力,于2016年7月13日,国家发改委、交通运输部和铁路总公司正式印发《规划》。

1.《规划》的发展目标

本次《规划》期限为2016—2025年,远期展望到2030年。

到2020年,一批重大标志性项目建成投产,铁路网规模达到15万公里,其中高速铁路3万公里,覆盖80%以上的大城市,为完成"十三五"规划任务、实现全面建成小康社会目标提供有力支撑。

到2025年,铁路网规模达到17.5万公里左右,其中高速铁路3.8万公里左右,网络覆盖进一步扩大,路网结构更加优化,骨干作用更加显著,更好发挥铁路对经济社会发展的保障作用。

展望到2030年,基本实现内外互联互通、区际多路畅通、省会高铁连通、地市快速通达、县域基本覆盖。

2.《规划》的主要方案

规划方案包括三个部分:

(1)高速铁路网。在原规划"四纵四横"主骨架基础上,增加客流支撑、标准适宜、发展需要的高速铁路,同时充分利用既有铁路,形成以"八纵八横"主通道为骨架、区域连接线衔接、城际铁路补充的高速铁路网。

《规划》明确划分了高速铁路网建设标准。高速铁路主通道规划新增项目原则采用时速250公里及以上标准(地形地质及气候条件复杂困难地区可以适当降低),其中沿线人口城镇稠密、经济比较发达、贯通特大城市的铁路可采用时速350公里标准。区域铁路连接线原则采用时速250公里及以下标准。城际铁路原则采用时速200公里及以下标准。

具体规划方案:一是构建"八纵八横"高速铁路主通道。"八纵"通道为:沿海通道、京沪通道、京港(台)通道、京哈-京港澳通道、呼南通道、京昆通道、包(银)海通道、兰(西)广通道;"八横"通道为:绥满通道、京兰通道、青银通道、陆桥通道、沿江通道、沪昆通道、厦渝通道、广昆通道。二是拓展区域铁路连接线。在"八纵八横"主通道的基础上,规划布局高速铁路区域连接线,目的是进一步完善路网,扩大高速铁路覆盖。三是发展城际客运铁路。在优先利用高速铁路、普速铁路开行城际列车服务城际功能的同时，规划建设支撑和引领新型城镇化发展、有效连接大中城市与中心城镇、服务通勤功能的城市群城际客运铁路。

（2）普速铁路网。重点围绕扩大中西部路网覆盖，完善东部网络布局，提升既有路网质量，推进周边互联互通。

具体规划方案：一是形成区际快捷大能力通道。包含12条跨区域、多径路、便捷化的大能力区际通道。二是面向"一带一路"国际通道。从西北、西南、东北三个方向推进我国与周边互联互通，完善口岸配套设施，强化沿海港口后方通道。三是促进脱贫攻坚和国土开发铁路。从扩大路网覆盖面、完善进出西藏、新疆通道和促进沿边开发开放等3个方面提出了一批规划项目。四是强化铁路集疏运系统。规划建设地区开发性铁路以及疏港型、园区型等支线铁路，完善集疏运系统。

（3）综合交通枢纽。枢纽是铁路网的重要节点，为更好发挥铁路网整体效能，配套点线能力，本次规划修编按照"客内货外"的原则，进一步优化铁路客、货运枢纽布局，形成系统配套、一体便捷、站城融合的现代化综合交通枢纽，实现客运换乘"零距离"、物流衔接"无缝化"、运输服务"一体化"。

上述路网方案实现后，远期铁路网规模将达到20万公里左右，其中高速铁路4.5万公里左右。全国铁路网全面连接20万人口以上城市，高速铁路网基本连接省会城市和其他50万人口以上大中城市，实现相邻大中城市间1~4小时交通圈。

2.4.3 港口布局规划

1. 沿海港口

全国沿海港口布局规划是沿海港口的空间分布规划，也是最高层面的港口规划。主要是根据沿海各区域港口的基本条件、区域经济发展和产业布局的状况及需要，并根据相关行业的发展规划，在现有港口布局的基础上，研究和确定沿海港口的合理分布，引导港口协调发展。作为国家级沿海港口的布局，服务于国家经济安全、社会进步、贸易发展、结构调整以及国防建设，体现国家发展现代化港口和综合运输的意志，并通过港口布局规划来指导各省和具体港口的发展规划，合理利用和保护港口岸线资源，通过港口的集约化发展来提高港口资源的利用率，为经济社会的协调、可持续发展提供水路交通保障。

2006年8月16日，国务院审议并通过《全国沿海港口布局规划》，该规划由交通部与国家发展改革委员会联合编制。全国沿海港口布局的具体方案是：根据不同地区的经济发展状况及特点、区域内港口现状及港口间运输关系和主要货类运输的经济合理性，将全国沿海港口划分为环渤海、长江三角洲、东南沿海、珠江三角洲和西南沿海5个港口群体，强化群体内综合性、大型港口的主体作用，形成煤炭、石油、铁矿石、集装箱、粮食、商品汽车、陆岛滚装和旅客运输等8个运输系统的布局。

其中，5个港口群体分别是：

（1）环渤海地区港口群。

环渤海地区港口群体由辽宁、津冀和山东沿海港口群组成，服务于我国北方沿海和内陆地区的社会经济发展。

辽宁沿海港口群以大连东北亚国际航运中心和营口港为主，包括丹东、锦州等港口，主要服务于东北三省和内蒙古东部地区。辽宁沿海以大连、营口港为主布局大型、专业化的石油（特别是原油及其储备）、液化天然气、铁矿石和粮食等大宗散货的中转储运设施，相应布局锦州等港口；以大连港为主布局集装箱干线港，相应布局营口、锦州、丹东等支线或喂给港口；以大连港为主布局陆岛滚装、旅客运输、商品汽车中转储运等设施。

津冀沿海港口群以天津北方国际航运中心和秦皇岛港为主，包括唐山、黄骅等港口，主要服务于京津、华北及其西向延伸的部分地区。津冀沿海港口以秦皇岛、天津、黄骅、唐山等港口为主布局专业化煤炭装船港；以秦皇岛、天津、唐山等港口为主布局大型、专业化的石油（特别是原油及其储备）、天然气、铁矿石和粮食等大宗散货的中转储运设施；以天津港为主布局集装箱干线港，相应布局秦皇岛、黄骅、唐山港等支线或喂给港口；以天津港为主布局旅客运输及商品汽车中转储运等设施。

山东沿海港口群以青岛、烟台、日照港为主，包括威海等港口，主要服务于山东半岛及其西向延伸的部分地区。山东沿海以青岛、日照港为主布局专业化煤炭装船港，相应布局烟台等港口；以青岛、日照、烟台港为主布局大型、专业化的石油（特别是原油及其储备）、天然气、铁矿石和粮食等大宗散货的中转储运设施，相应布局威海等港口；以青岛港为主布局集装箱干线港，相应布局烟台、日照、威海等支线或喂给港口；以青岛、烟台、威海港为主布局陆岛滚装、旅客运输设施。

（2）长江三角洲地区港口群。

长江三角洲地区港口群依托上海国际航运中心，以上海、宁波、连云港港为主，充分发挥舟山、温州、南京、镇江、南通、苏州等沿海和长江下游港口的作用，服务于长江三角洲以及长江沿线地区的经济社会发展。

长江三角洲地区港口群集装箱运输布局以上海、宁波、苏州港为干线港，包括南京、南通、镇江等长江下游港口共同组成的上海国际航运中心集装箱运输系统，相应布局连云港、嘉兴、温州、台州等支线和喂给港口；进口石油、天然气接卸中转储运系统以上海、南通、宁波、舟山港为主，相应布局南京等港口；进口铁矿石中转运输系统以宁波、舟山、连云港港为主，相应布局上海、苏州、南通、镇江、南京等港口；煤炭接卸及转运系统以连云港为主布局煤炭装船港和由该地区公用码头、能源等企业自用码头共同组成；粮食中转储运系统以上海、南通、连云港、舟山和嘉兴等港口组成；以上海、南京等港口布局商品汽车运输系统，以宁波、舟山、温州等港口为主布局陆岛滚装运输系统；以上海港为主布局国内、外旅客中转及邮轮运输设施。根据地区经济发展需要，在连云港港适当布局进口原油接卸设施。

（3）东南沿海地区港口群。

东南沿海地区港口群以厦门、福州港为主，包括泉州、莆田、漳州等港口，服务于福建省和江西等内陆省份部分地区的经济社会发展和对台"三通"的需要。

福建沿海地区港口群煤炭专业化接卸设施布局以沿海大型电厂建设为主；进口石油、天然气接卸储运系统以泉州港为主；集装箱运输系统布局以厦门港为干线港，相应布局福州、泉州、莆田、漳州等支线港；粮食中转储运设施布局由福州、厦门和莆田等港口组成；布局宁德、福州、厦门、泉州、莆田、漳州等港口的陆岛滚装运输系统；以厦门港为主布局国内、外旅客中转运输设施。

（4）珠江三角洲地区港口群。

珠江三角洲地区港口群由粤东和珠江三角洲地区港口组成。该地区港口群依托香港经济、贸易、金融、信息和国际航运中心的优势，在巩固香港国际航运中心地位的同时，以广州、深圳、珠海、汕头港为主，相应发展汕尾、惠州、虎门、茂名、阳江等港口，服务于华南、西南部分地区，加强广东省和内陆地区与港澳地区的交流。

该地区煤炭接卸及转运系统由广州等港口的公用码头和电力企业自用码头共同组成；集装箱运输系统以深圳、广州港为干线港，汕头、惠州、虎门、珠海、中山、阳江、茂名等为支线或喂给港；进口石油、天然气接卸中转储运系统由广州、深圳、珠海、惠州、茂名、虎门港等港口组成；进口铁矿石中转运输系统以广州、珠海港为主；以广州、深圳港等其他港口组成的粮食中转储运系统；以广州港为主布局商品汽车运输系统；以深圳、广州、珠海等港口为主布局国内、外旅客中转及邮轮运输设施。

（5）西南沿海地区港口群。

西南沿海地区港口群由粤西、广西沿海和海南省的港口组成。该地区港口的布局以湛江、防城、海口港为主，相应发展北海、钦州、洋浦、八所、三亚等港口，服务于西部地区开发，为海南省扩大与岛外的物资交流提供运输保障。

该地区港口集装箱运输系统布局以湛江、防城、海口及北海、钦州、洋浦、三亚等港口组成集装箱支线或喂给港；进口石油、天然气中转运系统由湛江、海口、洋浦、广西沿海等港口组成；进出口矿石中转运输系统由湛江、防城和八所等港口组成；由湛江、防城等港口组成的粮食中转储运系统；以湛江、海口、三亚等港口为主布局国内、外旅客中转及邮轮运输设施。

8个运输系统主要包括：

（1）煤炭运输系统：由北方沿海的秦皇岛港、唐山港（含曹妃甸港区）、天津港、黄骅港、青岛港、日照港、连云港港等7大装船港，华东、华南等沿海地区电力企业的专用卸船码头和公用卸船设施组成。

（2）石油运输系统：依托石化企业布点，专业化的、以20~30万吨级为主导的石油卸船码头和中、小型油气中转码头相匹配。

（3）铁矿石运输系统：临近钢铁企业布点，专业化的、以20~30万吨级为主导的铁矿石卸船泊位和二程接卸、中转设施匹配。

（4）集装箱运输系统：以大连、天津、青岛、上海、宁波、苏州、厦门、深圳、广州等9大干线港为主，相应发展沿海支线和喂给港。

（5）与国家粮食流通、储备、物流通道配套的，专业化运营、集约化的粮食运输系统。

（6）依托汽车产业布局和内、外贸汽车进、出口口岸，专业化、便捷的商品汽车运输及物流系统。

（7）在满足岛屿出行要求的前提下，适应沿海岛屿社会经济发展要求的陆岛滚装运输系统。

（8）以人为本，安全、舒适、便捷的旅客运输系统。

2. 内河港口

近年来，内河航道、港口设施建设取得了显著成绩，内河水运货运量持续增长，运输船舶大型化、标准化趋势明显，水运市场日趋活跃，内河水运进入了快速发展的较好时期。目前，全国形成了以长江、珠江、京杭运河、淮河、黑龙江和松辽水系为主体的内河水运布局，内河水运的服务腹地有了较大的延伸和扩展，服务质量明显提高，为流域经济社会的持续、快速发展发挥了重要作用。

为充分发挥内河水运占地少、运能大、能耗低、污染小的优势，完善综合运输体系，促进水资源综合开发利用，2007年交通部综合规划司制定了《全国内河航道与港口布局规划》。规划重点是内河高等级航道和主要港口。其中，全国内河港口划分为三个层次：主要港口、地区重要港口和一般港口。内河主要港口是指地理位置重要、吞吐量较大、对经济发展影响较大的港口，包括泸州港、重庆港、宜昌港、荆州港、武汉港、黄石港、长沙港、岳阳港、南昌港、九江港、芜湖港、安庆港、马鞍山港、合肥港、湖州港、嘉兴内河港、济宁港、徐州港、无锡港、杭州港、蚌埠港、南宁港、贵港港、梧州港、肇庆港、佛山港、哈尔滨港、佳木斯港。

2.4.4 民用机场布局规划

机场布局规划主要解决民用机场空间布局及功能结构问题，通过统筹兼顾、科学布局、完善结构、合理定位来指导机场的建设和发展，实现资源的优化配置和有效利用，增强我国民航事业的可持续发展。根据《中华人民共和国民用航空法》，结合未来国家社会经济发展总体战略部署，中国民航总局于2008年制定了《全国民用机场布局规划》（不含通用航空机场），规划期限至2020年。

"十二五"以来，面对国内外环境的复杂变化和各种风险挑战，全行业确保持续安全，增强保障能力，提升发展质量，较好地服务了经济和社会发展，为建设民航强国奠定了坚实的基础。"十二五"时期民航发展指标完成情况见表2-8。

表2-8 "十二五"时期民航发展指标完成情况

类别	指标	2010年	2015年目标	年均增长	2015年	年均增长
业务规模	航空运输总周转量/亿吨千米	538	830	9.0%	852	9.6%
	旅客运输量/亿人	2.68	4.5	10.9%	4.4	10.4%
	货邮运输量/万吨	563	670	3.5%	629	2.2%
	通用航空生产作业/万小时	14	30	16.5%	28.2	15.5%
	旅客周转量在综合交通中的比重/%	14.5	16	--	24.2	--
发展质量	运输飞行百万小时重大事故率/%	[0.05]	<[0.20]	--	[0.00]	--
	航班正常率/%	75	≥80	--	67	--
	载运率/%	71.5	>70	--	72.2	--
	运输飞机日利用率/（小时/天）	9.4	≥9.6	--	9.5	--
	吨公里燃油消耗/km	[0.306]	<[0.294]	--	[0.293]	--

续表

类别	指标	2010年	2015年目标	年均增长	2015年	年均增长
保障能力	保障起降架次/万	605	1 040	11.4%	857	7.2%
	全国民用机场/个	175	≥230	--	207*	--
	运输机队规模/架	1 597	2 750	11.5%	2 650	10.7%
	通用机队规模/架	1 010	>2 000	--	1 904	13.5%
	全年航油供应/万吨	1 600	2 850	12.2%	2 580	10.0%
	飞行员数量/万人	2.4	4	10.8%	4.6	13.9%
	民航院校在校生/万人	5.0	6.3	4.7%	6.3	4.7%

注：带[ ]的数据为5年累计数；*不含3个通勤机场。

按照建设民航强国战略"两步走"的推进方案，至2020年我国将初步建成民航强国，届时将基本建成安全、便捷、高效、绿色的现代民用航空系统，满足国家全面建成小康社会的需要。航空运输持续安全，航空服务网络更加完善，基础设施保障能力全面增强，行业治理能力明显加强，运输质量和效率大幅提升，国际竞争力和影响力不断提高，创新能力更加突出，在国家综合交通运输体系中的作用更加凸显。"十三五"时期是实现民航强国战略构想的重要时期，是全面夯实民航强国建设基础的关键阶段。"十三五"时期我国民航发展主要预期指标见表2-9。

表2-9 "十三五"时期我国民航发展主要预期指标

类别	指标	2015年	2020年	年均增长
业务规模	航空运输总周转量/亿吨千米	852	1 420	10.8%
	旅客运输量/亿人	4.4	7.2	10.4%
	货邮运输量/万吨	629	850	6.2%
	通用航空生产作业/万小时	77.8	200	20.8%
	旅客周转量在综合交通中的比重/%	24.2	28	--
发展质量	运输飞行百万小时重大及以上事故率/%	[0.00]	<[0.15]	--
	航班正常率/%	67	80	--
	平均延误时间/min	23	20	--
	中国承运人占国际市场份额/%	49	>52	--
保障能力	保障起降架次/万	857	1 300	8.7%
	民用运输机场/个	207*	≥260	--
	运输机场直线100 km半径范围内覆盖地级市/%	87.2	93.2	--
绿色发展	吨公里燃油消耗/kg	[0.293]	[0.281]	--
	吨公里二氧化碳排放/kg	[0.926]	[0.889]	--

注：带[ ]的数据为5年累计数；*不含3个通勤机场。

机场布局和建设是引导配置航空资源的重要手段，是支撑民航强国的重要基础。统筹协调民用运输机场和通用机场布局建设，构建覆盖范围广泛、分布合理、功能完善、集约环保的国家综合机场体系，发挥整体网络效应，为民航可持续发展奠定基础。

2016年12月，中国民用航空局、国家发展和改革委员会、交通运输部印发《中国民用航空发展第十三个五年规划》。规划提出，完善机场布局，坚持共享发展理念，按照全面建成小康社会总体要求，主动适应"一带一路"建设、京津冀协同发展、长江经济带三大战略，继续增加机场数量，扩大覆盖范围，优化网络结构，构建国际枢纽、区域枢纽功能定位完善和大中小型枢纽、非枢纽运输机场、通用机场层次结构明晰的现代机场体系。至2020年，完善华北、东北、华东、中南、西南、西北6大机场群，新增布局一批运输机场，建成机场超过50个，运输机场总数达260个左右。"十三五"时期运输机场建设项目见表2-10。

表2-10 "十三五"时期运输机场建设项目

性质	机场名称
续建机场（30个）	北京新机场； 承德、临汾、霍林郭勒、扎兰屯、乌兰察布、松原、白城、建三江、五大连池、三明、上饶、信阳、十堰、武冈、岳阳、琼海、西沙、南沙、巫山、巴中、仁怀、沧源、澜沧、陇南、果洛、祁连、莎车、若羌、图木舒克
新建机场（44个）	成都新机场； 邢台、朔州、正蓝旗、林西/克什克腾、阿拉善左旗、东乌旗、四平、绥芬河、丽水、嘉兴、芜湖/宣城、亳州、瑞金、蚌埠、菏泽、枣庄、商丘、安阳、鲁山、荆州、鄂州/黄冈、郴州、湘西、娄底、韶关、玉林、武隆、乐山府谷、宝鸡、定边、平凉、共和、甘孜、威宁、黔北、红河、元阳、怒江、石嘴山、昭苏、于田、塔什库尔干
改扩建机场（139个）	广州、浦东、虹桥、深圳、成都、昆明、重庆、西安、杭州、长沙、武汉、乌鲁木齐、南京、郑州、三亚、海口、大连、沈阳、贵阳、哈尔滨、天津、南宁、福州、济南、太原、长春、南昌、兰州、宁波、合肥、石家庄、银川、西宁、拉萨、唐山、张家口、长治、大同、包头、鄂尔多斯、赤峰、锡林浩特、通辽、二连浩特、巴彦淖尔、阿尔山、朝阳、长海、鞍山、吉林、长白山、通化、齐齐哈尔、佳木斯、黑河、漠河、鸡西、大庆、伊春、无锡、常州、徐州、南通、淮安、盐城、扬州泰州、温州、义乌、舟山、衢州、台州、黄山、安庆、阜阳、九华山、泉州、连城、赣州、景德镇、井冈山、宜春、威海、临沂、东营、洛阳、南阳、宜昌、襄阳、邯郸、张家界、常德、怀化、珠海、揭阳、惠州、桂林、柳州、万州、黔江、九寨、绵阳、南充、广元、西昌、安顺、遵义、毕节、六盘水、西双版纳、丽江、铜仁、兴义、黎平、荔波、大理、德宏、保山、临沧、普洱、文山、腾冲、林芝、昌都、榆林、敦煌、嘉峪关、庆阳、金昌、格尔木、固原、喀什、伊宁、库尔勒、阿勒泰、和田、阿克苏、塔城、哈密、吐鲁番
迁建机场（19个）	秦皇岛、呼和浩特、延吉、连云港、厦门、武夷山、青岛、潍坊、济宁、湛江、达州、昭通、延安、安康、天水、且末、梧州、宜宾、泸州

性质		机场名称
前期工作（51个）	新建类（46个）	珠三角枢纽（广州新）机场、三亚新机场、拉萨新机场；桓仁、辽源、敦化、白山、通榆、榆树、珲春、饶河、虎林、鹤岗、尚志、亚布力、宿州、滁州、莆田、漳州、宁德、平潭、抚州、聊城、云浮、阳江、贺州、防城港/钦州、儋州、阆中、盘州、罗甸、勐腊、丘北、宣威、普兰、隆子、华山、临夏、武威、黄南、阿拉尔、和布克赛尔、和静、亚东、乌苏/奎屯、巴里坤、准东
	迁建类（5个）	大连、梅县、永州、海拉尔、牡丹江
注：新建类机场项目（含前期工作）以国务院批复《全国民用运输机场布局规划》为准；所有项目以国家正式批复意见为准		

2.5 案例——郑州现代综合交通枢纽发展规划（2014—2020年）（摘选）

为加快构建布局合理、功能完善、衔接顺畅、绿色低碳、安全高效的郑州现代综合交通枢纽，依据《中原经济区规划（2012—2020年）》《郑州航空港经济综合实验区发展规划（2013—2025年）》和《河南省"十二五"综合交通运输体系规划》等相关文件，制定本规划。本规划期限为2014—2020年，阶段性目标年为2015年和2017年。

1. 总体要求

1）指导思想

以科学发展观为指导，深入贯彻落实党的十八大和十八届三中、四中全会精神，扎实推进三大国家战略规划实施，按照"核心带动、轴带发展、节点提升、对接周边"的布局要求，努力培育竞争新优势，构建开放新格局，以科技信息化为依托，以"三港三网"为重点，加快综合运输通道和枢纽场站建设，构建立体交通网络，强化枢纽内外便捷衔接，大力发展多式联运，打造覆盖中西部、辐射全国、连通世界、服务全球的现代综合交通枢纽，以交通枢纽带动大物流和大产业发展，为中原崛起河南振兴富民强省提供强有力支撑。

2）基本原则

——突出集疏，扩大辐射。强化陆空衔接，构建多式联运、内捷外畅的立体交通网络，促进人流、物流、信息流、资金流高效集聚流转；发挥区位优势，提升丝绸之路经济带重要节点地位，构建以郑州为中心、辐射全国、连通世界的高效便捷交通圈。

——统筹布局，协调发展。统筹考虑城市空间、产业布局、人口分布、土地开发、资源承载力等需要，加强与相关规划的衔接，优化枢纽布局，促进各种运输方式便捷衔接、协调发展。

——适度超前，突出重点。满足国际物流集散中心和全球贸易中心等战略发展需要，重点加强对外大能力运输通道和枢纽集疏换乘设施建设，强化陆空对接，提升服务保障能力。

——信息引领，高效服务。充分发挥信息化对现代交通的引领作用，提升服务和管理水平，提高一体化运行效率，实现客运快速化、货运便捷化、运营智能化。

——集约节约，生态环保。坚持绿色、低碳理念，整合交通设施资源，集约节约利用土地，注重保护生态环境，打造资源节约型和环境友好型综合枢纽，实现可持续发展。

3）发展目标

力争到2020年，基本建成布局合理、功能完善、衔接顺畅、绿色低碳、安全高效的全国性现代综合交通枢纽。

——建成国际物流集散中心。初步建成郑州国际航空货运枢纽和现代物流中心，形成以公路运输为纽带、高效连接铁路和航空运输的多式联运体系，确立全国重要的多式联运中心和集散分拨中心地位。到2020年，航空货邮吞吐量达到100万吨以上，铁路集装箱吞吐量达到50万标准箱以上。

——建成全国重要的客运中转换乘中心。客运枢纽服务能力和水平全面提升，建成铁路、公路、航空及城市快速通道便捷换乘的一体化客运枢纽。到2020年，基本建成郑州国内大型航空枢纽，机场旅客吞吐量突破2 900万人次；铁路旅客发送量力争突破6 000万人次。

——建成转口贸易和多边贸易集散分拨中心。强化口岸功能，依托郑欧国际铁路货运班列、国际货运航班等物流载体，提升郑州丝绸之路经济带重要节点地位，推动多边贸易，建立多式联运"一站式"通关机制，形成具有货物转口分拨、分装加工、票据服务、金融信息等高端服务功能的贸易中心。

到2030年，郑州综合枢纽场站和城市交通设施趋于完善。国际航空货运枢纽、国内大型航空枢纽地位进一步提升；建成具有一定规模、健康有序发展的通用航空基础设施体系。形成客运专线、普速铁路、城际轨道和城市轨道相互衔接配套的轨道交通"四网"并存格局；建成郑州南站及配套的动车运用所、检修基地，建设郑州西客运枢纽，持续改造提升郑州站、郑州东站、郑州南站功能；建成铁路货运环线和新的铁路编组站，打造"客内货外、客货分线、作业集中、点线协调"的环状放射形特大铁路枢纽格局。建成以地铁、轻轨、有轨电车、快速公交为骨干，以常规公交为主体的城市公共交通出行体系，主城区1 km范围内轨道交通站点覆盖率达到80%以上，实现枢纽内外交通便捷转换。建成"两环多放射"高速公路、都市区快速通道和城市快速路网络系统，进一步完善中心城区主次干道、支路网系统，形成路网结构合理、快速通达衔接的交通服务体系。

郑州枢纽对外衔接的航线网络、轨道交通网、公路网发达完善。国际航线通达全球主要枢纽城市，国际航空货运量进入全球前20位。依托欧亚大陆桥、"米"字形快速铁路网、中原城市群城际铁路网、高等级公路网等发达的集疏网络，推动郑州成为东北亚、东南亚与欧洲联系的货运中转中心，全球贸易中心地位初步确立。交通运输智能化、信息化管理普遍实行，民航、铁路和公路运输实现多式联运和无缝衔接，将郑州建成具有国际影响力的全球性物流枢纽城市和国内客运中转中心。

到2030年，将郑州打造成以国际化、立体化、现代化综合交通枢纽为特征的国家中心城市和国际商都，成为引领中原经济区发展、服务全国、连通世界的内陆开放高地。

2. 总体布局

按照"核心带动、轴带发展、节点提升、对接周边"的原则，优化枢纽布局、强化枢纽功能、加强枢纽衔接、完善运输通道、提升服务水平，构建"三港、四枢、多站、大口岸"综合交通枢纽布局，加强与沿海港口、沿边口岸的联系贯通和功能衔接，促进"铁、公、机、海"集疏流转和便捷换乘，努力打造陆空海对接、多式联运、内捷外畅的现代综合交通枢纽。改造提升洛阳、安阳、商丘、南阳等地区性综合交通枢纽，形成以郑州为中心、地区性枢纽为节点的现代综合交通枢纽体系。

1）构建"三港、多站、大口岸"货运枢纽

按照"依托产业、科学布局、合理分工、高效衔接"的思路，拓展货运功能，优化网络衔接，畅通货运通道，形成对接海、陆、空通道及城市交通的"三港、多站、大口岸"货运枢纽布局。

三港：是指航空港、铁路港、公路港。依托既有货运场站和物流节点，强化与海港功能对接，促进多港联动发展，打造"三港"一体与海港功能融合的国际化现代综合货运枢纽。

——航空港。以郑州机场为核心，主要服务航空物流、高端制造、现代服务业等具有高时效、高质量、高附加值的货物集散需求，逐步发展成为集航空、快速铁路、高速公路等多种运输方式于一体的全国重要的国际航空货运枢纽和现代物流中心。

——铁路港。以郑州圃田铁路集装箱站为中心，以郑州北站、郑州圃田西站、上街散货车站为辅助，主要服务整车、零担、集装箱等大宗物资和特种货物的集散运输。依托郑欧国际货运班列和陇海铁路等出海通道，紧密衔接沿海港口、沿边口岸，强化功能对接融合，促进海港功能内移，推动海铁联运，打造辐射欧亚的"国际陆港"。

——公路港。以郑州国际物流园区为主体，依托高速公路和干线公路，有效衔接航空港、铁路港，对接沿海港口，形成具有现代物流、信息交换、金融结算、报关报检等公共服务功能的内陆港。

多站：是指依托铁路、公路、航空等交通方式，结合城市产业布局和交通发展需求，改造提升既有铁路场站，规划建设多个公路货运场站和物流园区，逐步形成以公路货运集散配送为基础，以铁路、航空高效长距离运输为支撑的多站格局。

大口岸：以"三港"和海关特殊监管区域（场所）为主体，着力完善口岸功能，强化信息互联互通，按照"区港联动、区区联动"的要求，加快河南电子口岸建设，推进"三港"与海港互联互通、功能融合，建立健全一体化通关通检体系和多式联运通关机制，提供"一次申报、一次查验、一次放行"的一站式服务，推进通关便利化，促进郑州自由贸易港形成与发展。

2）构建"四枢、多站"客运枢纽

依照"均衡布局、方式衔接、系统优化"的思路，提高枢纽整体能力，提升服务水平，形成对接国际、国内、省内及市域交通4个层次的"四枢、多站"客运枢纽布局。

四枢：指对接全球、全国及区域主要陆空通道，以郑州机场、郑州东站、郑州站和规划的郑州南站为主体，建设4大综合客运枢纽。

——郑州航空客运枢纽。包括郑州机场、综合交通换乘中心、航空港区客运站、轨道交通换乘站及大型公交枢纽站，主要服务国际、国内航空客流的集散和中转换乘，形成集航空与其他多种运输方式于一体的国际性现代综合客运枢纽。

——郑州东客运枢纽。包括郑州东站、郑州综合交通枢纽公路客运站、公交枢纽站和轨道交通换乘站，主要服务黄河以北地区高速铁路客流和部分城际铁路客流的集散和中转换乘。

——郑州客运枢纽。包括郑州站、郑州客运中心站、公交枢纽站和轨道交通换乘站，主要服务普速铁路和部分高速铁路、城际铁路客流的集散和中转换乘。

——郑州南客运枢纽。包括郑州南站及配套的公路客运站、公交枢纽站和轨道交通换乘站，定位为高铁辅助站、城际铁路枢纽站，主要服务黄河以南地区快速铁路客流的集散和中转换乘。

远期规划郑州西客运枢纽，包括郑州西站、荥阳公路客运南站和轨道交通换乘站，主要服务郑州西部片区快速铁路客流的集散和中转换乘。

多站：指主要联系国内、省内及市域交通，具有集散、中转换乘功能的客运枢纽场站，包括公路客运枢纽站、地铁和城际铁路换乘站及多个重要的城市公交换乘枢纽站。

——公路客运枢纽站。衔接公路与城市轨道、公交、出租等多种运输方式，服务联系省域及对接中原城市群客流集散换乘，规划布局郑州客运东站、郑州客运南站、郑州客运西站、郑州客运北站、郑州客运西北站、郑州客运西南站等。

——城际铁路换乘站。考虑城际铁路与城市轨道、公路、公交、出租等之间的便捷中转与换乘布设城际铁路换乘站，服务城市内外客流的便捷换乘与高效集散，规划布局海棠寺、圃田西、南阳寨、经开区、机场北等城际铁路换乘站。

——公交换乘枢纽站。依托地铁、增开公交，强化方式衔接，围绕地铁站、城际铁路站和公路客运站布设公交换乘枢纽站，服务城市交通换乘和客流集散，规划布局二七广场站、紫荆山站、会展中心站、大学路南三环站、建设路秦岭路站等多个公交换乘枢纽站。

3）构建内捷外畅立体交通网络

按照"连接四面、直通八方"的要求，以航空网、快速铁路网、高等级公路网为重点，打造航空、铁路、公路与海运紧密联系的立体交通网络、对外交通网络。强化交通衔接，构建多式联运、内捷外畅的立体交通网络体系，打造设施先进、网络完善、支撑有力、运行高效的客货运集疏系统，逐步形成以郑州为中心、辐射周边的半小时城际铁路交通圈，覆盖全省的1小时快速铁路交通圈、3小时高速公路交通圈，连接国内主要城市的2小时航空交通圈，通达国际的15小时航空交通圈、15天新欧亚大陆桥运输通道。

（1）国际交通衔接网。

——航空。按照"货运为先、以货带客，国际为先、以外带内，以干为先、公铁集疏"的发展思路，开美、稳欧、拓非、连亚，以连通国际枢纽机场为重点，拓展国际航线，打造轮辐式航线网络，积极发展全货机航班，构建联系全球的空中通道。

——铁路。依托郑欧国际铁路货运班列，打通日本、韩国、东南亚等地区的物资自沿海港口经郑州中转至中亚、东欧直达欧洲腹地的陆路通道，构建连通世界的物流通道枢纽，发挥郑州在丝绸之路经济带上的重要节点作用。依托郑州铁路一类口岸，扩大开放范围，申建郑州国际铁路客运口岸，打通郑州至香港、缅甸等国际客运高铁线路。

（2）国内交通衔接网。

——航空。以连通国内枢纽机场为重点，提高与干线机场的通畅性、支线机场的通达性，优化国内航线网络，构建辐射全国的高效集疏通道。

——铁路。按照"四面八方"的布局要求推进"米"字形快速铁路网建设。"四面"就是连南贯北、承东启西，"八方"就是西南方向经重庆至成都和昆明，东南方向经合肥至南昌和福州，东北方向经济南至青岛和烟台，西北方向经太原至银川。即在国家京广深港和徐兰快速客运通道的基础上，建设郑州至万州、郑州至济南、郑州至太原、郑州至合肥快速铁路，与国家快速铁路网有机衔接，形成京津冀地区经郑州至港澳地区，长三角地区经郑州至西北边境口岸，环渤海地区经郑州至西南地区乃至孟加拉湾、东南亚各国，东南沿海地区经郑州至西北内陆地区的快速运输通道。

——公路。在京港澳、连霍国家高速公路和国道107线、310线"双十字"国家公路网布局的基础上，进一步提升陆桥通道和京广通道功能，优化网络衔接，增强服务国家综合运输通道能力，构建以郑州为中心、与周边省会城市互联互通的公路运输通道，完善中原经济区与周边经济区相连接的基本骨架。

（3）省域交通衔接网。以快速铁路和高速公路为主骨架，以干线公路为支撑，以民航网络为补充，构建以郑州为中心，紧密衔接南阳、商丘等省内城市的立体交通网络，形成全省放射状、轴带式向心布局发展战略格局。

——航空。构建以郑州机场为核心，洛阳、南阳、商丘等支线机场为辅助，郑州上街、中牟、安阳等通用机场为补充的机场体系。

——铁路。以国家干线铁路为主骨架，城际铁路、城市轨道为支撑，构建以郑州为中心、紧密衔接省内各城市的铁路交通网。

——公路。以高速公路为骨架，以普通干线公路为支撑，形成紧密对接周边区域的"两环多放射"高速公路网和"七横十四纵五放射"干线公路网络。

（4）郑州都市圈交通网络。以"两干三城"（干线铁路、干线公路和城际轨道交通、城际快速客运通道、城际快速货运通道）交通网络为依托，有序发展郑州都市区通用航空，构建以郑州为中心，辐射开封、洛阳、新乡、焦作、许昌的"半小时交通圈"。

复习思考题

1. 简述运输港站与枢纽的概念、功能及其分类。
2. 交通枢纽规划的主要内容是什么？
3. 交通枢纽规划的基本原则有哪些？
4. 交通枢纽规划应如何与交通运输网络规划相配合？
5. 交通枢纽规划应如何与城市规划相配合？
6. 交通枢纽规划与自然条件的关系如何？
7. 什么是交通枢纽的辐射范围？应该如何确定？
8. 简述布局规划模型方法的分类与应用。
9. 综合交通枢纽场站布局优化模型的基本思路是什么？

10. 设规划区域内有 5 个交通发生点（吸引点），各点的坐标位置、发生量（吸引量）以及运输费率如表 2-11 所示，试分别用重心法和微分法确定需设置港站的坐标。

表 2-11 交通发生点的坐标、发生量和运输费率表

交通发生点（吸引点）坐标（x, y）	发生量（吸引量）/t	运输费率/（元/t·km）
P1（3，8）	2 000	0.050
P2（8，2）	3 000	0.050
P3（2，5）	2 500	0.075
P4（6，4）	1 000	0.075
P5（8，8）	1500	0.075

第三章 交通流线分析、设计及疏解

3.1 交通流线概述

3.1.1 交通流线的定义

交通是行人、车船、货物和信息在空间上的移动、传递和输送的总称。

交通流就是行人、车船、货物的流动。交通流与物理学上气体和液体的流动有类似的特点，如交通流也有速度、密度和交通量等概念。

国内外的学者从不同角度、不同领域对流线做了定义。具体有：

在研究空气动力学的过程中对流线的定义是：A streamline is a path traced out by a mass particle as it moves with the flow. It is easiest to visualize a streamline if we move along with the body (as opposed to moving with the flow)。中文理解为：流线是大量颗粒流动形成的轨迹。相对于移动流，移动物体所形成的是更直观的流线。

而朗文英语辞典对 streamline 的动词解释是：to form something into smooth shape so that it moves easily through the air or water; to make something work more simply and effectively。中文理解为：使……成为流线型；使……合理化，使简化。

有学者在讨论流线设计和建筑形态关系中认为：流线是人或物在建筑中流动的轨迹，对建筑平面及空间组合有决定性的影响。其基本功能是保证人流、物流的顺畅、便捷，避免不同流线的相互干扰交叉。

由于交通流与物理学上的气体、液体的流动有类似的特征，上述几个概念从某些方面反映了流线的基本特征。因此，交通流线可定义为：行人、车船、货物在研究范围内流动的轨迹。或者是：行人、车船、货物在一定范围内集散活动，形成一定的流动过程和流动轨迹，称之为交通流线。

3.1.2 交通流线的种类

按照不同的分类方法，交通流线可分为不同的种类。交通流线的构成要素一般包括交通方式、流量、流向、流程和流速，可以按每要素的不同将交通流线分为不同的种类：

（1）按照流动对象的不同可分为行人（旅客）交通流线、车船交通流线和货物交通流线：

行人交通是以人的体力为基础的最基本的交通方式，是各类交通方式发生的始端和末端的必然形式。行人交通具有速度慢，一般不成队列，运动速度和方式一般不受限制，对安全间距要求不太严格等特点。

在交通港站内部也存在着由于人的走行和流动所形成的行人交通流线，一般称之为旅客交通流线。根据旅客旅行目的、办理手续、客流性质不同可以分为：

① 进站旅客流线、出站旅客流线；
② 长途旅客流线、短途旅客流线、市郊旅客流线；
③ 普通旅客流线、中转旅客流线、特殊旅客流线、贵宾流线、工作人员流线；
④ 国内旅客流线、国际旅客流线；
⑤ 上行旅客流线、下行旅客流线。

为了保证旅客顺利进出站，避免车站各项作业的相互干扰，可以采用平面分散、立体布局等多种方法合理布置各种旅客流线。相应地也设有旅客平过道、天桥、地道、站内引导、立体多层站房及通道等设施和人员。

车船交通流线按运载工具对交通道路设施的不同要求可分为以下几种：

① 道路（公路、城市道路）交通流线。道路交通流线又可分为慢行车辆交通流线和快行车辆交通流线。前者主要指自行车、人力车、电动自行车和电动三轮车等非机动车辆；后者主要指轻骑、摩托车和汽车等机动车辆。从路面来看，有专为行人用的人行道和专为车辆用的车行道。车行道中有的具有可使机动车辆和非机动车辆分离的物理隔离设施，有的以划线的办法将它们分离，而大部分道路则是机动车与非机动车混行。这种混合交通是我国城市交通流的一大特点。

② 有轨运输交通流线。有轨运输交通流线又可分为铁路、地铁、轻轨、磁浮等线路上运行的列车流线。一般各种流线间互不过轨，流线间客流交换通过旅客走行完成。

③ 水路运输交通流线。水路运输交通流线包括各种船舶在航道、港口航行形成的流线。

④ 航空运输交通流线。航空运输交通流线包括各种飞机、飞行器在航路、机场航行形成的流线。

⑤ 专用道路交通流线。一些道路是专供某种车辆使用的，这样就形成了专用的交通运输流线。如有些城市设有公交车专用车道，则形成了公交车流线等。

货物交通流线指各种货物在货流中心、货运站等相同或不同运输方式之间转运、换装所形成的货物交通流线。如港口站由铁路卸车的货物到船舶装船的货物流线、到站货物经传送带输送到堆码场的货物流线等。

（2）交通流线按照流动方向的不同分为同向交通流线和对向交通流线。

同向交通流线即两条流线的运行方向一致，对向交通流线即两条流线的运行方向相反。

在交通港站中，通常按照交通对象的大致去向也将交通流线分为进站（港）流线、出站（港）流线、中转/换乘流线。进站（港）流线一般是分散、随机的，出站（港）流线较为集中且有规律。

（3）按照流程的不同可分为长途交通流线、短途交通流线、市郊交通流线 3 类。其中长途交通流线季节性波动较明显，市郊流线波动不是很明显。

（4）交通流线按照相互之间的影响和交叉干扰情况，分为平行流线、会合流线、分歧流线和交叉流线，详细介绍见 3.3.1。

3.1.3 交通流线的描述方法

交通流线的描述方法主要有流程图表示法、组织图表示法及时空描述法。

1. 流程图表示法

流程图表示法是指将旅客（或货物、车辆等）的各种行为流程按照行动的先后顺序用流程图块和连接线表示。如图 3-1 所示为汽车客运站到达车辆流程图。

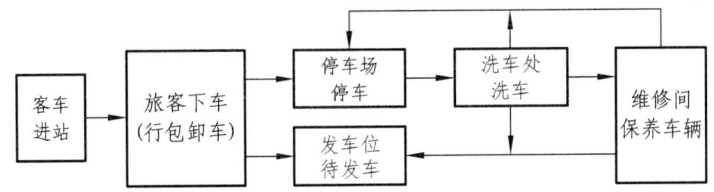

图 3-1　汽车客运站到达车辆流程图

2. 组织图表示法

组织图表示法是在交通枢纽平面布局图或立体枢纽布局图的基础上将各种旅客（或货物、车辆等）的行为轨迹用线条表示出来，线条箭头的方向代表流线的方向，线条的粗细代表流线的密度，不同的线条类型表示不同的流线种类。以客运枢纽内部旅客流线为例，分析两种交通流线表示方法的优缺点及适用环境，具体见表 3-1。

表 3-1　两种交通流线表示方法的比较

表示法	优点	缺点	适用环境
流程图表示法	清晰明了地表达了交通枢纽的各组成部分之间的关系，体现了人流在交通枢纽中的行为流程	未体现设施对旅客的影响，并且不容易分析冲突点，以及设施环境对人行走过程的影响	用于分析旅客行为的逻辑顺序，便于按旅客的行为流程进行流线设计和流线组织
组织图表示法	直观地表现了设施的结构以及各流线，便于分析不同流线产生的冲突点	绘制复杂，同样无法体现各种流线特点，设施对旅客的影响及设施环境对人行走过程的影响	用于分析固定设施布置和相关参数对流线导向性作用及流线对固定设施布置的影响

流程图表示法和组织图表示法在流线分析的不同阶段都有应用，描述流线的角度不同使得这两种表示法都能够发挥其优点，将两者有机结合起来更有利于透彻地表达流线的相关特征。

上述两种流线的描述方法可以认为是定性的描述方法，此外，目前对流线的描述同样有利用流量、密度和速度基本参数进行定量描述的情况，以行人流线为例：

在行人流基本参数的关系模型中，假设人流状态是稳态均匀的，行人自由流速度主要受个体特征、出行目的和场所条件影响。当行人密度逐渐增大时，行人的速度受到行人密度制约，速度、密度和流量呈现相互影响关系。可表示为

$$q = ku \tag{3-1}$$

式中　q——行人流量，人/m·min

u——行人速度，m/min

k——行人密度，人/m²。

3. 交通流线时空描述

交通流具有三维空间及时间属性，表现为某一交通对象在一特定时间域内对某些交通空间（设备、路段）的占用。如将交通对象看作为一个动点 F，其在空间上的移动、传递和输送可以用四维时空描述 $F(x, y, z, t)$。事实上，各交通对象对运输通道的占用需要一定的空间和时段，可以根据运输通道、交通对象的不同将运输通道一定的空间范围划分成一个交通路由点 p（如铁路站场中的一组道岔、道路交叉路口一段单车道路）。一个交通路由点同一时间内只能供一个交通对象占用。交通流 F 可以描述为某时段内 (t_1, t_2) 交通对象对由各路由点组成的交通流线的占用：

$$F(x, y, z, t) = F(L, t) \tag{3-2}$$

或

$$F(x, y, z, t) = F[(p_1, p_2, p_3, p_4, p_5, \cdots), (t_1, t_2)] \tag{3-3}$$

其中交通流线 L 为：

$$L = (p_1, p_2, p_3, p_4, p_5, \cdots) \tag{3-4}$$

设有两支交通流 F^i 与 F^j，其交通流为：

$$F^i(x, y, z, t) = F[(p^i_1, p^i_2, p^i_3, p^i_4, p^i_5, \cdots), (t^i_1, t^i_2)]$$

$$F^j(x, y, z, t) = F[(p^j_1, p^j_2, p^j_3, p^j_4, p^j_5, \cdots), (t^j_1, t^j_2)]$$

F^i 的交通流线 L^i 为：

$$L^i = (p^i_1, p^i_2, p^i_3, p^i_4, p^i_5, \cdots)$$

F^j 的交通流线 L^j 为：

$$L^j = (p^j_1, p^j_2, p^j_3, p^j_4, p^j_5, \cdots)$$

判断 F^i 与 F^j 不相交叉，能够平行作业的条件是：

$$L^i \cap L^j = (p^i_1, p^i_2, p^i_3, p^i_4, p^i_5, \cdots) \cap (p^j_1, p^j_2, p^j_3, p^j_4, p^j_5, \cdots) = \Phi \tag{3-5}$$

判断 F^i 与 F^j 相互交叉，作业时间冲突的条件是：

$$(p^i_1, p^i_2, p^i_3, p^i_4, p^i_5, \cdots) \cap (p^j_1, p^j_2, p^j_3, p^j_4, p^j_5, \cdots) \neq \Phi \tag{3-6}$$

且

$$(t^i_1, t^i_2) \cap (t^j_1, t^j_2) \neq \Phi \tag{3-7}$$

判断 F^i 与 F^j 相互交叉，但作业时间不冲突的条件是：

$$(p^i_1, p^i_2, p^i_3, p^i_4, p^i_5, \cdots) \cap (p^j_1, p^j_2, p^j_3, p^j_4, p^j_5, \cdots) \neq \Phi \tag{3-8}$$

且

$$(t^i_1, t^i_2) \cap (t^j_1, t^j_2) = \Phi \tag{3-9}$$

3.2 交通流线分析与设计

流线是交通港站规划设计的灵魂，流线的设计和组织是否合理，影响交通港站的作业效率和能以及服务水平。

3.2.1 交通流线分析

流线分析是流线设计、组织及交通港站功能分区和空间布局的基础。流线分析在交通港站与枢纽建设和优化的过程中起着关键性的作用，流线分析的目标也十分明确，就是为交通港站与枢纽的建设和优化提供技术支持，使其设施布置更加合理。

在交通港站与枢纽中进行流线分析须考虑港站、枢纽的特点，并结合其设施布置和服务能力。流线分析的总体思路是根据流线分析的目标对既定布局方案下的港站或枢纽进行区域划分，分区域统计各类流线的数量、流线的分类，分析流线的静态分布规律。根据港站或枢纽内不同功能区域存在的各种不同去向的客流，生成枢纽内部的行人流线，研究不同功能区域内的流线占用情况，识别枢纽中的瓶颈区域，达到对瓶颈区域进行局部优化的目的。

下面以客运枢纽为例，介绍其流线分析的基本步骤。

现代客运枢纽内的行人流线，由于内部功能的复杂化和旅客出行习惯的转变，合理组织流线，使之畅通而互不干扰、简捷而不迂回曲折，是整合行人流线的基本要求。

内部行人流线的组织安排与枢纽内部功能布局、空间组合有着十分密切的联系。实际上，在设计枢纽建筑功能与空间布局的同时，必须考虑流线的组织和安排。从宏观上，要将行人流线的组织与设计结合空间序列、层次及空间结构的安排逐次展开，从微观上看要详尽了解和分析透视各种独立功能系统的使用特征和功能间的交叠与联系方式，以保证流线的组织符合人们在枢纽内使用各种功能的行为模式。

有学者在进行城市流线空间连续性设计方法研究时提出，城市交通流线分析应该综合考虑"六分"要素，即分量、分时、分形、分流、分离、分层，其目的是达到有效地控制城市流线的连续性和均衡性。该思想对于客运枢纽流线分析同样有重要的借鉴意义。

1. 确定客运枢纽流线类型

对于客运枢纽而言，主要是行人流线产生实体流线。为了合理设计和组织行人流线，根据流线走向将行人流线的类型分为行人进站流线、行人出站流线和行人换乘流线。三种类型的流线描述了行人流在客运枢纽中的行为轨迹，而针对不同规模和不同服务功能的客运枢纽，流线类型的细分还会略有不同。

2. 既定设施布置方案下的流线生成

直观形象地表示出行人流线在客运枢纽中的分布和走向，是流线生成的主要任务，也是行人流线瓶颈识别的基础。

（1）将各个功能区域中各设施的出入口几何中心记为标记点：红色标记点代表进入标记点，蓝色标记点代表离开标记点。

（2）采用有向线段连接标记点的方式，将各类型的行人流线按照其行为轨迹在设施布置图中表现出来。

（3）对各种有向线段进行区分，即用不同的颜色代表不同的类型，不同的线条粗细代表不同的流线流量。

3. 流线瓶颈识别

流线瓶颈识别是指流线瓶颈区域的识别，是流线分析的关键步骤。流线瓶颈识别的方法通常有三种，即通过能力法、延误法和密度法。

（1）通过能力法。

通过能力法是将出行路线划分成若干个流线段单元，保证在流线段单元内道路的通过能力均衡。计算各流线段单元的通过能力，当通行设施设计通行能力小于实际通行能力时，即可确定设施瓶颈的位置。

（2）延误法。

延误是判断综合枢纽内行人流线顺畅程度的一个重要参数。从延误的大小还可间接地分析设施的服务能力和服务水平。所以，用延误作为指标进行流线瓶颈识别具有重要的意义。乘客在枢纽内产生延误一般表现为排队、拥挤和等待3种行为。

（3）密度法。

流线上的行人密度直接反映流线的拥挤程度，所以密度是衡量流线情况的一个有效指标。流线所占用的单位面积内行人越多，则流线越拥挤，设施的服务水平越低，当行人停下来在流线节点处排队时，流线密度越大，此密度称为阻塞密度。

4. 流线瓶颈的原因分析与消除

形成客运枢纽行人流线瓶颈的原因多种多样，但总的而言，可以将其按4种方法分类：
（1）宏观原因和微观原因；
（2）规划原因和设计原因；
（3）常发原因和偶发原因；
（4）人为原因和设施原因。

宏观原因一般由规划不当导致，与规划原因具有对应性；同样，微观原因与设计原因也是对应的。从宏观规划方面分析，导致客运枢纽内部瓶颈的原因可以概括如下：枢纽结构不合理导致在某些区域人流过于集中，形成瓶颈；流线导向不清晰、不合理导致部分流线段拥挤，形成瓶颈。

微观方面，设计不当也可能造成流线瓶颈，由于对未来几年的客流量增加没有做充分的考虑，对服务设施的服务能力和服务水平认识不到位，导致部分功能区域服务压力过大，形成瓶颈。

常发因素导致的流线瓶颈一般重复出现，产生这类流线的根本原因是瓶颈区域处的旅客流量达到或者超过了其通行能力，这类瓶颈周期性地出现，给枢纽整体服务水平带来的影响较大。导致瓶颈的偶发因素包括天气、施工等因素，一般具有不可能预见性，其造成的影响也较小。

产生交通瓶颈的设施原因指的是设施所提供的通行能力不能够满足高流量的流线通过。人为因素包括旅客对枢纽内部的各功能区域认知不够，信息不全，旅客在枢纽内部迂回，从而导致总体流线参数发生变化。人为因素相对于其他因素对枢纽内部流线瓶颈形成的影响相对较小。

总体而言，消除客运枢纽中流线的瓶颈可以分为两种方法：一种方法是通过改变设施的服务能力和服务水平来增加各个流线节点的通行能力和减少延误时间，以此来达到消除瓶颈的目的；另一种方法是重新组织和设计流线的分布和走向，即研究流线和设施布置之间的关系，通过调整流线在设施布置中的分布来消除瓶颈区域。

5. 流线的仿真分析

对于流线生成和瓶颈识别、诊断、消除等一系列步骤进行之后,其分析优化的效果如何,一般通过流线仿真分析的方法来评价。

流线仿真分析的方法是在计算机上复现瓶颈区域的实际情况,对仿真瓶颈区域情况进行研究和计算。瓶颈区域是随着时间推进、流线流量增长造成的,其形成是个动态过程。在不同的时间段,各个流线的流量都是不同的,根据实际调查情况,按时段设置至流线仿真模型中,实现流线流量随时间的变化,从而动态地研究瓶颈的产生、发展和消除过程。

运用流线仿真分析的方法分析瓶颈时,由于仿真输出数据的全面性和动态性,基本上可以获得瓶颈研究必需的各种流线参数的定量数据,包括流量、速度、影响范围等。

3.2.2 交通流线设计与组织

交通枢纽流线设计是对交通组织的静态规划即对枢纽功能布局的规划,其中包括在既有枢纽布置方案确定的情况下,交通枢纽流线的生成以及在流线生成的情况下确定枢纽内部所形成的瓶颈区域。

1. 流线设计在交通港站规划设计中的位置

交通港站规划设计主要包括选址、功能规划与空间布局设计、流线设计和设施设备配置设计等方面的内容。其中流线设计是其他几方面内容的基础,如图 3-2 所示。

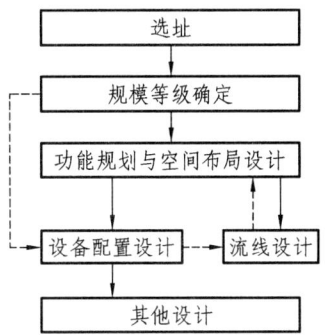

图 3-2 流线设计在交通港站规划设计中的位置关系图

2. 流线设计与港站设计之间的关系

1)交通流线与港站作业流程之间的关系

交通流线的安排应符合运输作业规律和生产、生活活动的特点,作业流程和设备空间位置共同决定了可能的流线。如在客运站,旅客进站流程不同,导致流线有所不同。进站旅客(基本进站旅客、购票旅客、贵宾旅客等)因流程不同,流线也不同,如图 3-3 所示。

2)交通流线与港站功能布局之间的关系

流线设计是功能分区和空间布置的基础,流线对建筑物的平剖面的布置具有决定性的作用。总平面布置决定了场地内的交通组织。交通流线组织状况的好坏是检验总平面布置是否合理的重要标志之一，即是否使场地外部人流、货流与场地内部人流、货流相互协调，是否将场地内部交通的流量、流向分布得均衡合理，是否使它们流动的平均空间距离最短等。

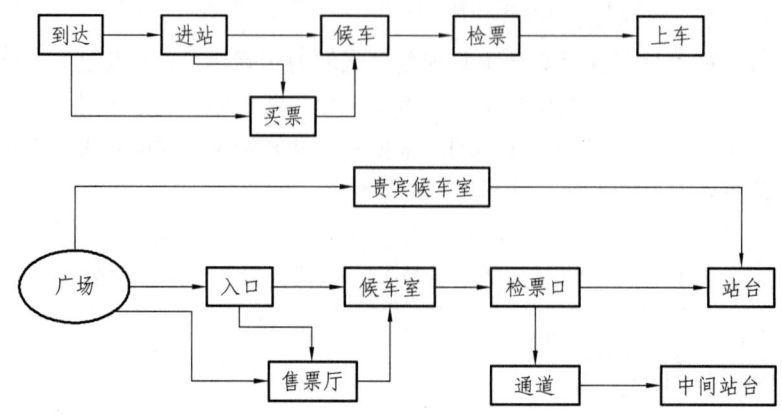

图 3-3　旅客进站流程与流线的关系

3）交通流线与港站设施设备之间的关系

流线决定了设施的位置，人流、车流等需要不同的设施。设施通行能力和流量相匹配，如贵宾流线需要设计贵宾专用候车室，特殊旅客流线需要设计无障碍设施。流线上设施之间的通行能力需要匹配，如客运站检票口宜垂直于人流方向布置。

3. 交通港站流线设计的基本要求

交通港站流线的设计应当综合考虑安全、效率、技术、效益等方面的因素，运用以人为本的理念，通过综合比较确定：

（1）交通流线设计必须符合相关的设计规范，并力求与土地利用相适应；

（2）交通流线设计必须与功能分区相适应、与作业流程相配合、与设施能力相匹配；

（3）场地内主要或大量的人流、车流等交通流线应清晰明确，易于识别，线路组织便捷，尽量避免迂回、折返；

（4）不同交通方式特点不同，在设计时候需要考虑；

（5）主要交通流线应分开，形成相对独立又有内部紧密交通联系的空间，避免相互干扰与冲突；

（6）各种交通流线设计要体现动静分离的原则；

（7）正确处理港站流线与外部集散交通之间的衔接关系。包括合理设计出入口，缩短交通流出入和集散的滞留时间，但同时应注意尽量减少对城市主干道交通的干扰，当场地同时毗邻城市主干道和次干道（或支路）时，应优先选择次干道一侧为主要机动车出入口。

4. 流线设计的原则

同样以客运站为例，流线设计一般遵循以下原则：

（1）以旅客流线为主导，避免人流、车流、货物流或行李流等多种流线互相交叉干扰；

（2）从平面或立体上尽可能将各种流线分开设置；

（3）最大限度地缩短旅客在站内的步行距离，避免流线迂回；
（4）尽量避免出站人流拥挤，快速疏散旅客；
（5）流线设计要考虑一定的灵活性，满足多种特殊旅客的需求；
（6）考虑与其他交通方式（如地铁、轻轨、主要干道等）的衔接，处理人流、车辆流线的分布。

5. 流线组织

枢纽流线组织是对交通组织的动态规划，即对枢纽内部实体流线的组织和优化，包括分析产生瓶颈区域的原因及提出消除瓶颈区域的相关措施和手段。为了使枢纽内部流线走向合理、简洁、顺畅，对枢纽内部进行流线分析必须要将流线设计和流线组织有机结合。

大型交通综合枢纽的交通流线设计既要解决好与城市道路的连接，又要组织好地下空间的交通流线。枢纽规划区域内道路交通系统布局以加强内部功能组织和便利内外交通联系为原则。采用人车分流的方式，通过上下层的方式组织车行交通，以避免机动车对地面交通环境的影响。

3.3 交通流线疏解

3.3.1 交通流线间的关系

交通流线按照相互之间的影响和交叉干扰情况，可以分为平行流线、分歧流线、会合流线和交叉流线。

1. 平行流线

平行流线是指交通流线之间没有交叉，不占用共同的线路设备，可以同时平行作业。如道路交通流线中，两支沿平行渠化道路运行的机动车车流流线（见图 3-4）；铁路交通流线中，沿上下行运行的列车流线，车站内沿平行进路同时办理的两项作业流线（见图 3-5）；旅客交通流线中，沿天桥进站的旅客流线与沿地道出站的旅客流线（见图 3-6）；航空交通流线中，沿不同航路飞行的飞机流线相互之间也是平行流线。

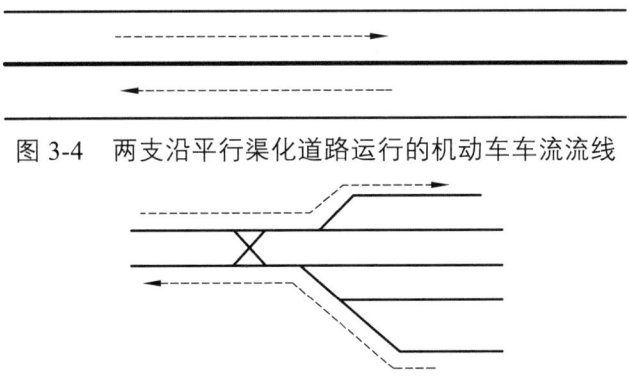

图 3-4 两支沿平行渠化道路运行的机动车车流流线

图 3-5 沿平行进路同时办理的两项铁路列车作业流线

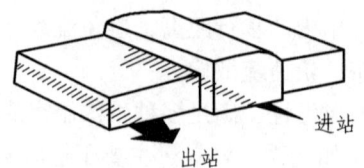

图 3-6　沿天桥进站的旅客与沿地道出站的平行旅客流线

2. 分歧流线

分歧流线是指交通流由一个方向分成两个不同的方向。在同一时间内，一个交通实体只能选择一个方向。

图 3-7（a）所示为公路交通分歧流线，一个方向行驶的车流因去向变化需要分开成两个方向的交通运行状态，例如主线车流分开流入匝道。

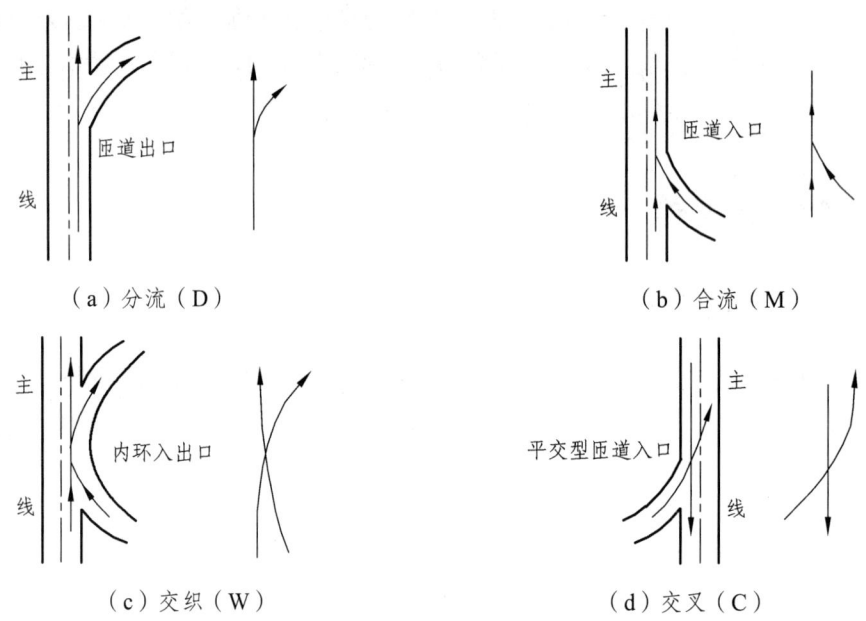

图 3-7　公路交通流线示意图

图 3-8 为铁路分歧线路所布置示意图。图 3-8（a）所示为由客运站发出的旅客列车经过分歧线路所后，可分别开往 A、B 两方向。图 3-8（b）所示为由衔接线路 A 方向到达的客货列车经过分歧线路所后，旅客列车开往客运站方向，货物列车开往编组站方向。

图 3-8　铁路分歧线路所布置示意图

3. 会合流线

会合流线是指从两个或两个以上不同方向的交通流汇合成一个方向的交通流线。同一时间内，互相妨碍，不能同时运行。

图 3-7（b）所示为公路交通会合流线，两个方向行驶的车流因去向变化需要合为一个方向的交通运行状态，例如匝道车流进入主线。

图 3-9 为铁路会合线路所布置示意图。由支线方向到达的列车需要在线路所前一度停车，待主线方向列车通过区间腾空后，方可进入前方线路区间。为了保证直线列车安全停车，防止与主线通过列车发生冲突，一般在支线方向设置安全线。

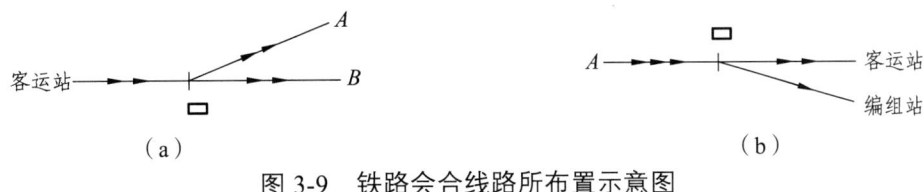

图 3-9 铁路会合线路所布置示意图

4. 交叉流线

交叉流线包括横断与交织，交通流线从两个不同的方向进入交叉点然后按两个不同的方向离开交叉点，这时一个方向的交通流线与另一个方向的交通流线形成交叉。

图 3-7（c）所示为公路交通交织流线，两个方向行驶的车流因去向变化需要先合后分的交通运行状态，例如环道车流进、出主线。图 3-7（d）所示为公路交通交叉流线，两个不同方向行驶的车流互相交叉运行。有时也设置桥涵使之变为立交，但交通量较小时，也可允许平面交叉，例如平交型出入口。

后三种形式中流线间是相互敌对的，不能同时平行作业。实际上，交叉流线是会合流线与分歧流线形式的组合。

流线的会合、分歧、交叉在交通方式之间是大量存在的，如公铁交叉、公水交叉、铁水交叉、铁路轻轨交叉等。流线的会合、分歧、交叉在各种交通流线内部也是大量存在的。

航空飞行中，沿不同航路到达的飞机向同一跑道的降落属于航空流线的会合，由同一跑道起飞向不同航路飞行属于航空流线的分歧。

以上可以看出，公路道路交通流线交叉有 4 种基本形式：分流、合流、交织和交叉，然而流线布置时却有多种多样的组合。如出入口的分流、合流按需要可以连续出现，也可把分流、合流相互组合。图 3-10 显示了公路道路交通流线布置的 4 种基本组合形式。

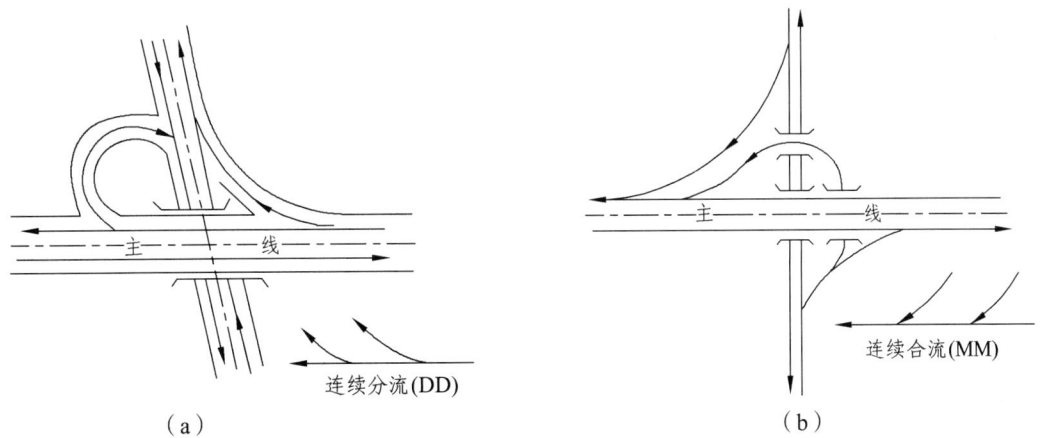

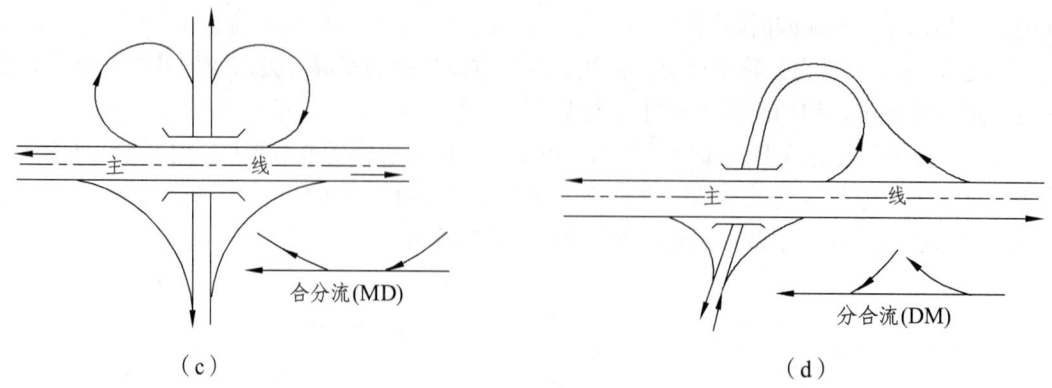

（c） （d）

图 3-10 公路道路交通流线布置的 4 种基本组合形式

图 3-10（a）所示为连续分流组合，这种组合在城市道路立交中常被采用。图 3-10（b）所示为连续合流形式，这种组合国内尚不多见，国外常被采用。图 3-10（c）所示为合分流形式，这是一种先合流后分流的组合，其中央有交织段，环形匝道即是，这种组合在城市道路立交中常被采用。图 3-10（d）所示为分合流形式，这是一种先分流后合流的组合，无论在高速公路或城市道路的立交中，这种组合采用较为广泛。

除上述四种基本组合之外，还可布置分流、合流从主线右侧出入或者从主线左侧出入。综合起来，可组合成表 3-2 所示的 16 种形式。这些不同形式的流线组合，能适应立交形式的多种要求，也反映了匝道布置的灵活性和对地形地物及交通需要良好的适应性。

表 3-2 公路道路交通流线布置组合形式

	连续分流(DD)	连续合流(MM)	合分流(MD)	分合流(DM)
Ⅰ				
Ⅱ				
Ⅲ				
Ⅳ				

3.3.2 交通流线交叉疏解

流线交叉点是枢纽路网中道路与道路，道路与铁路或道路与其他交通设施产生交叉的地点。一般来说交叉点可分为平面交叉点和立体交叉点。

平面交叉点设在平交路口，又可分为优先式交叉点、信号化交叉点、环岛交叉点。平交路口是道路网中道路通行能力和交通安全的"瓶路"，国内外很多城市中交通拥堵主要发生在平交路口，交通流的中断也主要发生在平交路口。同时，平交路口也是交通事故的主要发生源。车辆运行至平交路口有可能与同一交通流、横断交通流和对向交通流中的车辆以及在人行横道上的行人发生冲突。一般来说，平交路口的基本冲突可以分为交叉、合流与分流 3 种形式。图 3-11 所示是交叉路口双向交通流的基本冲突形式。各向车流互相交叉互相交织，形成许多冲突点和交织段。据计算，4 条道路交叉口，存在 16 个冲突点；6 条道路交叉口，冲突点增加到 120 个之多。显然，有如此多的冲突点，加上许多分流、合流相交织，车辆行驶非常复杂，交通安全难以保证，虽然可用信号控制，但其车速将进一步降低，通行能力大大减小，因此消除或减少交叉点能有效改善道路通行能力。

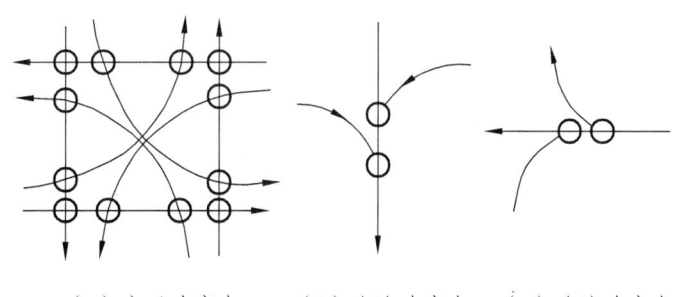

（a）交叉冲突点　　（b）合流冲突点　（c）分流冲突点

图 3-11　交叉路口双向交通流的基本冲突形式

在交通流线规划设计中，为了改进流线交叉的性质，减轻流线交叉的负荷及消除流线交叉所采取的种种措施，通称为交通流线交叉的疏解。交通流线的疏解主要就是避免流线冲突，流线冲突可以通过对时间、空间的某一方面调整来疏解，基本上可以分为时间疏解、平面交叉疏解和立体交叉疏解。

1. 时间疏解

时间疏解是对交通对象占用道路的时间加以综合控制和计划，避免对同一路由点的使用发生时间冲突，有计划地通过时段分配使各冲突流线顺利通过共同路由点的各项措施。如铁路列车运行图的采用；城市道路交通中的绿波带技术（信号灯多点控制技术）和理论；航空运输中同一航路飞机飞行前后时间间隔的控制等。

2. 平面交叉疏解

平面交叉的疏解主要有以下 3 种疏解方式：

（1）平面交通信号机控制方式。即用交通信号机将相互交叉的交通流加以控制。通过信号控制，提高了车辆在交叉口的通行速度，避免了无序状态下的相互干扰和堵塞，提高了安全性，虽然控制方式不同，但交通容量都能得到一定提高。

（2）平面交叉点分散布置方式。即将原来集中在一个交叉点相互交叉的交通流线通过流线的平面变形，使集中的交叉分散布置在几个交叉点或交织区内，分散交叉点位置，避免了交叉的重叠和产生堵塞的机率。常见案例有：组织单向行车、交叉口渠化、环岛、铁路闸站等。

如图 3-12 所示，在城市两平面相交道口修建环岛，这样就将重叠在一起的流线交叉，分散在 4 个进出口上，并通过环线上车流的交织疏解了两敌对流线的交叉。

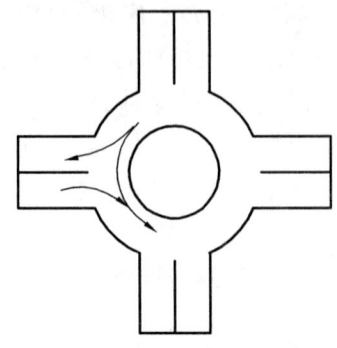

图 3-12　环形交叉路口示意图

再如图 3-13 所示，在铁路线路分歧、会合、交叉点修建的闸站，一般设在枢纽前方的线路所。通过增设必要的配线，用来调整列车运行，将不同方向的进路交叉，分散布置在车站的两端，它也属于平面疏解范围。图 3-13（a）为单线与双线铁路交叉地点的闸站布置图，在两正线之间设置待避线 3，便于单线 CD 的列车在待避线上作短时间停车，依次通过Ⅰ、Ⅱ两条正线。图 3-13（b）是按运转种类分歧地点所设的闸站布置图。图 3-13（c）是按线路方向会合的闸站布置图。为保证列车停车后能迅速起动，待避线应设在平直道上。为保证行车安全，待避线两端均应设安全线。采用闸站疏解可在一定程度上获得较大一些的通过能力，但工程投资和运营费相对增加，不能完全解决列车的进路交叉。因此，当行车量增加且需要加强通过能力时，应采用跨线桥立体疏解方式。

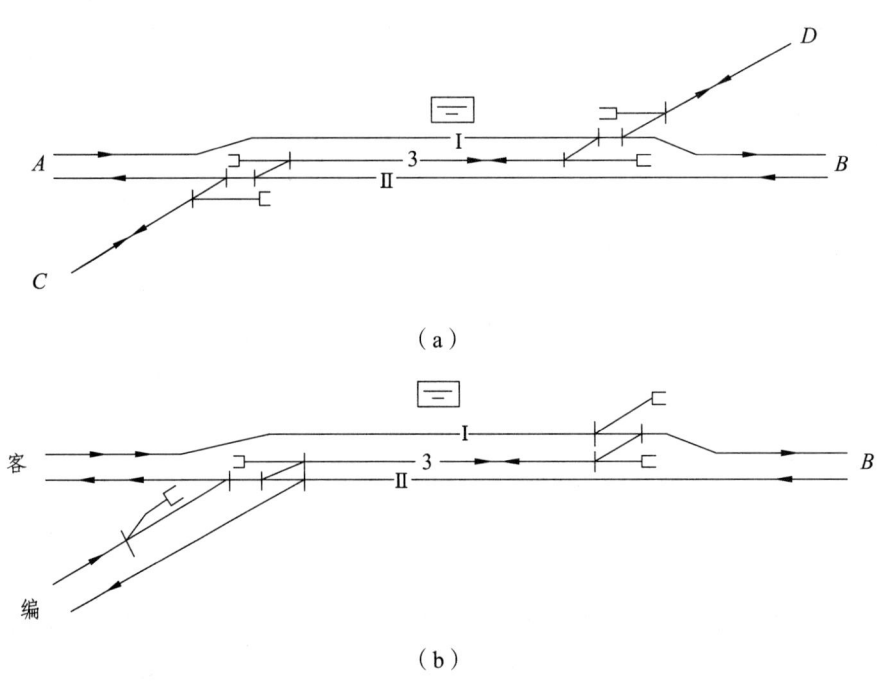

（a）

（b）

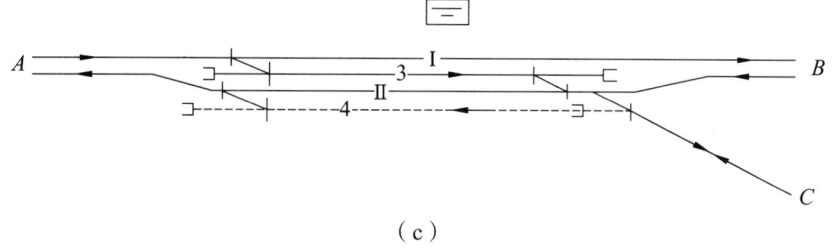

（c）

图 3-13 铁路闸站布置示意图

（3）平面交叉点增设通道方式。即增加交叉点通道，避免各方向车流相互干扰，使交叉点能力与相邻路段相适应。

例如，在城市两平面相交道口增加机动车道，以便在某一方向放行时，可以有多条平行机动车流线同时平行通过，以充分利用通行时间，使道口通行能力与相邻路段相适应，如图 3-14 所示。

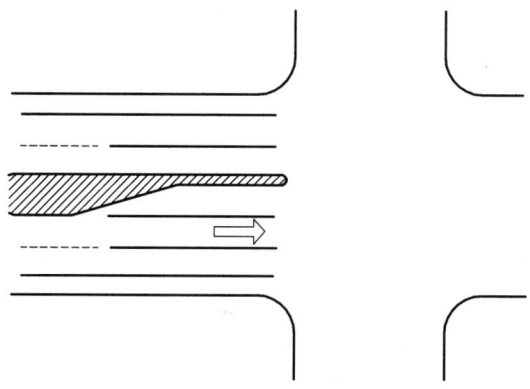

图 3-14 平交道口增加机动车道

在铁路路网中，枢纽是各方向干流汇聚的中枢，枢纽内线路也是枢纽内客货运输的必经通路。为了使枢纽内线路能力与路网干线能力相适应，有时在枢纽内除修建连接各方向的干线外，还需增修三线、四线、枢纽迂回线或枢纽环线，使枢纽内线路能力与路网干线能力相适应，如图 3-15 所示。

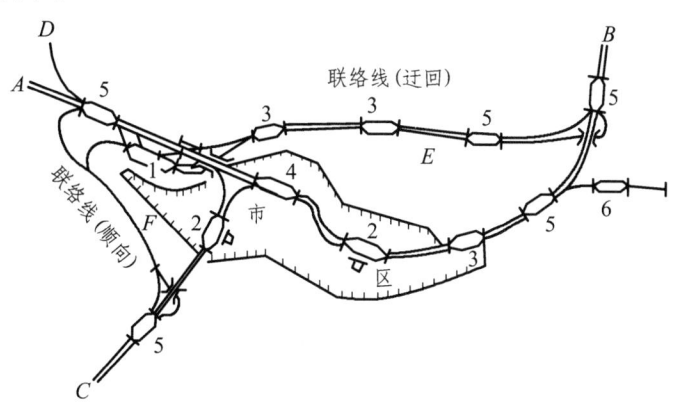

图 3-15 枢纽迂回线示意图

1—编组站；2—客运站；3—货运站；4—客、货运站；5—中间站；6—港湾站

3. 立体交叉疏解

在交叉口范围内，流线互相交叉或交织运行之后各自离去。然而这一短暂运行过程中形成的复杂交通状态，使流线速度大大降低，通行能力减小，交通安全严重恶化，往往造成交通堵塞，形成交通瓶颈。为了避免上述不利状况，保持各种流线顺利而迅速通过交叉口，必须修建立体交叉，使各方向车流在不同平面上通过。各行其道，互不干扰，从而显著提高行车速度，增大通行能力，同时保证交通安全，改善交通环境，提高社会效益。

立体交叉按交通功能不同可以分为以下几种形式：

（1）分离式立体交叉。仅设跨线构造物（跨线桥或地道）一座，使相交流线在空间上分离，上、下道路无匝道连接，不具备各转弯方向的互通功能。这种类型的立交结构简单，一般用于不同种类交通流线疏解，如道路与铁路交叉处，见图 3-16（a），高速公路与其他各级道路交叉处，铁路与轻轨交叉处等。

（2）互通式立体交叉。不仅设跨线构造物使相交流线在空间上分离，而且上、下道路之间有匝道连通，具备各转弯方向的互通功能。这种类型的立交结构复杂，一般用于同一种类交通流线疏解，如各种道路交叉处，见图 3-16（b）。

（a）分离式立体交叉　　　　　　　　　　（b）互通式立体交叉

图 3-16　立体交叉疏解

立体交叉按疏解的交通对象不同可以分为以下几种形式：

（1）行人（旅客）流线与其他流线的立体疏解。主要采用天桥、地道、多层站房等立体疏解形式。

（2）船舶流线与其他流线的立体疏解。主要采用横跨江河的桥梁为立体疏解形式。必要时，也可采用地下隧道疏解。

（3）铁路交通流线与城市道路交通流线的立体疏解。

如图 3-17 所示，两交叉线路互相立体交叉，但不需要设置匝道，采用分离式立交。

（4）城市道路交通流线的立体疏解。一般采用互通式立交疏解。

图 3-18 为 4 路交叉完全互通式立交，其基本组成部分如图所示。

（5）铁路交通流线的立体疏解。铁路枢纽线路采用立体疏解，可把各铁路方向和枢纽内各种专业站连成一个整体，基本上保证列车运行各有其独立的进路，因而通过能力大，安全性高。但是立体疏解占地多，工程费高，进站线路的平、纵断面技术条件差，有时由于跨线桥位置靠近车站，可能限制车站的进一步发展。

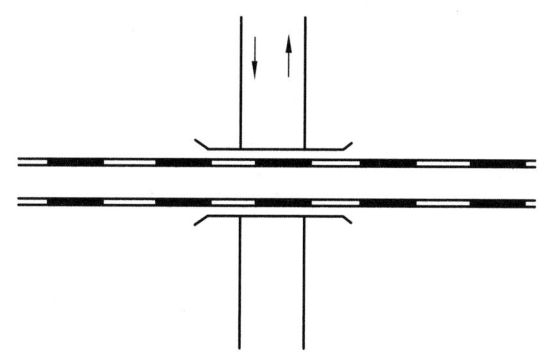

图 3-17 公路与铁路立体交叉疏解图

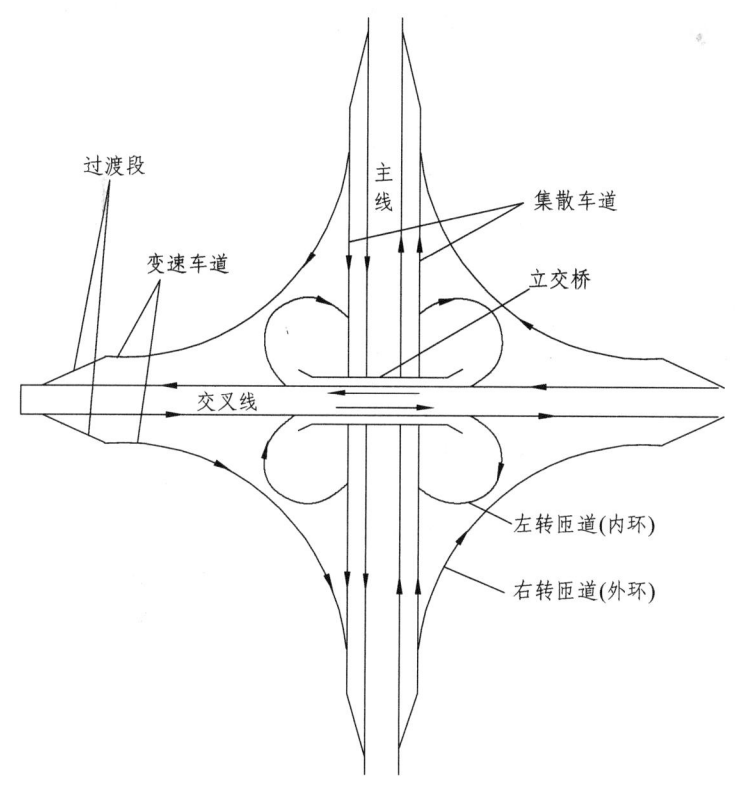

图 3-18 4 路交叉完全互通式立交

当有两条及以上双线铁路相互交叉,需要采取立体疏解布置消除平面交叉时,有以下 3 种方案可供选择:

① 按线路别疏解布置。两双线铁路引入枢纽的正线相互位置与区间正线相互位置相同,枢纽一端修建一座跨线桥,可疏解列车进路交叉点 4 个,如图 3-19(a)所示。但两端咽喉各存在着两条线路间的转线车流(两线间的无调中转列车)交叉。如右端咽喉 D 方向接车与 C 往 B 方向的发车进路交叉,C 往 B 方向的发车与 A 往 D 方向的发车进路交叉,左端咽喉也存在着类似的进路交叉。

② 按方向别疏解布置。两双线铁路引入枢纽正线的相互位置,按上行与下行方向分区布置,枢纽两端各修建跨线桥一座,每座桥疏解两个列车进路交叉点,如图 3-19(b)所示。但

两端咽喉仍存在着转线车流交叉，如右端咽喉 A 往 D 方向发车与 C 往 B 方向发车进路交叉，左端咽喉情况类同。当修建 ad 和 cb 联络线后，这种交叉可以消除。

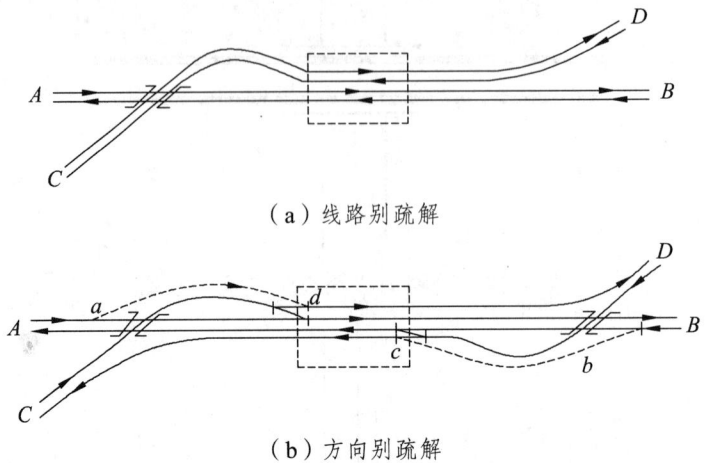

（a）线路别疏解

（b）方向别疏解

图 3-19 铁路枢纽线路立体疏解布置图

③ 按列车种类别疏解布置。在枢纽内，当旅客列车和货物列车的进、出站线路需要分开设置时，应采用按列车种类别疏解的线路布置方案。根据枢纽内客运站和编组站的相互配列位置，此方案又分为以下两种。

a. 客货并列式列车种类别疏解布置，见图 3-20（a）。这种疏解布置方案适用于并列式枢纽。其特点是：客运站与编组站并列布置，在外包式方向别疏解布置的基础上，再修建 4 座跨线桥，使客、货列车的进出站线路完全分开，使所有进路交点全部立体疏解。

b. 客货顺列式列车种类别疏解布置，见图 3-20（b）。这种疏解布置方案适用于顺列式枢纽，其特点是：客运站与编组站顺列布置，旅客列车正线为外包式，货物列车经由枢纽需要通过客运站，在外包式方向别疏解布置的基础上，再修建 4 座跨线桥，以疏解客、货列车的进出站进路。

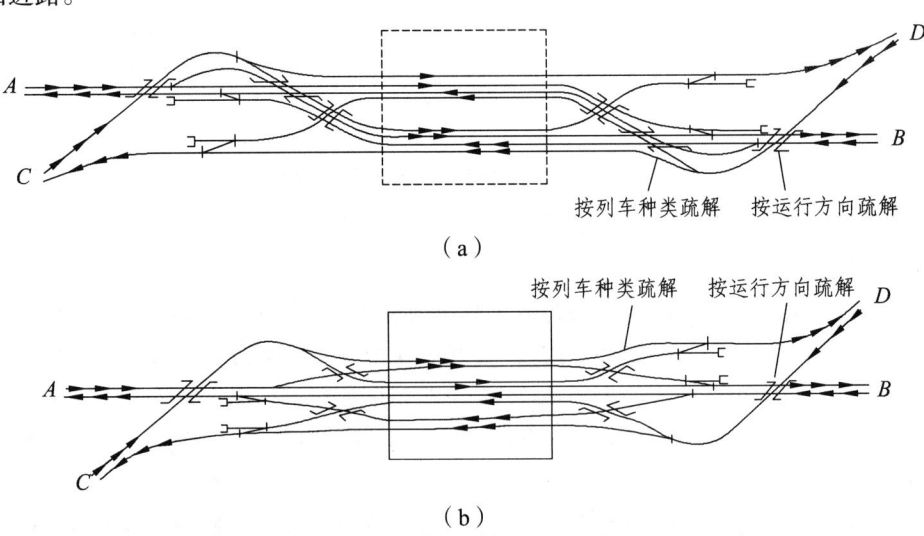

图 3-20 铁路枢纽线路立体疏解布置图

（6）航空交通流线的立体疏解。

为了保障民航运输，提高空间的利用率，维护飞行秩序，保证飞行安全，在大城市之间飞机飞行频繁地区划设航路。航路是一种具有一定宽度（一般是航路中心线两侧各 10 km）和一定高度的固定空域。为适应飞机性能的要求，考虑到航程的长短，通常划设中、低空航路和高空航路。航路应有可靠的通信、导航、雷达的保障，沿航路应有可供昼夜间复杂气象条件下飞机起飞、降落的机场。航路的宽度和高度范围在领航图中注明。

航路的飞行间隔标准是指在空中交通管制中，为防止飞行冲突，保证飞行安全和提高飞行空间和时间的利用率所制订的飞机与飞机之间所应保持的一种安全间隔，它是调度飞行活动的依据。飞行间隔标准包括纵向、横向和垂直间隔三种，它是根据飞行性能、实际飞行经验和所使用的导航、雷达设备的精度来确定的。对同一航线、同一高度作同向飞行的两架飞机，其纵向间隔不小于 5 min，在同一高度上，航线之间的横向间隔不小于 15 km；两机最小垂直间隔为 300 m。

当高度在 12 500 m 以上时，相向飞行两飞机之间应有 600 m 的垂直间隔，而同向飞行两飞机之间应有 1 200 m 的垂直间隔，如图 3-21 所示。

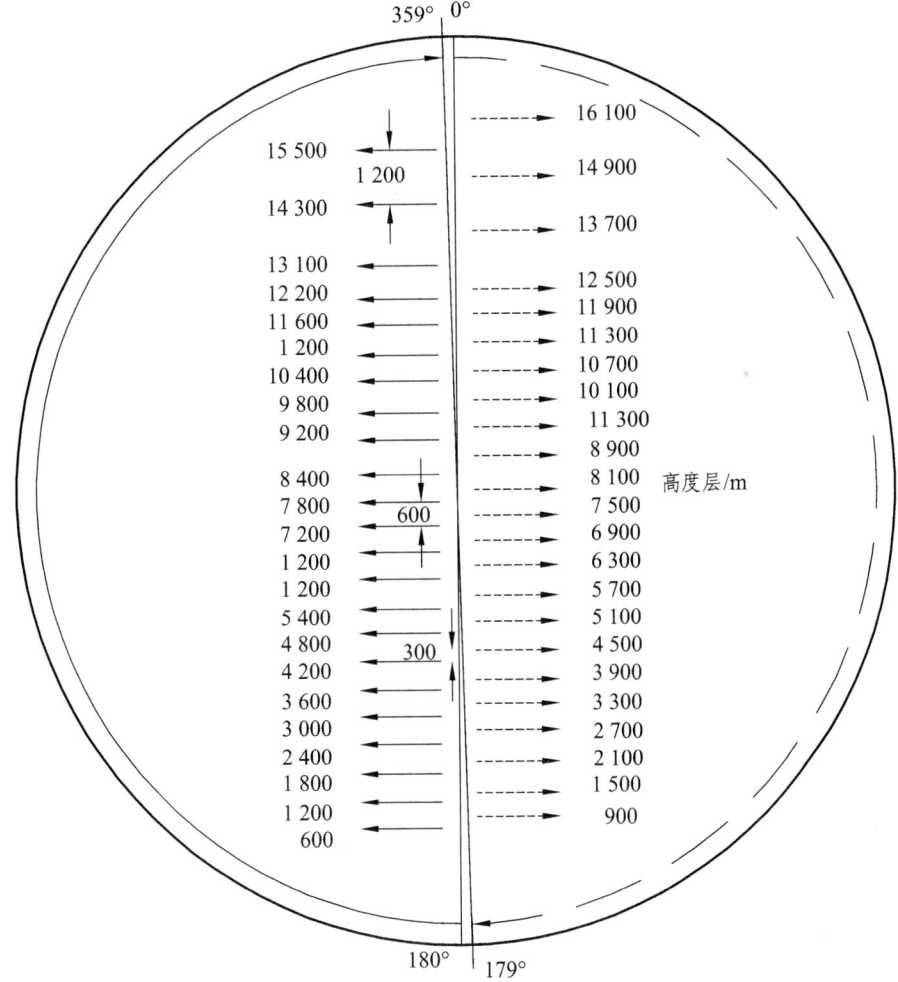

图 3-21　飞机飞行航线角及飞行高度层划分

飞行高度层是调度飞行活动,解决飞行冲突的一种方法。它按规定把空间划成不同的高度层,将飞机配备在不同的高度层上飞行,使飞行之间保持有安全的高度差。在航路飞行时,高度层的配备是以航路的航线角为依据的。在航线角 0°~179°范围内,高度 900~5 700 m,每隔 600 m 为一个高度层;高度在 6 600 m 以上,每隔 1 200m 为一个高度层。航线角在 180°~359°范围内,高度 600~6 000 m,每隔 600 m 为一个高度层;高度在 6 000 m 以上,每隔 1 200 m 为一个高度层。

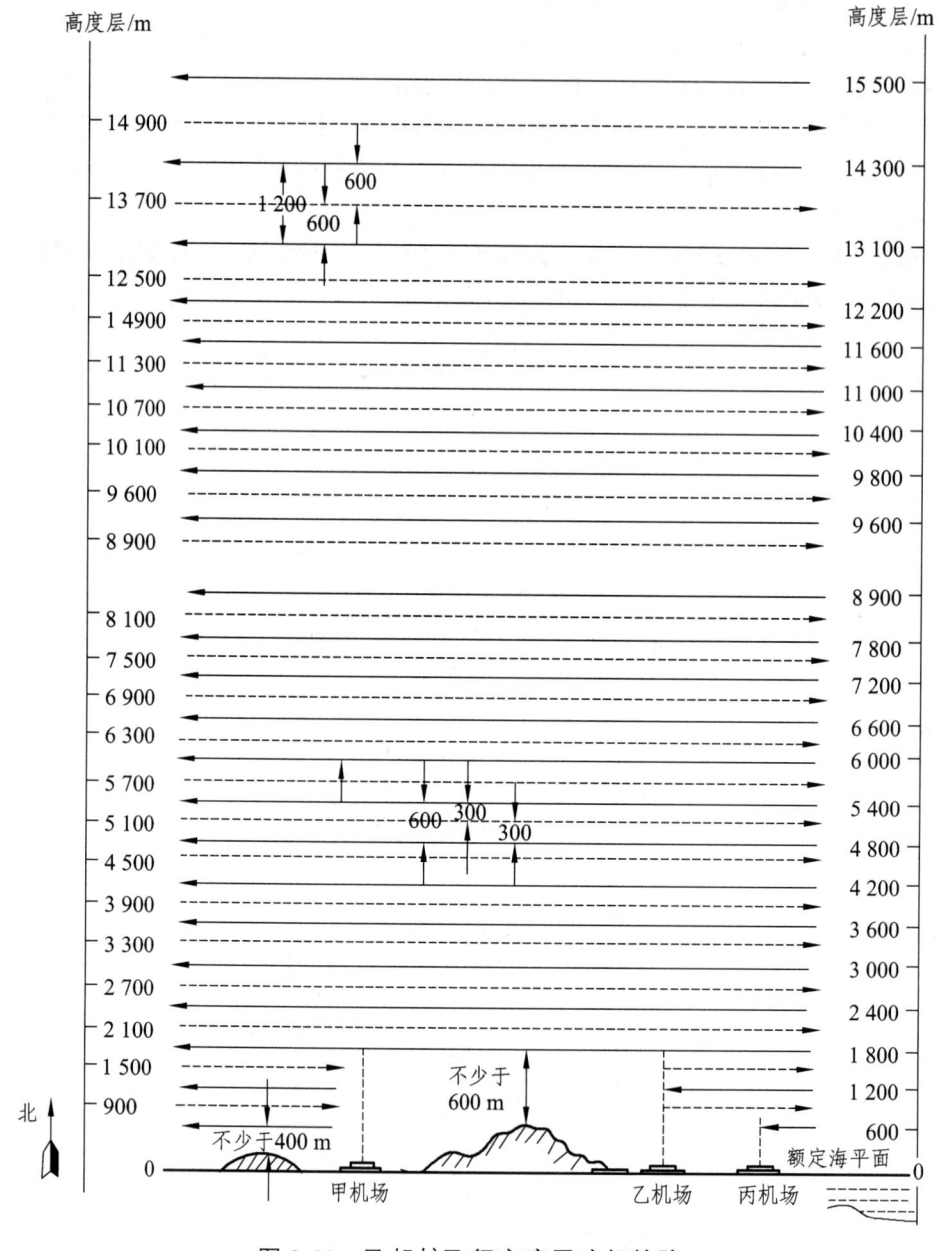

图 3-22 飞机按飞行高度层疏解航路

2007 年 11 月 22 日起,我国空域 8 400 m 至 12 500 m 高度范围内的飞行高度层将由 7 层增加到 13 层，垂直间隔总体上由原来 600 m 改为 300 m。飞行可利用空间随之增加近一倍，容纳的航班数量也同步增加。在 8 400 m 以下飞行高度层实行 300 m 垂直间隔。

飞行的安全高度是保证飞机不与地面障碍物相接的最低的飞行高度。航线飞行的安全高度，在平原地带应当高出航线两侧各 25 km 以内最高标高 400 m 以上；在山岳地带应当高出航线两侧各 25 km 以内最高标高 600 m 以上。参看图 3-22，如从甲机场往西飞是平原地带，则在最高标高 400m 以上的安全高度上飞行；如乙机场经山岳地区向甲机场飞行时，应在最高标高 600 m 以上的安全高度上飞行。

复习思考题

1. 结合实际车站（航空港）具体设备布局和作业组织，说明该站有哪些交通流线。
2. 流线设计的原则是什么？如何进行合理的流线组织？
3. 流线疏解有哪些基本形式，各有何优缺点？
4. 分离式与互通式立交各有何特点，适用条件是什么？
5. 以某一具体港站或枢纽为例，绘制其流线布置图。

第四章 铁路站场

铁路运输的主要任务是安全、迅速、经济、便利地运送旅客和货物,为国家经济建设、国防建设和提高人民生活水平服务。在这项任务的完成中,铁路车站起着至关重要的作用。

铁路车站按其技术作业性质可分为中间站、区段站和编组站,按业务性质可分为客运站、货运站和客货运站。

4.1 中间站

中间站是为提高铁路区段通过能力,保证行车安全并为沿线城乡及工农业生产服务而在铁路牵引区段内设置的车站。我国《铁路技术管理规程》中将会让站、越行站和中间站统称为中间站,它们的主要任务是办理列车会让、越行及运行调整和一些客货运业务。

4.1.1 会让站

会让站设置在单线铁路上,主要办理列车的到发、会车和让车,必要时可兼办少量旅客乘降作业。因此,会让站应铺设到发线并设置通信、信号设备及旅客乘降和办公房屋等设备。会让站布置图按其到发线的相互位置主要可分为以下两类。

1. 横列式会让站

图 4-1 所示为横列式会让站的《铁路车站及枢纽设计规范》推荐图形。横列式会让站的优点有站坪长度短,工程费用少,在紧迫导线地段可缩短线路;车站值班员对两端咽喉有较好的瞭望条件,便于管理;无中部咽喉,减少扳道人员;到发线使用灵活,站场布置紧凑。一般情况下,会让站应采用横列式布置。

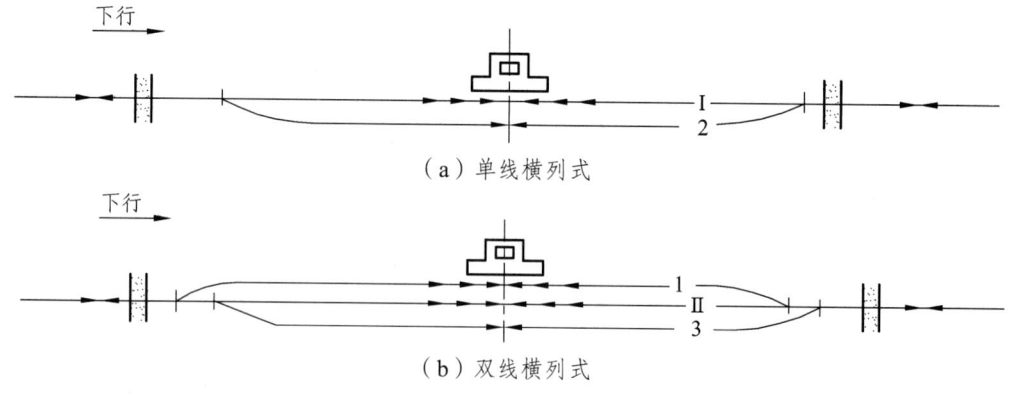

(a) 单线横列式

(b) 双线横列式

图 4-1 横列式会让站布置图

2. 纵列式会让站

纵列式会让站布置图的特点是两到发线纵向排列，并向逆运转方向错移一个货物列车到发线的有效长度，如图 4-2 所示。因此，其需要较长的站坪，工程费用较大；列车在站会车不灵活；在人工扳道非集中联锁的情况下，车站值班员瞭望信号不便，确认进路困难，道岔分设在 3 处，增加车站定员，运营管理不便。其优点是：在山区地形陡峻狭窄的情况下，可以减少工程量；便于车站值班员与司机交接行车凭证；适应重载列车会车的需要。

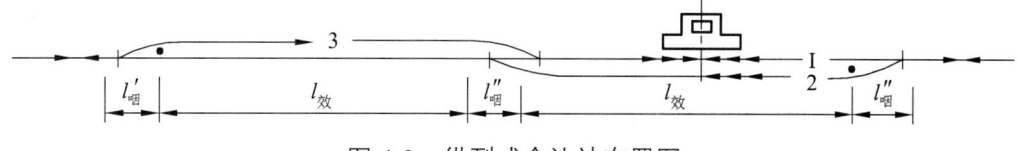

图 4-2　纵列式会让站布置图

4.1.2 越行站

越行站设置在双线铁路上，主要办理同方向列车的越行，有时办理反方向列车的转线，必要时可兼办少量旅客乘降作业。因此，越行站应铺设到发线并设置通信、信号设备及旅客乘降、办公房屋等设备。

越行站一般应采用横列式布置，如图 4-3 所示。其优点是：站坪长度短，工程费小；车站值班员对两端咽喉有较好的瞭望条件，便于管理；无中部咽喉，减少扳道人员；到发线使用灵活，站场布置紧凑等。

横列式越行站设一条到发线时，到发线一般应设于两正线中间，见图 4-3（a）。设两条到发线时，到发线一般分设于正线两侧，见图 4-3（b）。

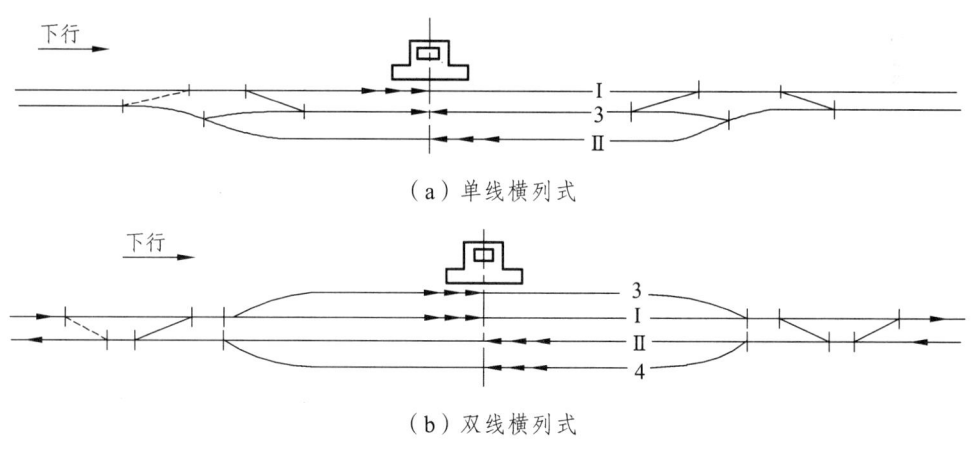

（a）单线横列式

（b）双线横列式

图 4-3　横列式越行站布置图

在越行站上为满足转线和反方向转发列车的需要，或因区间线路施工、线路临时发生故障及其他情况下采取运行调整措施时，必须使一条线路上运行的列车转入另一条线上运行，因此在车站两端咽喉区的正线间应设置渡线。在一般的越行站上，两端应各设一条渡线。有条件时，每端可再预留一条渡线。

4.1.3 中间站

1. 中间站的作业和设备

中间站办理的作业主要有：

（1）列车的通过、会让和越行。在双线铁路上还办理调整反方向运行列车的转线作业。

（2）旅客乘降。

（3）货物的承运、装卸、保管与交付。

（4）摘挂列车向货场甩挂车辆的调车作业。

有的中间站如有专用线接轨或者是加力牵引起终点以及机车折返站时，还需办理专用线的取送车，补机的摘挂、待班以及机车整备、转向等作业。在客货运量较大的个别中间站，还有始发、终到旅客列车及编组始发货物列车等作业。

为了完成以上作业，中间站应设有以下设备：

（1）列车到发线和货物装卸线，必要时还应设有调车用的牵出线和安全线；

（2）为旅客服务的站房、站台、站台间的跨越设备（天桥、地道或平过道）和雨棚等；

（3）为货运服务的货物堆放场、货物站台、仓库、雨棚、装卸设备及货运办公房屋等；

（4）信号及通信设备；

（5）个别车站为机车整备、转向而设置的有关设备等；

（6）必要时还设有存车线和调车线。

2. 中间站布置图

中间站一般都采用横列式布置图。为了在列车会让、作业时便于旅客安全的上、下车，需设置中间站台，中间站台应设在站房对侧邻靠正线。图4-4、图4-5所示分别为单、双线横列式中间站布置图。这两种图正线侧都不设中间站台，具有列车高速通过、保证旅客安全、车辆摘挂作业方便、列车待避条件好、有利于工务养护和方便改扩建等优点。

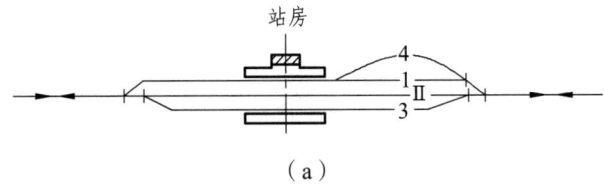

（a）

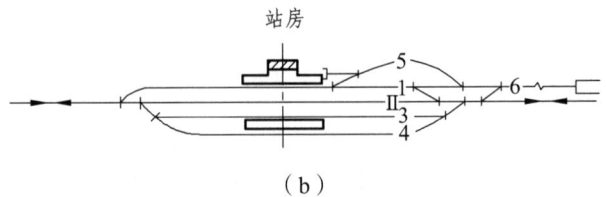

（b）

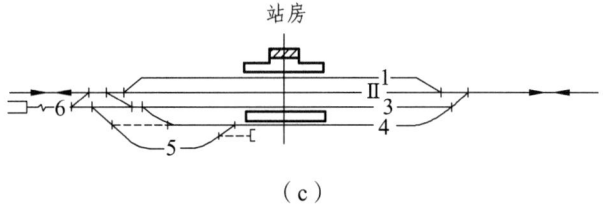

（c）

图 4-4 单线横列式中间站布置图

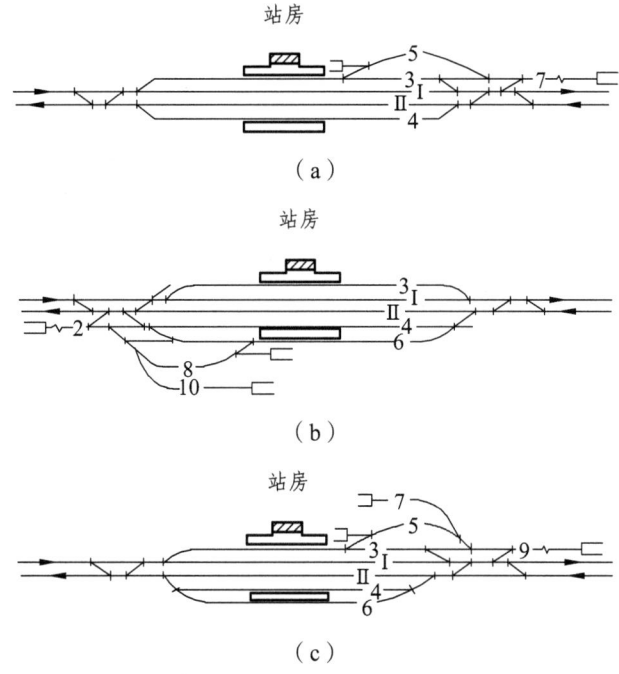

图 4-5 双线横列式中间站布置图

图 4-4（a）适用于货运量不很大，利用正线调车而不致影响接发列车作业的单线中间站。采用此种布置图时，应考虑预留铺设牵出线的条件。图 4-5（a）适用于货运量不很大的双线铁路中间站。图 4-4（b）、（c）和图 4-5（b）、（c）的到发线较多且设有牵出线，适用于地方作业量较大，摘挂列车在站调车作业时间长，或有其他作业的中间站。

中间站的货场设在站房同侧或对侧，应根据货源、货流方向，结合当地条件确定。为便于调车作业，货场应尽量设在到发线顺运转方向的前端，如图 4-4 和 4-5 所示。

单线铁路中间站应设 2 条到发线，以使车站具有三交会的条件；双线铁路中间站应设 2 条到发线，以使双方向列车有同时待避的机会。但作业量大的车站，摘挂列车的作业时间一般较长，可设 3 条到发线。

4.2 区段站

区段站的主要任务是为邻接的铁路区段供应及整备机车或更换机车乘务组，并为无改编中转货物列车办理规定的技术作业。此外，还办理一定数量的列车解编作业及客、货运业务。在设备条件具备时，进行机车、车辆的检修业务。

4.2.1 区段站作业及设备

从区段站作业的数量和性质以及设备的种类和规模来看，各类专业车站的主要作业及基本设备在区段站上都有不同程度的体现。

1. 区段站的作业

根据所担负的任务，区段站一般办理下列作业：

（1）客运业务。与中间站所办理的客运业务基本相同，只不过数量较大。

（2）货运业务。与中间站所办理的货运任务大致一样，但作业量较大。在某些区段站上还进行保温车的整备及牲畜车的供水作业。

（3）运转作业。

① 与旅客列车有关的运转作业：主要办理通过旅客列车的接发作业，有的车站还办理局管内或市郊旅客列车的始发、终到作业以及个别车辆的甩挂作业。

② 与货物列车有关的运转作业：主要办理无改编中转列车的接发和有关作业，对区段列车和摘挂列车，要进行解体和编组作业，同时还办理向货场工业企业专用线取送作业车等。有些区段站还要办理部分改编中转列车变更运行方向、变更列车重量或换挂车组的作业。某些区段站还担当少量始发直达列车的编解任务。

（4）机车业务。以更换货物列车机车和乘务组为主，有些车站还要办理更换旅客列车机车和乘务组。当采用循环交路时，在机务段所在的区段站上，列车机车不进段，仅在站内到发线上或其附近进行检查、整备作业。当采用长交路时，有的区段站无须更换机车，仅更换机车乘务组或进行部分整备作业。

（5）车辆业务。主要办理列车的技术检查和车辆的检修（摘车修和不摘车修）业务，在少数设有车辆段的区段站上，还办理车辆的段修业务。

由上述可知，区段站所办理的作业，无论从数量上或种类上，都较中间站复杂。在所办理的各类列车中，又以无改编中转货物列车所占比重为最大。

2. 区段站的设备

为了保证上述作业的完成，在区段站上应设有以下各项设备：

（1）客运业务设备。主要有旅客站房、旅客站台、雨棚及跨越线路设备等。

（2）货运业务设备。主要指货场及其有关设备，如装卸线、存车线、货物站台、仓库、雨棚、堆放场及装卸机械等。

（3）运转设备。

① 供旅客列车使用的运转设备：主要有旅客列车到发线，必要时设客车车底停留线。

② 供货物列车使用的运转设备：主要有货物列车到发线、调车线、牵出线（有时设小能力驼峰）、机车走行线及机待线等。

（4）机务设备。在机务段（或机务折返段）所在的区段站上，如采用循环交路，在到发场或其附近设有机车整备设备。当采用长交路轮乘制时，可设机车运用段或机务换乘点。

（5）车辆设备：主要指列车检修所（简称列检所）、站修所。在规模较大的区段站上还设有车辆段。

除上述各项设备外，还有信号、通信、给水、排水、电力、照明、技术办公房屋以及城镇道路的平（立）交设备等。

4.2.2 区段站主要设备的相互位置及相互联系

区段站是为相邻牵引区段服务的，主要办理无改编中转货物列车的作业，因而缩短中转列车的停站时间及提高车站的通过能力就成为研究区段设备配置的主要任务。

1. 客运业务设备及客运运转设备的配置

办理客运业务的区段站的旅客站房应设在城市主要居民区一侧，以利于客运业务的组织及旅客出入车站。旅客列车到发线要靠近站房并直接连通正线，其一端应接通机务段，以便必要时更换机车；另一端与牵出线要有直接通路，以便利用调车机车自牵出线往到发线摘挂客车车辆。到发线与旅客站房之间要留有适当距离，以便将来发展。图4-6（a）、（b）所示分别为单线和双线铁路区段站应优先采用的到发线与旅客站台的布置方案。

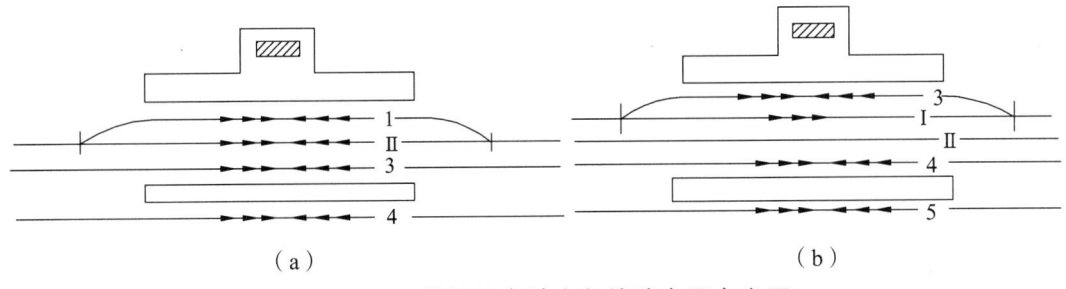

图4-6 区段站旅客站台与线路布置方案图

2. 货运运转设备的配置

如图4-7所示，货物列车到发线设在与旅客列车到发线相对应的正线的另一侧并与正线接通，使列车到发有顺直及便捷的进路。由于到站改编的货物列车要从到发场经由牵出线在调车场内进行解体，自编始发列车要进行编组并经由牵出线送往到发场发车，因此调车场应尽量靠近到发场。随着运量的增长，需对区段站货运运转设备进行扩建和改建，在货运运转设备的配置上应考虑未来发展的可能。

3. 机务设备的配置

本务机车的换挂、出入段及整备是区段站作业的主要组成部分。合理配置机务设备不但能加速机车车辆周转，提高车站通过能力以及节省基建投资，而且对站场各项设备的总体布局及发展也有很大影响。

区段站机务设备的设置位置与机车在区段站进行的作业密切相关。机务段应靠近到发场，并且要有便捷的通路，以利于机车及时出入段。另外，应保证在咽喉区有足够的平行进路，以使列车到发、机车出入段以及调车作业可以同时进行。

在区段站上，机务段的位置可以有如图 4-7 所示的 5 种方案。

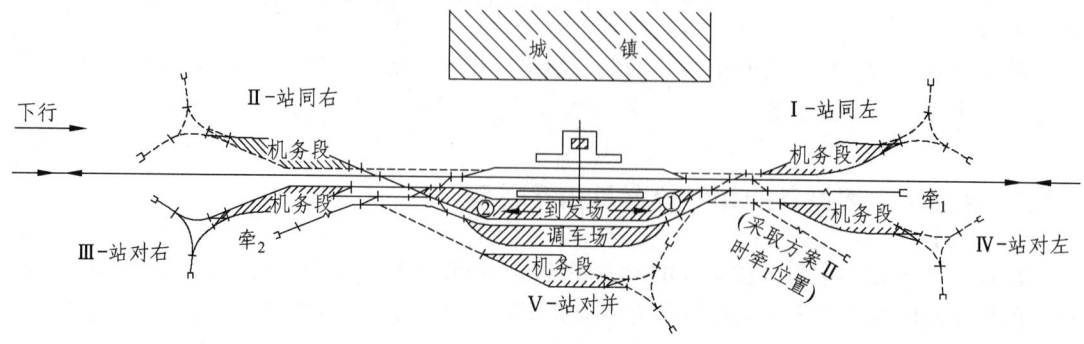

图 4-7　货运运转设备及机务设备配置方案

新建横列式区段站首先应考虑机务段设于站房对侧右端（简称站对右——第Ⅲ方案）的位置，其次是站房对侧左端（简称站对左——第Ⅳ方案）的位置。对远期没有多大发展的区段站，必要时也可考虑设在调车场外侧与调车场并列（简称站对并——第Ⅴ方案）的位置。机务段设在站房同侧左端（简称站同左——第Ⅰ方案）及右端（简称站同右——第Ⅱ方案），缺点较多，一般不采用。

采用循环交路时，机务段所在站的到发线上要办理一部分整备作业。为保证列车机车不摘钩，可将整备设备设在到发线上，如图 4-7 中的①、②所示。在困难条件下，也应设在机车停车地点附近，力求机车往返行程及交叉干扰少，以保证在规定的停站时间内顺利完成整备作业。

4. 货运业务设备（即货场）的配置

货场的位置既要根据地方货源、货流情况，靠近收发货单位设置，又要考虑地形条件，节省造价；既要便利装卸车辆取送作业，又要考虑地方运输的便捷。因此，区段站货场位置应结合城镇规划、货源及货流方向、地形条件，地方搬运方式、城市道路及铁路交叉的方式，环境保护需要、铁路行车量、货物品种以及装卸量等加以确定。

货场在站内的位置，基本上可归纳为两类：一类在站房同侧（方案Ⅰ、Ⅱ），另一类在站房对侧（方案Ⅲ、Ⅳ），如图 4-8 所示。

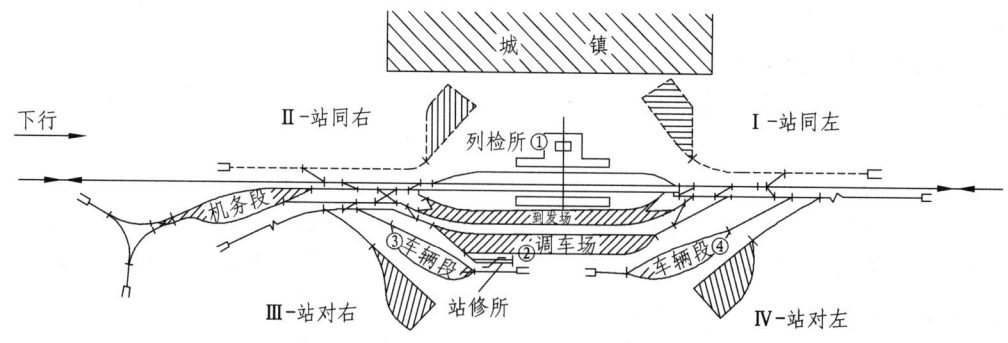

图 4-8　货运业务设备（货场）及车辆设备的配置方案

一般区段站均位于中、小城镇，所以货场设在站房同侧，也就是设在城镇主要货源、货流的同侧。其优点是货场靠近工矿企业、物资单位与居民区，便于货物集散，货主搬运车辆无须跨越铁路正线。其缺点是货场作业车取送必须跨越正线，干扰正线行车，在货场规模大、占地多时，布置上也有一定困难。当货场设于机务段同一端（方案Ⅱ）时，对作业影响更大，会影响咽喉的通过能力。因此，在方案Ⅰ、Ⅱ中，当机务段设于站对右位置时，在其他因素相同的情况下，以采取方案Ⅰ为宜。

当货源、货流主要方向在站房对侧时，将货场设在调车场一侧最为理想，这样既便于取送作业，又有利于货主搬运。但在大部分情况下，这一位置往往与城镇主要货源、货流方向不一致。其缺点正好与货场在站房同侧时相反。所以，只有当行车量与装卸车数两者都较大而又设有立交设备时，才宜把货场设在站房对侧。这时，货场应与机务段位于同一端（方案Ⅲ），以利于车站纵向发展。

5. 车辆设备

用于日常检修的列检所应根据保证车辆运行安全、提高运输效率的要求，结合机车交路、站型及线路特点等进行设置。一般设在到发场一侧，靠近运转室，在区段站上往往设在站房附近，见图4-8中①所示位置。

站修所是铁路货车日常维修的主要基地，承担车辆辅修、摘车轴箱检查和摘车临修工作。站修所一般可设在调车场外侧或尾部远期发展的范围以外，见图4-8中②所示位置。当站修所所在站设有货车车辆段时，站修所宜与车辆段合设。

区段站设置车辆段时，其位置应便于检修车辆的取送，而且不妨碍车站及车辆段本身的发展。

4.2.3 区段站布置图

区段站的布置图形，主要根据直接与车站通过能力有关设备的相互位置来确定，也就是根据正线、旅客列车到发线（场）及上、下行货物列车到发线（场）的相互位置确定的。

1. 横列式区段站布置图

（1）单线铁路横列式区段站布置图。

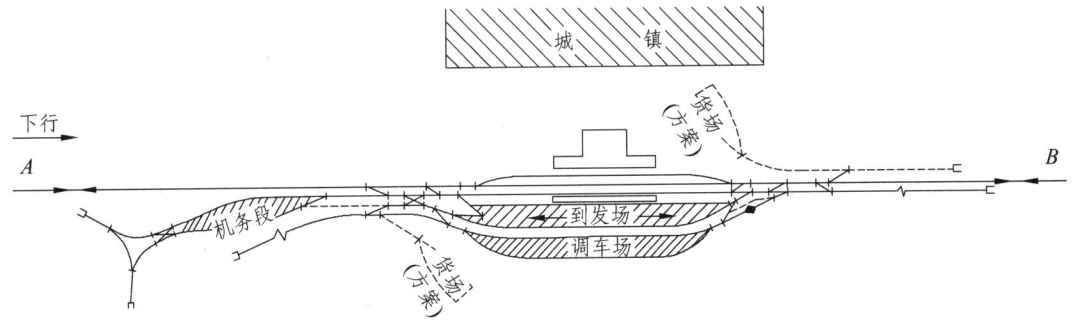

图4-9 单线铁路横列式区段站布置图

图 4-9 为单线铁路横列式区段站布置图,上、下行货物列车到发线共用一个到发场,调车场并列设于到发场外侧,在车站 B 端主要牵出线上预留了小能力驼峰及驼峰迂回线的位置。

从图 4-9 可以看出,车站咽喉可以保证客、货列车的到发,本务机车的出入段,改编货物列车的解体和编组,本站作业车的取送以及必要时由调车场直接向区间发车等作业进路。

在该布置图中,全部到发线均为双进路,线路按作业要求进行适当分组。靠近正线的线路,应尽可能用来接发无改编中转货物列车;靠近调车场的线路,则主要用来接发改编货物列车。这样,可以在办理中转货物列车到发作业的同时,进行解编车列的转场作业,以增加两端咽喉的机动性。

(2)双线铁路横列式区段站布置图。

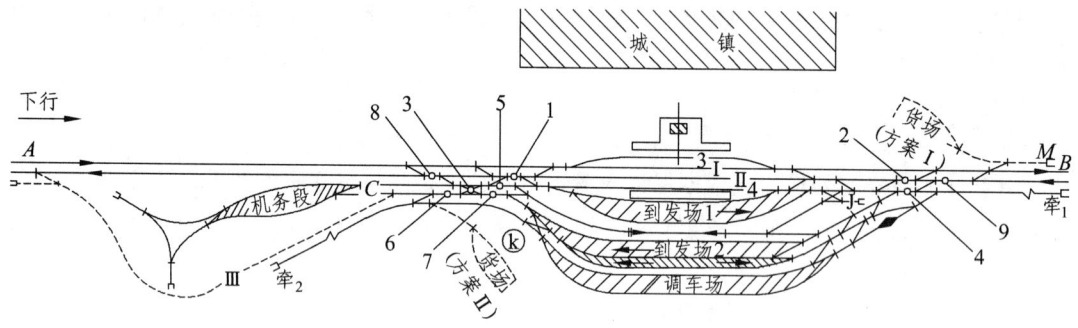

图 4-10 双线铁路横列式区段站布置图

图 4-10 为双线铁路横列式区段站布置图,各项主要设备的相互位置和单线横列式区段站大体相似。旅客列车到发线紧靠正线。货物列车到发场 1、2 相互间及其与旅客列车到发线相互间都相对于列车运行方向横列布置。到发场 1 供下行货物列车使用,到发场 2 供上行货物列车使用。在同一到发场中,无改编中转列车一般使用靠近正线一侧的线路,而改编列车则使用靠近调车场一侧的线路。有的车站将到发场 2 靠调车场一侧的部分线路设置为双进路,用来接发上、下行两个方向的改编列车,以增加设备的机动灵活性,并可减少一部分交叉干扰。

调车场位于到发场 2 的外侧,在第 1 牵出线上设有小能力驼峰。

货场设在方案 I 或 II 的位置,两者各有所长,可根据当地具体情况进行选择。

机务段位于站对右位置,有两条机车出入段线。站内设一条机车走行线供下行方向列车机车出(入)段走行之用。B 端咽喉设尽头式机待线 J,供下行列车机车出入段时停留及交会之用。

车站需设车辆段时,可设于货场(方案 II)与调车场之间 ⓚ 处。

2. 双线铁路纵列式区段布置图

图 4-11 为双线铁路纵列式区段站布置图,上、下行两个方向的到发场 1、2 分设于正线两侧,并逆运行方向全部错移,形成到发场在正线两侧纵向配置的布局。

到发场 1 用来接发下行无改编中转货物列车。到发场 2 除接发上行无改编中转货物列车外,在靠近调车场一侧的线路上,还办理上、下行两个方向的全部改编货物列车的到发作业。在区段站上,改编列车的数量不多,故下行方向改编列车的机车出入段不设专用的机车走行线,而是利用到发场 2 的空线走行。到发场 1 设有机待线 J,机车可经由机待线从中部咽喉出入段。

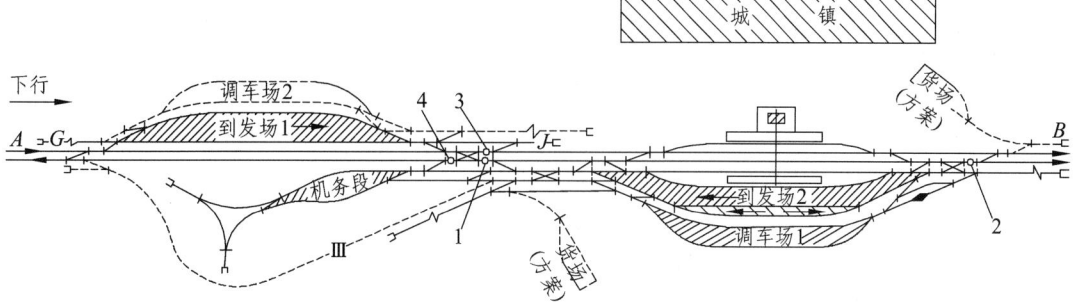

图 4-11 双线铁路纵列式区段站布置图

双线铁路纵列式区段站一般只设一个供上、下行两个方向共用的调车场，并应尽可能设于解编作业量较大方向的到发场一侧。但在城镇一侧，用地往往较紧张，故一般常将调车场设于城镇对侧的到发场外方，如图 4-11 所示，它与另一方向的到发场应有直接通路。

3. 双线铁路客货纵列式区段站布置图

由于运量增长或新线引入，既有的横列式区段站横向发展受到限制，或客、货运量大，站内作业交叉干扰严重时，可将原有站场改为旅客列车运转车场，并沿正线适当距离另建与其纵列的货运运转车场，从而形成客货纵列式区段站布置图。

双线铁路客货纵列式区段站，多数是货运运转车场的上、下行场分别位于正线两侧横列布置，如图 4-12 所示。

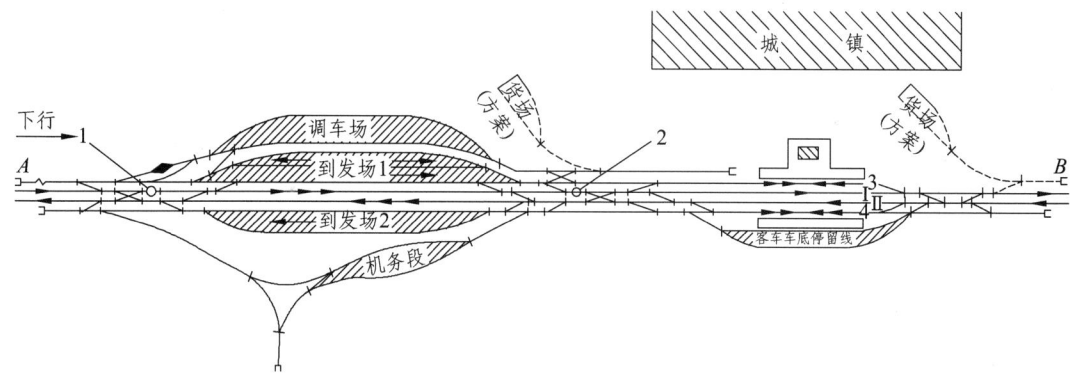

图 4-12 双线铁路客货纵列式区段站布置图

货物列车到发场 1、2 分设于正线两侧，互相平行配列。到发场 2 办理上行无改编中转列车的到发；到发场 1 除接发下行无改编中转列车外，还办理两个方向全部改编列车的到发作业。调车场可根据各方向的解编作业量及货场、工业企业岔线的位置，设在比较适宜的地点。在图 4-12 中，调车场设在到发场 1 的外侧，对货场取送车作业及岔线的接轨都比较有利。

机务段设在到发场 2 的一侧，有两个出入口，上、下行货物列车的机车出入段都比较方便，走行距离也较短。

货场多设在靠城镇一侧，以便利城镇的搬运作业。

4. 枢纽区段站

有两条或两条以上的铁路线会合或交叉的区段站称为枢纽区段站。目前，我国的枢纽区段站大部分是由支线引入后会合而形成的，一般有 3~4 个衔接方向。

在设计枢纽区段站时，除考虑一般区段站的基本要求外，还应满足下列要求：

（1）各主要方向的无改编中转货物列车通过车站时，应尽量不变更运行方向；

（2）各方向进出站线路均应有独立进路通向到发场，保证能同时接入各方向的列车；

（3）当列车密度较大、进路交叉较多、对列车正常运行有较大影响而平面疏解又有困难时，应在有关的进出站线路上修建跨线桥。

图 4-13 所示为衔接单、双线 3 个方向的枢纽区段站。A、B 方向为双线，C 方向为单线，两条线在该站会合，C 方向从车站 B 端引入。为了平衡两端咽喉区的负荷，机务段设在 A 端站对右位置。货场也设在 A 端，根据城镇规划及货源大小，设于站同右或站对右的位置。

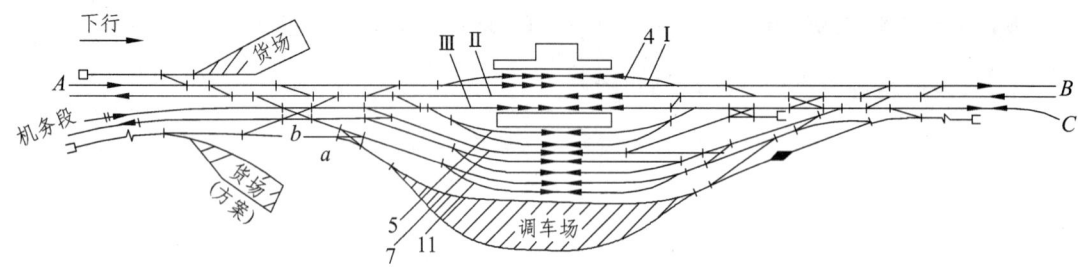

图 4-13　单、双线铁路 3 个方向横列式枢纽区段站布置图

4.3　编组站

编组站是铁路网上办理大量货物列车解体、编组作业，并为此设有比较完善的调车设备的车站。编组站以处理改编中转货物列车为主，解编各种货物列车，负责路网上和枢纽地区车流的组织，同时还供应列车动力，对机车进行整备和检修，并对车辆进行日常维修和定期检修，作业数量和设备规模均较大。

4.3.1　编组站的作业和设备

1. 编组站的作业

根据编组站在路网和枢纽内的作用以及其承担的任务和作业对象，编组站主要办理以下几项作业：

（1）改编中转货物列车作业。包括解体列车的到达作业和解体作业；始发列车的集结、编组作业和出发作业。

（2）无改编中转货物列车作业。主要是换挂机车和列车技术检查作业。

（3）部分改编中转货物列车作业。部分改编中转货物列车除进行无改编中转货物列车的作业外，有时还要变更列车重量、变更列车运行方向或进行成组甩挂等少量调车作业。

（4）本站作业车的作业。本站作业车（地方作业车）是指到达本枢纽或本站货场及岔线进行货物装卸或倒装的车辆，其作业过程较有调中转车增加了送车、装卸和取车等内容。

（5）机务作业。包括机车出段、入段、段内整备及检修作业。

（6）车辆检修作业。包括列车技术检查及不摘车的经常维修，轴箱及制动装置的经常保养；摘车的经常维修；货车的段修等3类。

（7）其他作业。根据当地需求，编组站有时还需办理客运、货运或军运列车供应作业。

2. 编组站的设备

为完成以上各项作业，编组站应设置以下设备：

（1）调车设备。调车设备是编组站的核心设备，包括调车驼峰、调车场（线）、牵出线、调车机车等几部分。当地区车流较大时，可设置专门的辅助调车场。

（2）行车设备。行车设备指接发货物列车的到发线。为保证各衔接方向列车同时到发，避免与其他作业进路的交叉干扰，一般应将上行与下行、无改编通过列车与改编列车的到发线分别设置。

（3）机务设备。编组站一般均设机务段，而且规模较大。机务段位置应根据编组站主要车场的配置形式，结合地形、地质和风向等条件确定。路网性的双向编组站，可考虑增设第二套整备设备。

（4）车辆设备。编组站一般均设车辆段、站修所和用于日常检修的列检所。

（5）货运设备。

① 整倒装设备。每昼夜办理的整倒装作业量较大时，应在调车场内车辆检修设备的一侧，设置相应的整倒装设备，配线连通驼峰和站修线。作业量较小时，此项作业送往附近货场办理。

② 牲畜、鱼苗车的上水换水设备。给水栓一般设在到达线间。

③ 货场。兼办货运业务的编组站需设置货场。

（6）其他设备

① 客运设备。编组站的客运业务很少，一般利用正线办理客车的到发（通过）。

② 站内外连接线路设备。有进出站线路、站内联络线等。

此外，编组站还必须具有信、联、闭、通讯和照明等设备。

4.3.2 编组站的布置图

编组站的车场、调车设备和其他各项设备的相互配置，在满足需要的通过能力和改编能力、节省工程投资和运营支出的前提下，应符合下列要求：

（1）车站各组成部分工作上的协调性；

（2）车站作业的流水性和设备使用的灵活性；

（3）减少道路交叉和作业干扰；

（4）缩短机车、车辆和列车的走行距离及在站停留时间；

（5）便于采用现代化技术装备。

根据编组站所处路网位置、衔接干支线的数目、运量及车流性质、车站作业特点、城市规划要求及工程条件等不同因素,在满足上述配置要求的前提下,随编组站各项设备相互位置的不同,可构成不同的配置图型。

一般而言,编组站图型按设有的调车作业系统数量可分为单向和双向两类。凡上、下行改编车流共用一套调车设备完成解编作业的编组站图型,称为单向布置图。凡设有两套调车设备分别承担上、下行改编车流的解编作业的编组站图型,称为双向布置图。

按车场相互排列位置的不同,编组站图型又可分为横列式、纵列式和混合式3种。上、下行到发场与调车场并列配置的称为横列式布置图;所有主要车场沿着正线顺序排列的称为纵列式布置图;部分主要车场纵列、另一部分车场横列的称为混合式布置图。

习惯上还把编组站图型称为"几级几场"布置图。所谓"级"是指在车站一套调车系统内纵向排列的车场数。所谓"场"是指全站主要车场的总数。

1. 单向横列式编组站布置图

单向横列式编组站布置图主要包括一级二场和一级三场两种基本图型。图4-14所示为单向一级三场横列式编组站布置图,其上、下行到发场并列在共用调车场的两侧,三场横列,两调车场与到发场之间通过4条联络线连接,正线外包。上、下行通过车场设在到发场外侧,且与尾部牵出线连通,便于进行成组甩挂和坐编作业。机务段设在接发列车较多的到发场出口咽喉处,方便该方向列车本务机车及时出入段,另一方向列车的本务机车经机走线由机务段另一端出入段。车辆段设在调车场尾部正线外侧,站修所一般设在调车场外侧的线路上。调车场头尾各设两条牵出线,驼峰的位置应据主要改编车流方向、地形、风向以及进一步发展条件确定。

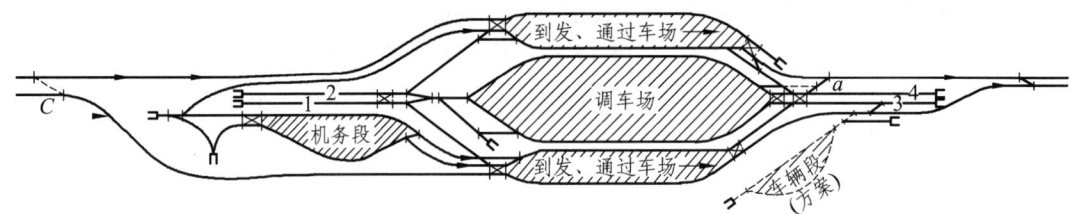

图4-14 单向一级三场横列式编组站布置图

一级三场横列式编组站布置图具有站坪长度短、工程费用少、车场较少、管理方便和作业灵活等优点。但也存在解体牵出困难、改编车流折返走行距离长、改编能力较低,能力不能充分发挥等缺点。该图型适用于双方向改编车流较均衡、解编作业量不大或地形条件困难、而远期又无大发展的中、小型编组站,也可作为其他大中型编组站的过渡图型,可适应3200~4700辆/天左右的解编作业量。

2. 单向混合式编组站布置图

单向混合式编组站布置图主要包括二级四场和二级三场两种基本图形。

图4-15所示为单向二级四场混合式编组站布置图,各衔接方向的共用到达场和调车场纵列配置,上、下行出发场(通过车场)并列设在调车场两侧。在到达场与调车场之间,设有中小能力驼峰,一般实行双推单溜作业方式。调车场尾部设2条牵出线,通常配备2台调机。

机务段一般设在到达场旁边、反驼峰方向一侧，大部分本务机车出入段均比较便捷，当车站作业量较大时，可设置穿越驼峰跨线桥的峰下机走线（见图4-15），顺向到发列车的本务机车均可经峰下机走线出入段。车辆段设在调车场尾部适当地点。

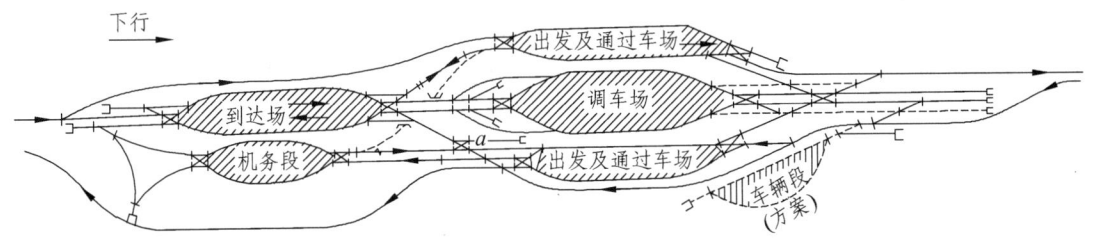

图4-15　单向二级四场混合式编组站布置图

单向二级四场编组站作为一级三场编组站的改进图型，其主要优点是：由于顺反方向改编列车均接入与调车场纵列配置的峰前到达场，避免了到解列车牵引定数较大时整列牵出的困难。改编列车和调机作业行程均较短，而且列车解体作业时间较短，驼峰作业效率较高，解体能力与纵列式基本相同。车站站坪长度较纵列式布置图短，可减少工程量，节约用地。

但是，这种图型也存在许多缺点，主要表现在以下两方面：

（1）调车场尾部能力较低。由于调车场与上、下行出发场横向排列，二级四场编组站尾部牵出线的编组能力仍保持横列式编组站的水平。因此，虽然其驼峰解体能力较大，但会造成调车场头尾能力不协调，从而影响全站设备能力的发挥。

（2）反向改编列车到达与出发的进路交叉。这是各衔接方向共用峰前到达场的单向编组站图形的"固有"缺点。由于二级四场编组站的能力受尾部牵出线控制，这一交叉不是编组站能力的限制因素。

单向二级四场混合式编组站图形一般适用于解编作业量较大或解编作业量大而地形条件困难的大、中型编组站。当顺向改编车流较大或顺、反向改编车流均衡而顺向车流为重车流向时，在运营上是有利的。该图型一般可适应4 500～5 200辆/天的解编作业量。

单向二级四场混合式编组站图型中取消顺向出发场，顺向改编列车全部在调车场内供车流集结、编组又兼发车的编发线上出发，便形成单向二级三场混合式编组站布置图，如图4-16所示。由于顺向改编列车全部在编发线上发车，减轻了尾部牵出线的负担，相应地提高了尾部编组能力，克服了二级四场编组站布置图调车场头尾能力不协调的缺陷。

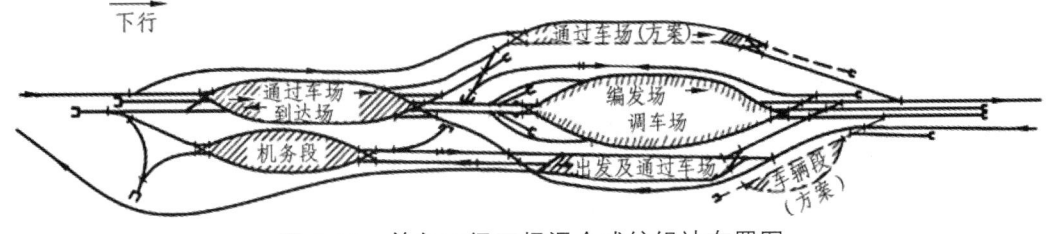

图4-16　单向二级三场混合式编组站布置图

单向二级三场编组站适用于改编作业量在3 500辆/天左右的中型编组站。由于采用编发线需要增加调车场的线路数量，相应增加调速设备的投资，尤其在编组站驼峰设置自动化、半自动化控制设备时，需经技术经济比较确定是否采用编发线。

3. 单向纵列式编组站布置图

图 4-17 所示为单向三级三场纵列式编组站布置图，各衔接方向共用的到达场、调车场、出发场依次纵列配置。正线外包，到发进路立交疏解。通过车场一般设在出发场外侧，无改编中转列车运行顺直，可以和出发场共用列检设备，可增加线路使用的灵活性。机务段设在出发场附近反向通过车场的外侧，大多数机车出入段比较便捷，尤其便于出发列车及时挂机车。车辆段布置在调车场旁侧，既可利用空地又不妨碍发展，又便于利用尾部牵出线进行车辆取送作业。

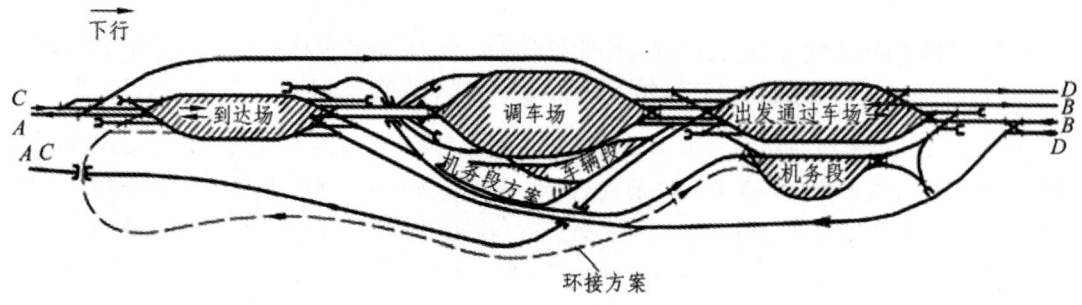

4-17 单向三级三场纵列式编组站布置图

单向三级三场编组站图型的主要优点是：各方向到达改编的列车在站内的到、解、集、编、发作业过程都是"流水式"的；车站改编能力及通过能力均较大；同类车场集中布置，有利于实现编组站现代化。其主要缺点是：反向改编列车走行里程较长；车站站坪长度较长；站内采用跨线桥立体疏解布置，不利于向双向编组站布置图发展。

单向三级三场纵列式编组站布置图适用于顺驼峰方向改编车流较强，解编作业量大（6 500~8 000 辆/天），衔接方向较多，要求车站具有较大的机动灵活性而且地形条件允许采用 6~8 km 站坪，或近期运量虽然不大，但远期又有较大发展的大型编组站。

4. 双向三级六场纵列式编组站布置图

图 4-18 为双向三级六场纵列式编组站布置图，上、下行各有一套独立的调车作业系统，驼峰方向相对，车场配置均按到达场、调车场、出发场顺序排列。两套调车系统间设置场间联络线，将到达场、调车场和出发场相互联结起来，以便处理交换车流。上、下行通过车场分别设置在各该系统出发场外侧，使出发列车技术作业集中办理，增加线路使用灵活性，便于成组甩挂作业。机务段设在两套调车系统之间，一般情况下设在机车折返较多一端的到达场与出发场之间，并铺设两条机车走行线，使本务机出入段总走行距离最短，必要时可在车站另一端设置第二套机车整备设备。车辆段设在两系统之间靠近空车方向的调车场尾部，便于车辆扣修及与调车场联系。

与单向编组站图型比较，双向三级六场纵列式编组站图型的优点是：反向改编车流无多余折返走行；通过能力和改编能力均较大；车场多，线路容量大，有较大的储备能力；当编组站衔接方向较多时，有利于减少进出站线路布置和疏解的复杂性。其主要缺点是：两个调车系统间交换折角车流的走行距离长，重复作业较多；占地面积大，车站定员多，工程费用高；两系统间相互协作困难，易于出现忙闲不均或能力不协调现象。

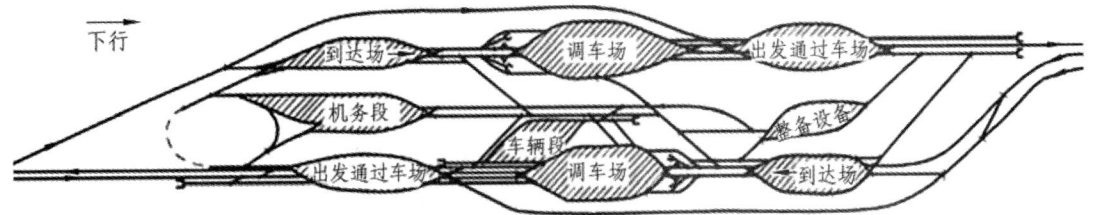

图 4-18 双向三级六场纵列式编组站布置图

双向三级六场纵列式编组站图型，如每个系统的驼峰均设置自动化、半自动化或机械化控制设备，使用 2~3 台调机，实行双推单溜作业方式，调车场尾部设置 3 条牵出线，一般情况下可担任 14 000~16 000 辆/天的解编作业量（包括折角车流重复作业量）。如采取增设辅助调车场等提高尾部能力的措施，可承担 18 000~22 000 辆/天的解编作业量（包括折角车流重复作业量）。

当路网性编组站衔接方向较多，解编作业量较大（其他图型无法承担），且上、下行改编车流量比较均衡，而折角改编车流量比重不大，地形条件又不受限制时，可采用双向三级六场布置图型。

5. 双向混合式编组站布置图

双向混合式编组站布置图是指两个调车系统的车场数目和相互位置不同而组成的图型。由于车场排列方案很多，所以布置图多种多样。

（1）双向二级六场混合式编组站布置图。

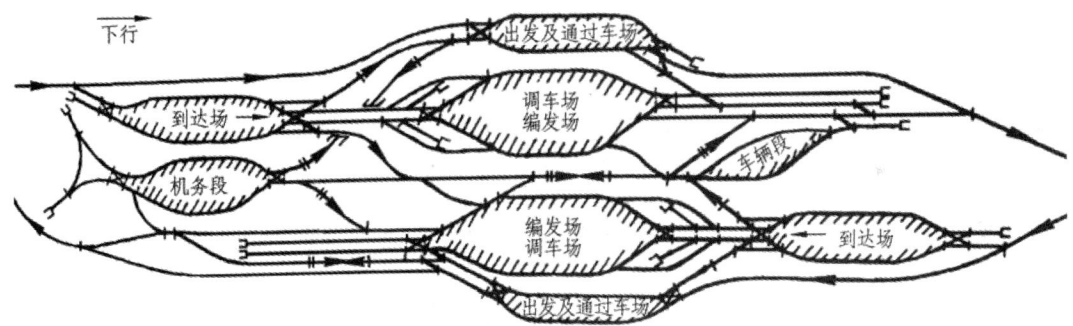

图 4-19 双向二级六场混合式编组站布置图

双向二级六场是双向布置图中两系统均采用二级式布置的代表图型。其基本特征是双方向均为到达场与调车场纵列、出发场及通过车场在调车场外侧横列。

若一个方向的改编车流量较小，根据实际需要，次要的调车系统也可采用到发场与调车场横列的配置作为过渡，构成双向二级四场混合式或双向二级五场混合式布置图型。

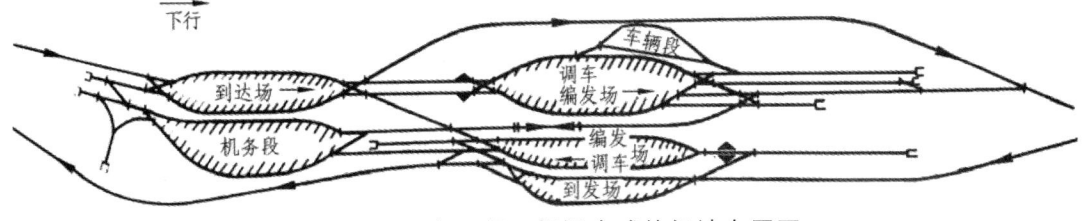

图 4-20 双向二级四场混合式编组站布置图

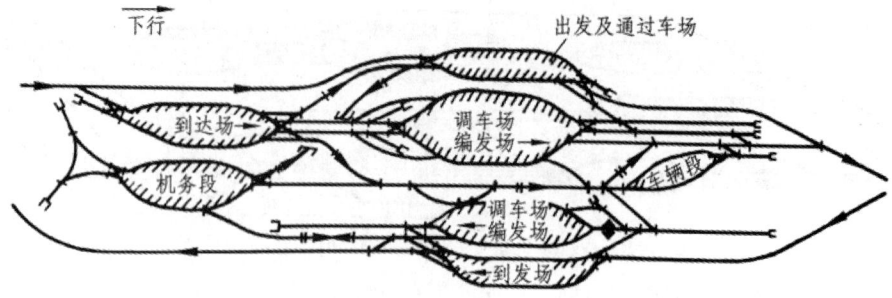

图 4-21 双向二级五场混合式编组站布置图

（2）双向三级五场混合式编组站布置图。

双向三级五场混合式编组站布置图型大多数是由原有单向三级四场编组站扩建形成的。这种图型次要调车系统的到发场与调车场横列布置，调车场头部设小能力驼峰。

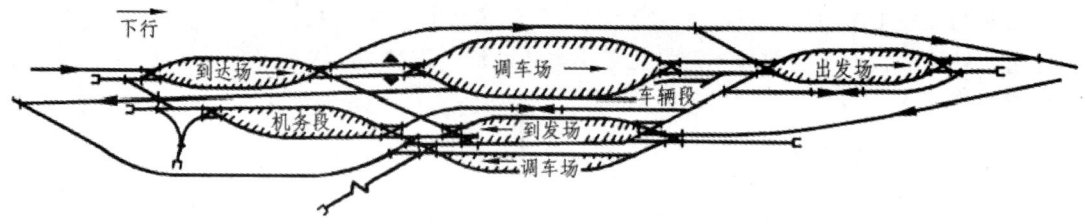

图 4-22 双向三级五场混合式编组站布置图

4.3.3 调车驼峰

驼峰是指将调车场始端道岔区前的线路抬到一定高度，主要利用其高度和车辆自重，使车辆自动溜到调车线上，用来解体车列的一种调车设备。

驼峰的范围是指峰前到达场（不设峰前到达场时为牵出线）与调车场头部之间的部分线段，如图 4-23 所示。它包括推送部分、溜放部分和峰顶平台。

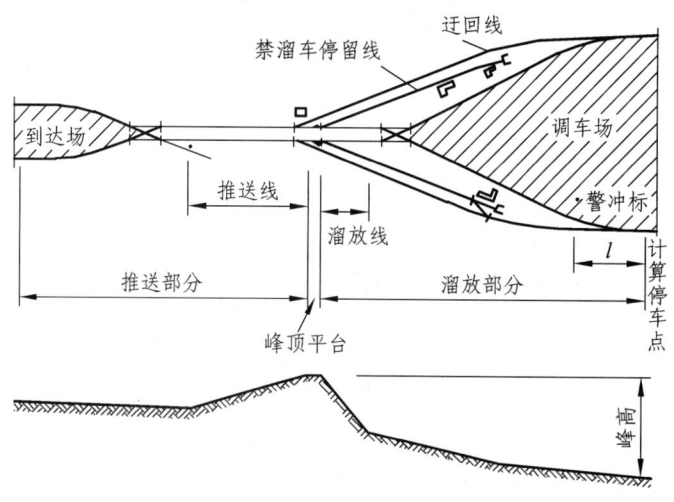

图 4-23 驼峰各组成部分示意图

推送部分是指经由驼峰解体的车列，其第一钩位于峰顶平台始端时，车列全长所在的线路范围。其中，由到达场出口咽喉的最外方警冲标到峰顶平台始端的线路叫推送线。设置这一部分的目的是使车辆得到必要的高度，并使车钩压紧，以便摘钩。

溜放部分是指由峰顶（峰顶平台与溜放部分的变坡点）到计算点的线路范围。驼峰调车场的调速制式不同，计算点的位置也不同。其中，从峰顶至第一分路道岔始端的一段线路叫溜放线。

峰顶平台是指驼峰推送部分与溜放部分的连接部分，设有一段平坡地段。

4.4 客运站

专门办理客运作业的车站称为客运站。以办理客运为主，兼办少量货运作业的车站也称为客运站。客运站的主要任务是组织旅客安全、迅速、准确、方便地上、下车；办理行包、邮件的装卸搬运；组织旅客列车安全、正点到发和客车车底取送；为旅客提供舒适的服务条件。

为保持客车技术状态，在配置有大量旅客列车车底的始发、终到站，或有大量长途旅客列车的折返站，以及有大量城际、市郊旅客列车的始发、终到站上应设置客车整备所，以便对客车进行技术整备和客运整备作业。

4.4.1 客运站的作业

1. 客运业务

包括旅客上下车、候车、问询、小件寄存，以及对旅客文化、饮食、住宿、购物和卫生方面的服务作业等；还包括客票发售，行包承运、装卸、保管和交付，邮件装卸和搬运等作业。

2. 技术作业

按列车种类不同，客运站办理下述技术作业：

（1）始发、终到列车。包括列车接发、机车摘挂、列车技术检查、车底取送、动车组出入段、个别客车甩挂以及餐车整备等。

（2）通过列车。包括列车接发、机车换挂或整备、列车技术检查、客车上水。个别情况下还办理个别客车甩挂，变更列车运行方向，办理餐车供应及上燃料等作业。

（3）市郊（通勤）列车。包括列车接发、机车摘挂、列车技术检查及车底取送等。

（4）在某些客运站还办理少量货物列车的到发和通过作业。

4.4.2 客运站的设备

1. 站房

站房是客运站的主体，包括为旅客服务的各种房屋（候车厅、售票厅、行包房等）、技术办公房屋（运转室、站长室、公安室等）以及职工生活用房等。

2. 站场

站场是办理客运技术作业的地方，包括线路（到发线、机车走行线、车辆停留线等）、站台、雨棚、跨线设备等。

3. 车站广场

车站广场是客运站与城市的结合部位，包括旅客活动地带、停车场、旅客服务设施、绿化带等。

4.4.3 客运站布置图

客运站的布置图按线路配置的不同分为通过式、尽端式和混合式3种。

1. 通过式客运站布置图

通过式客运站如图 4-24 所示，其全部旅客列车到发线为贯通式，站房在正线一侧，高架候车室为跨线式，基本站台与中间站台用地道相连，客运站与客车整备所和机务段纵列布置。图 4-24（a）所示为客车整备所和机务段布置在正线一侧，图 4-24（b）所示为客车整备所和机务段布置在两正线之间。

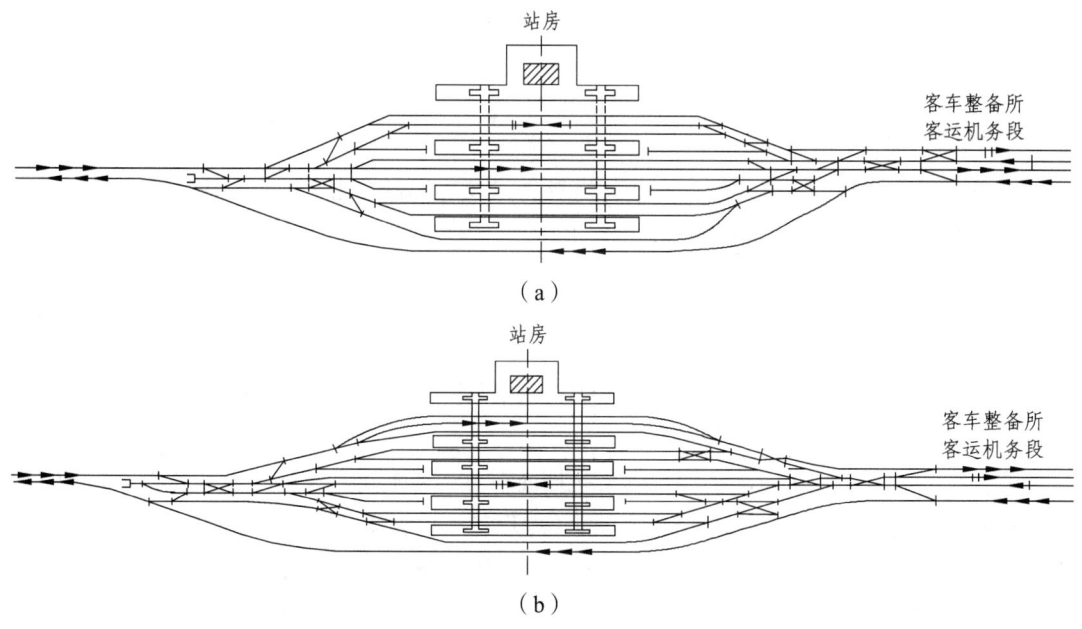

图 4-24 通过式客运站布置图

通过式客运站的优点是：车站有两个咽喉区，能分别办理接发车作业，减少旅客列车到发与车底取送和机车出入段之间的交叉干扰，通过能力较大，运营条件较好；通过式旅客列车到发线能接入和通过较多方向的列车，除折角列车外，不必变更列车运行方向，到发线使用机动灵活，互换性大；便于设计为跨线式高架候车室，便于组织旅客进出站，缩短旅客进出站走行距离；旅客进出站与行包搬运流线交叉干扰少。其缺点是：与城市道路干扰较大，不宜深入市区；由于有两个咽喉区，站坪较尽端式长，占用城市用地要多。新建客运站应按通过式图型设计。

2. 尽端式客运站布置图

尽端式客运站如图 4-25 所示，其全部旅客列车到发线为尽端式，站房设在到发线一端或一侧，中间站台用分配站台相连接，机务段和整备所与客运站纵列布置。

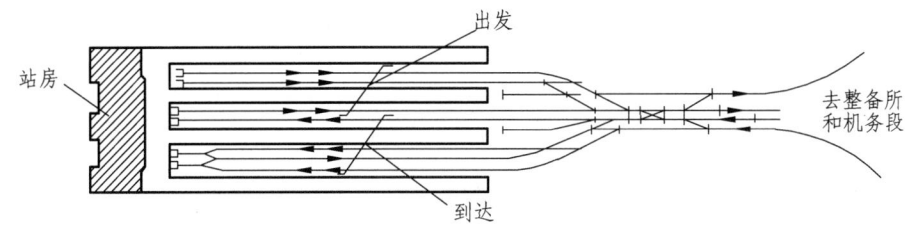

图 4-25 尽端式客运站布置图

尽端式客运站的优点是：车站容易深入市区中心，旅客出行乘车方便，可缩短出行时间；与城市道路交叉干扰较少；站坪较短，占地少；旅客出入站可不必跨越线路。它的缺点较多，主要有：车站作业集中在一端咽喉区进行，进路交叉干扰大，车站通过能力小；对通过列车的换挂机车和变更运行方向等作业均不便；列车进站速度低，占用咽喉时间长；站房设在端部时，旅客进、出站和行包搬运要经过靠近站房一端的分配站台，人流与行包流互相交叉；旅客进、出站走行距离长。因此，新建客运站一般不采用尽端式客运站。全部办理始发、终到旅客列车并位于正线终端的客运站，当采用通过式客运站将引起巨大工程或当地条件不允许时，则可采用尽端式布置图。

3. 混合式客运站布置图

混合式客运站布置图的特点是一部分线路为贯通式，另一部分线路为尽端式，如图 4-26 所示。贯通式线路供接发长途旅客列车使用，尽端式线路供接发市郊旅客列车使用。这种布置图的优点是当车站衔接的某一方向市郊列车较多时，设置部分有效长较短的尽头式线路，可节省投资和用地；市郊旅客与长途旅客进、出站流线互不干扰。其缺点是到发线互换性差，使用不灵活；在市郊旅客列车进、出咽喉区时，市郊与长途旅客列车产生到、发交叉；当二者共用整备所时，又产生市郊车底取送与长途旅客列车的到达交叉。因此，仅在改、扩建既有客运站且有充分依据时，方可采用混合式客运站布置图。

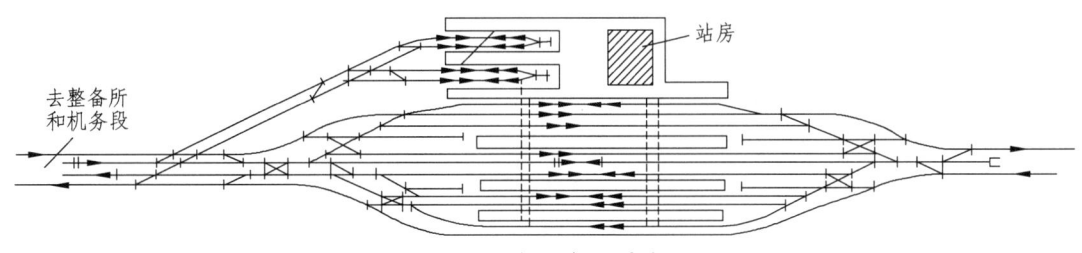

图 4-26 混合式客运站布置图

在混合式客运站上，为了方便地接发市郊列车，尽头式线路应设在市郊列车到、发较多的一端，并与客车整备所有便捷的通路。

4.4.4 高速铁路客运站

1. 高速站与既有站分设的布置图

根据技术作业性质的不同,高速铁路车站可分为越行站、中间站、始发终到站和通过站。

(1)高速越行站。

高速越行站的主要作业是办理中速旅客列车待避高速旅客列车。图 4-27 为高速越行站布置图,正线Ⅰ、Ⅱ办理高速列车通过,到发线 3、4 办理中速列车待避。

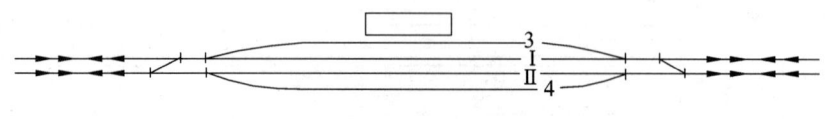

图 4-27 高速铁路越行站布置图

(2)高速中间站。

高速中间站主要办理高速和中速旅客列车停站或不停站通过、中速旅客列车待避高速旅客列车、少量高速旅客列车夜间折返以及停站旅客列车的客运业务。其布置图有对应式[见图 4-28(a)]和岛式[见图 4-28(b)]两种。

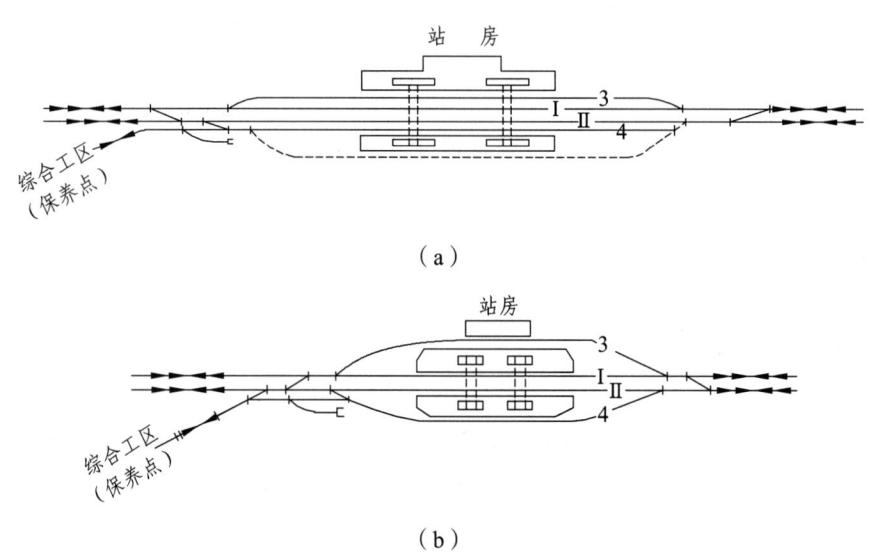

图 4-28 高速铁路中间站布置图

(3)始发、终到站。

始发、终到车站设于高速铁路的起点和终点,主要办理高速旅客列车的客运业务,包括高速旅客列车的始发、终到、动车组取送和折返作业以及动车组的整备、检修作业。

图 4-29 所示为新建的高速始发、终到站布置图,由于没有不停站的高速旅客列车通过,正线可靠近站台,并作为到发线使用。

(4)高速通过站。

高速通过站设于高速铁路沿线大、中城市,一般都与普通铁路接轨,主要办理高、中速旅客列车的客运业务和旅客换乘,包括高、中速旅客列车的通过作业,部分高速列车的始发、终到作业以及高速动车组的整备、检修作业。新建的高速通过站布置图与上述始发、终到站或中间站基本相同。

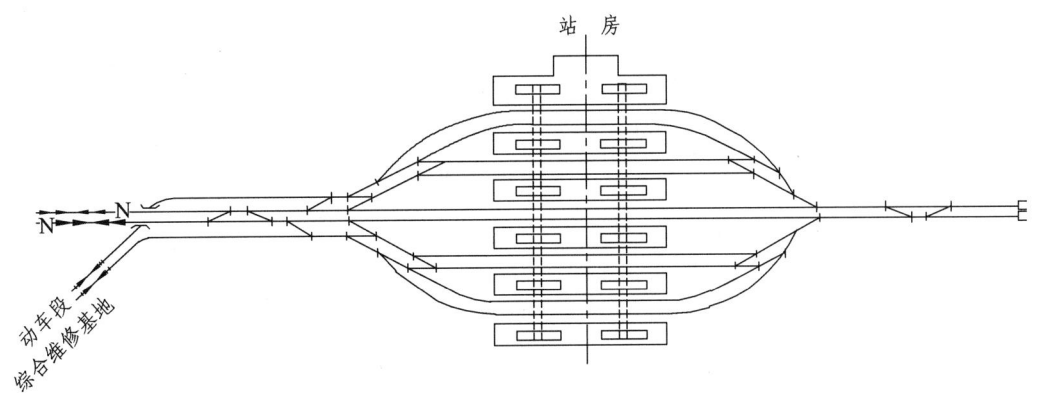

图 4-29　高速铁路始发、终到站布置图

2. 高速站与既有站合设的布置图

为充分利用既有客运站的设备，方便旅客换乘，可采用高速铁路车站与既有客运站合设的布置方案。高速站与既有站合设时，客运站场一般应按高速列车车场和普速列车车场分开设计，在中速列车需上下高速线运行的车站，高速车场与普速车场之间应利用渡线或具有立交疏解设备的联络线互相连通。

（1）高速车场与普速车场在同一平面并列合设

图 4-30 所示为改建后的天津站布置图，即高速车场与普速车场在同一平面并列合设的情况。

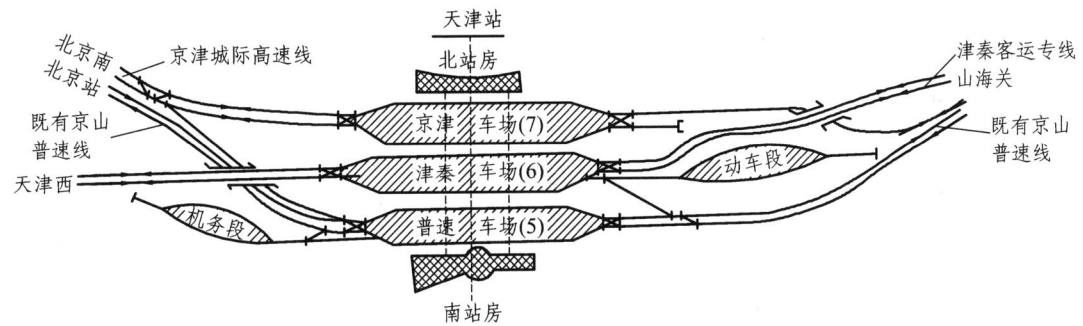

图 4-30　高速车场与普速车场在同一平面合设布置图

（2）既有站上方设高架高速车场。

若高速线高架引入既有站，可在其上方设高架高速车场，接发高速列车和普通线通过本站的普速列车。既有站接发其他旅客列车。

（3）既有站下方设地下高速车场。

若高速线从地下引入，可在既有站地下新建高速车场，既有站与高速车场的固定用途与在既有站上方设高架高速车场相同。

4.5 货运站

凡专门办理货物装卸作业的车站,以及专门办理货物联运或换装的车站,均称为货运站。以办理货物装卸作业为主并办理少量的客运或货车中转作业的车站也属于货运站。

货运站按其工作性质分为装车站、卸车站和装卸站。装车站以办理货物的装车为主,需接入大量空车,发出大量重车。卸车站以办理货物的卸车为主,需接入大量重车,排出大量空车。装卸站的装车和卸车工作量大致平衡,可大量组织车辆的双重作业。

货运站按其办理货物的种类可以分为综合性货运站和专业性货运站。凡办理多种不同种类货物作业的车站称为综合性货运站;而办理单一品类(如集装箱、粮食、木材、煤、矿建材料、石油及其制品等)大宗货物及危险货物作业的车站称为专业性货运站。

货运站也可按其服务对象分成:为城市企业、居民和仓库区服务的公共货运站,为不同铁路轨距之间货物换装服务的换装站,为某一工矿企业或工业区生产服务的工业站,为河海港口服务的港湾站等。

4.5.1 货运站作业及设备

综合性货运站(以下简称货运站)主要办理以下作业:

1. 运转作业

办理从编组站开来的小运转列车或从衔接区间开来的直达列车的接车作业;按装卸点选编车组、调送车组及按货位配置车辆;收集各装卸点装卸完毕的车组,并在调车线上进行集结;编组小运转列车或直达列车,向编组站或衔接区间发车。

2. 货运作业

包括货物的托运和交付、装卸和保管;货运票据的编制;货物的过磅、分类、搬运、堆码及换装、加固、检查装载;办理铁路与其他运输部门的联运。

3. 其他作业

货运站有时还兼办部分客、货列车的接发、通过和交会;不良车的修理;调车机车的整备以及车辆的清扫、洗刷等作业。

为了完成上述作业,货运站应设有下列主要设备:

(1)运转设备。包括到发线、调车线、牵出线等。

(2)货运设备。包括货场配线、场库设备、装卸设备、取送货物的道路及停车场、给排水设备及消防设备。

(3)其他设备。可根据作业需要设置旅客站台,机车整备、车辆检修设备,集装箱及托盘的维修保养设备,货车消毒洗刷设备,篷布维修设备,货物检斤设备和量载设备等。

4.5.2 货运站布置图

货运站按其与枢纽内铁路线路衔接的不同,可分为通过式和尽端式货运站两种类型。这两种货运站按车场与货场的布置形式均可分为横列式和纵列式两种。

1. 尽端式货运站

图 4-31 所示为车场与货场横列的尽端式货运站布置图,图 4-31(a)的调车线与到发线合并为一个车场,货场在进口一端的咽喉衔接。这种布置图的接发车与调车作业集中在车站一端咽喉,部分线路调车转线与接发车进路有交叉,因而车站的通过能力及作业能力较低。图 4-31(b)的货场及牵出线设在车站尽端咽喉一端,接发车与调车作业分别在车站两端咽喉进行,平衡了车站两端咽喉的负担,通过能力及作业能力均较图 4-31(a)有所提高。但车站尽端设置牵出线会增加对城市交通的干扰。

车场与货场横列的尽端式布置图的优点是:站坪长度短,用地经济;搬运机具走行跨越铁路线路较少。其缺点是:调车与取送作业都有折返行程,增加了车辆的走行距离。

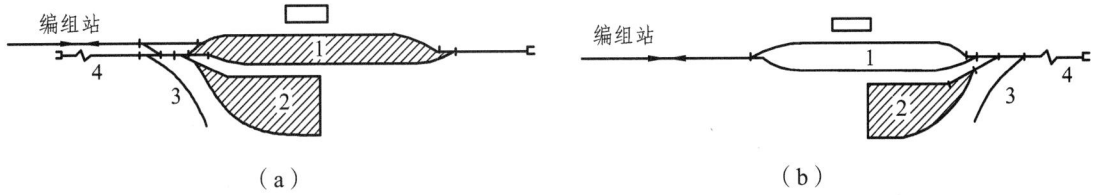

图 4-31 车场与货场横列的尽端式货运站布置图

1—到发及调车场;2—货场;3—专用线;4—牵出线

图 4-32 所示为车场与货场纵列的尽端式布置图。这种布置图的优点是:保证了向货场取送车的流水性,缩短了车辆的转线时间,货场与城市联系方便。缺点是:当有两台调车机车作业时,货场取送车与车列解编作业互相干扰,调车机车的走行距离较长,到发及调车场出口咽喉区作业干扰严重,用地较长。

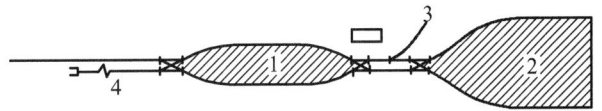

图 4-32 车场与货场纵列的尽端式货运站布置图

1—到发及调车场;2—货场;3—专用线;4—牵出线

2. 通过式货运站

图 4-33 所示是作业量较大的通过式货运站布置图。其正线是贯通的,货场和车场均设在正线的一侧,可减少站内作业对正线行车的干扰,保证通过货物列车的顺利通行。图 4-33(a)的主要车场为横列,图 4-33(b)的主要车场为纵列,二者的货场均设在调车场一侧,以便货物作业车的取送。

与尽端式货运站相比较,通过式货运站的优点是车站作业分别在两端咽喉进行,作业能力较大。其缺点是与城市干道交叉干扰大,不易深入城市中心。

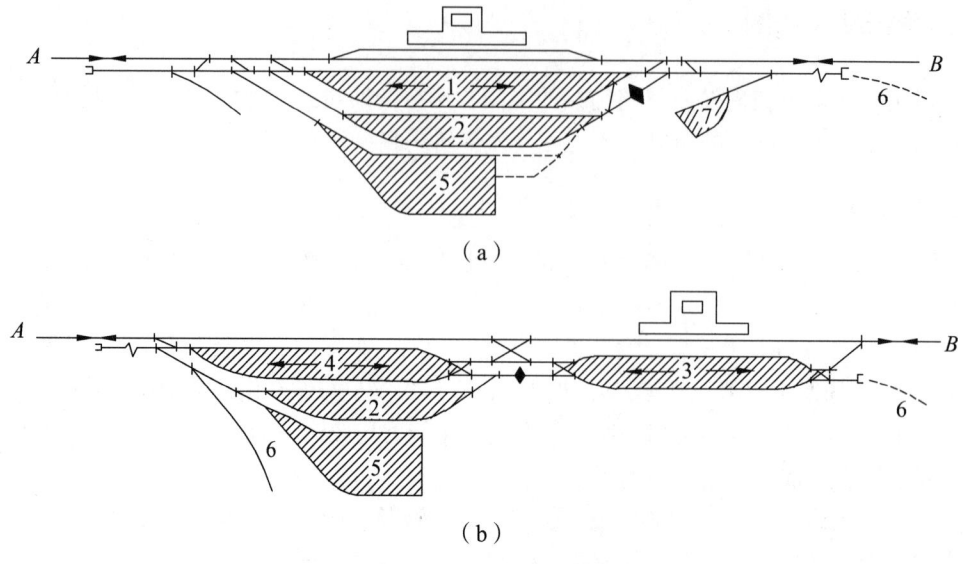

图 4-33 通过式货运站布置图

4.5.3 换装站

换装站设在不同轨距铁路的接轨地点，是为货物换装和旅客换乘服务的车站。换装站按其设置的地点和担负的作业性质分为国境换装站和国内换装站。

国境换装站设于轨距不同的两国国境铁路衔接地点，办理两国间进、出口货物的交接、换装及旅客运送作业。国境换装站有两种设置方式：一种是在两国国境内边界附近的适当地点各设一个换装站，分别担负本国进口货物的换装；另一种是换装站设在某一方国境的附近，集中办理双方进、出口货物的换装。采用何种设置方式，应根据双方协议及当地条件而定。

国内换装站设在国内两种不同轨距铁路的衔接地点，主要办理国内两种不同轨距铁路的换装业务。

1. 换装站的作业及设备

国内换装站的运量一般不大，其作业及设备都比较简单。国内换装站的技术作业主要办理不同轨距列车到发、调车和取送作业；货运作业只办理货物的换装以及当地货物的装卸；对于旅客列车，一般只办理旅客换乘的作业。国内换装站由于运量小，货物品类不同，一般根据所办理货物的性质设置几组换装线即可。

国境换装站除办理货运站所有的技术作业外，还要办理以下作业：

（1）旅客列车作业。包括有关边防的检查作业；餐车及邮政车的摘挂作业；行李的交接和邮政的换装作业；全部客车转向架的更换或旅客的换乘作业。

（2）货物列车作业。包括边防部门对进、出口货物列车的验收；外运代理部门对进、出口货物的报关检验；海关、商检、卫生防疫检查、动植物检疫部门对进、出口货物的检疫、检验；货物和车辆的交接、检斤和验收作业；货运票据的翻译、签封，各种费用（如换装费、验关费等）的核收；货物的换装，必要时还办理个别特大货物车辆更换转向架的作业。

国境换装站应设置下列主要设备：不同轨距铁路共用的旅客列车到发场；为客车车底过轨而设的旅客列车转向架更换设备；不同轨距的货物列车到发场、调车场；两种轨距共用或分开的机车检修和整备设备、车辆检修设备；两种轨距布置在一起的换装场、货物储存仓库或储存场。

2. 换装布置图

根据两种轨距的到发场、调车场与换装场的相互位置，国境换装站布置图可分为横列式、纵列式和混合式三种。

图 4-34 所示为横列式国境换装站布置图，这种图型是将两种轨距的到发场、调车场和换装场平行横列布置；两种轨距的客运设备合设在一起，与货运设备横列布置；机务设备也是两种轨距并用，设在换装场的外侧。

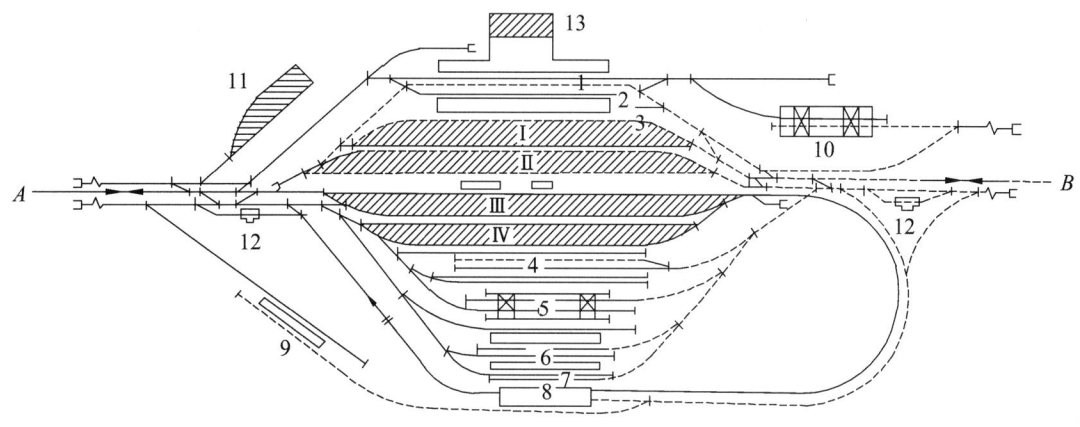

图 4-34　横列式换装站布置图

Ⅰ—宽轨到发场；Ⅱ—宽轨调车场；Ⅲ—准轨到发场；Ⅳ—准轨调车场；
1—混轨线；2、3—准轨、宽轨旅客列车到发线；4—笨重货物换装线；5—10 t 以下货物换装线；
6—集装箱中转货物换装线；7—散装货物换装线；8—机务整备设备；9—危险货物换装线；
10—换轮场客车转向架更换设备；11—车站货场；12—轨道衡；13—站房

图 4-35（a）所示为纵列式换装站布置图，两种轨距的到发场、调车场与换装场纵向布置。图 4-35（b）所示为混合式换装站布置图，其换装场与一种轨距的到发场、调车场横列，而与另一种轨距的到发场、调车场纵列。

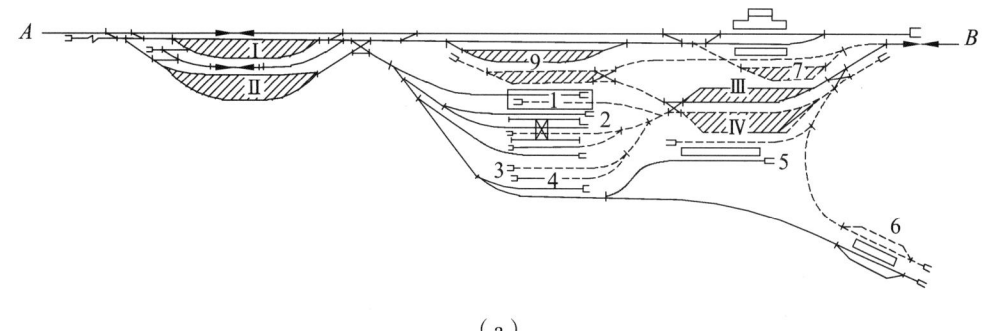

（a）

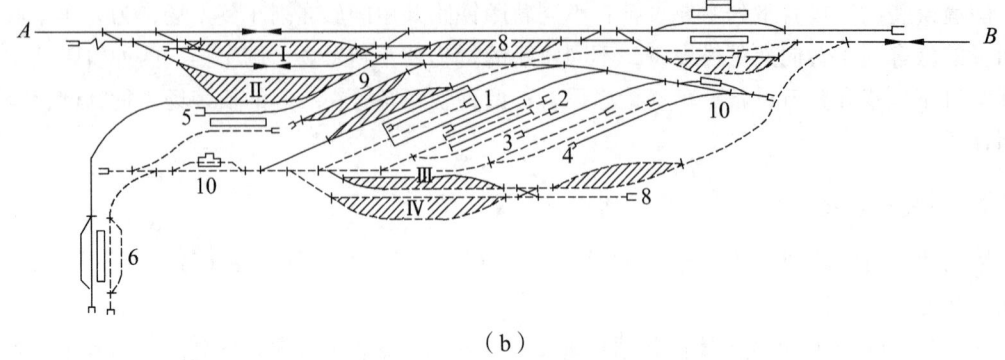

(b)

图 4-35 纵列式及混合式换装站布置图

Ⅰ—准轨到发场；Ⅱ—准轨调车场；Ⅲ—宽轨到发场；Ⅳ—宽轨调车场；
1—集装箱中转货物换装线；2—笨重货物换装线；3、4散装货物换装线；5—高站台换装线；6—危险货物换装线；
7—宽轨旅客列车停车线；8—机务整备设备；9—机务联合整备设备方案；10—轨道衡

国内换装站一般可按图 4-36 布置。当准轨车站为中间站时，换装设备和货场最好合设在一处。

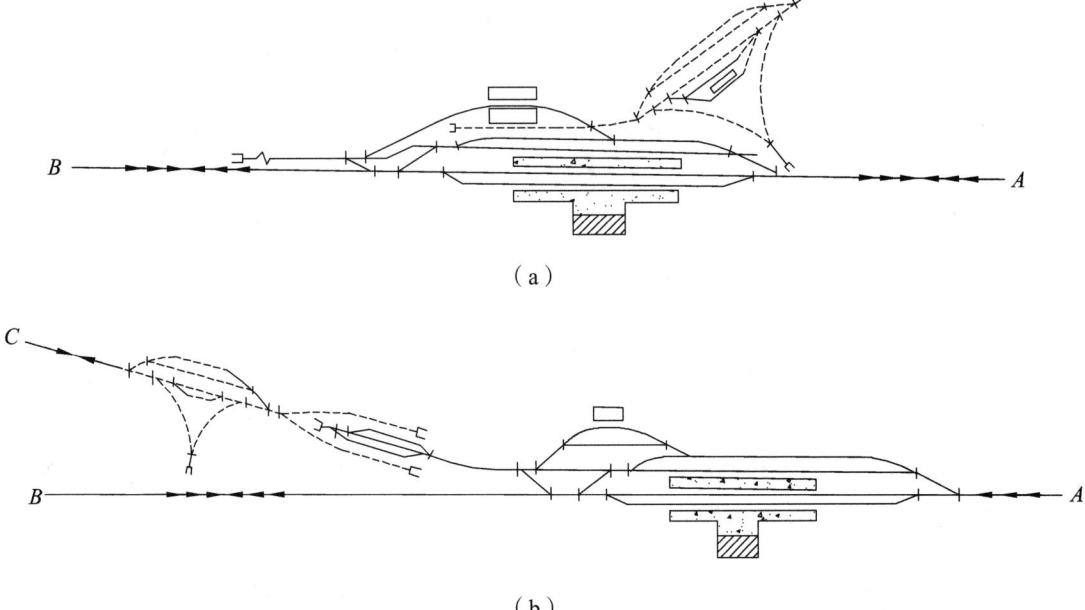

图 4-36 国内换装站布置图

4.5.4 工业站、港湾站

工业站、港湾站主要为有大量装卸作业的工矿企业、工业区或港口服务，主要办理列车的到发、解编以及向工业企业、港口内部相应作业地点或装卸地点取送车辆等作业。

1. 工业站、港湾站的设置位置

工业站设在工业企业专用铁道的接轨点或铁路枢纽内的工业区附近,主要为工业企业外部运输服务,其产权属铁路。工业站的位置应靠近大量物流入口或出口的地点,以使企业的原材料来源和产品流向与总布置图生产流程相适应,尽量避免车流在铁路线上或厂(矿)内部折角和迂回运输。

港湾站是专为港口服务的车站,办理列车的到发、解编以及向港区车场或装卸地点取送车辆等作业。港湾站距码头、仓库作业区不宜太远,主要是为便于取送车作业及与技术站间有方便的通路,并考虑港口联络线(指港湾站和港口之间的联络线)接轨的合理性,以便于地方运输。

2. 工业站、港湾站布置图

工业站、港湾站布置图应根据路厂(矿、港)交接方式、作业量、作业性质、工业站(或港湾站)与企业站(或港口站)的分设或联设以及其在铁路网和枢纽内的作业分工等因素确定。

(1)货物交接工业站、港湾站布置图。

采用货物交接时,铁路与企业(或港口)间通常采用铁路统一管理的方式,交接作业是在货物装卸点办理,车辆的取送和调车作业均由铁路方承担。采用此种交接方式的作业量一般不会很大,宜采用横列式布置图型,如图4-37所示。

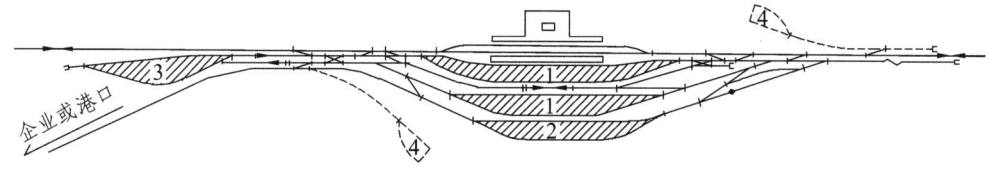

图 4-37 货物交接横列式工业站、港湾站布置图

1—铁路到发场;2—铁路调车场;3—铁路机务段;4—货场(方案)

(2)车辆交接分设工业站、港湾站布置图。

当采用车辆交接且工业站(或港湾站)与企业站(或港口站)分设时,工业站(或港湾站)宜采用横列式图型。这种情况下,两站往往相隔一定的距离,而路、厂(矿、港)双方车辆交接需根据重、空车流的接续分阶段进行。为了缩短车辆在到发线或调车线上的占用时间并考虑作业安全,一般应设置专门办理车辆交接作业的交接线(场)。交接线(场)可以设在工业站(见图4-38)、工业站与企业站之间或设在企业站。

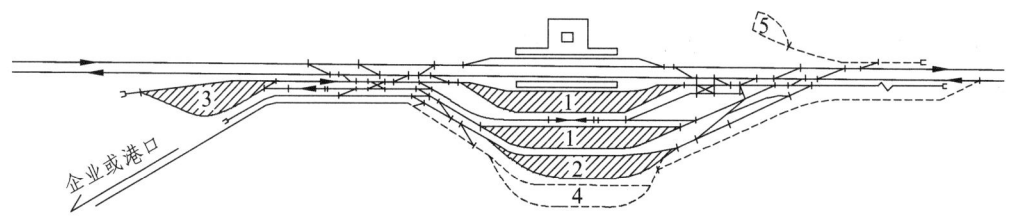

图 4-38 双方车站分设横列式工业站、港湾站布置图

1—铁路到发场;2—铁路调车场;3—铁路机务段;4—交接场;5—货场(方案)

（2）车辆交接联设工业站、港湾站布置图。

工业站与企业站联设的特点是设有分别属于铁路和企业（或港口）的两套车场。根据这两套车场的相互位置，有横列联设（见图 4-39）、纵列联设（见图 4-40）及混合联设（见图 4-41）3 种类型。一般应采用横列式布置图，少数为特大型企业（或大型港口）服务的车站，当其出入企业（或港口）的大部分车流集中在一站办理时，为了提高车站的能力，可考虑采用纵列联设或混合联设布置图。

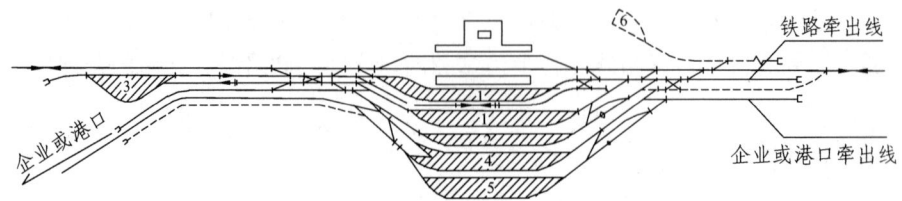

图 4-39　双方车站联设横列式工业站、港湾站布置图

1—铁路到发场；2—铁路调车场；3—铁路机务段；4—企业或港口到发场兼交接场；
5—企业或港口调车场；6—货场（方案）

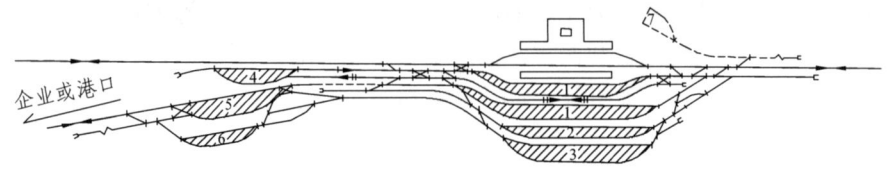

图 4-40　双方车站联设纵列式工业站、港湾站布置图

1—铁路到达场；2—铁路调车场；3—交接场；4—铁路机务段；5—企业或港口到发场；
6—企业或港口调车场；7—货场（方案）

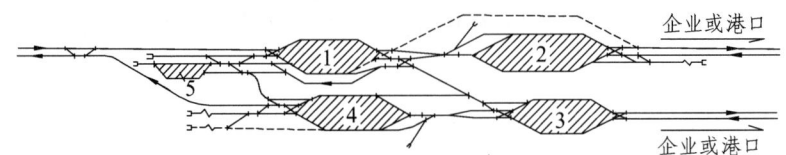

图 4-41　双方车站联设双向混合式工业站、港湾站布置图

1—铁路到达场；2—企业或港口编发场；3—企业或港口到达场、交接场；4—铁路编发场；5—铁路机务段

4.5.5　集装箱办理站

铁路集装箱办理站是指办理集装箱业务的铁路货运站。它是铁路集装箱发送、到达及中转换装的基地，大量的铁路集装箱装卸、保管、集配、承运、交付及维修管理工作都要在办理站完成。它不仅是铁路集装箱运输的起讫点，而且也是铁路集装箱运输与其他方式联运的交接点。

1. **集装箱办理站的分类**

根据其地理位置、功能等，铁路集装箱办理站可分为中心站、专办站、办理点 3 种。

（1）铁路集装箱中心站。

集装箱中心站是特大型的铁路集装箱办理站，是专门办理集装箱班列、枢纽集装箱小运转列车到发和整列集装箱列车装卸及集装箱承运、发送、装卸、中转、保管、到达、交付等铁路货物运输作业的路网性集装箱货运站，主要分布在经济发达、集装箱集疏运量大的区域经济中心和铁路网重要枢纽。

（2）铁路集装箱专办站。

集装箱专办站是设在省会城市、大型港口和主要内陆口岸所在地，专门办理集装箱业务的铁路货运站。集装箱专办站是铁路集装箱业务专门办理单位，是中心站的辅助，比中心站等级低，能力小。在集装箱专办站需配备必要的仓储、装卸、搬运、检修、维护设备。

（3）铁路集装箱办理点。

集装箱办理点是以铁路既有货运站为主要货源地，从中选取若干适箱货运量大的车站作为集装箱业务办理点，兼办集装箱运输业务。集装箱办理点多为综合性货运站，集装箱货源相对较少，办理能力低，是铁路集装箱中心站和专办站的补充；办理业务不齐全，主要承担铁路集装箱运输揽货、交付、信息咨询等职责以及"门到门"延伸服务，是直接联系货主的窗口。在集装箱办理点需配备必要的运输组织、装卸、搬运、仓储等设施设备。

根据三级站点功能定位，我国铁路集装箱运输将以中心站为到发及中转基地，以集装箱专办站为辅助，以集装箱办理点为补充，形成覆盖全国的铁路集装箱网络。

2. 集装箱办理站的作业及设备

（1）集装箱办理站的作业。

铁路集装箱办理站的作业主要包括商务作业和技术作业。

① 商务作业：受理集装箱货物的托运申请；办理装卸箱业务；编制用车计划；向到达站发出到达预报通知；编制有关单证；核收有关费用；装箱、拆箱及加封等。

② 技术作业：提供适合装货、运输的集装箱（空箱）；安排集装箱装卸、搬运等机械；安排集装箱装卸搬运机械的检修、清洗作业；联系其他运输方式，开展集装箱门到门运输、多式联运、国际运输；编发、接解成列集装箱列车（中心站、专办站）或枢纽小运转列车（办理点）；办理往集装箱场的车辆取送作业。

（2）集装箱办理站的设备。

铁路集装箱办理站一般设有列车到发及调车场、集装箱作业场、综合服务及信息系统、装卸和运输机械维修设施等。集装箱作业场一般设有装卸场、拆装箱场及仓储设施，并配备装卸及运输机械。

① 装卸线及轨道式龙门吊。

铁路集装箱办理站必须设有一条或多条集装箱装卸线，用于集装箱列车出发前的装车、到达后的卸车、中途的换装。装卸线的数量和长度与办理站的功能定位（中心站、专办站、一般办理点）和集装箱通过量以及办理站的业务特点有关。

铁路集装箱办理站通常以轨道式龙门吊作为装卸线上的基本装卸机械，以集装箱正面吊和集装箱叉车为辅助机械。

② 集装箱作业箱区。

铁路集装箱办理站必须有相应的堆箱场，堆箱场应划分为若干作业箱区。集装箱作业箱区分国内箱区和国际箱区，按类别又可分为到达和发送箱区、中转箱区、冷藏箱区、危险品箱区、特种箱区、备用箱区、空箱区、待修箱区、清洗消毒箱区等。

③ 辅助设施。

辅助设施包括道路、电力、给排水、污水处理、消防、通信信号、信息管理系统、一关三检、检斤、生产办公用房、集装箱及装卸机械维修清洗车间、停车场、环保绿化等。

3. 集装箱办理站的布置图

影响集装箱办理站布置图的主要因素包括：集装箱列车整列到发的需要；装卸线要具备直接接发车、直接接车或直接发车的条件；办理站在枢纽中的位置；办理站的地形条件；年运量及车流特点。

集装箱办理站布置图按到发及调车场与装卸作业场的相互配置分为横列式和纵列式两种，如图 4-42 和图 4-43 所示。

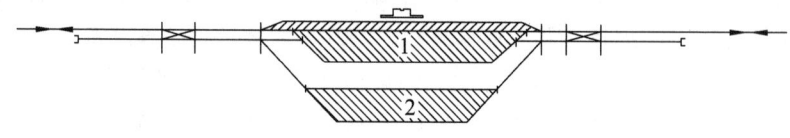

图 4-42　到发及调车场与装卸场横列布置图

1—到发及调车场；2—装卸场

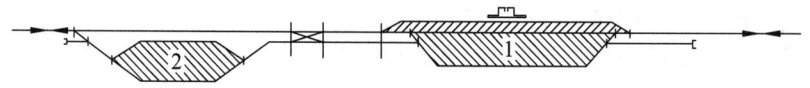

图 4-43　到发及调车场与装卸场纵列布置图

1—到发及调车场；2—装卸场

横列式车站的特点是站坪长度短、设备集中、管理方便，但是调车作业不方便，需要牵出线转场；纵列式的特点是可充分利用场地条件，装卸线可直接接发列车，减少转场作业时间，作业效率较高，但站坪较长、设备分散，管理不方便。在选型设计时，应根据办理站的作业量、作业特点及当地条件综合比较确定。

装卸线采用与正线贯通的形式，可满足集装箱列车到发的需要。作业量较大或开行直达集装箱列车的专办站，可减少列车在站停留时间，装卸线可具有直接接发车的条件。但装卸线直接接发车，需要在装卸线进行列车技术作业，场内作业人员较多，不方便箱场管理，影响装卸机械作业。

4.6　案例——北京南站客运枢纽

1. 基本概况

北京南站位于北京铁路枢纽的东南部，2008 年正式重新启用，是北京铁路局直属客运特等火车站,车站建筑面积达 32 万平方米。作为中国首座高标准现代化的大型综合交通枢纽,新的北京南站东端接京津城际铁路和北京站,西端接京沪高速铁路、京哈线和北京动车客车段,北京 4 号、14 号地铁线由地下穿站而过,成为集高速铁路、普通铁路、城市轨道交通与公交出租等交通设施于一体的大型综合交通枢纽站。

2. 整体布局

北京南站主体共有 5 层,如图 4-44 所示,依次为:高架候车厅、站台轨道层、换乘大厅、地铁 4 号线和地铁 14 号线。其中,地上两层,地下三层,铁路站场位于地面层,5 层之间以垂直升降梯和自动扶梯相连。

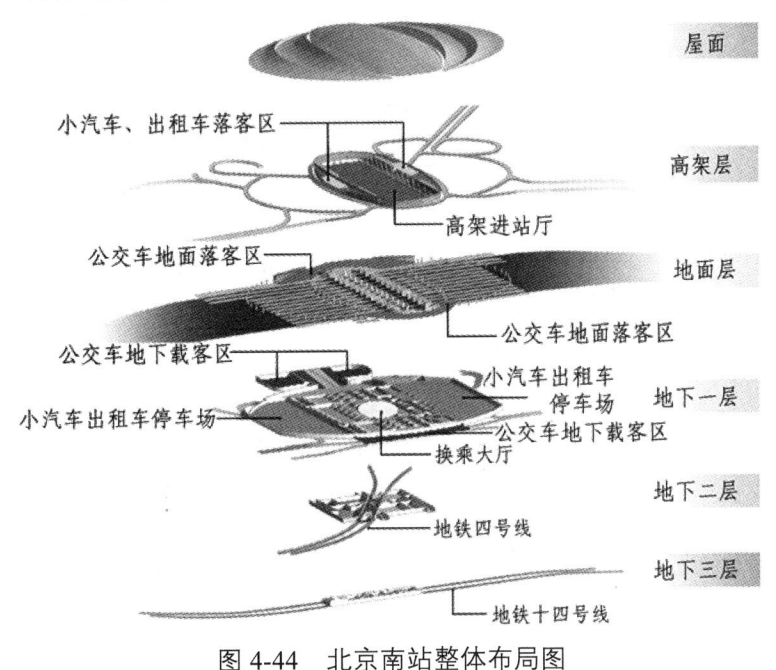

图 4-44 北京南站整体布局图

(1)高架层。

高架候车层(见图 4-45)在地上二层,是旅客候车和购票专区,即旅客候车大厅,可容纳 1.05 万人同时候车。同时设有大巴、出租车、社会车辆的落客区。东西两侧为进站大厅,与高架环形车道落客平台相邻,南北两端与地面层进站厅相通。高架候车层的 4 个角设有售票办公楼,车站共设置了 84 台窗口售票机和 39 台自动售票机。检票进站全部由自动验票系统控制。

(2)地面层。

地面层为列车站台区、公共汽车上下客区。该层是公交车和铁路乘客的进站层,北侧大厅设有进站厅、贵宾候车室,南侧大厅主要是进站厅。进站厅主要起到联系上下各层面的功能,旅客可以直接从进站厅进入铁路站台乘坐火车。

(3)地下一层。

地下一层为交通换乘空间,包括地铁进出站厅、火车出站厅、出租汽车上客区、社会车辆停车场,如图 4-46 所示。换乘大厅的面积是 30 970 m²,分为中央换乘大厅、出站通道及出租车待客区等3个区域。

（4）地下二层为地铁4号线站台。

（5）地下三层为地铁14号线站台。

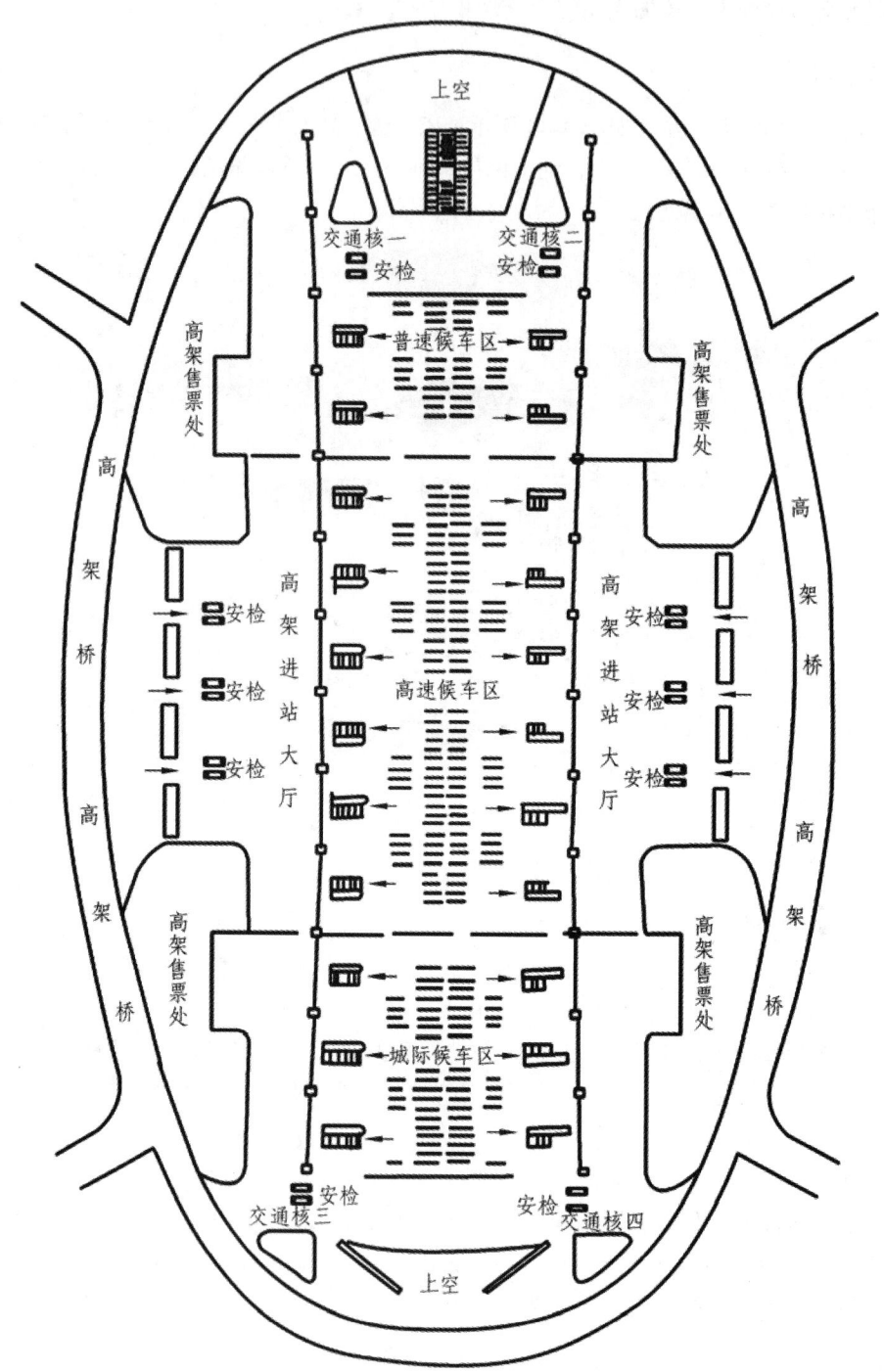

图4-45 北京南站高架候车层平面图

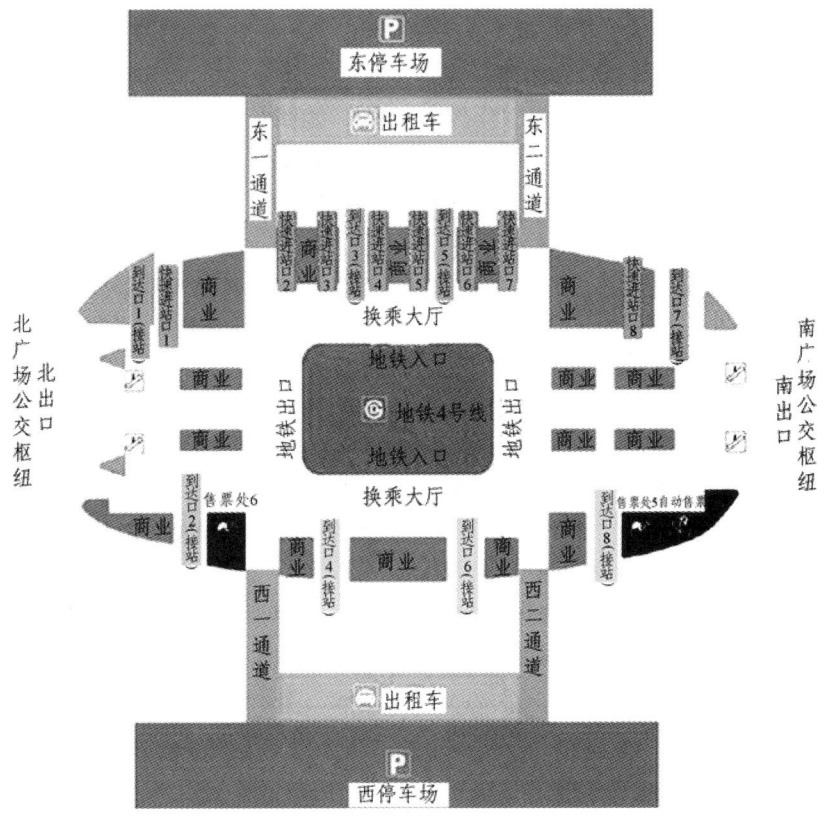

图 4-46　北京南站换乘大厅平面图

3. 铁路站场布置

北京南站站场为通过式，有 24 条股道、13 座站台，其中从北往南依次为：普速车场设到发线 5 条、3 座站台；高速车场设到发线 12 条、6 座站台；城际车场设到发线 7 条、4 座站台。

4. 进站途径

进入南站途径有 3 种：

一是从南广场公交枢纽直接进入主站房一层（即站台轨道层），再由此乘坐电梯进入二层高架候车厅；

二是由公交车站、地铁、步行乘电梯直接进入地下换乘层，再由换乘层的快速检票通道进站（快速通道现已开通，采取高架检票口与快速进站通道同步检票放行的方式进站）；

三是乘车由内外环高架立交桥到达落客区，直接进入二层候车大厅。

5. 交通换乘

（1）公交线路。

北京南站地面公交主要集中在北、南广场，永外幸福路三处，共有 15 条公交线路，其中常规线路 12 条，夜班线路 3 条。来自公交车的进站客流，可通过南北进站厅的自动扶梯进入候车大厅。

（2）轨道交通。

地铁站厅位于地下一层综合换乘大厅中部，地下二层为 4 号线站台，地下三层为 14 号线站台。两线均采用岛式站台设计。4 号线车站呈西北-东南走向，垂直于地面铁路；14 号线车站呈西南-东北走向，平行于地面铁路。两线垂直交叉，通过站台中部的楼梯相连。来自地铁的进站客流，可通过南北进站厅的自动扶梯进入候车大厅。

复习思考题

1. 中间站与会让站、越行站在作业和设备上的区别是什么？
2. 区段站主要设备应如何合理配置？
3. 编组站在作业和设备上与区段站有何异同？
4. 驼峰由哪几部分组成？
5. 通过式、尽端式、混合式客运站布置图各存在哪些主要优缺点，采用条件是什么？
6. 分析比较通过式、尽端式货运站布置图的优缺点。
7. 国境换装站除办理货运站的技术作业外，还办理哪些主要作业？
8. 分析在路、厂（港）间实行车辆交接方式时，工业站与企业站（港口站）的设置方案。

第五章 城市轨道交通车站

城市轨道交通是城市公共客运交通的一个重要组成部分,是采用轨道结构进行承重和导向的车辆运输系统,是根据城市交通总体规划的要求,设置全封闭或部分封闭的专用轨道线路,以列车或单车形式,运送相当规模客流量的公共交通方式。它包括地铁系统、轻轨系统、单轨系统、有轨电车、磁悬浮系统、自动导向导轨系统(AGT)、市域快速轨道交通、旅客自动运输系统(APM)等形式。

在城市轨道交通的线路上,供列车到、发、通过及乘客正常乘降的分界点称为车站。车站是城市轨道交通运输工作的基层单位,大量的行车、客运设备均设在车站,车站除办理客运业务外,还办理列车到发及调车等行车作业。车站也是地铁内部工种进行各项作业的汇合点。作为大容量交通方式的城市轨道交通,其车站的选址、布置和规模等不仅影响轨道交通的运营效益、效率,而且影响城市文明建设和景观。

5.1 车站的分类

车站可按空间位置、站台形式、作业性质、站台形式及设备容量的不同进行分类。

5.1.1 按空间位置不同分类

车站按空间位置不同可以分为地下车站、地面车站和高架车站,如图 5-1 所示,线路平面在地面的为地面车站,线路平面在地面以下的为地下车站,线路平面在地面以上的为高架车站。

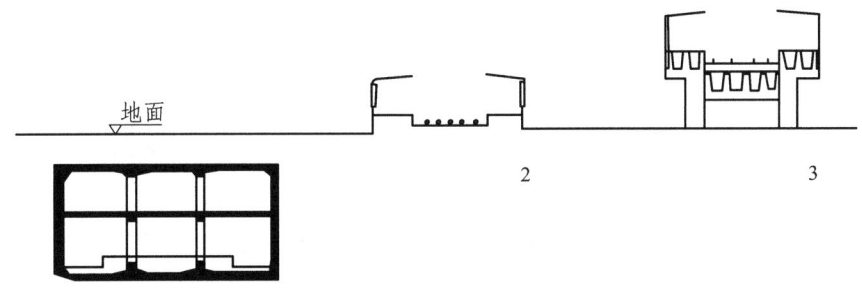

图 5-1 车站与地面的相对位置示意图

1. 地面车站

地面车站造价比较低,但会对轨道交通线路所经过区域造成分割,一般修建在用地面积受限制的区域。尤其是在城市中心范围内,已有的地面建筑往往难以改变,地面空间资源又十分有限。因此，城市轨道交通车站常设置于地下或地上，其造价比地面车站高。

2. 高架车站

高架线路一般位于中心城外的地面上，其建筑风格应与周围环境相协调。高架线路一般建于城市道路的中心线，也可设置在绿化隔离带，从人行道进入高架车站的楼梯、天桥，中间可用作过街人行天桥之用。为了节省车站周边的地面资源，并充分利用线路与地面之间的垂直空间，高架站多采用双层设计，站台层在上方，站厅层在下方，也可以利用高架桥下的站外广场。

3. 地下车站

地下车站除了其结构的特点以外，在防火、防灾及环控方面还有更特殊的要求，与地面站和高架站有着显著的区别。为了不占用地面空间，地下车站的中间站厅一般设在地下一层，其主要功能是集散客流、售检票、服务、设置管理与设备用房。地下站台设在地下二层，供列车停靠、乘客乘降的功能层，由站台与线路（股道）、乘降设备等组成。

5.1.2 按站台形式不同分类

车站按站台形式不同可分为岛式车站、侧式车站和岛侧混合式车站，如图 5-2 所示。

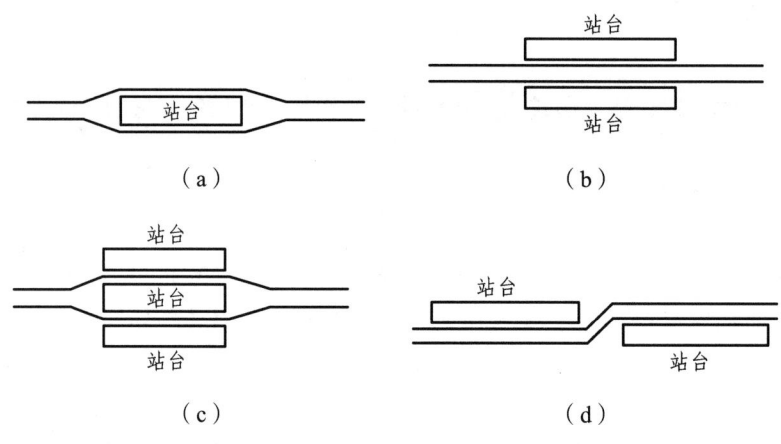

图 5-2 车站站台形式分类示意图

1. 岛式车站

站台位于上、下行行车线路之间，这种站台布置形式称为岛式站台[见图 5-2（a）]，具有岛式站台的车站称为岛式车站。岛式车站是常用的一种车站形式，具有站台面积利用率高、能调剂客流、乘客中途改变乘车方向方便、车站管理集中、站台空间宽阔等优点，因此常用于客流量较大的车站。

2. 侧式车站

站台位于上、下行行车线路的两侧，这种站台布置形式称为侧式站台[见图 5-2（b）、（d）]，具有侧式站台的车站称为侧式车站。侧式车站站台上、下行乘客可避免相互干扰，正线和站线间不设喇叭口，有利于采用大的隧道或双圆隧道双线穿行，造价低、改建容易；但站台面积利用率低，乘客中途改变乘车方向不便，车站管理分散，站台空间不及岛式宽阔。因此，侧式站台多用于两个方向客流量较均衡（或流量不大）的车站及高架车站。

3. 混合式车站

将岛式站台及侧式站台同设在一个车站内，具有这种站台形式的车站称为混合式车站，其站台可布置成一岛一侧式或一岛两侧式[见图 5-2（c）]。

5.1.3 按作业性质不同分类

车站按其运营功能不同，可以分为中间站、换乘站和终点站。

中间站仅供乘客上、下车之用，功能单一，是城市轨道交通路网中数量最多的基本站型。有的中间站设有折返设备，可供列车折返和进行列车运行调整。

换乘站是位于两条及两条以上线路交叉点上的车站。除供乘客乘降之用外，还供乘客由一条线路的列车换乘到另一条线路的列车上去。在设计换乘站时，应尽可能将换乘客流和到发客流分开。

终点站是设在线路两端的车站，除供乘客乘降外，还能供列车折返、停留和临时检修用，终点站一般设有停车线。

5.2 车站的组成

对城市轨道交通系统来说，各种车站一般都由主体、出入口及通道、通风道及风亭（地下）和其他附属建筑物组成，如图 5-3 所示。

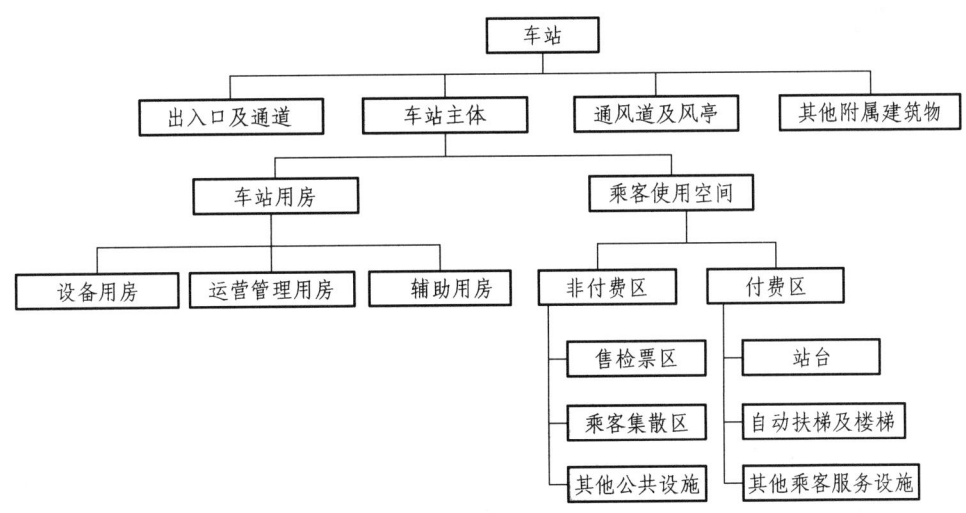

图 5-3 车站组成

车站的主体是列车的停车点，它除了要供乘客上下车、集散、候车外，一般也是办理运营业务和设置运营设备的地方。车站主体根据功能的不同，可分为以下两大部分。

5.2.1 乘客使用空间

乘客使用空间又可分为付费区和非付费区。

非付费区是乘客购票并正式进入车站前的活动区域。它一般应有较宽敞的空间。非付费区的最小面积一般可以参照能容纳高峰小时 5min 内聚集的客流量来推算。

付费区包括站台、自动扶梯或楼梯、其他乘客服务设施等。它是为乘客候车服务的设施。对于一般的城市轨道交通车站来说，通常非付费区的面积应略大于付费区。

5.2.2 车站用房

车站用房包括设备用房、运营管理用房和辅助用房 3 部分。

设备用房是为保证列车正常运行、保证车站内良好环境条件和在灾害情况下保障乘客安全所需的设备用房，主要包括通风与空调用房、变电所、综合控制室、防火中心、通信机械室、信号机械室、自动售检票室、冷冻站、配电室、公区用房等。

运营管理用房是车站运营管理人员使用的办公用房，主要包括站长室、车站控制室、行车值班室、业务室、广播室、会议室和公安保卫室等。

辅助用房是为保证车站内部工作人员正常工作生活所设置的用房，主要包括卫生间、更衣室、休息室、茶水间等。

车站用房应根据运营管理需要设置，在不同车站只配置必要房间，尽可能减少用房面积，以降低车站投资。

5.3 车站的线路

车站线路包括正线、配线、折返线和存车线。所有车站都应设有正线，除正线外，部分车站尚需设置供运营列车折返运行时掉头转线及夜间存车用的折返线，供故障列车停放及夜间存车用的存车线等线路。一般来说，中间站只设上下行正线；终点站和折返站应设置折返线或渡线，其折返能力应与该区段的通过能力相匹配。当两折返站相距过长时，宜在沿线每隔 3~5 个车站的站端加设存车线。

5.3.1 折返线的布置方案

在终点站或办理折返作业的中间站，需要为列车设置折返线，折返线的布置形式应能满足折返能力的要求，一般分为站前折返（见图 5-4）和站后折返（见图 5-5）。

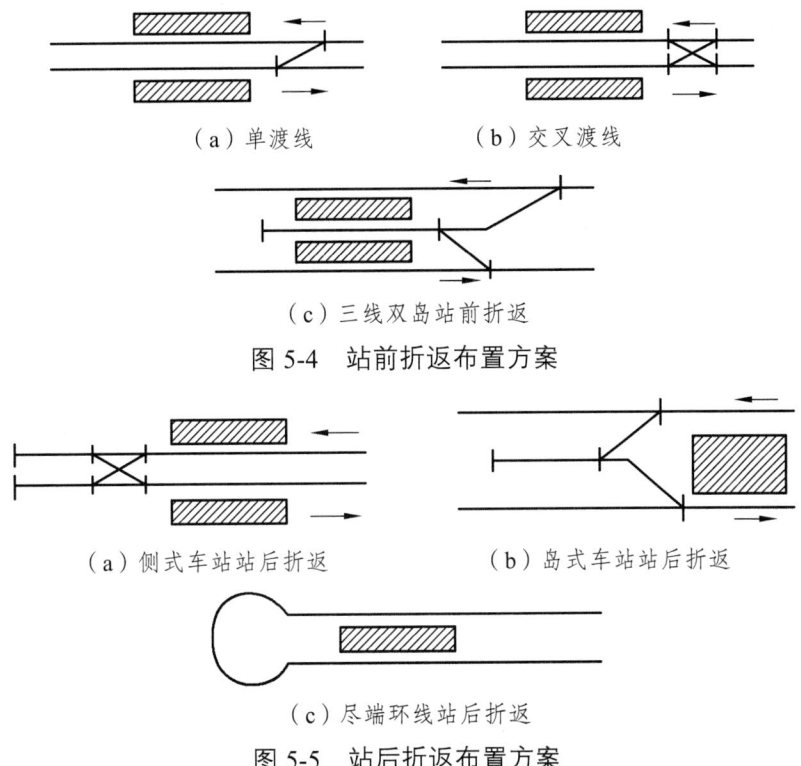

(a) 单渡线　　　　　　　(b) 交叉渡线

(c) 三线双岛站前折返

图 5-4　站前折返布置方案

(a) 侧式车站站后折返　　　　(b) 岛式车站站后折返

(c) 尽端环线站后折返

图 5-5　站后折返布置方案

1. 站前折返

列车经由站前渡线折返缺点较多：进站列车与出站列车进路存在交叉，影响行车安全；列车进站或出站速度受限，影响车站通过能力，旅客舒适度较差；上车站台不固定，乘客容易误乘；考虑到偶然发生的故障车列中间停留的需要，在地形条件可能的情况下可与折返线相结合设置少量停留线。

2. 站后折返

站后折返的优点：列车到达、折返、出发等按顺序进行，无交叉干扰，有利于列车安全；载客列车进出站速度高，车站通过能力大，旅客舒适度高；可设折返（存车）线，使行车调度灵活。

5.3.2　存车线设置

存车线和折返线的布置形式基本相同，功能也可互换。存车线可以与折返线结合设置，也可以单独布置。

5.4　换乘站

换乘站位于两条及两条以上线路交叉点上的车站，是城市轨道交通线路网最重要的节点，在城市轨道交通线网中具有重要作用。

5.4.1 换乘车站设计原则

（1）尽量缩短换乘距离，换乘路线要明确、简捷，方便乘客。因此，换乘通道长度不宜超过 100 m；超过 100 m 的换乘通道，宜设置自动步行道。
（2）尽量减少换乘高差，降低换乘难度。
（3）换乘客流与进、出站客流分开，避免交叉干扰。
（4）换乘设施的设置应满足乘客换乘客流量的需要，且需留有扩、改建余地。
（5）应周密考虑换乘方式和换乘形式，合理确定换乘通道及预留口位置。
（6）应尽可能降低造价。

5.4.2 换乘方式

1. 站台直接换乘

站台直接换乘有两种方式：一种是指两条不同线路的站线分设在同一个站台的两侧，乘客可在同一站台由甲线换乘到乙线，即同站台换乘；另一种站台直接换乘是指乘客由一个车站的站台通过楼梯或自动扶梯直接换乘到另一个车站的站台。

站台直接换乘一般适用于两条线路平行交织，而且采用岛式站台的车站形式。同站台换乘的基本布局是双岛站台的结构形式，可以在同一平面上布置，也可以双层布置。采用同站台换乘方式要求两条线要有足够长的重合段，近期需要把预留线车站及区间交叉预留处理好，工程量大，线路交叉复杂，施工难度大，所以尽量在两条线建设期相近或同步建成的换乘点上采用。

同站台换乘的换乘线路最短，没有换乘高度的损失，乘客换乘非常方便，如工程条件许可，应尽可能采用。

2. 站厅换乘

站厅换乘是指乘客由一个车站的站台通过楼梯或自动扶梯经由另一个车站的站厅或两站共用的站厅到达另一车站站台的换乘方式。在站厅换乘方式下，无论是出站还是换乘，都必须经过站厅，再根据导向标志出站或进入另一个车站的站台继续乘车。由于下车客流只朝一个方向流动，同时又可减少楼梯等升降设备的数量，增加站台有效使用面积，有利于控制站台宽度规模。

站厅换乘一般用于相交车站的换乘，换乘距离比站台直接换乘要长，在很多情况下，乘客在垂直方向上要往返走行，带来一定的高度损失。

站厅换乘方式有利于各条线路分期修建、分期建成。站厅换乘方式的关键在于楼梯宽度受岛式站台总宽度的限制，其通行能力不能满足换乘客流量的需要，使该方式的适用范围受到限制。此方式一般适用于侧式站台间换乘，或与其他换乘方式组合应用，可以达到较佳效果。

3. 通道换乘

当两线交叉处的车站结构相对独立，且站台相距较远或受地形条件限制不能直接通过站厅进行换乘时，可以考虑在两个车站间设置单独的换乘通道和楼梯供乘客换乘，这种换乘方式称为通道换乘。

通道换乘方式布置较为灵活，对两线交角及车站位置有较大适应性，有利于两条线工程分期实施，预留工程少，甚至可以不预留，后期线路位置调节的灵活性大。换乘通道一般应尽可能设置在车站的中部，应避免双方向换乘客流与进出站客流交叉干扰。

4. 站外换乘方式

这种换乘方式是乘客在车站付费区以外进行换乘，实际上是没有专用换乘设施的换乘方式。它主要用于：

（1）高架线与地下线之间的换乘，因条件所迫，不能采用付费区内换乘的方式；

（2）两线交叉处无车站或两车站相距较远；

（3）规划不周，已建线未作换乘预留，增建换乘设施困难等情况。

站外换乘方式对轨道交通自身而言，是一种系统性缺陷的反映，因此，在路网规划中应尽量避免站外换乘方式。

5. 组合式换乘

在换乘方式的实际应用中，往往采用两种或几种换乘方式组合，以达到完善换乘条件、方便乘客使用、降低工程造价的目的。

例如：同站台换乘方式辅以站厅或通道换乘方式，使所有的换乘方向都能实现换乘；站厅换乘方式辅以通道换乘方式，可以减少预留工程量，等等。

5.4.3 换乘站形式

根据换乘车站的平面位置，可将换乘车站形式分为以下几种。

1. "一"字形换乘

两个车站上下重叠设置构成"一"字形组合的换乘车站，一般采取站台直接换乘或站厅换乘，如图 5-6 所示。

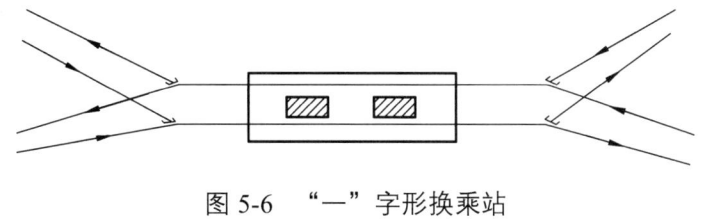

图 5-6 "一"字形换乘站

2. "L"形换乘

两个车站平面位置在端部相连构成"L"形，高差要满足线路立交的需要。一般在相交处设站厅进行换乘，也可根据客流情况，设通道进行换乘，如图 5-7 所示。

3. "T"形换乘

两个车站上下相交，其中一个车站的端部与另一个车站的中部相连，在平面上构成"T"

形,一般可采用站台或站厅换乘,如图5-8所示。

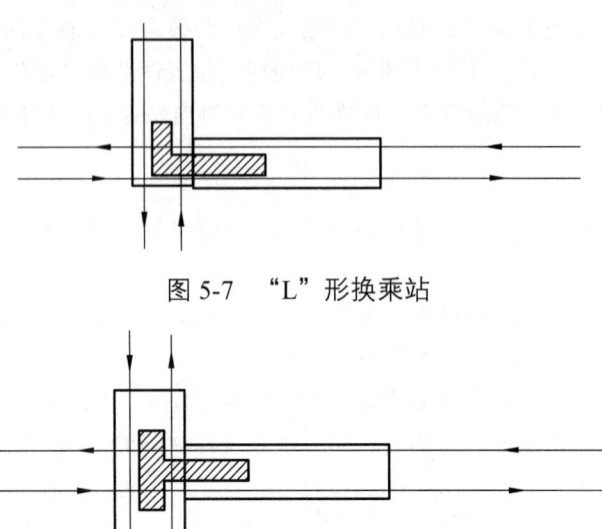

图 5-7 "L"形换乘站

图 5-8 "T"形换乘站

4. "十"字形换乘

两个车站在中部相立交,在平面上构成"十"字形,一般可采用站台直接换乘或站厅加通道换乘,如图5-9所示。

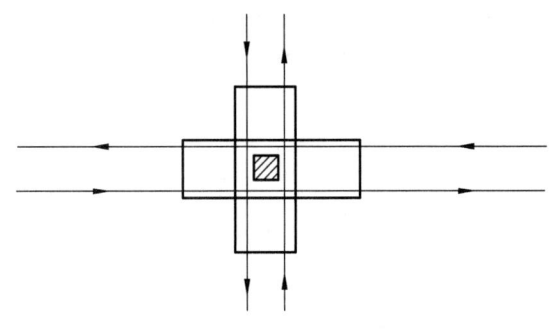

图 5-9 "十"字形换乘站

5. "工"字形换乘

两个车站在同一水平面设置,以换乘通道和车站构成"工"字形,一般采用站厅换乘或站台到站台的通道换乘,如图5-10所示。

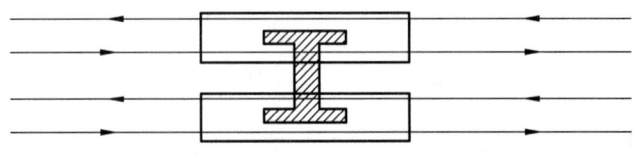

图 5-10 "工"字形换乘站

5.5 案例——深圳地铁 1 号线华强路站设计

1. 工程概况

深圳地铁 1 号线的华强路站位于深南大道与华强路交叉口西侧的深南大道地下,是 1 号线的中间站,10 m 岛式站台,地下两层,顺长布置。

2. 边界制约条件

1)周边规划

车站北侧有上海宾馆、天虹商场、佳和大厦、华强公司、赛格广场;南侧有福田大厦、国科大厦、北方大厦等建筑物。华强路站总平面图如图 5-11 所示。

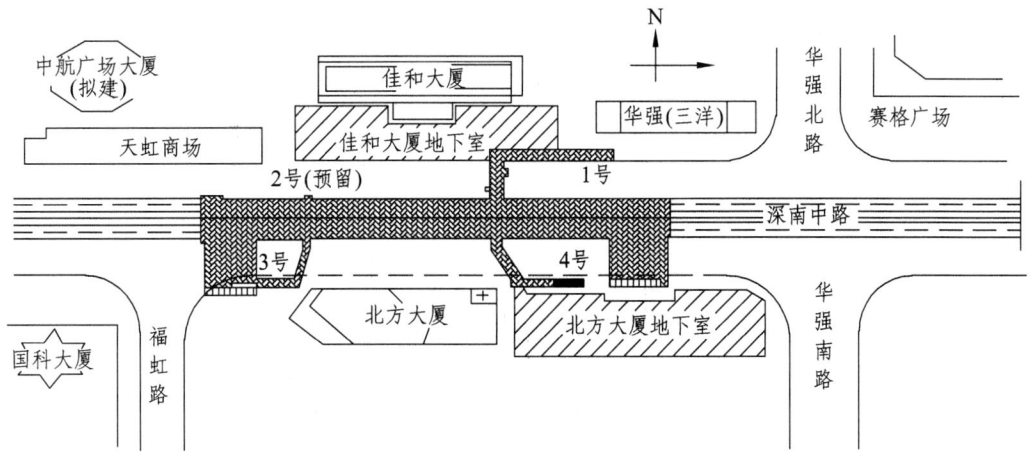

图 5-11 华强路站总平面图

站位西侧为现状公交站点及换乘集中的地点,站位东端南北向的华强路是福田区的新兴商业街。

2)地面交通

该站地处深圳市繁华路段,电子工业、商业都比较发达,地面交通十分繁忙,车流量较大。加之路口处没有完善的人行过街系统,人行交通和车辆交通交织在一起,使交叉口交通显得相当拥挤。

3)地下管道

车站所处路段地下管线众多,主要有雨水、污水、给水、电力、通信、煤气等管线,由于路两侧建筑(北方大厦、天虹商场)距道路较近,管线改移非常困难。

3. 设计原则

(1)符合线路要求,综合考虑城市规划、环境、交通、地下管线的需要。

(2)设计应达到安全可靠,技术先进,经济合理。

(3)车站规模除应满足远期设计客流集散量和运营管理的需要外,还应满足事故期间紧急疏散的需要。站内客流应组织顺畅、合理、交叉少。

（4）车站需具有良好的通风、照明、卫生、防灾及减少噪声等条件，保证地铁乘客安全、舒适、方便快捷地乘行、集散。

（5）车站平面布置适用、紧凑、合理，方便乘客集散和车站的运营管理。

（6）车站出入口、风亭、冷却塔与周围环境有机结合，充分考虑城市总体规划与环境保护要求。

4. 方案经验总结

1）成功经验

地铁工程是一项投资巨大、工艺复杂的大型市政工程，1号线一期工程作为深圳市的首次地铁项目，政府、业主及设计院均给予了高度重视，整个工程项目取得成功，许多经验值得借鉴。

（1）交通疏散。为了尽量减少对交通及地下管线的影响，因地制宜地采用顺长管线布置标准双层岛式车站的建筑形式。

（2）物业结合。由于周边地块的地下空间物业开发项目无实质性方案，地铁工期紧迫，无法与之同期施工，鉴于此，华强路站的设计充分考虑了与周边业务远期结合的可行性，在满足现状规划的前提下与远期市政规划能较好结合。比如1号出入口边墙采用永久性可拆墙板形式，可打开与佳和大厦地下空间大范围结合融为一体，并预留了与交叉口拟建过街通道的接口条件，其他出入口均有预留口，保证了与地下空间结合的可能性。

（3）使用功能。车站采用了最为常见的标准双层顺长布置形式，看似"简单无奇"，未追求所谓"新奇别致"，但正是这种简单规整的形状，使得其平面和空间利用率发挥得最大，方便乘客集散和车站的运营管理。对乘客来说，最简明、最直接的才是最好的。

（4）建筑布置。地铁车站投资大、造价高，为了尽量减少车站规模，在车站建筑布置上下了较大工夫，平面布置适用、紧凑、合理，基本没有富余面积，从图5-12中可以看出。除此之外，在许多细节上也经过了认真推敲，比如出入口有自动扶梯的斜通道，在和扶梯厂家经过充分沟通后，取消了靠墙一侧的检修通道，每部扶梯占用宽度仅为1.78 m，从而有效控制了出入口规模；另外，取消了扶梯前端的检修机坑，利用扶梯前端自身盖板直接进入，不仅节省了土建费用，还给地面装修创造了有利条件。

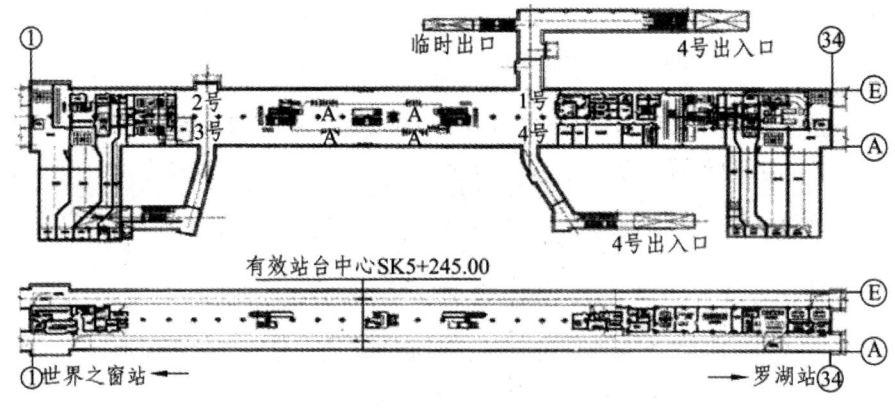

图5-12 站厅、站台平面图

（5）出入口布置。一般地铁站出入口的布置原则是：第一，满足客流需求，最大范围地吸引客流，为乘客提供方便快捷的服务，达到进站易、出站快的目的，这是最基本的功能要求，也是地铁最重要的价值体现；第二，有条件的情况下与周边物业充分结合，不仅可以节约投资，降低地铁造价，而且能够更广泛地吸引客流，做到互利互惠、相得益彰，这是地铁设计的重要原则之一，香港地铁是在这方面成功的典范；第三，可能的情况下尽量兼顾过街功能，与市政总体规划协调一致，充分体现"人性化"的一面，不仅方便地铁本身的客流，也方便了过街客流，这也是出入口具备的功能之一；第四，出入口的设置还必须满足在事故情况下的紧急疏散要求。

华强路站 1 号出入口充分预留了与佳河大厦地下室结合的条件，2 号口初期预留，远期与佳和大厦及天虹商场地下物业开发同期结合修建，3 号出入口与车站西端风亭结合，3、4 号出入口也预留条件与北方大厦东、西两侧地下室结合。4 个出入口均能兼顾过街功能。

2）不足之处

（1）站位选择。地铁作为客流交通设施，最主要和最基本的功能是运送旅客，其站位设置应做到最大限度和最大范围地吸引客流，站位选择应首先满足客流需要的基础上再考虑上面提到的地铁的其他功能要求。从华强站周边规划分析，客流主要来源于以下几个方面：其一，因华强北路是深圳市重要的新兴商业街，商业非常发达，又有以赛格广场为首的亚洲最大的电子市场，华强北路方向的客流是车站的主要客流来源；其二，天虹商场及以西方向和公交车站的客流是车站的另一主客流方向。这两部分客流占总客流的 2/3 以上。

单从客流因素分析，华强路站最理想的站位是位于交叉路口的跨路口站位，可最大范围地吸引客流，充分发挥地铁功能，对地铁本身来说是最有利的站位。从其他方面来看，跨路口站位又可兼顾十字路口的过街功能，充分缓解此处由于人流密集造成的交通混乱状况，节省了此处需单独设置的人行过街设施，为国家节约了投资，满足市政总体规划要求。

鉴于当时的情况，没有采用跨路口站位的原因有以下几点：第一，路口处沿华强路方向有一埋深达 6 m 左右的雨水管，改移困难，车站埋深将比目前建成的加大 2 m 多；第二，站位周边规划并未完全定型，尤其是当时华强北路方向的商业和电子市场未成体系；第三，为了尽量照顾天虹商场以及西方向客流，所以将站位西移；第四，十字路口处地面交通繁忙，车流量较大，交通疏解困难；第五，科学馆站距离华强路站较近（区间长度不足 800 m）。基于这些原因，车站没有跨路口设置。从目前使用情况来看，现站位并不理想，跨路口站位更为合理。

（2）车站规模。最初设计时周边规划并未完全定型，由于华强北路方向现状客流和业主提供的远期预测客流资料显示客流量并不很大，10 m 岛式站台已能满足客流需要，但从目前情况来看，车站在高峰期时显得有些拥挤，10 m 规模站台稍显仓促，宜适当加大车站规模（12 m 站台为宜）。

（3）客流组织。客流组织包括车站内部客流和地面客流部分内容。以下内容主要讲车站内部客流。华强路站内部客流主要包括进站客流、出站客流、过街客流。

华强路站公共区的布置主要存在以下问题：第一，南北两侧均设联络通道使付费区偏小，出站客流显得拥挤，建议取消一侧通道加大付费区面积；第二，因售、检票亭兼补票功能，右端售、检票亭宜布置在上行扶梯一侧，可避免出站补票客流与进站客流交叉，同时，距离出站检票机较近方便检票。

复习思考题

1. 城市轨道交通车站站台布置有哪些形式,各有何优缺点?
2. 城市轨道交通车站由哪些部分组成?
3. 城市轨道交通车站有哪些线路?
4. 城市轨道交通车站有哪些换乘方式,各有何优缺点?
5. 城市轨道交通换乘站布置有哪些形式?

第六章 公路站场

6.1 汽车客运站

汽车客运站是专门为旅客（行包）的上、下车和车辆到、发提供作业和相应服务的场所。客运站的主要任务是安全、迅速、有序地组织旅客运输，为旅客和车辆提供配套设施和相关服务，包括通用客运站和专用客运站，专用客运站一般又包括快速客运站、旅游客运站等。根据城市特点及旅客运输需求，专用客运站可单独设置，也可结合通用客运站建设。

6.1.1 汽车客运站功能与类型

1. 汽车客运站的功能

汽车客运站集客运组织与管理、多式联运、装卸仓储、信息网络、综合服务与公路运输市场管理于一体，把无形的旅客运输市场变为有形的市场，把车主、旅客和运输管理部门的利益有效地结合起来，促使公路旅客运输健康而有序地发展。汽车客运站的主要功能是旅客运输组织与管理，其具体功能包括：

（1）为旅客提供集散场所。

（2）办理预售车票、联运票业务，并做好检票、验票、退票和补票工作。

（3）组织旅客有秩序、有纪律地候车，安全、迅速地上、下车。

（4）从旅客到达车站至离开车站的一段时间内，为他们提供舒适的候车环境，包括饮食、娱乐服务。

（5）参与管理客运市场。收集客流信息和客流变化规律资料，根据旅客流量、流向、流时等，合理安排营运线路；建立健全岗位责任制，实行营运工作标准化，自觉维护客运秩序，并协助运管部门加强客运市场的统一管理。

（6）为参营车辆安排运营班次、制订发车时刻、提供维修服务与管理，为司乘人员提供食宿服务等。

2. 汽车客运站的类型

根据考察的内容不同，我国汽车客运站的分类有 5 种方法。

1）按车站规模分类

汽车客运站按车站规模可分为 5 个级别以及简易车站和招呼站：

（1）一级车站。设施和设备符合《汽车客运站级别划分和建设要求》(JT 200—2004)（见表 6-1、表 6-2）中一级车站必备各项，且具备下列条件之一：

表 6-1 汽车客运站设施配置表

设施名称			一级站	二级站	三级站	四级站	五级站
场地设施		站前广场	●	●	★	★	★
		停车场	●	●	●	●	●
		发车位	●	●	●	●	★
建筑设施	站房	候车厅（室）	●	●	●	●	●
		重点旅客候车室（区）	●	●	★	—	—
		售票厅	●	●	★	★	★
		行包托运厅（处）	●	●	★	—	—
		综合服务处	●	●	★	★	—
	站务用房	站务员室	●	●	●	●	●
		驾乘休息室	●	●	●	●	●
		调度室	●	●	●	★	—
		治安室	●	●	★	—	—
		广播室	●	●	★	—	—
		医疗救护室	★	★	★	★	★
		无障碍通道	●	●	●	●	●
		残疾人服务设施	●	●	●	●	●
		饮水室	●	★	★	★	★
		盥洗室和旅客厕所	●	●	●	●	●
		智能化系统用房	●	★	★	—	—
		办公用房	●	●	●	●	★
	生产辅助用房	汽车安全检验台	●	●	●	●	●
辅助用房		汽车尾气测试室	★	★	—	—	—
		车辆清洁、清洗台	●	●	★	—	—
		汽车维修车间	★	★	—	—	—
		材料间	★	★	—	—	—
		配电室	●	●	—	—	—
		锅炉房	★	★	—	—	—
		门卫、传达室	★	★	★	★	★
	生活辅助用房	司乘公寓	★	★	★	★	★
		餐厅	★	★	★	★	★
		商店	★	★	★	★	★

注："●"—必备；"★"—视情况设置；"—"—不设

表 6-2 汽车客运站设备配置表

	设备名称	一级站	二级站	三级站	四级站	五级站
基本设备	旅客购票设备	●	●	★	★	★
	候车休息设备	●	●	●	●	●
	行包安全检查设备	●	★	★	—	—
	汽车尾气排放测试设备	★	★	—	—	—
	安全消防设备	●	●	●	●	●
	清洁、清洗设备	●	●	★	—	—
	广播通信设备	●	●	★	—	—
	行包搬运与便民设备	●	●	★	—	—
	采暖或制冷设备	●	★	★	★	★
	宣传告示设备	●	●	●	★	★
智能系统设备	微机售票系统设备	●	●	★	★	★
	生产管理系统设备	●	★	★	—	—
	监控设备	●	★	★	—	—
	电子显示设备	●	●	★	—	—

注:"●"—必备;"★"—视情况设置;"—"—不设。

① 日旅客发送量在 10 000 人次以上的车站;

② 省、自治区、直辖市及其所辖市、自治州(盟)人民政府和地区行政公署所在地,如无 10 000 人次以上的车站,可选取日发量在 5 000 人次以上具有代表性的一个车站;

③ 位于国家级旅游区或一类边境口岸,日发量在 3 000 人次以上的车站。

(2)二级车站。设施和设备符合《汽车客运站级别划分和建设要求》(JT 200—2004)中二级车站必备各项,且具备下列条件之一:

① 日发量在 5 000 人次以上,不足 10 000 人次的车站;

② 县以上或相当于县人民政府所在地,如无 5 000 人次以上的车站,可选取日发量在 3 000 人次以上具有代表性的一个车站;

③ 位于省级旅游区或二类边境口岸,日发量在 2 000 人次以上的车站。

注:一类口岸是指允许中国籍和外国籍人员、货物、物品和交通工具直接出入国(关、边)境的海(河)、陆、空客货口岸;

二类口岸是指仅允许中国籍人员、货物、物品和交通工具直接出入国(关、边)境的海(河)、空客货口岸,以及仅允许毗邻国家双边人员、货物、物品和交通工具直接出入国(关、边)境的铁路车站、界河港口和跨境公路通道。

(3)三级车站。设施和设备符合《汽车客运站级别划分和建设要求》(JT 200—2004)中三级车站必备各项,日发量在 2 000 人次以上,不足 5 000 人次的车站。

(4)四级车站。设施和设备符合《汽车客运站级别划分和建设要求》(JT 200—2004)中四级车站必备各项,日发量在 300 人次以上,不足 2 000 人次的车站。

(5)五级车站。设施和设备符合《汽车客运站级别划分和建设要求》(JT 200—2004)中五级车站必备各项,日发送量在 300 人次以下的车站。

（6）简易车站。达不到五级车站要求或以停车场为依托，具有集散旅客、停发客运班车功能的车站。

（7）招呼站。达不到五级车站要求，具有明显的等候标志和候车设施的车站。

2）按车站位置和特点分类

（1）枢纽站：可为两种及两种以上交通方式（综合枢纽）提供旅客运输服务，且旅客在站内能实现自由换乘的车站。

（2）口岸站：位于边境口岸城镇的车站。

（3）停靠站：为方便城市旅客乘车，在市（城）区设立的具有候车设施和停车位，用于长途客运班车停靠、上下旅客的车站。

（4）港湾站：道路旁具有候车标志、辅道和停车位的旅客上落点。

3）按车站服务方式分类

（1）公用型车站：具有独立法人地位，自主经营，独立核算，全方位为客运经营者和旅客提供站务服务的车站。

（2）自用型车站：隶属于运输企业、主要为自有客车和与本企业有运输协议的经营者提供站务服务的车站。

4）按业务涉及状况分类

（1）国际性站场：主要指位于大陆桥、小陆桥（集装箱中转服务）和公路主骨架与通往邻国的干线公路交汇处，处于边境城市、沿海城市和经济特区城市，经营跨国道路客运业务的站场。并与本国附近的国家级、省（市）级、地市级、县级站场联网经营跨省、跨区旅客运输业务的客运站场，具备陆港口岸的基本功能。

（2）国内性站场：位于内陆城市的客运站场。

5）按客运站业务是否参与高速公路旅客运输分类

（1）快速客运站场：以高速公路的兴起为前提，主要为旅客和经营高速公路快运班线的企业提供优质、高效的站务服务。它作为高速运网的节点，是快速生产力不可或缺的重要组成部分。

（2）普通客运站场：不依托高速公路进行运输的客运站场。

6.1.2 汽车客运站工艺流程与选址原则

1. 汽车客运站工艺流程

1）汽车客运站站务作业

汽车客运站一般由站前广场、站房和站内停车场 3 部分组成。客运站站前广场用于组织旅客流线，其组织原则为：避免旅客流线交叉和相互干扰，保证安全，适应旅客集散和乘车。站房是客运站的主体，通常由售票处、候车厅、行包房、站台、服务设施（包括问讯处、广播室、小件寄存处、小卖部、厕所等）、行政办公用房及司助人员食宿用房等组成。站内停车场主要停放客运车辆，并附设对车辆进行小修和一般维护作业的维修车间，保证客运车辆处于良好的技术状况。

汽车客运站站务作业是客运工作的重要内容，它通过一系列的站务作业，保证旅客安全、及时、经济、方便、舒适地到达目的地。汽车客运站的站务作业包括：售票、行包受理、候车服务、客车准备、组织乘车与发车、客车运送、客车到达、交付行包及其他服务等作业内容，如图6-1所示。

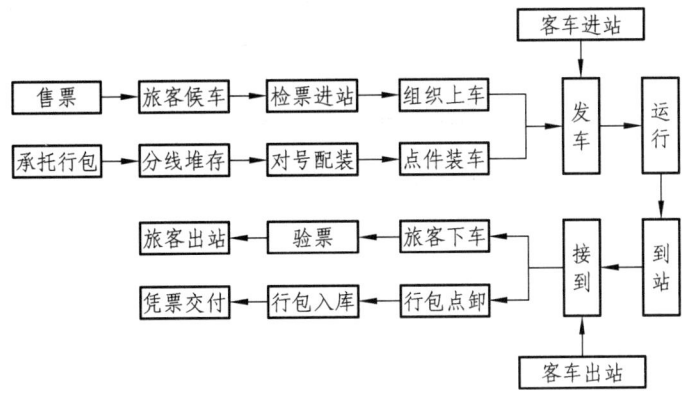

图6-1 汽车客运站站务作业示意图

2）汽车客运站的工艺流线组织

汽车客运站的工艺流线是指旅客、行包和营运客车在站内的集散、流动过程所产生的流动线路。它包括旅客流线、行包流线和车辆流线。合理组织与设计工艺流线是客运站适应多元多变的客运要求和工艺设计以及建筑设计的关键。

（1）流线分析。

① 旅客流线（人流）。

站内旅客构成比较复杂，按其流动方向分为进站旅客流线和出站旅客流线，如图6-2和图6-3所示。

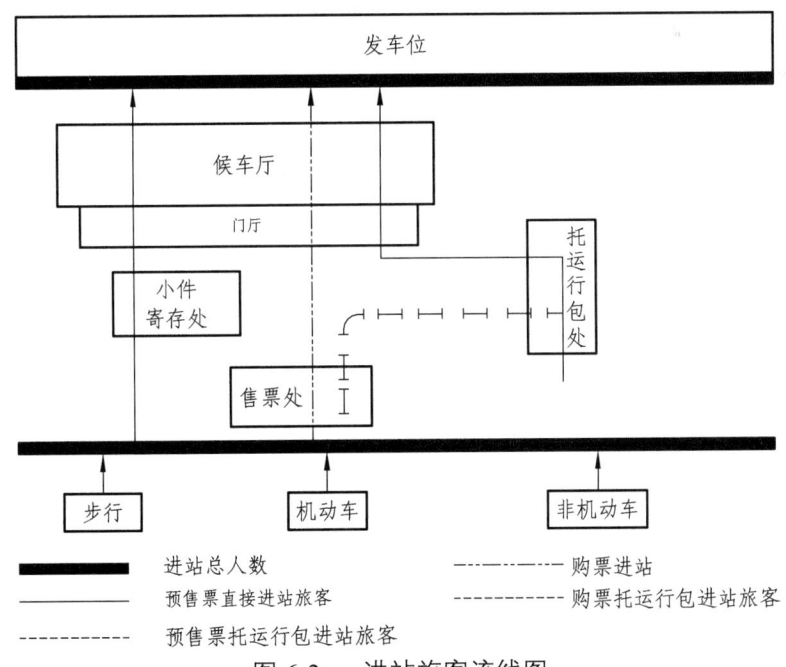

图6-2 进站旅客流线图

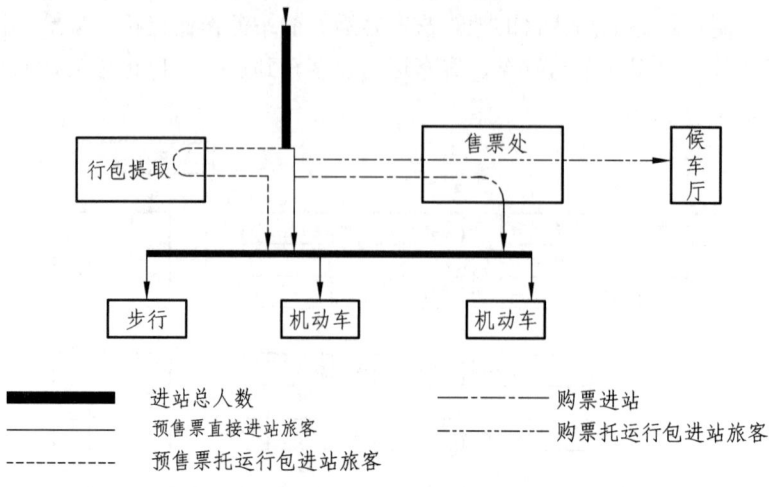

图 6-3 出站旅客流线图

进站旅客的特点是由分散到集中,这一过程要经过问讯、小件寄存、购票、行包托运、候车等环节,一般持续时间较长;出站旅客的特点是由集中到分散,持续时间短,但密度大,速度快。

② 行包流线(行包流)。

行包流线分为发送行包流线、到达行包流线和中转行包流线。

发送行包流线一般是行包经过处理送到行包库房,再通过提升机,由手推车或传送带经过行包平台送到相应的发车位上方临时堆放,客车开到相应的发车位后,下面上客,上面装行包,其流线图如图 6-4 所示。

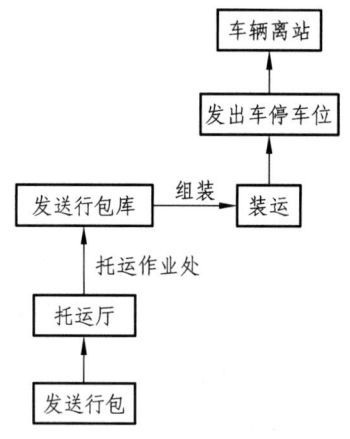

图 6-4 发送行包流线图

到达行包流线是客车到达车位后,由装卸员下卸行包于行包平台上,然后用手推车或传送带经提升机送至行包库房待旅客提取,其流线图如图 6-5 所示。

中转行包流线是指中转行包卸车后,在行包平台送至相应的发车位上方临时堆放,开车前装车出站。

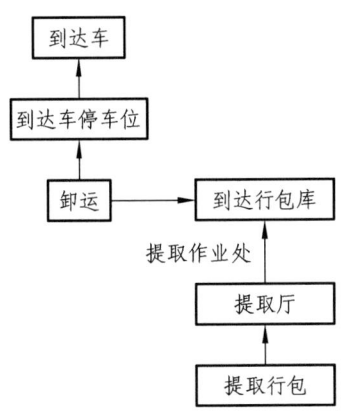

图 6-5 到达行包流线图

③ 车辆流线（车流）。

车辆流线分为站内车辆流线和站外车辆流线。

站内车辆流线又分发送车辆流线、到达车辆流线和过站车辆流线。发送车辆流线一般是客车从停车场驶入发车位，待旅客、行包上车装车完毕，班次发车到点后，直接出站；过站车辆流线为客车到站，旅客下车（行包卸车），客车驶入到指定发车位，等待旅客上车（行包装车），出站。到达车辆流线如图 6-6 所示。

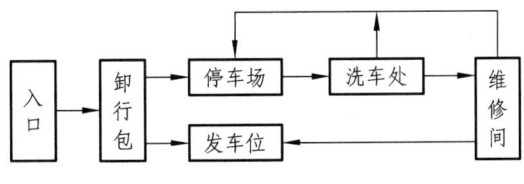

图 6-6 到达车辆流线图

站外车辆流线指旅客乘坐公共汽车、出租车、社会车辆等其他交通方式车辆进入或离开车站在站前广场上形成的车辆流线，流线复杂，应针对不同的换乘方式设置其停放区，合理组织。

（2）流线组织。

流线组织是指在客运站整个空间内，合理组织客流、行包流和车流，使之成为协调的统一体。设置客运站流线组织注意事项如下：

① 正确处理人流、车流、行包流三者的关系，避免相互交叉和相互干扰，保证分区明确。

② 流线的组织要力求简捷、明确、通畅，不迂回，尽量缩短流线的距离，并能使各种流线自成体系又有机地联系在一起。

③ 旅客流线的组织既要考虑正常情况下的人流组织，又要考虑高峰期人流的组织，要具有适应性强、灵活便捷的特点。

④ 站前广场内各种流线较为复杂，应采取适当的分流方式。如可采用前后分流或左右分流。前后分流是把人流、车流分别组织在站前广场前后两个部分。前部行驶，停靠车辆，上下旅客；后部为旅客活动区域。左右分流是车流、人流沿站前广场横向分布，人流右边进站，

左边出站，车流按流量、流向分别组织不同的区段，达到人车分流，互不干扰的目的。

⑤ 发送行包流线与到达行包流线应分开设置，并尽量避免行包流线与旅客流线的交叉。

⑥ 车辆进出站口应沿站外主干线的顺行方向分开设置，入口位于出口之前，以减少车辆流线的交叉干扰。

⑦ 根据站前广场的地形特点与站内流线的组织情况，处理好各种流线与城市交通流线的衔接问题，避免相互交叉干扰。

一般情况下，汽车客运站的工艺流线可用图 6-7 示意。

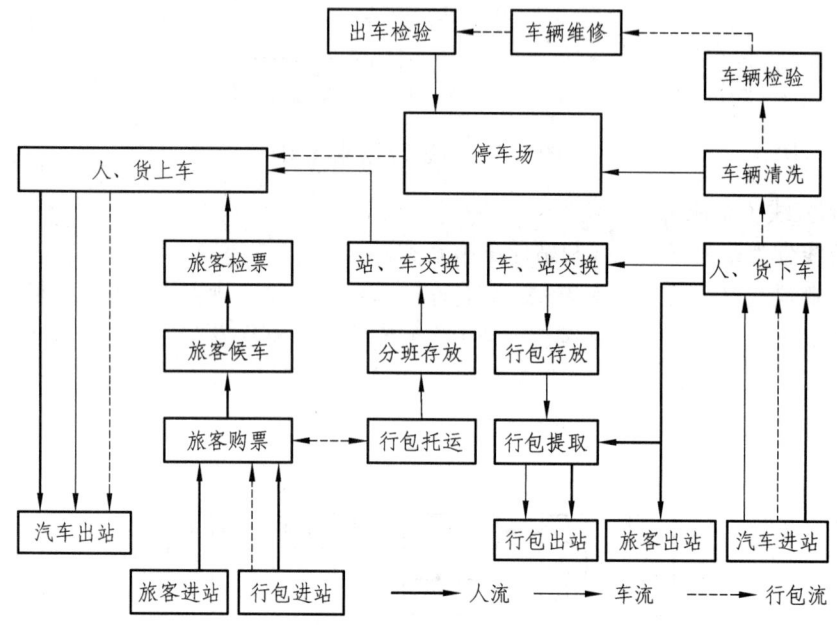

图 6-7　汽车客运站工艺流线框图

2. 汽车客运站选址原则

汽车客运站的选址，从城市规划的角度考虑，是选择一个城市旅客的陆路交通出入口，要经各方面的研究。

1）选址要求

（1）符合城市规划的合理布局；

（2）与城市交通系统密切配合，车流合理，出入方便；

（3）地点适中，方便旅客集散和换乘；

（4）远近期结合，近期有足够场地，远期发展有余地；

（5）必要的水源、电源、消防、疏散及排污等条件；

（6）站址不应选择在低洼积水等地质不良地段。

2）站址选择

（1）中长距离快速客运站场。

① 服务对象：主要服务于城间商务、旅游、探亲出行，旅客在途时间一般在 2 h 以上。

② 选址原则：充分考虑公路快速客运便利、快速、舒适的需要，保证充足的客流作业量、

理想的客座率。

③ 选址要点：
- 尽量远离中心城区；
- 靠近城市外环绕城高速公路及城市对外高速公路出入口，并利用便利的公共交通联系中心城区；
- 充分考虑城市客流的流量流向特点，公路快速客运站场尽量靠近客流量较大方向的高速公路出入口。

（2）短距离城间客运站场

① 服务对象：主要服务于郊区、郊县同中心城区间及乡村同县城间的交通出行，在途时间一般在 2 h 以内。

② 选址原则：便捷性是旅客对短距离城间公路客运服务品质的主要要求。

③ 选址要点：
- 尽量选择能够满足用地需求、适当靠近中心城区的地方；
- 尽量选择在城市内环绕城公路外及主要城市干道附近。

6.1.3 汽车客运站主要组成部分及功能

客运站务作业按照工业性质的不同划分为许多相互联系的单元，各作业单元有各自工作内容、范围和职责，要求分工明确。客运站的作业单元主要有候车厅、售票处、行包办理处、问讯处、小件寄存处、广播室、小卖部、旅客厕所等。

1. 售票处

售票处包括售票室和售票厅两部分。由于售票厅的人流集中，流动性较大，故售票厅宜单独设置，并成为站房建筑的一个主要入口。为方便旅客购票后能很快进入候车厅休息或办理其他乘车手续，售票厅应与候车厅毗邻，以保证形成旅客从进站、购票到候车的合理流线。售票工作效率的高低与售票处工作人员的业务水平有直接关系，但是，如果内部布置不当、设施不全，也会降低售票速度，延长旅客等候购票的时间，增加售票厅内旅客过于集中的压力。因此，必须根据售票处的业务特点，很好地解决下列基本要求：

（1）售票处应宽敞、明亮、通风良好，在寒冷及炎热季节应考虑装置防寒取暖或防暑降温设备，为旅客提供方便、舒适的购票条件。

（2）根据客流情况，开设适当数量的售票窗口，高度为 1.1~1.2 m，两窗口中心线之间距离为 2 m 左右，尽量减少窗口之间的相互干扰。

（3）售票室与售票厅隔开，使售票工作不受售票厅内噪声影响。

（4）售票室内地面积标高宜高于售票厅地面，以便于售票作业。

（5）一、二级车站应在售票室附近设置票据库来存放各种车票、单据，以方便票务人员办理领、存手续。

2. 行包办理处

行包办理处是旅客办理行包托运和提取手续的地方，它包括托运厅、作业室、库房、提取厅等。行包托运厅和提取厅是分设还是合置，要因地制宜。对于客流量较大的客运站，行包业务繁忙，为避免旅客托运和提取行包时拥挤及流线的不必要交叉，可分别设立行包托运厅和行包提取厅；而中、小型车站及客、货兼营站，由于面积及人员有限，客流量不大、行包业务量较小，为充分利用设施、设备，也可合并设立，但发送和到达行包要分开堆放。

行包办理处通常都设在站房内，但大型车站行包办理处的位置，通常与候车厅分开而单独设置，且离售票厅较近，以便于旅客就近购票和托运行包。中、小型车站的行包办理处，也可设在候车室（厅）内，以便于节约用地、方便旅客。

行包办理处要设置必要的业务窗、托运厅、受理作业区（行包件）和存放保管的库房。行包办理处通常是一边靠近广场的停车处，一边靠近站台，并开有宽敞的大门，以便于运送行包。具有楼式库房、装卸条件好的车站，除应保持升降装置处于完好的状态外，还应设有楼梯通道，以便在提升设备发生故障或停电的情况下运送行包。

3. 候车厅

候车厅是站房的主要组成部分，它是提供旅客等候乘车和车站工作人员组织旅客进站上车的必要场所，也是旅客集聚最多、停留时间较长的地方。因此，候车厅应尽可能给旅客创造宽敞、安静、舒适的候车环境，具有良好的采光通风，合理安排座椅和通道，配置必要的服务设施。

根据车站规模的大小，候车厅可分为专用式和综合式两种基本类型。专用式候车厅宜在大型车站设置，它是将候车厅分建成若干个分候车室，按照客流去向分别设置。在有条件的情况下，还应设置专用候车室。综合式候车厅将不同去向的各类旅客集中在一起候车，或将候车厅内某一个区域作为母子候车区，中小型客运站多采用这种综合式候车厅形式。

对于客流量较大的车站，往往同时发出的客车班次较多，为维护车站秩序，候车厅内常采用按班次划分候车区域。目前，有些新建的客车车站，还将候车厅布置为一般候车区（第一候车厅）和当次班车候车区（第二候车厅）。根据发车班次顺序，旅客将凭当次班车客票进入第二候车厅。室内设有编印座号的座椅，供旅客对号入座候车。这不仅改善了候车条件，而且对组织旅客顺利进站上车和保证客车的正点出发、消除进站时的混乱现象具有显著的效果。

候车厅除用于候车外，尚具有多种功能，如为旅客服务、组织旅客检票进站等。候车厅内应配备必要的服务设施，除设置饮水间、盥洗室、厕所等外，问讯处、服务台、小卖部等也可设在候车厅内。另外，候车厅的门要与售票处、行包办理处等相通。在靠近站台处应设置若干检票口，使旅客方便地经检票口进站上车。对于大型汽车站，要尽量采用先进的现代化服务设施，如客运班次时刻显示牌、客车到发信号装置、旅客指示标志系统、电子系统的问讯设施、广播系统以及计时装置等。

4. 站台和发车位

站台是候车室与客车的连接地段，是旅客进站后排队上车或短暂停留的台阶。旅客经站台搭乘班车，有利于维护车场秩序和保证安全。

发车位是为了保证客车按班次、有秩序地从车站发出，方便旅客上下及装卸行李所设置的停放车辆位置。各级车站必须根据本站发出去的主要车型，建设形式适宜，大小、数量适应，位置适当的发车位。

由于站台与站房相接，其高度往往与候车厅、进站通道的地坪高度相同，而比停车场高出 0.2 m 左右。站台上方要设置雨棚，使旅客及装卸行李避免日晒雨淋。雨棚高度应不低于 5 m，大小以能遮住站台与发车位客车为宜。旅客下车站台应靠近出站口，也可与上车站台相邻，必要时可相互使用。

根据车站的具体情况和发车的方便性等，站台与车位可设计成垂直式、斜置式、辐射式和平行式等不同形式。

（1）垂直式。如图 6-8 所示，每个车位与站台边线相垂直，两个车位之间相隔 1 m 左右，以方便旅客上、下车。这种形式的站台最适用于客车出站大门与站房检票口相对的车站。

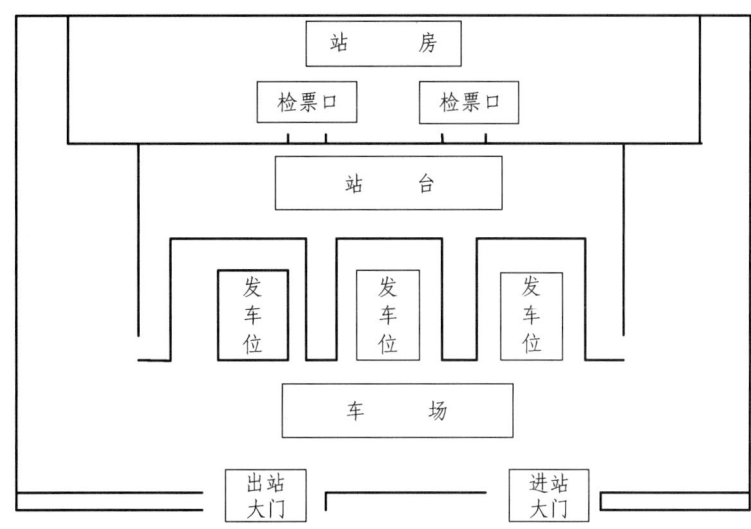

图 6-8　垂直式站台示意图

（2）斜置式。如图 6-9 所示，发车位与站台边缘呈一定斜度，一般为 30°～45°，发车位之间相互平行，距离也为 1 m 左右。这种形式的站台主要适用于客车出站大门在站房一侧的车站。

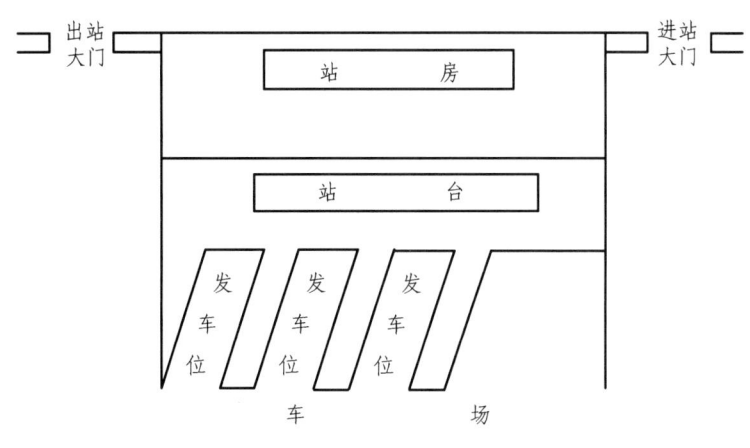

图 6-9　斜置式站台示意图

（3）辐射式。辐射式也称齿轮式，如图 6-10 所示。该种站台外沿为圆弧状，发车位呈向外辐射形式，形状类似齿轮。这种形式的站台多为适应弧形候车厅而建，与客车出站大门设在正面或侧面无多大关系。

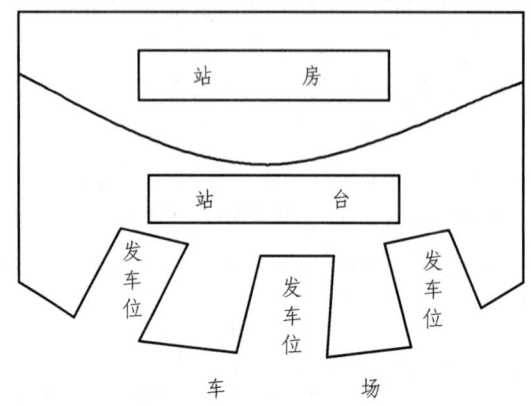

图 6-10　辐射式站台示意图

（4）平行式。平行式站台的形式，如图 6-11 所示。发车位与站台边线相平行，一般适用于客车到达班次少的小型车站。

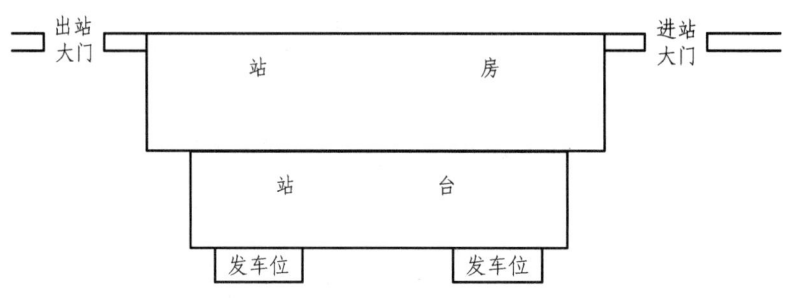

图 6-11　平行式站台示意图

5. 主要服务设施

（1）问讯处。是为旅客提供咨询服务的场所，主要工作是回答旅客提出的有关线路、班次、到开车时间，以及购买车票、行包托运等方面的问题。除小型车站外，一般均需设置有专人值班的问讯处，其位置可设在候车厅内或车站入口的明显地方。要便于同售票工作间的联系，及时掌握车票发售情况。

问讯处可分为敞开式和窗口式两类。敞开式仅有工作台相隔，易受干扰，但方便旅客提问。窗口式可根据客流量的多少确定窗口数目，窗口高度以 1.2 m 左右为宜。

（2）小件寄存处。是为了方便旅客上车前或下车后活动，临时寄存随身携带的零星物品而设立的服务设施。当车站较小，寄存量不大时，这项业务也可由问讯处、服务台或行包办理处兼办；对于一、二级车站则必须单独设置。小件寄存处宜位于候车厅与售票厅之间，室内一般由办理存（取）手续和物品保管两部分组成。根据业务量的大小，应配置一定数量的小件储存架，室内照明光线要好，工作窗口要宽敞。

（3）服务台。服务台主要办理介绍旅社、出售旅行常用药物、邮票、代办邮电业务等。大型车站多在候车厅内选择合适位置设置服务台。

（4）广播室。是为及时向站服人员和旅客通告即将发出班车时间及有关事项设立的服务设施。它应设在既靠近候车厅又靠近站台的位置，使其不仅与服务员联系方便，而且能清楚地看清站台、车场人员活动及班车到、发情况。

（5）值班站长室。一、二级客运站均应在候车厅内设置值班站长室，以便接待旅客并听取意见，处理工作人员与旅客发生的纠纷，协调现场服务，以便不断改进工作，提高服务质量。

（6）公安执勤室。为加强车站及周围的治安保卫工作，较大的客运站可设立公安执勤室（或称公安派出所）。其位置应设在站内的明显处，以便接待旅客反映治安方面的问题和执行执勤任务。

（7）小卖部。主要是为满足旅客在上车前临时购买旅行用品、食品和土特产等的需要。对于一、二级车站可设置小卖部。其位置宜布置在候车厅内或入口处附近。

（8）旅客厕所。厕所与盥洗室布置在候车厅内或入口处附近。

（9）停车场。停车场是供驻站车辆停放的场所。停车场一般分为两部分：一部分为停车所用，应划出停车线，使客车整齐地停放；另一分为行车通道，使车辆能在停车场、发车位与大门之间畅通行驶。根据需要还应在停车场周围合理布置车辆清洗、加油和维修场地，以保证车辆的正常运行。

6.1.4 汽车客运站主要设施规模量化方法

1. 设计年度平均日旅客发送量

设计年度平均日旅客发送量是反映车站建设规模和生产能力的重要指标，也是确定各类设施规模和评定站级的主要依据。

确定设计年度平均日旅客发送量时应遵循以下原则：

（1）符合规模经济原则，即坚持车站规模收益递增原则，使车站建设规模适度；

（2）满足所在地社会经济长远发展规划和社会需求；

（3）选用适当的预测方法，使预测值与实际情况偏差最小。

2. 旅客最高聚集人数的确定

旅客最高聚集人数：亦称高峰期客流量，是指一年中旅客发送量偏高期间内，每天最大同时在站人数的平均值（并非指一年中客流高峰日内客流最高时刻聚集在车站的人数）。

旅客最高聚集人数，通常可采用下述方法确定：

1）根据设计年度平均日旅客发送量乘以相应的百分比来确定

第一步：根据车站服务区域道路旅客运输发展规律，选择适当的预测方法和预测模型进行预测分析，最后采用定量计算与定性分析相结合方法，确定设计年度平均日旅客发送量。

第二步：计算 $D = aF$

式中 D——设计年度旅客最高聚集人数，人；

F——设计年度平均日旅客发送量，人次；

a——计算百分比,其大小可按表 6-3 选取。

表 6-3　各种不同的旅客日发送量所选用的百分比

各种平均日旅客发送量/人次	所选用的百分比/%
500 人次以下	20~30
500~2 000	17~20
2 000~4 000	14~17
4 000~7 000	12~14
7 000~10 000	10~12
10 000 人次以上	10

注：数据来源于交通部部颁标准《汽车客运站级别划分和建设要求》(JT/T200—95)

2）根据同期发车数量确定

$$D = KNP \tag{6-1}$$

式中　D——设计年度旅客最高聚集人数,人;

　　　K——综合系数,一般取 1.5~2.5;

　　　N——设计年度车站一次最大发车数量,辆;

　　　P——客车平均定员人数,人/辆。

3. 客运站站场面积计算

1）发车位

发车位面积=2×客车投影面积×发车位数

2）停车场

停车场的最大容量按同期发车量的 6 倍考虑,每个车位占用面积按客车投影面积的 3 倍计算,即：

停车场面积=18×客车投影面积×发车位数

3）车辆维修车间

一、二级车站根据实际需要设立相应的维修车间。

4）车辆检验设备

一、二级车站应配备车辆例行检查、运行安全检验设施和相应的检验设备。

此外,车站其他附属建筑设施使用面积按实际需要确定。

6.1.5　汽车客运站的整体布局模式

当前我国城市汽车客运站整体规划布局有 4 种基本模式,即：方向式、中心式、集中式、均衡式。

1. 方向式布局模式

1）基本特征

在城市的主要出入口方向客流集中地带,结合城市道路布局情况设置汽车客运站,形成分散在城市周围且可以控制城市主要出入口的方向式分散布局。

2）优点分析

（1）方向式分布，充分考虑客流的走向；

（2）有利于同方向班线班次安排，方便客运管理；

（3）客运站一般分布在城市出口通道边缘，远离城市中心，避免对城市交通的干扰。

3）缺点分析

（1）对旅客的出行需求存在不公平性；

（2）对于初次出行者容易造成出行错觉。

4）适用环境

方向式布局模式一般适用于大中型城市，规模不是特别大、出入口方向流明显、市内交通状况较好的城市。

2. 中心式布局模式

1）基本特征

在城市客运集散中心设置中心站，然后在城市主要出入口方向设置方向式的布局模式，形成一个（或多个）中心点与若干个方向分站向外辐射的布局。该方式将省际、超长途以及旅游班车集中在中心站发车，其他班车按方向式车站分散布设。

2）优点分析

（1）高等级班线与其他班线分开，目的性更强，方便旅客出行；

（2）较好地考虑到了城市各个点的旅客出行需求

3）缺点分析

容易给城市交通带来较大的影响。

4）适用环境

适用于城市中心客流集中点非常明显，需求较大的城市。

3. 集中式布局模式

1）基本特征

将客运站都集中布局在城市中心地带，或在市中心只设一站，所有班车都在此地带发车，形成集中式布局。

2）优点分析

集中发车，对旅客出行不会造成任何错误。

3）缺点分析

小城市车站周围闲杂车辆、人员较多，管理较难。

4）适用环境

适用于规模不大的城市，一般县级城市都采用此布局。

4. 均衡式布局模式

1）基本特征

对于一些特大型城市，由于城市出行客流集中点多且分散，根据客流分布特征，在这些集中点分别设置客运站的布局模式。

2）优点分析

（1）充分考虑了城市客流出行分布特征；

（2）特大城市一般城市外围环线多，站点可依托环线设置，减少对城市交通的影响，同时方便与城市交通方式之间的换乘。

3）缺点分析

有时旅客不知该到哪个车站坐车。

6.1.6 汽车客运站的总平面布置

1. 总平面布置的基本原则和要求

总平面设计一般可从外部环境和内部功能两项内容着手分析。外部环境复杂多变，内部功能相对而言就较为简单。以下将就上述两项内容分 6 方面简叙。为了叙述方便，作一总平面方框示意，如图 6-12 所示。

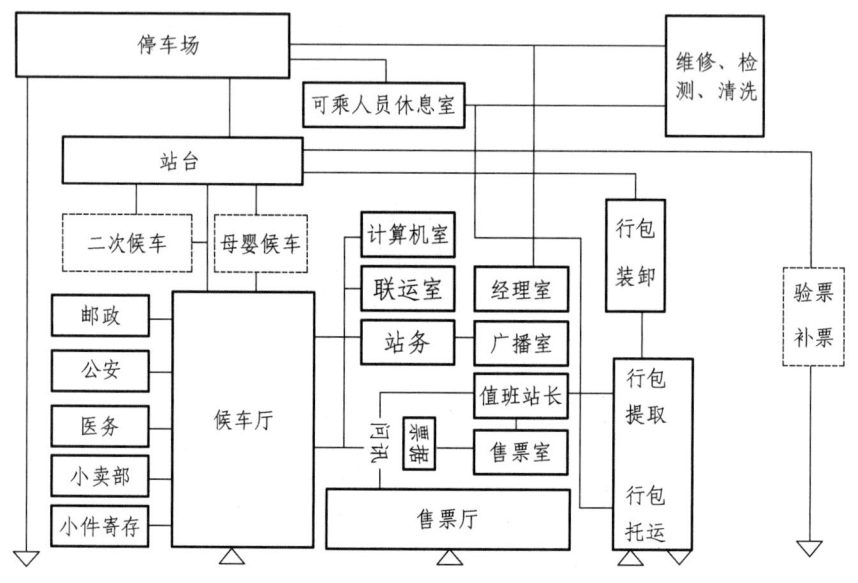

图 6-12 总平面分析

（1）符合城市规划的要求。

汽车客运站属城市大型公共建筑，且为陆路交通门户，城市规划部门较为重视，除布点、选址、立面体型规划部门有一定要求外，一般在划定建筑红线后尚有建筑实际控制线的要求，这就给站前留下一定面积的站前广场。由于各地规划部门对城市用地要求不一，在制定汽车客运站建筑设计规范时并未对站前广场作定量要求，随各地规划部门按具体情况合理确定即可。

汽车客运站总平面设计内容中与城市规划直接发生关系的，还有进出车的通道。一、二级站由于班次较多，进出站车辆较频繁，规定应将进站口、出站口分别设置。为了避免与城市交通有过多的交叉，一般出站口安排在次干道上右转弯上路较好一些。三、四级站因班次较少，在基地面积、地形等受限制，当停车场停车数不超过50辆时，则可设一条通道作进出车之用。

当基地处于城市干道转弯时，则应按图6-13的要求设置进出站口，避免与城市转角处过多的机动车流短距离内相遇。出于安全需要，应该在设计中加以注意。处于干道一侧时，则应按图6-14要求设置进出站口，图中所示公园、学校、托幼及市内公交站均为人员密集、孩子众多之处，如离车辆进出较频繁的进出车引道太近时，容易发生安全问题，且给行人也带来诸多不便，在总平面设计时应考虑这些要求。

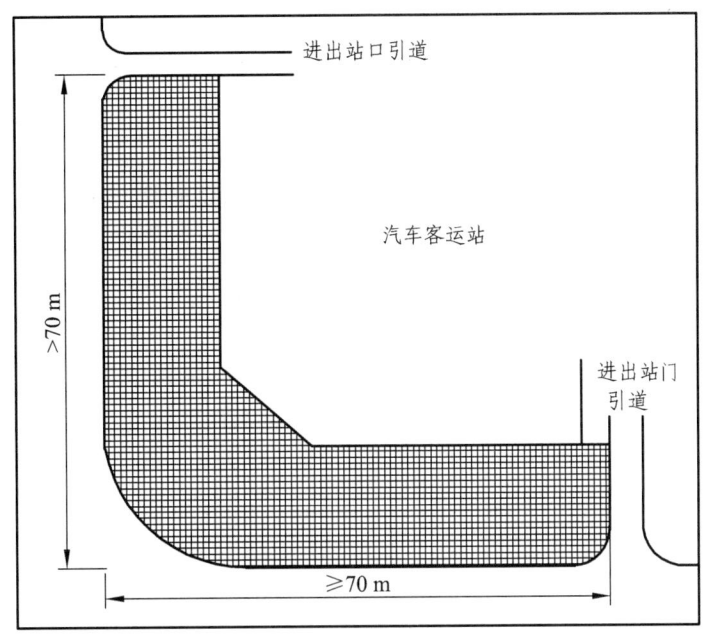

图6-13 进出站口之一

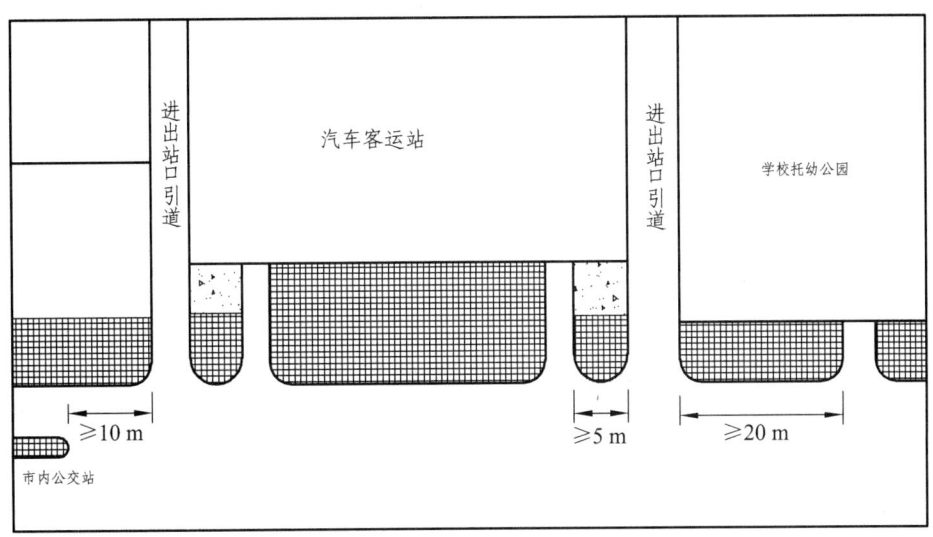

图6-14 进出站口之二

（2）布置紧凑、合理利用地形，满足站务功能要求。

汽车客运站一般征地较多，布置紧凑和合理利用地形应结合起来考虑。我国幅员辽阔，坡地山地较多，特别是一些中小城镇一般就在这种地形上发展，如何利用好这些地形就显得更为重要。从以上两例不难看出。关键是如何掌握公路汽车客运站的功能。公路汽车客运站在站务上有很多辅助建筑，这些辅助建筑规模一般不大，可随着地形，可分可合。站务的主体部分也可随地势起伏，调整布局，充分利用地形特点，布置出较为合理的公路汽车客运站。

（3）分区明确，使用方便，流线简捷，避免旅客、车辆及行包流线的交叉。

分区内容除站前广场外，主要还有客运（包括行政、驻站等部门）、站场（包括车队）和生产辅助3个大部门。客运这一部分其内部流线较为复杂，但在总图关系上可作为一个基本封闭体来考虑，从管理的要求是不允许客流在站场、生产辅助等区域串流，即使是到站的旅客亦应有组织地按最简捷的路线离开站台、站房。

站场是总图上占地最大的，其主要内容是停车场、调度车道、回车道、进出站引道，广义地也可包括有效发车位，也有将生产辅助部门作为站场内容考虑的。总之，站场是一个比较大的范围内的场地，布置好站场对节约用地意义重大，对日后客车的运转十分重要。站场上除了这些"大件"外，还有一些"小品"的布局极为重要，如合理布置洗车设施及检修台，这两项内容均有较严格的行车及停车场位置要求，在进入就位前应保持一段不小于10 m的直道，有利于安全，还应注意排水等；在进出站引道口应设置管理站（亭），以便控制站场进出车的秩序和安全。生产辅助建筑一般是指维修车间、锅炉房、浴室、备用发电机房、食堂、洗车设施、加油站等，按不同功能独立或组合设置，其中有的也可与站房组合在一起。至于加油站总图上一般不予考虑，其缘由是，站内设加油站，消防要求较高，占地较多，为此一般站内不设加油站。

（4）站前广场必须明确划分车流、客流路线，停车区域、活动区域及服务区域。

站前广场是城市道路（或广场）与站房的结合部，客流、车流在此集散。客流组成可分为旅客、接送旅客人员及过路客3类，其中旅客为主要客流。自行车及摩托车的停车区应设于站前广场一侧，以免干扰其他活动区。旅客活动区应接近于主入口，与停车区对应一侧则可布置服务区，服务区又可分为商业服务和交通服务两部分（交通服务是指公交系统或出租车类）。

站前广场面积较小，设计布置必须紧凑合理，发挥每一平方米的作用，为日后的管理工作提供较好的条件。

（5）合理布置绿化。

从规划要求，一般大型公共建筑前的活动区（即站前广场），为了美化环境，须留一定的绿化面积，但由于我国幅员辽阔，南北东西差异较大，《公路汽车客运站建筑设计规范》条文内未做定量要求，而是提示结合城市规划合理安排绿化。合理安排可以理解为在面积指标上应符合当地城市规划部门的要求，在具体布置时可以结合实际。站前广场绿化也可以作为各活动区域的隔离带，起到既绿化环境又可隔离个活动区域的作用。

（6）处理好站场排水。

站场范围较大，一级站可达数万平方米，做好竖向设计，处理好排水极为重要。为了使站场排水通畅，排水坡度可略大于《民用建筑设计通则》所规定的最小坡度。竖向可循回车道设坡较好，也可按停车车组分块处理。有效发车位范围排水设计应坡向站场，坡度不小于5‰。

2. 汽车客运站站房平面布置

1）汽车客运站站房分类

（1）按客运站房与站内停车场相互位置的不同，可有如图6-15所示4种基本形式：

① 边侧式，客运站房位于通过式站内停车场一侧。
② 端侧式，客运站房位于尽端式站内停车场端部。
③ 场上式，客运站房位于站内停车场上部。
④ 场下式，客运站房位于站内停车场下部。

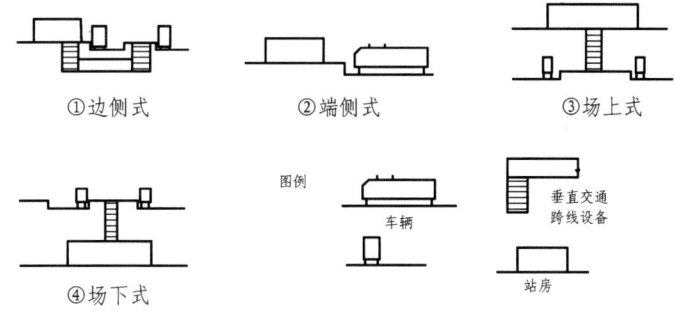

图6-15 公路客运站房与站内停车场相互位置分类

（2）按客运站房与站前广场相互位置分类

按客运站房与站前广场相互位置分类，可分为以下3种基本形式：

① 水平式，客运站房一层地面高程与站前广场地面高程相同或相差很小。
② 地上式，客运站房一层地面高程高于站前广场地面高程。
③ 地下式，客运站房一层地面高程低于站前广场地面高程。

2）汽车客运站站房总体布置形式

公路客运站的主体建筑是客运楼，通常由站房和办公服务用房组成。根据站房的主要组成部分售票厅和候车厅的相互位置不同，站房的布置形式大致可分以下3种：

（1）"一"字形布置

其特点是候车厅、售票厅均沿城市主干道呈"一"字形排列，且两厅的大门朝向一致。此种车站布置，优点是车站立面雄伟、壮观，缺点是车站占据主要街道地段长，立面处理面积大，造价高；又因城市规划对车站临街建筑有一定高度要求，造成辅助工程过多。这种布置适应大、中型车站。

（2）"T"形布置

其特点是售票厅与候车厅呈"T"形排列，临街部分采用高层建筑，通常地面层作为售票综合服务厅，二层以上作为办公及生活用房，将大跨度的单层候车厅布置在后面，候车厅的形状可以是矩形或半圆环形，这种布置占据临街地段短，造价较低。

（3）"L"形布置

其特点是售票厅与候车厅的大门分别朝向两条相交的大街，呈"L"形。这种布置形式适于客运站位于城市交叉路口，布置形式比较灵活，但两个临街部分都要立面处理。为了满足城市规划对车站建筑高度的要求，朝向主要街道一侧可布置多层建筑，而朝向次要街道一侧可布置单层候车厅。

3）旅客站房工艺流程

旅客站房工艺流程主要包括进站旅客流、出站旅客流、发送行包流、到达行包流和车辆流。

（1）进站旅客流。

进站客流在检票前比较分散，不同类型的旅客在不同时间内办理各种旅行手续，并在不同地点候车。进站旅客流按照旅客性质不同可分为以下5种：

① 普通旅客流。普通旅客流是进站旅客流中的主要流线，人数最多，候车时间也最长。一般公路客运站旅客的进站流程如图6-16所示。

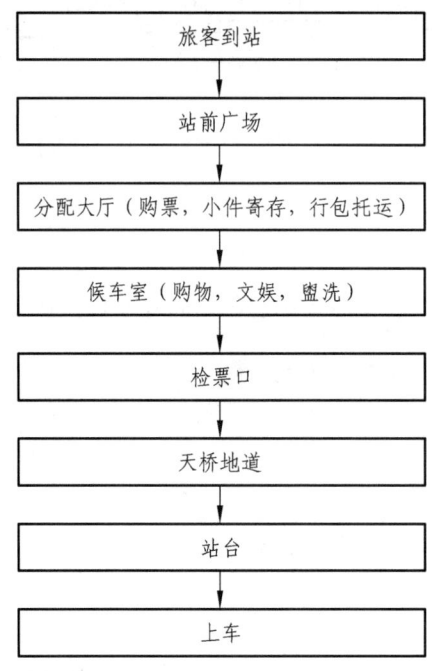

图6-16 普通旅客进站流线图

② 中转旅客流。根据换乘时间的长短，一部分中转旅客办理签票后进入候车室，虽随普通旅客一起检票进站；也有一部分中转旅客不出站而在站台上换乘。

③ 市郊旅客流。市郊旅客的人流密集到达，候车时间短，多数随普通客流一起检票进站。当市郊旅客较多时车站可单独设置市郊候车室的进站口，与普通客流分开。

④ 特殊旅客流。特殊旅客包括母子、老弱病残旅客，在中型以上客运站应单辟候车室和检票口，保证优先进站。在大型客运站，团体或军人客流，也都另辟候车室，与普通旅客分开进站。

⑤ 贵宾流。进站的贵宾除能从贵宾室单独进站外，还设置汽车直驶站台的专门通道，其

线路要求与普通旅客分开。

（2）出站旅客流。

出站旅客的特点是人流集中，密度大，走行速度快，使用站房时间短。一般情况下，普通、市郊、中转旅客均汇聚在一起经出口出站。当市郊旅客较多时，可单独设置市郊旅客出站口，与其他出站旅客分开。一般公路客运站旅客的出站流程如图 6-17 所示。

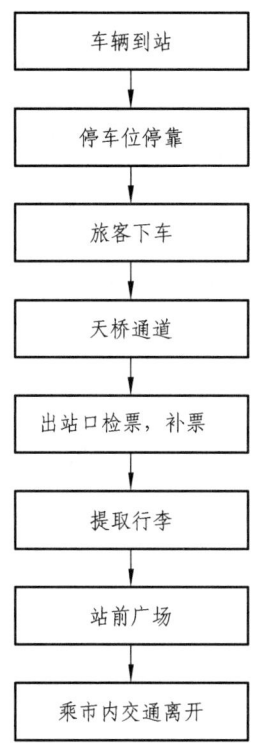

图 6-17 普通旅客出站流线图

（3）发送行包流。

发送行包的作业流程是：托运→过磅→保管→搬运→装车。这条流线应与到达行包流线分开。大型客运站行包托运处一般设在售票处附近，并在站台两端设置专用行包地道，以便搬运。

（4）到达行包流。

到达行包的作业流程是：卸车→搬运→保管→提取。大型客运站行包提取处设在出站口附近，并设置专用的行包地道与各种中间站台相连接。

（5）车辆流。

车辆流是指到达和离开场站的营运车辆流线以及站前广场的公交车辆、出租车、自行车等车辆流线。站前广场与城市交通相配合，合理组织各种车辆进出广场的路线，规划各种车辆的停靠位置和场所，使旅客乘车安全方便，迅速疏散。

4）汽车客运站站房平面布置类型

客运站房根据其所在车站规模、处理旅客流量的不同，可以分为小型站房、大中型站房两大类。不同规模的站房其平面布置存在一定的差别。

(1) 小型站房。

对于客货运量小、作业简单的中间站，往往将站长室、行车运转室合并于旅客站房内。小型站房布局通常采用候车与营业合一的综合候车室形式。图 6-18 为一小型站房平面布置示例。

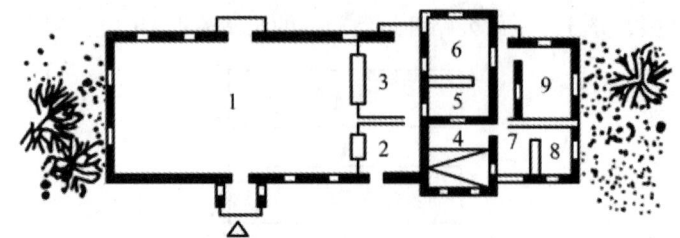

图 6-18　小型站房平面布置图

1—综合候车室；2—售票室；3—行包室；4—休息室；5—电源室；
6—运转室；7—开水间；8—仓库；9—站长室

(2) 大、中型站房。

大、中型以上站房一般应由以下两类房屋组成：

① 客运用房。客运用房由候车（各种候车室）、营业（售票厅、行包房、小件寄存处、问询处、服务处等）、交通联系（广厅、过厅、进出站口）3 部分组成。

② 技术办公房屋。技术办公房屋包括运转室、信号楼、站长室、广播室、电视监督室、公安室以及各生产段办公室等。

5) 汽车客运站站房的布置位置

(1) 站房的出口和入口。

站房的出口和入口作为旅客流的起点，将站房与广场连接起来，根据站前广场道路的分布和交通组织来确定站房的布置位置。站房入口应朝向广场，并靠近公交车辆到站场和公交车辆离站的停车场。入站口与出站口间要保持一定的距离，避免进出站人流相互干扰。站房出入口布置形式有以下几种：

① 出口设置在站房左侧、入口设置在站房中部，或出口处设置在站房偏左、入口设置在站房右部，以便于交通车辆右侧行驶，如图 6-19 (a)、图 6-19 (b) 所示。

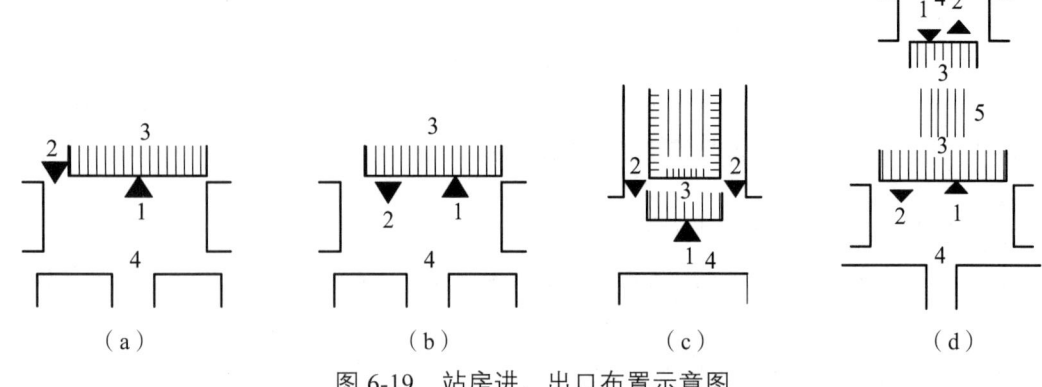

图 6-19　站房进、出口布置示意图

1—入口；2—出口；3—站房；4—广场；5—高架候车室

② 结合城市交通组织和站前广场设计，在站房的正面或侧面分设两个出站口，如图 6-19（c）所示。

③ 特大型客运站可结合主、副站房和主、副广场的设计，在站房中部和左侧设置两个出站口和两个入站口，如图 6-19（d）所示。

（2）售票处。

售票处通常要求布置在旅客流线中靠前且易于旅客找到的地方。

① 售票处设置在综合候车室内。其特点是售票处明显易找，在空间上具有较大的灵活性，旅客流程短，其缺点是购票旅客对候车旅客影响较大。此种布置适用于中小型客运站房，其具体布置形式如图 6-20（a）所示。

② 售票处设置在营业厅内。其特点是购票旅客与候车旅客互不干扰。此种布置适用于中型站房，其具体布置形式如图 6-20（b）所示。

③ 售票处在站房外单独设置。售票处与候车室用通廊连接，旅客走行流程长，一般较少采用。一般在中转旅客较多的车站，可在站台上或出口处设中转签票处。其具体布置形式如图 6-20（c）所示。

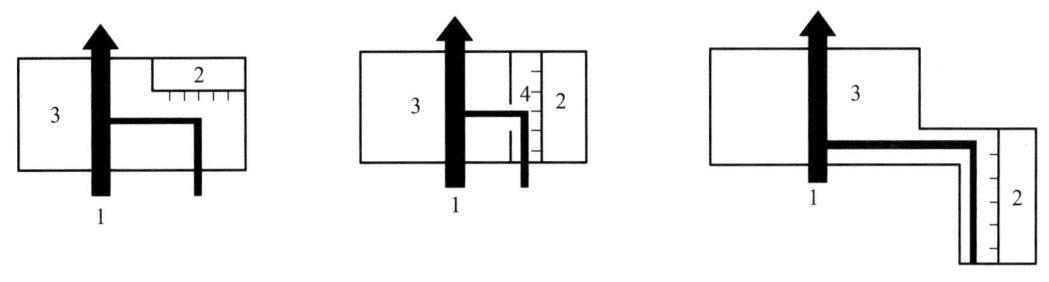

（a）售票处设在候车室内　　（b）售票处设在营业厅内　　（c）售票处单独设

图 6-20　售票处在站房中的位置示意图

1—旅客进站流线；2—售票室；3—候车室；4—营业厅

（3）行包房。

行包房的位置应与旅客托运、提取行包的顺序及行包流线紧密结合，应尽量减少与其他流线的交叉。行包房的位置还应与站房的候车室、站台和站前广场相配合。

① 设置一个行包房兼办托运和提取业务。根据其位置设置有以下两种：一种行包房设置在旅客进出站流线之间，如图 6-21（a）所示。其优点是旅客托运行包和提取行包的流程较短。但容易造成旅客出站流线、行包托取流线和行包专用车辆流线集中，造成堵塞，不利于安全运行，同时也不利于设置室外行包堆放场，故此布置方式只适用于中小型站房。另一种行包房设置在站房的右侧或左侧，如图 6-21（b）和（c）所示。其特点是旅客流线、行包流线和车辆流线间干扰较少，便于设置室外行包堆放场。

② 设置两个行包房分别办理托运和提取业务，如图 6-21（d）所示。发送行包房布置在站房左侧，到达行包房布置在站房右侧。这种布置形式既方便了进出站旅客托取行包，又避免了旅客流线与行包流线的互相干扰。但这种布置对行包仓库利用不灵活，管理人员增加，行包搬运不便。这种布置适用于大型或特大型站房。

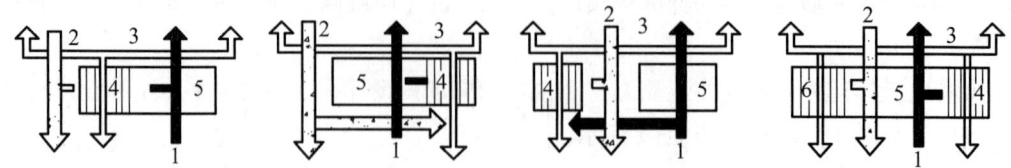

（a）中小型站房行包房　（b）行包房设置在站房右侧　（c）行包房设置在站房左侧　（d）两个行包房

图 6-21　行包房在站房中位置示意图

1—进站旅客流线；2—出站旅客流线；3—行包流线；4—托取行包房；5—站房；6—到达行包房

大型或特大型站房的行包房宜设在地下或多层行包库内，各层间采用垂直升降机或皮带搬运设施搬运行李。中转行包量较大时，宜单独设置中转行包房。

（4）候车室

候车室是旅客候车、休息和排队检票进站的场所，占用站房的面积最大。要求有一个安静、舒适、方便、卫生的环境，与站房的主要入口和检票口（出口）有较密切的联系，并且尽量靠近客运场站的前沿，减少旅客步行距离。根据站房规模、客流量大小和布局不同，候车室的布置方式分为以下 3 种：

① 集中候车方式。候车室与营业厅合设于一个统一的空间内，形成综合候车室。其优点是站房面积使用灵活，利用率高，旅客办理各种手续和候车地点一目了然。其缺点是当候车人数过多时，售票、托运行包与候车流线交织，秩序容易混乱，不利于安全，此种形式只适用于中、小型站房。

② 横向分线候车方式。其特点是候车室与营业厅横向分开布置。根据旅客的性质和客流方向等特点，分别设置普通候车室、母子候车室、软席候车室、贵宾候车室、市郊旅客候车室等。适用于客流量大、旅客性质复杂的大型及特大型站房。这种布置方式旅客候车分区明确，便于管理，易维持候车秩序，但旅客步行距离较长，当旅客聚集量大时采用。

③ 纵向分线候车方式。其特点是候车室与营业厅纵向分开布置。这种布置方式，旅客步行距离短，分区明确，旅客在候车室内无须往返走行，易维持候车秩序，旅客聚集量大时可以采用。

候车室的出入口、检票口的位置及大小应根据流线组织、站房总平面布置的要求安排。检票口前应留有一定面积供旅客检票时集聚停留。

6.2　汽车货运站

6.2.1　汽车货运站功能与类型

1. 汽车货运站的功能

货运站场主要具有运输组织，中转换装，装卸仓储，多式联运和运输代理，通信信息和综合服务 6 大功能。由于货运站场类型和规模有所区别，各项功能具体的实现程度要根据该区域的实际情况进行设置。

（1）承运货物的发送、中转、到达等作业，及时掌握货源分布信息和货物流量、流向等特点，进行运力的调配，组织货配载，制定货物运输计划，协助物资单位选择合理的行驶线路和运行方式，减少车辆空驶，节约成本，提高公路货物运输的效率和社会效益。

（2）建立通信信息中心，通过计算机及通信设备，把本地区及周边省市的货主、货运经营者和公路运输管理部门有机联系起来，获取相关信息，进行货物跟踪、运输付款通知、运费结算和发货事务处理等服务，充分满足货主和参营者的要求，快速准确地传递各种营运信息，促使分散的社会车辆和物流组织化，使货运与仓储、配送各个环节协调灵活的运转。

（3）面向社会开放，提供物流服务，进行货物的集散、中转、短期保管、包装等服务，代理货主销售，运输存储的货物，为货主和车主提供货源、运力、货流和配载信息等双向服务，并在货运站场内进行各种装卸搬运作业，以利于货物的集、疏、运。

（4）为货主、司机等人员提供休息场所和餐饮服务，为车辆提供停放、加油、清洗维修、事故救援等服务。

（5）依赖信息网络技术，延伸开展流通加工、实时配送、车辆保险、物流咨询设计及提供商情信息等一系列综合物流服务，逐步成为发展形势下新的物流中心。

2. 汽车货运站的类型划分

1）零担货运站

这是以专门经营零担货物运输为主的汽车站，简称零担站。凡一批货物托运的重量、体积或性质在 3 t 以下或不满一整车装运时，该批货物称为零担货物。零担货物要求单件质量不超过 200 kg，单件体积不超过 1.2 m³，货物长度不超过 3.5 m，宽度不超过 1.5 m，高度不超过 1.3 m。零担货物的主要特点是：

（1）站务作业计划性差。零担货物一般由托运单位或个人自行运至货运站点，也可由车站指派业务人员上门代理托运手续。因此，难以采用合同运输等方式将其纳入计划运输的轨道。

（2）站务工作量大而复杂。其主要程序是：受理托运、退运与变更、检货司磅；验收入库、开票收费、装车与卸车、货物交接、货物中转、到达与交付等环节。

（3）建站条件要求较高。车站必须满足零担货运的工艺要求，合理地设置零担货运站房、仓库、货棚、装卸场、停车场以及有关的生产辅助设施，且各部分相关位置应符合方便货主、便于作业、适应需要、优质服务的要求。

（4）设备条件要求高。车站必须选择厢型车作为专用运输车辆，同时还应配置较高生产效率的站内运输机械和装卸设备。

2）整车货运站

这是以货运商务作业机构为代表的汽车货运站。这种机构在我国各地的名称不一样，如营业所、运输站、运营办等。它是调查并组织货源，办理货运商务作业的场所。商务作业包括托运、承运、受理业务、结算运费等多项工作。有的整车货运站也兼营零担货运。整车货运站的主要特点是：

（1）它是汽车运输企业调查、组织货源、办理货运等商务作业的代表机构；

（2）承担汽车货运车辆的停放和保管；

（3）一般不提供仓储设施，只提供运力，从发货单位的仓库装车，负责运输过程的货物保管，直接运送到收货单位的仓库卸车；

（4）因运量大、地点较固定，所以适于采用大吨位载货车和较高生产效率的装卸机械。

3）集装箱货运站

这是以主要承担集装箱中转运输任务为主的货运站，又称集装箱公路中转站。其主要业务功能是：

（1）港口、车站与货主间的集装箱"门到门"运输与中转运输；

（2）集装箱货物的拆（掏）箱，装（拼）箱、仓储和接取、送达；

（3）空、重集装箱的装卸、堆存和集装箱的检查、清洗、消毒、维修；

（4）运输车辆、装卸机械与设备的检查、清洗、维修和保管；

（5）为货主代办报关、报检等货运代理业务。

由于零担和集装箱货运站的业务比整车业务复杂，本节仅就汽车零担货运站与集装箱公路中转站做进一步介绍。

3. 汽车货运站站级划分

公路货运站是专门为货物的集散、中转、仓储、配送等提供作业以及相关服务的场所。随着现代物流的发展，公路货运站逐渐与现代物流相融合，其服务功能、作业内容和设置形式更加多样化、专业化，一般包括综合货运站、零担货运站、危险品货运站、集装箱中转站、物流中心、配送中心、物流园区等。

根据中华人民共和国交通行业标准《汽车货运站（场）级别划分和建设要求》（JT/T 402—1999），汽车货运站按照年换算货物吞吐量可分为4个等级，货运站各类货物吞吐量折算成换算货物吞吐量的折算系数见表6-3。

表6-3　各类货物吞吐量换算系数（单位：t）

类别 Q_i	换算系数 λ_i	类别 Q_i	换算系数 λ_i
普通货物	1.00	仓储	1.00
快速货运货物	1.30	配送	0.20
零担货物	1.25	包装	0.15～0.25
集装箱拼箱货	1.25	半成品	0.20～0.50

（1）一级货运站：年换算货物吞吐量在 $600×10^3$t 及以上；

（2）二级货运站：年换算货物吞吐量为 $300×10^3$～$600×10^3$t；

（3）三级货运站：年换算货物吞吐量为 $150×10^3$～$300×10^3$t；

（4）四级货运站：年换算货物吞吐量不足 $150×10^3$t。

6.2.2 汽车货运站选址原则与步骤

1. 选址原则

（1）符合城镇总体布局规划；
（2）与综合运输网合理衔接，便于组织多式联运；
（3）靠近较大货源点，并适应服务区域的货运要求；
（4）尽量利用现有设施，并留有发展余地；
（5）具备良好的给排水、电力、道路、通信等条件；
（6）具备良好的地质条件。

2. 选址步骤

（1）收集城镇、路网国土等有关规划和运输统计、站区内水文地质等有关资料；
（2）确定汽车货运站的服务范围和功能；
（3）测算设计年度货运站的规模和占地面积；
（4）根据选址原则，提出若干货运站站址备选方案；
（5）对备选站址进行现场调查；
（6）经方案比选，确定货运站址。

6.2.3 汽车货运站设施构成和建设要求

汽车货运站设施包括生产设施、生产辅助设施和生活服务设施。其构成应根据货运站的业务范围和规模而定。汽车货运站主要生产设施构成图如图6-22所示。

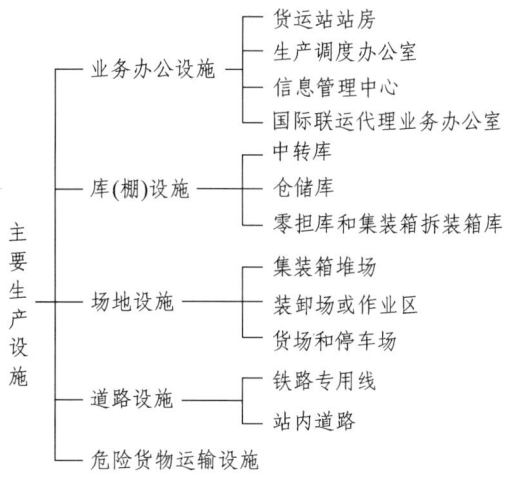

图6-22 汽车货运站主要生产设施构成

1. 业务办公设施

业务办公设施主要包括货运站站房、生产调度办公室和信息管理中心。有国际运输业务的货运站，可设置由海关、检疫、商检、商务等部门组成的国际联运代理业务办公室。货运站站房由业务人员工作间和货主办理货物托运或仓储受理手续、提货手续的场所构成。信息管理中心有放置信息管理硬件系统的机房与办公人员的办公场所和提供信息发布及用户查询的场所构成。业务办公设施的设置要方便货主，货物受理处业务人员工作间和联合办公室应按作业流程设置，货物受理处与仓库的距离应短捷。

2. 库（棚）设施

库（棚）设施包括中转库、零担库、集装箱拆装库、仓储库，分别用于货物的短期存放、集装箱拆装作业和货主待收或待发货物仓储；货棚则用于堆放不便进库但又不宜露天存放的零担或仓储货物。

（1）中转库。中转库为中转货物集中、分拣、换装、发货的场所。其配置应符合：① 中转、换装作业量大的一、二级货运站，可设置具有监控、传送、分拣设备的中转库。② 具有铁路专用线的货运站，中转库一侧设铁路装卸站台，宽度不小于 13.5 m；另一侧或多侧设汽车装卸站台，站台高度为 1.2~1.3 m，宽度不小于 3 m。

（2）仓储库。其配置应符合：① 按建筑层数，仓储库可分为单层和多层仓储库。储放外形尺寸较小、单位重量较轻的货物的仓储库可建成高架库。为适应各种外形尺寸货物的存放，高架库与单层库连接成建筑群体。② 仓储库的仓储面积根据日均仓储货物最大吞吐量计算。③ 多层仓储库的楼梯及货梯的位置应处于中央部位，储存货物出入库的水平运输距离应不大于 30 m。一幢仓储库设置两台货梯时，应集中布置，货梯多于两台时，应分两处设置。多层仓储库除设主楼梯外，还应设置疏散楼梯。

（3）零担库和集装箱拆装箱库。零担库和集装箱拆装箱库应建成高站台仓库，站台宽度不少于 3 m，高度不小于 1.2~1.3 m，两端设置斜坡，并装设货物装卸升降台。

（4）仓库内货位宽度为 2.50~3.00 m，货位间隔和操作通道宽度根据货物装卸方式和所用机械的型号、规格而定。

（5）仓库的进、出仓门数按每一仓门日均货物吞吐量为 30~50 t 设置。仓门设置方式根据仓库吞吐量大小而定，吞吐量较大的仓库的进、出仓门可双向设置或分开设置，仓门宽度不小于 2.50 m。

（6）仓库的窗地面积比宜为 1∶10~1∶18。窗功能以采光为主的仓库，采用固定窗，窗地面积取较大值；窗功能以通风为主的仓库，采用中悬窗，窗地面积取较小值。

（7）货棚与零担库和仓储库的面积比取 1∶4~1∶5，其货位宽度、间隔和操作通道宽度应符合相关规定。

（8）各类仓库应分区设置，并以道路衔接保持良好的作业联系。零担货棚和仓储货棚应与相应仓库位于同一区域。

3. 场地设施

场地设施主要包括集装箱堆场、装卸场或作业区、货场和停车场。

（1）集装箱堆场。其配置应符合：① 集装箱堆场应靠近装箱作业区，并与站内主要通道衔接。② 场地强度应满足集装箱堆码需要，并有一定坡度以利于排水。③ 堆存量较大的集装箱堆场应划分空箱、重箱及冷藏箱、危险品堆存区。

（2）装卸（作业）场。其配置应符合：①各类仓库、货场、铁路专用线一侧或两侧应设置装卸（作业）场，并与主要道路衔接。②铁路专用线装卸场宽度不宜小于 13.5 m，汽车装卸货场宽度应满足车辆掉头、装卸作业要求，其面积根据相关标准计算。③装卸（作业）场荷载设计值应满足装卸作业和车辆行驶的承载要求。

（3）货场。其配置应符合：①货场应与仓储库一同位于仓储作业区内。②货场面层应根据货物性质、荷载、水文地质等因素确定，并采用就地取材原则，通过技术经济比较确定。③货场排水应与站区总体排水系统衔接。货场应采用有组织排水，其竖向布置尽可能成龟背式向四周分散排水。较小货场也可设计成坡向一侧或坡向两侧，排水沟置于汇水线上。

4. 道路设施

道路设施包括铁路专用线和站内道路。在临近铁路线路和具有较大公铁联运作业量的一、二级汽车货运站时，可引设铁路专用线。三、四级货运站或无条件的货运站可不设置。站内道路应采用无交叉的环形行驶路线。

5. 危险货物运输设施

危险货物运输设施的建设，在选址、布局、结构、功能等方面，既要适应危险货物运输的技术条件、生产安全要求，又必须符合环境保护、消防安全、劳动保护、交通管理等方面的规定。

6. 生产辅助和生产服务设施

生产辅助和生活服务设施应按需设置。生产辅助设施主要包括维修维护设施、动力设施、供水供热设施、环保设施等。生活服务设施主要包括食宿设施和其他服务设施。

6.2.4 汽车零担货运站

1. 零担货运站的组成及设置原则

零担货运站的各组成部分相互联系和协助，既分工明确，又有其作业程序的连续性。其主要组成部分和设置原则如下：

1）站房

站房主要由托运处、提货处组成。其中托运处由受理货物人员工作间和货主办理托运手续、货物临时堆放场所组成；提货处由办理提货手续人员的工作间和提货人办理提货手续的场所组成。

托运处、提货处的布置原则如下：

（1）托运处、提货处及工作间应设置在站房底层，并与所在地主干道有较方便的道路衔接，以方便货主送取货物。由于办理托运的高峰时间比较集中，托运处人流、货流容易发生交叉和干扰，因此必须组织好托运作业流程，并提供足够的用地面积。受理托运的工作间应按作业流程设置，便于货主办理托运手续。

（2）托运处与仓库间的距离力求短捷，便于受理托运后的货物入库保管存放。对于货物吞吐量较大的零担站，应设置货物传送装置。提货处应靠近到达仓库或货位布置，以利于货物的提取。有条件的零担站，还可由车站送货上门。

2）仓库、货棚

零担站的仓库、货棚由货位、操作通道、进出仓门、装卸站台等组成。仓库、货棚设置应当考虑以下两个原则：

（1）仓库作业是零担站务作业的关键环节，其位置和布局应便于货物的入库和提取，应有利于仓储生产的有序进行，有利于货物的合理存放和充分利用库容，有利于提高零担车辆的装卸效率，有利于采用先进的装卸工艺和设备。还要配置必要的安全消防设施，保证仓库作业的安全和文明生产。

（2）进出仓门的设置，既要考虑车辆在比较集中到达时有可能同时进行装卸作业，又要考虑减少由于增设货门造成仓库有效堆放面积的损失。

3）装卸场、停车场及生产辅助设施

零担站的装卸场及停车场分别为车辆装卸货物和停放货物时所必需的场地。生产辅助设施由行政业务人员和后勤管理人员工作间、司乘公寓、食堂、浴室、装卸人员休息室等组成。对于装卸场的设置，应当考虑如下问题：

（1）装卸站台应设置在靠近装卸场的仓库一侧，其主要要求是满足同时可有较多车辆进行作业时的装卸方便性，并有利于采用装卸机械作业，以减轻装卸工人的劳动度，并提高装卸作业效率。

（2）装卸站台上方应设置防雨棚，以免装卸货物造成湿损。装卸站台一般有直线式和阶梯式两种。根据车辆进行作业时与站台的相互位置，直线式又可分为平行式和垂直式。当装卸场地条件受限制，又要保证有足够的装卸作业点时，可采用阶梯式站台，如图6-23所示。

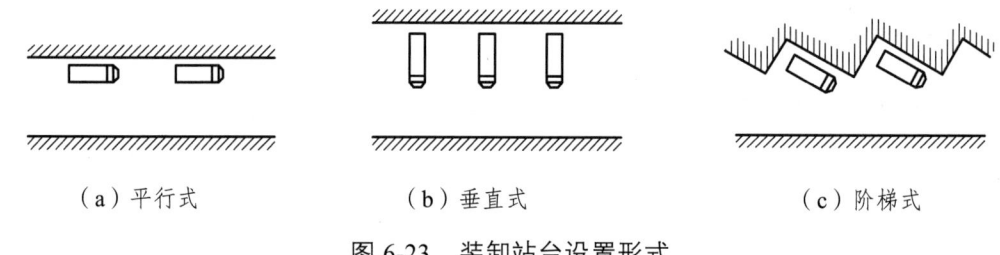

（a）平行式　　　　　（b）垂直式　　　　　（c）阶梯式

图6-23　装卸站台设置形式

（3）装卸作业场与停车场应与站内的车辆进出通道合理衔接，避免车流在站内发生交叉和互相干扰。场地的大小及宽度要与采用车型相适应，保证车辆行驶、停放和装卸作业的方便、安全，避免不必要的辅助调车。

（4）零担站停车场的面积与营运车辆及驻站车辆数目有关，并且要适当考虑驻站车辆的维护、小修作业场地，以保持车辆技术状况的良好。

各组成部分按照生产工艺流程发挥各自作用，构成一个统一协调的整体，公路零担站货运生产工艺流程如图6-24所示。

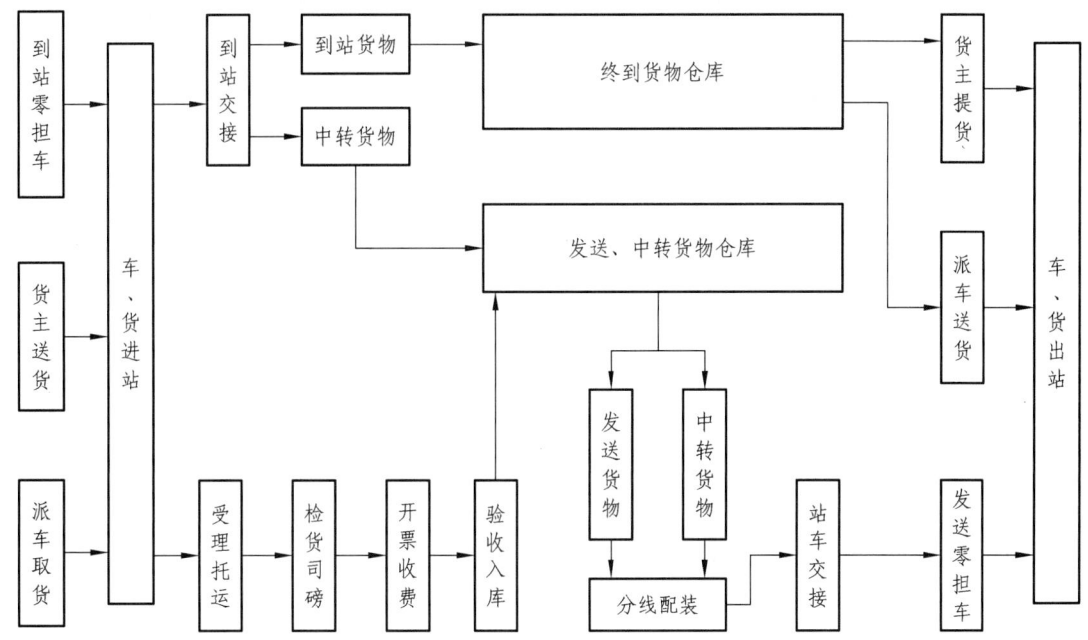

图 6-24　公路零担站货运生产工艺流程图

2. 零担货运站的主要作业流线

零担货运站同样有人流、货流和车流，但以货流为主线，车流、人流相对处于次要地位，并且伴随着部分货流的流线一起移动。零担货运站的车流十分相似，只是运输对象不同。

按照零担货物在站内的流动方向，货物流线又可分为发送流线和到达流线。其中发送流线是指零担货物受理托运、检货司磅、验收入库、分线装配、交接装车、零担车出站，同时包括中转零担货物的保管和组织中转。

为了避免零担站的各种流线发生相互干扰和交叉，必须注意解决以下问题：

（1）分设托运处和提货处，把货物托运及提取两股流分开，组织站内货物的单向流动。

（2）将车流和货流分开，由于发送车辆多数集中在上午，到达车辆多数集中在下午，所以除一级零担货运站车辆应单独设置进出站口外，其他级站车辆可共用一个进出站口。仓库附近是车流与货流的汇集处，容易发生发送货物与到达货物、发送车辆与到达车辆相互间的干扰和交叉。所以大型零担货运站的仓库，通常在其两侧均设置装卸场，使到达车辆和发送车辆分开停靠，保证出入仓库的货流单向流动，同时也避免了车流间相互干扰和交叉。对于有条件的零担站，亦可将发送货物仓库与到达货物仓库分开设置，以合理组织站内的货流和车流。由于零担站负责托运货物的入库与提取货物的出库运输一般是分开的，因此，站内很少发生人流与车流或货流的相互干扰。

3. 零担货运站站级划分

根据交通部提出并制定的《公路零担货运站站级与建设要求》（JT3134—88）标准，按照零担站的年工作量，即零担站每年货物吞吐量，将零担站划分为一、二、三级。

（1）年货物吞吐量在 6×10^4 万 t 及以上者为一级站；

（2）年货物吞吐量在 2×10^4 万 t 及以上者为二级站；

（3）年货物吞吐量在 2×10^4 万 t 及以下者为三级站。

4. 零担货运站设计年度货物吞吐量的计算

零担站的设计年度是指零担站竣工投入使用后的适用年度。为了保证零担站有较长的适用时期，零担站设计年度至少与统计年度相隔10年。零担站的建设规模，要以设计年度的使用要求为依据，因此必须计算设计年度的货物吞吐量。

零担站设计年度货物吞吐量 $T_{设}$ 可按下式计算：

$$T_{设}=T_{统}(1+\alpha)^n \tag{6-2}$$

式中　$T_{设}$——统计年度货物吞吐量，t；

　　　α——货物吞吐量预计每年递增幅度；

　　　n——统计年度至设计年度的年数。

采用这种预测方法，必须分析当地历史零担货运的统计资料，以确定预测期内零担货运量递增率，再根据此递增率求出预测期的货物吞吐量。

5. 零担货运站停车场面积计算

零担站的停车场应以日均驻站最大车辆数为依据。在新站建设中，每一驻站车辆所需停车面积，可以采用车辆最大投影面积的 3 倍确定。零担站停车场面积 A 可按下式计算：

$$A=3\times N\times F\ (m^2) \tag{6-3}$$

式中　N——日均驻站最大车辆数，辆；

　　　F——车辆最大投影面积，m^2/辆。

6. 零担货运站的设施设备

为了方便货主，提供优质服务，提高经济效益，各级零担站必须结合企业实际，配置各种设施和设备。营业场所必须设置零担车运行线路图、营运班期表、里程运价表、托运须知等服务设施。中转、换装作业量大的一、二级站可设置具有监控、传送、分拣设备的中转库，还应配置装卸笨重零担货物的设备等，三级站可视本站情况，自行配备装卸设备。

7. 零担货运站业务人员的配备

零担站业务人员的配备应按货物吞吐量相应确定。零担站的机构设置和行政管理、后勤人员的配备，应根据实际需要由各相关部门研究商定。

6.2.5 集装箱公路中转站

1. 集装箱公路中转站的组成部分及设置要求

集装箱公路中转站的主要组成部分及其功能要求与零担站大致相同，同样也包括了站房、停车场以及生产辅助设施。但与零担站相比，集装箱站所不同的是，集装箱站的组成单元主要是集装箱堆场、拆装箱库和拆装箱作业区。其主要组成部分和设置要求如下所述：

1）站房

站房内主要布置业务办公用房，包括商务作业、生产调度、海关、检疫、理货、商检等部门。业务办公用房又包括商务作业人员工作间和收发货人办理托运、提货手续的场所等。

2）集装箱堆场

集装箱堆场是堆放集装箱的专用场地。集装箱堆场由重、空箱堆放场区和操作通道组成。集装箱堆场的设置应满足不同功能集装箱（中转箱、拼装箱、周转和维修箱等）分区堆放的要求，设计应尽量缩短运距，避免作业交叉，能准确、便捷地运送所需集装箱。合理的集装箱堆场布置应符合下列基本原则：

（1）中转箱分区应布置在便于集装箱能顺利地由一辆车直接换装到另一辆车的交通便利处；

（2）拼装箱分区应尽量设置在仓库附近，作业干扰小、减少中间运输量；

（3）周转和维修箱分区应尽量布置在作业区外围，靠近维修车间一侧，便于取送和维修，并减少对正常作业区的干扰；

（4）合理采用集装箱运输机械，除保证机械顺畅进出场地的空间需求和足够的作业半径外，应尽量减少其行走距离，提高机械利用率；

（5）合理布置箱位，既要考虑充分利用堆场面积，又要使箱距间发送安全方便；

（6）场区内要有一定坡度，以利于排水。

3）拆装箱库和拆装箱作业区

拆装箱库及其作业区是指对拼装箱进行拆箱和装箱的作业场所，也是拼装箱零担货物的集散地。其作业内容主要是把适箱零担货物装入集装箱，或从集装箱中取出，按类保管、存放和发放。拆装箱库和拆装箱作业区主要有仓库、作业平台和作业区 3 部分组成，拆装箱库及其作业区应满足下列功能要求：

（1）设置拆装箱平台，留有足够场地以便于进行拆、装箱作业；

（2）能满足机械装卸作业所需作业场地要求，避免相互干扰；

（3）留有适当理货空间，有利于货物的集结和疏运。

拆装箱平台通常设置在拆装箱库的两侧或四周，所需场地应保证车辆进出和人员操作互不干扰，拆装箱平台的工位数应满足进行拆装箱作业的需要。集装箱运输虽是以集装箱作为基本工具，但实质上是成组运输的一种高级形式，同时也为适箱零担物提高运输质量提供了新的运输方式。因此，集装箱运输实际上也是零担货物运输发展的方向。

4）集装箱站的停车场及生产辅助设施

集装箱站的停车场及生产辅助设施，其设置原则与零担货运站大致相同，此处不再赘述。

集装箱站内的主要流线是货流（含箱流）和车流。根据集装箱型号、发、收货人及货流的特点，可把集装箱分为整装箱和拼装箱两类，且它们在站内的作业工艺也有很大区别。整装箱的接取、送达作业是以"箱"为单位的，它在站内只作临时停放，应及时组织中转，其装箱与拆箱作业由货主自理。拼装箱的接取、送达作业是以普通货物形态完成的，其作业方式与零担站相仿，拼装箱的装箱或拆箱作业，均由集装箱站负责在站内作业区完成。图 6-25

所示为集装箱货运站工艺流程图。

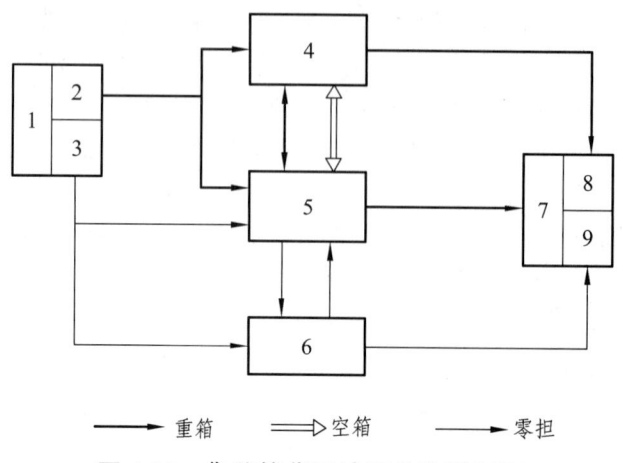

图 6-25　集装箱货运站工艺流程框图

1—进站口；2—重箱；3—零担货；4—集装箱堆场 5—拆装箱平台；6—拆装箱仓库；7—出站口；8—车站；9—货主

2. 集装箱公路中转站站级划分

根据国家技术监督局颁布的《集装箱公路中转站站级划分及设备配备》（GB/T12419—2005）国家标准，集装箱公路中转站分三级，如表 6-4 所示。

表 6-4　集装箱公路中转站站级划分

级别	国际集装箱中转站	国内集装箱中转站
一级站	位于沿海地区 年箱运量 > $30×10^3$ TEU 或年堆存量 > $9×10^3$ TEU	位于内陆地区 年箱运量 > $20×10^3$ TEU 或年堆存量 > $6×10^3$ TEU
二级站	位于沿海地区 年箱运量 $16×10^3 \sim 30×10^3$ TEU 或年堆存量 $6.5×10^3 \sim 9×10^3$ TEU	位于内陆地区 年箱运量 $10×10^3 \sim 20×10^3$ TEU 或年堆存量在 $4×10^3 \sim 6×10^3$ TEU
三级站	位于沿海地区 年箱运量 $6×10^3 \sim 16×10^3$ TEU 或年堆存量 $3×10^3 \sim 6.5×10^3$ TEU	位于内陆地区 年箱运量 $4×10^3 \sim 10×10^3$ TEU 或年堆存量在 $2.5×10^3 \sim 4×10^3$ TEU

其中，年箱运量是指计划年度内，由中转站运输的集装箱（标准箱）总量。年堆存量是指计划年度内，通过中转站堆存的集装箱（标准箱）总量。标准箱是以 GB1413《集装箱外部尺寸和额定重量》中 C 型箱为标准，作为各型集装箱的换算单位。

6.2.6　汽车货运站的平面布置

1. 平面布置的基本原则

总平面图的布置和设计，是货运站设计的一个重要组成部分。其主要任务是根据工艺计算的要求、选定的站址和地形特点、生产工艺流程等，对建筑物、构筑物、运输道路及站区绿化等方面进行相关研究，进行合理布置，使其工艺上先进，经济上合理，具体应遵循如下原则。

1）合理划分区域

零担货运站和集装箱货运站进行布置时，一般可分为生产区、生产辅助区、站前办公区和生活区4部分。为了满足生产工艺要求和加强生产联系，区域划分应合理，平面布置要紧凑。

零担货运站的生产区主要包括托运处、提货处、仓库、货棚、装卸场等；生产辅助区包括车辆的清洗、加油及维修车间等；站前办公区包括办公楼、出入大门及传达室等；生活区包括职工食堂、浴室、锅炉房、单身宿舍及司助人员宿舍等。集装箱货运站的生产区还应包括堆场及拆装箱作业区；有条件的货运站生产辅助区还应设置集装箱的清洗、消毒、熏蒸和维修作业的专用场地。

根据货运站的特点，仓库是货运生产作业的中心和关键环节，所以必须很好地规划仓库的位置以及它与各作业区的相配合，使之满足生产工艺要求，并取得良好的生产相互联系。

2）避免站内行驶线路的交叉

力求车辆及货物在站内行驶路线短捷，避免发生相互交叉拥挤，保证正常的秩序和运输安全。对于一、二级站，车辆的进出大门宜分开设置，并应远离托运处和提货处；为了避免货流与人流的交叉，托运处和提货处位置应尽可能分开设置。站内道路应采用无交叉的环形行驶路线，组织车辆单向流动。

3）为货主提供方便

货运站的办公室（楼），一般宜临主干道布置，以满足城市建设的基本要求。托运处和提货处应设置在交通方便的进站口附近，通常在办公室楼底层营业，很少单独建造，既方便了货主，又避免了人流进入站内与车流发生交叉。

4）不同方案的比较

在进行平面布置时，要因地制宜，重视对不同方案进行比较和技术论证，既要考虑节省占地面积、经济，又要为以后的发展留有余地。

采用单层仓库和单层堆码集装箱，将会给生产作业提供方便和有利条件。但占地面积大；如果采用立体仓库或多层仓库，占地面积小，但生产作业却增加了难度，造价也明显增加。目前，货运站仓库仍以单层居多，近几年逐渐向双层或立体仓库发展。采用双层或立体仓库时，要注意装卸设备的选择，很好地解决货物的垂直运输问题和集装箱的堆码方法。现在货运站多建为双层仓库，堆场以钢筋混凝土浇制，要注意重箱堆场基础应加固。

零担站仓库的作业平台，可以在仓库的一侧设置或两侧设置。当仓库作业平台为一侧设置时，货物装卸在同一侧进行，容易发生车流与货流的干扰和拥挤；当仓库两侧均设置作业平台时，可以把货物的装卸作业按入库和出库方向分区进行，这样可以避免货流与车流间的相互干扰。但由于两侧均设置作业平台和装卸场，必然增加占地面积。

根据不同的站级、运输量及其分布特征、站址条件等因素，制定多种布置方案，进行技术经济论证和比较，选出最佳方案，以使最后确定的方案在工艺上合理、经济上可行、技术上先进。

2. 平面布置的基本类型

货运站的办公楼，通常与仓库分开建造并布置在临主干道一侧。由于仓库的位置对零担站和集装箱站的总体布置有重要的影响，所以这里将以仓库为主，说明货运站的平面布置类型。

1）按仓库外形分类

按仓库外形，货运站的平面布置可分为"一"字形、"L"形及"T"形。在生产实践中，"一"字形仓库对货物的装卸作业比较有利，所以零担站仓库较为广泛采用。由于集装箱的拆装箱作业库房一般分设装箱库房和拆箱库房，采用"L"形及"T"形仓库，可以保证分区明确和联系方便，是供选择的基本类型。

2）按仓库的高度分类

按仓库的高度可分为平地式仓库和高台式仓库两种。平地式仓库地面与路面相平；高台式仓库地面一般高出路面 1.20～1.30 m，与运输车辆车厢底板相平。

当集装箱仓库为平地式时，其周围可不设置拆装平台，拆装箱作业可在库内和拆装箱作业区进行；当其仓库为高台式时，仓库的拆装箱作业区侧面应设置作业平台，为拆装箱作业提供方便。

新建的零担货运站宜采用高台式仓库，并设置相应的作业平台，便于货物装卸和采用叉车作业；可在仓库附近的位置，设置专门装卸的站台。

3）按仓库建造层数分类

按仓库建造层数的不同，可分为单层仓和多层（大于双层）仓库两种。其中高层货架仓库，建筑结构是单层的，但内部设置层数很多，有高度较高的货架，总高度甚至高于一般的楼库（多层仓库），是仓库中的一种自动化程度高、存货能力强的立体仓库，很有发展前景。在建造多层或立体仓库时，要考虑停电或发生设备故障时货物竖向移动的措施，以免对正常生产造成严重影响。

4）按仓库存放货物的类型分类

按仓库存放货物的类型，可分为综合仓库和专用仓库两种。零担货运站货物按其流向可分为发送货物和到达货物两类，其中到达货物又分为中转货物和交付货物两种。目前很多零担站采用综合仓库保管方法，即将上述各类货物在同一仓库内分区、分线保管存放。对于日均货物吞吐量较大的零担站，也可按发送、中转、交付等不同货物类型分别设置专用仓库，以免发生货运差错。对于承运危险品的零担站，必须单独设置危险品仓库。

集装箱站的拆装箱库，多数采用综合室仓库。由于集装箱堆场也可为露天仓库，一般应按中转箱、拆装箱、周转箱和维修箱分区堆放。各种箱子的堆码层数应与选用的起重设备相适应。根据设计经验，重箱堆码最多不得超过 6 层。

6.3 汽车停车场（库）

6.3.1 停车场（库）的分类和任务

1. 停车场（库）的分类

1）按停放车辆性质分类

（1）机动车停车场。主要是指汽车停车场，又可分为小客车停车场、公共停车场、货运汽车停车场、出租汽车停车场等。

（2）非机动车停车场。包括各种类型自行车和三轮车停车场（或存车处、保管站）。

2）按停放地点分类

（1）路内停车场。指在道路用地控制（红线）内划定的供车辆停放的场地，包括车行道边缘、公路路肩、较宽的隔离带，或利用高架路、立交桥下的空间停车。这种停车场基本上不妨碍交通，设置简单，使用方便，投资少，多作临时短时间停放。其位置的选择主要考虑道路和交通情况，原则上不宜在主干道上或道路纵坡大于4%的路段上停车。一般设有标志、隔离护栏或用标线划定范围。

（2）路外停车场。指道路用地控制范围以外专辟的停车场地，包括停车库、停车楼、机械式立体停车场和各类大型公共建筑附设的停车场。这类停车场一般包括停车场地、停车出入口通道、计时收费系统、各种停车管理设施和其他附属设施。停车楼和地下停车库都是为了节省城市用地，充分利用空间的有效措施。尤其是地下停车库是近些年来大城市普遍采用的停车形式。此外，智能化机械式停车设备，是一种综合性强，难度高，要求严，投入大的机、电、光一体化的高科技装备，是将来解决停车问题的发展趋势。

3）按服务对象分类

（1）公用停车场。又称社会停车场，主要指设置于大型公共建筑、商业文化街、公园及旅游区附近，连接道路为各种社会车辆停放服务，以及分布在城镇出入口附近供入城、过境车辆临时停放的停车场。公用停车场又可分为 3 类：大型集散场所停车场、商业服务业停车场、生活居住区停车场。

（2）专用停车场。主要是指机关、企事业单位等内部自用的停车场和公共交通、汽车运输公司等专用的停车场。主要为单位所属车辆提供服务。

4）按停放车辆容量分类

按停车车辆容量可分为小型、中型和大型停车场（库）3 种。这种分类方法，目前我国尚无统一划分标准，通常把停放 50 辆汽车以下的称为小型停车场（库），50～100 辆的称为中型停车场（库），100 辆以上的为大型停车场（库）。

5）按车辆保管方法分类

按车辆保管方法不同，停车场（库）可分为暖式车库、室内车库、棚式停车场和露天停车场四种。

车辆在室内停放，可不受风、雨等自然条件的侵袭。在寒冷季节，暖式车库内的温度可保持在 10～15℃，能保证汽车随时具备最佳的技术状态，适合救护车、救火车等特种车辆的停放和保管。棚式停车场可使车辆免受雨、雪的侵害，但不能防止风沙和寒气的影响，保管质量尚好，适合临时性流动车辆的停放。车辆在露天停车场停放和保管，则受各种自然条件的侵害，保管质量差。目前我国汽车运输企业多采用此种停放形式。

2. 停车场（库）的任务及要求

尽管汽车停车场类型较多，但汽车运输企业停车场（库）的主要任务是保管和存放车辆，保持车辆的技术性能完好。汽车运输企业的货运汽车停车场（库），往往是综合性企业的车队所在地；而客运汽车停车场（库）又往往是一个客运服务站。因此，这类停车场（库）不仅要做好车辆的保管存放工作，而且还要进行营运组织和管理工作，并负责车辆的简易技术维护、小修以及运行材料的供应等工作。为了保证被保管存放车辆的安全可靠，停车场（库）必须满足以下要求：

（1）保持车辆原有的技术状况；

（2）车辆可以随时安全、顺利、方便、迅速地进出，以保证能及时参加营运工作；

（3）无火灾危险，并备有必要的消防设施及安全疏散的通道和大门；

（4）设置为停放车辆服务的技术性服务设施；

（5）在不降低上述基本要求的原则下，应尽量减少基建投资额和日常运用费，力求减少占地面积。

3. 停车场（库）设计原则

（1）停车场的设置应结合城市规划布局和道路交通组织需要，合理分布。

（2）公用停车场的规模应按照服务对象的要求、车辆到达与离去的交通特征、高峰日平均吸引车次总量、停车场地日有效周转次数，以及平均停放时间和车位停放不均匀性等因素，结合城市交通发展规划确定。

（3）公用停车场的停车区距所服务的公共建筑出入口的距离宜采用 50～100 m。

（4）停车场的出入口不宜设在主干路上，不得设在人行横道、公共交通停靠站以及桥隧引道处。停车场出入口及停车场内应设置交通标志、标线以指明场内通道和停车车位。

（5）停车场平面设计应有效地利用场地，合理安排停车区及通道，便于车辆进出，满足防火安全要求，并留出布设附属设施的位置。

（6）停车场采用的设计车型及外廓尺寸应以停车场停车高峰时所占比重大的车型为设计车型。如有特殊车型，应以实际外廓尺寸作为设计依据。

（7）停车位面积应根据车辆类型、停放方式、车辆进出、乘客上下所需的纵向与横向净距的要求确定。

6.3.2 车辆停发和停放方式

车辆停发和停放方式是指车辆驶入和驶出停车位置（简称车位）及在场（库）内的停放排列方法。

1. 车辆停发方式

车辆停发方式通常有三种，如图 6-26 所示。

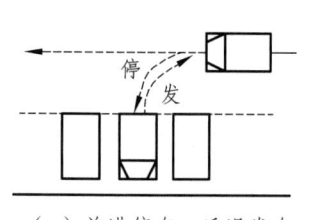 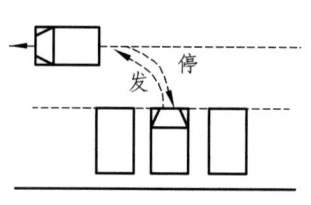 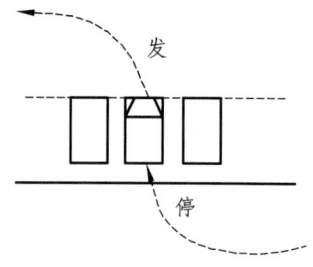

（a）前进停车、后退发车　　（b）后退停车、前进发车　　（c）前进停车、前进发车

图 6-26　车辆停发方式

前两种进出车位的方式统称尽头式，第三种称贯通式。其中，由于后退停车、前进发车方式迅速、行驶方便，所需调车通道面积较小，且便于车辆的安全疏散，因此广为采用。而贯通式进出车位的方式，虽然都以前进式行驶，可避免车辆进出车位时的交叉，调车安全性较好，但因占地面积较大，通常很少采用。

2. 车辆停放方式

车辆在停车场（库）内停放保管时，根据停车场地条件和车辆的停车要求，可以采用不同的停放方法。

1）按车辆纵轴线与通道中心线的相对位置关系分类

按车辆纵轴线与通道中心线的相对位置关系，可有下列 3 种停放方法：

（1）平行式，如图 6-27 所示。车辆平行于通道方向停放。这种停放方式占用的停车带较窄，车辆驶出方便、迅速，但单位长度内停放的车辆数最少，一般在车型多、场地狭长、沿道路一侧或两侧布置停车时，常采用此种形式。

（2）垂直式，如图 6-28 所示。车辆垂直于通道方向停放。这种停放方式的特点是单位长度内停放的车辆数最多，用地比较紧凑，但所需通道较宽。布置时一般采用两边停车，合用中间一条通道，因此在场区整齐的情况下被广泛采用。

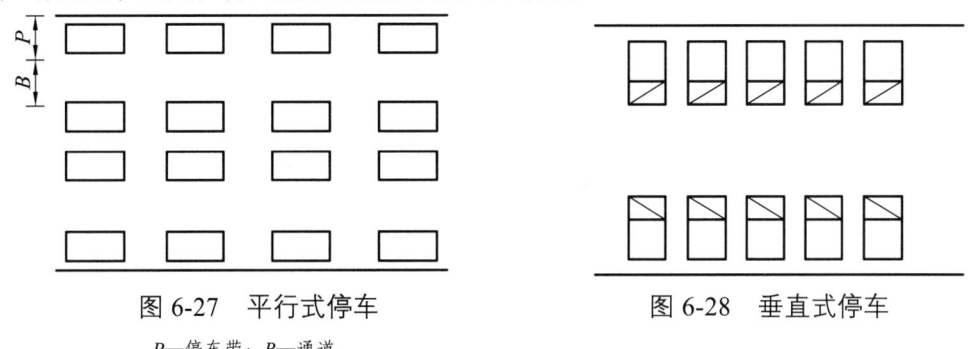

图 6-27 平行式停车　　　　　　　　图 6-28 垂直式停车

P—停车带；B—通道

（3）斜置式，如图 6-29 所示。车辆一般与通道成 30°、45°、60°或其他锐角斜向布置的停放方式。这种停放方式的特点是停车带宽度随车身长度和停放角度而异，车辆停放比较灵活，驶出、驶入车位方便。但由于受通道宽度限制，车辆只能在通道内作单向前进行驶，单位停车面积比垂直式大，而且随着停放角度的减小，车辆前后不能利用的三角形面积增大。尤其是 30°停放，用地最不经济。所以适宜于停车处宽度有限的场合下采用。若采用斜角插入式停车方法，如图 6-30 所示，可减少一部分空隙面积，有利于停车场地的有效利用。

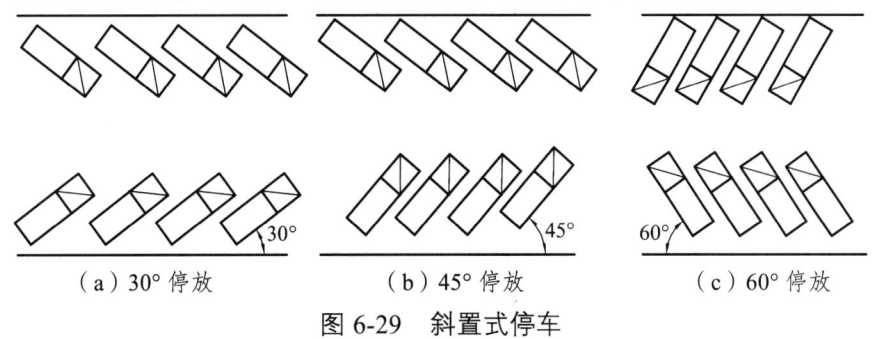

（a）30°停放　　　　　　（b）45°停放　　　　　　（c）60°停放

图 6-29 斜置式停车

图 6-30 斜角插入式停车

2）按停放车辆的排列数分类

按停放车辆的排列数可分为单列和多列两种停放方法。尽头式的排列一般不宜超过两列，贯通式的排列不宜超过 6 列。

选择车辆停放方式，除须因地制宜地与停车场地的形状相协调外，还应考虑停车场（库）的类型、车辆型式及用途等因素。表 6-5 列出了不同情况下宜采用的车辆停放方法。

表 6-5 不同情况下宜采用的车辆停放方法

各种停放方法适宜采用的条件	有内部通道的停放方法				没有内部通道的停放方法		
	尽头式直角两边停放		尽头式斜角单边列停放	贯通式多列停放	尽头式直角两边停放		贯通式多列停放
	单列	双列			单列	双列	
按照车辆的用途：							
一般使用的载货汽车和轻便汽车	-	√	-	-	-	√	-
公共汽车和出租汽车	-	√	-	-	-	√	√
私人用的汽车	√	-	-	√	√	-	-
特种用途的汽车	√	-	-	-	√	-	-
按照车辆的类型：							
多类型的汽车	-	-	√	-	√	-	-
外形尺寸较大的汽车	-	-	-	√	-	-	-
载客的汽车列车	-	-	-	-	-	-	√
按照停放车辆的数目：							
10~20 辆	-	-	-	-	√	√	-
21~40 辆	√	√	-	-	-	√	-
40 辆以上	-	-	√	-	√	√	√

6.3.3 停车场（库）的工艺计算

停车场（库）的工艺计算，主要是依据停放的车型、车数和停放方式，计算停车带、调车通道的尺寸，确定单位车辆占地面积及停车处的总面积，以保证车辆进出迅速方便，停放安全可靠，用地经济合理。这里仅对设计车型、停车容量、场区行车通道宽度、停车带宽度及长度工艺计算做简要介绍。

1. 设计车型的确定

停放不同类型的车辆，其外形尺寸就决定了停车带和通道宽度的确定。因此，以何种车型作为设计依据是首先要解决的问题。设计车型一般选用停车使用比重最大的车型作为设计标准。

根据停车场使用功能及主要停车类型标定，目前常见的有：

（1）城市大型公用社会停车场：主要停车对象为私人小汽车；

（2）运输企业停车场：根据企业运输需求的车辆情况有大型载客汽车停车场、中型客车停车场、大型货车停车场、特种用途汽车停车场等；

（3）其他停车场：根据停车场的不同使用功能定义。

2. 停车容量的确定

停车容量指同时能停放的最大车辆数。在确定社会公用停车场的容量时要比汽车运输企业自用停车场困难和复杂得多，因为社会公用停车场的容量与其服务对象、车辆到达和离去特征、高峰时段停车需求、停车场地的周转次数、平均停放时间、停车不均衡系数、城市用地性质和规模、公共建筑布局等许多因素有关。

日本在确定市区外围社会公用停车场容量时，根据道路交通量与停车场利用率按下式估算：

$$Q_p = NB\, Ag\, Bg\, /\, Cg \quad （辆） \tag{6-4}$$

式中　Q_p——停车数量，辆；

NB——规划年限（一般指通车 10 年后），一侧道路的日交通量，辆；

Ag——中途停车率，%；

Bg——高峰率，以高峰小时交通量占日交通量的百分比计；

Cg——停车场周转率，等于 1 h 除以平均停车时间。

对于我国公路干线旁的停车场，建议最大容量为 60 辆；标准容量为 25~40 辆；最小容量为 15 辆。汽车运输企业停车场的容量取决于企业的任务和车辆的沿线工作情况。若企业每辆汽车都有固定停放位置，则停车位置数目应等于汽车在册车数；若车辆停放位置不固定，则停车位置数决定于车辆沿线工作情况、企业维修工段用作停车的可能性，以及企业分设机构的情况。一般来说，车辆昼夜不断运行的企业，所需车辆的停车位置数最少，有时可不超过在册车数的 1/3。

3. 行车通道宽度的确定

为了保证车辆在停车场（库）内的安全行驶，停车场（库）内必须布置行车通道。通道宽度取决于汽车的外形尺寸、最小转弯半径以及必要的安全区带宽度。根据停车场（库）的类别、停车数量及行车组织方法的不同，行车通道可设单车道或双车道。

（1）单车道宽度的确定。

汽车在单车道上行驶时，除必须保证车辆本身宽度外，还应考虑安全行车的有关规定。如图 6-31 所示，单车道宽度 X_1 可按下式确定：

$$X_1 = b + 2Z_w \tag{6-5}$$

式中　b——汽车外形宽度，m；

　　　Z_w——安全区带宽度，m。

由于 Z_w 一般不得小于 0.4 m，因此 $X_1 \geqslant b + 0.8$（m）

在正常情况下，按规定供小汽车使用的单车道宽度应不小于 2.5 m，大、中型客车及货车使用的单车道宽度应不小于 3.0 m。

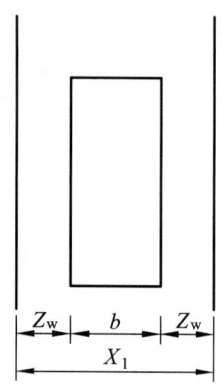

图 6-31　单车道宽度

（2）双车道宽度的确定

双车道的宽度取决于 2 倍的汽车外廓宽度及其附加安全区带的宽度，如图 6-32 所示。不论两辆汽车是相向行驶还是同向行驶，双车道宽度 X_2 均可按下式计算：

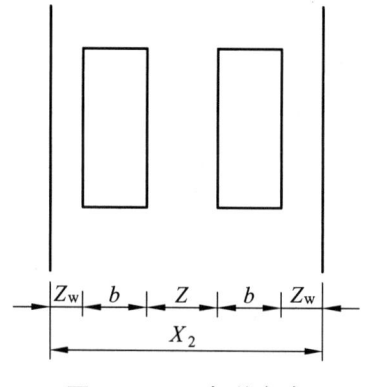

图 6-32　双车道宽度

$$X_2 = 2(b + Z_w) + Z \tag{6-6}$$

式中 Z——两辆汽车之间的安全行驶距离，一般取 0.8~1.0 m。

在正常情况下，供轿车使用的双车道总宽度应不小于 5 m，而供大、中型客车及货车使用的双车道总宽度应不小于 6 m。此外，如果设计时还需要考虑有人行通道时，则人行通道宽度应不小于 0.75 m。

4. 停车带宽度的确定

停车带宽度是指停放车辆在平行于通道方向所占的区域宽度 P，如图 6-33 所示，其与车辆外廓尺寸及停放方法有关，可按下式确定：

$$P = T + a \cdot \sin\theta + b \cdot \cos\theta \tag{6-7}$$

式中 T——墙或边线至汽车之间的安全距离，一般取 0.5 m；
   a——汽车外形长度，m；
   b——汽车外形宽度，m；
   θ——汽车纵轴线与通道中心线所成角度。

当汽车采用垂直停放时，即 $\theta = 90°$，则 $P = T + a$
当汽车采用平行停放时，即 $\theta = 0°$，则 $P = T + b$
汽车平行停放时，为了保证车门安全开放，T 值通常取 1.0 m。

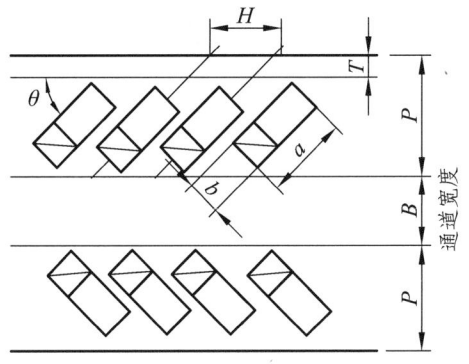

图 6-33 停车带宽度计算示意图

5. 停车带长度的确定

停车带长度与停放车辆数目、汽车外廓尺寸、汽车之间的距离以及汽车停放角度等因素有关，如图 6-33 所示。各停车带长度 L_p 可按下式计算：

$$L_p = (A-1)H + a \cdot \cos\theta + b \cdot \sin\theta + 2Z_w \tag{6-8}$$

式中 A——单排停放汽车数目，辆；
   H——汽车纵向轴线间距离在通道中心线上的投影。

当采用平行式停放时（见图 6-34），停车带长度应按下式计算：

$$L_p = (a+y)A + Z_w \tag{6-9}$$

式中 y——两汽车间距离，可按不同车型在 2.0~4.0 m 范围内选取。

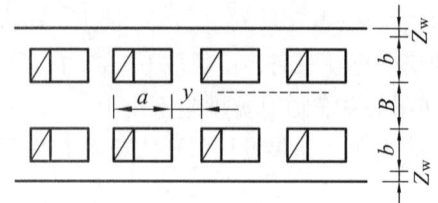

图 6-34 平行式停车带长度计算示意图

6.3.4 停车场（库）的平面布置

1. 停车场（库）平面布置的基本原则

停车场（库）的平面布置主要取决于功能要求、车辆的停放方法、停车位置数、房屋参数、车辆的移动方法以及房屋结构等因素。进行停车场（库）平面布置时应遵守下列基本原则：

（1）要满足停放车辆的生产及功能要求，并使停车区尽量位于可扩展的一侧，适当考虑留有发展余地；

（2）停车场（库）内的汽车行驶路线、行车通道以及各主要辅助设施的位置，要符合总的工艺流程；

（3）停车区域要完整，要有效地利用行车通道和占地面积。不同类型的车辆应根据具体情况，尽可能分区停放；

（4）大、中型停车场（库）车辆的出、入口宜分开设置，使车辆按单向路线行驶，以免发生车流和人流的相互交叉。并且在车辆的入口处应设置明显的行驶方向和停车位置标志。

2. 停车库的平面布置形式

室内停车库的平面布置形式可分为敞开式、分隔式、敞开-分隔式和综合式等 4 种，如图 6-35 所示。

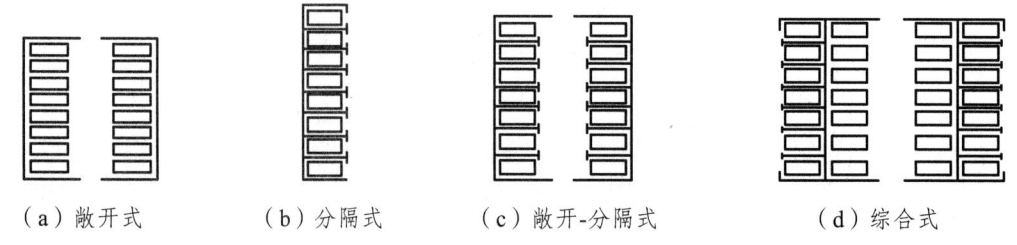

（a）敞开式　　（b）分隔式　　（c）敞开-分隔式　　（d）综合式

图 6-35 室内停车库的平面布置形式

敞开式停车库是把汽车停放在一个公共的房间内，在库内车道的一侧或两侧停放车辆，每侧可停放 1 列或 2 列汽车。

分隔式停车库是将汽车停放在相互隔离的房间内，单列停放时，每个车房可有 1~2 个停车位；而采用双列停放时，可有 2~4 个停车位，并且每个车房均有通向室外的大门。

敞开-分隔式是指库内设有敞开的公用行车通道，而各个隔离的车库布置在通道两侧的房间内。

综合式停车库内，汽车既可停放在隔离的房间内，也可停放在公共房间内。

停车库形式的选择，除取决于车辆用途外，还应考虑下列要求：

（1）汽车的隔离情况；

（2）防火安全性及观察的方便性；

（3）停车库面积的利用程度及经济性；

（4）房屋的热能损失程度等。

就防火安全而言，分隔式停车库由于相互隔离，火灾不易蔓延，但也不易及时发现火情；从观察汽车的方便性而言，敞开式停车库比较优越；而就对房屋的热能损失而言，分隔式停车库的大门数目多，热能损失较大。

6.4 案例——江门长途汽车客运站设计

1. 江门长途汽车客运站简介

江门长途汽车客运站建设基地位于江门市区贯通南北的城市主干道江沙路与沟通东西的五环路的交汇处，同时也位于江门市区新的政府行政中心——北新区内，对内、对外联系便捷。站场用地面积 100 000 m²，总建筑面积 16 316 m²。规模为日发送旅客 25 000 人次，日发车班次 1 500 班次，最高日发送旅客 401 300 人次。设计内容包括：客运站主站房、司助人员综合服务楼、客运指挥调度中心和附属用房。用地内规划的其他设施包括占地 5 500 m² 的公交站场、7 000 m² 其他社会车辆及出租车停车场、入口广场及 2 160 m² 的预留发展用地。

该站的设计规模已远远超过《中华人民共和国交通行业标准》对《汽车客运站级别划分和建设要求》中一级客运站日客运量 10 000 人次以上的划分。为此，设计时不仅对现有的设计资料进行研究分析，而且对其发展趋势进行预测，并以此为依据进行总体布局、交通组织、站型设计构思（见图 6-36）。

2. 总体布局与流线组织

客运站规模大、功能复杂、人流量大，如何使旅客利用各种交通工具方便快捷地到达、离开站场以及如何使各区连接顺畅流线合理，是设计现代交通建筑首先要解决的问题。

1）功能分区

在设计中根据不同的使用要求进行功能分区：一是由客运主站房、公交到站、社会车辆及出租车停车场、站前广场等组成的主站房区；二是客运调度指挥中心区；三是由驻车场、附属用房组成的长途汽车活动区；规划将主站房设于用地中部，其东北为公交车场、东南为出租车及社会车辆停车场，另设出租车停靠线。

2）交通组织

公交车经江沙路从基地北侧进入站场接送旅客并自基地东侧离开站场。旅客从主站房至公交到发站步行距离最近 40 m，最远 100 m。

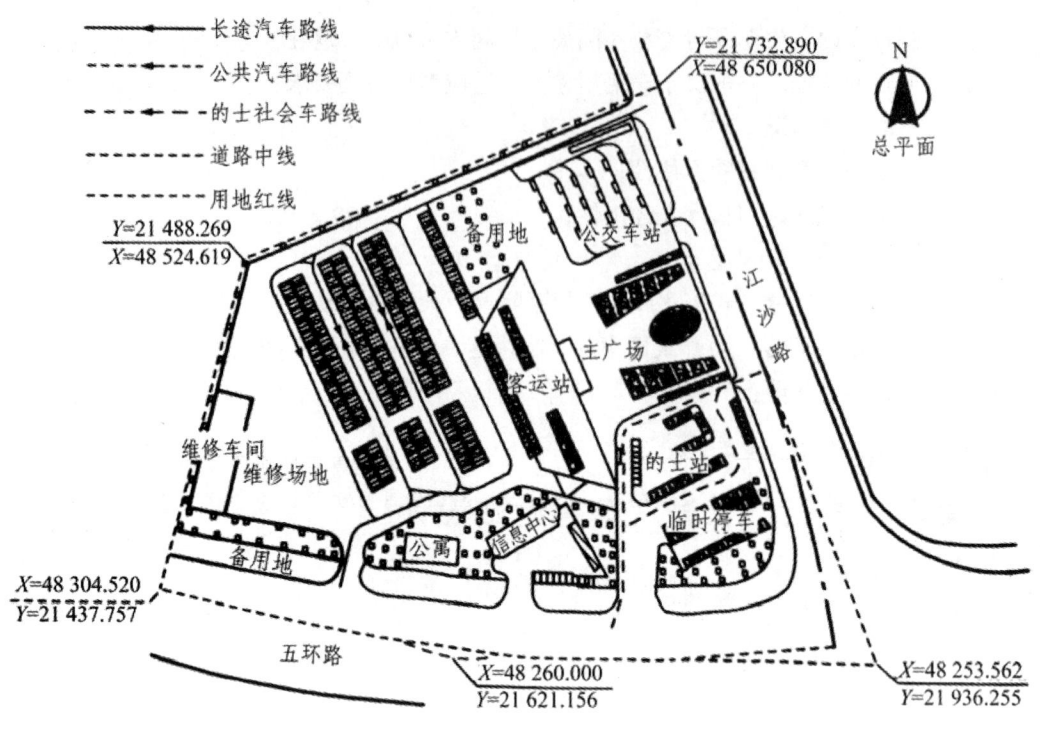

图 6-36 江门长途汽车站总平面图

出租车、社会车辆流线：车辆经江沙路从东侧进入站前区接送旅客，自东向西穿过基地南侧单行线，经南边五环路通往市区。为送客的出租车、社会车辆设有长 80 m 的落客岸线，可同时停车 12 辆。站前广场南侧设有出租车和社会车辆停车场，共有 180 个小汽车停车位。

站前广场进深 60 m、宽 7 m，紧接主要进站口。

此外来车站公务的其他车辆经五环路从基地南侧进出调度指挥中心区。

3）环境设计

基地建筑尽量沿江沙路和五环路展开，使建筑获得良好的视野，主入口广场在满足交通要求的同时，适当妆点水体绿化美化环境，体现"以人为本"的时代精神。长途车驻车场区是比较嘈杂的区域，在调度指挥中心、司售综合服务楼与长途车驻车场之间布置绿化园林，可以减少噪声干扰，使调度指挥中心区和司乘休息区能获得良好的环境。

3. 平面设计

现代社会的高速发展，使客运站在城市中的作用不断变化和多元化，客运站的运营方式、管理手段也不断革新。因此，这类建筑使用的灵活性和可改造性必须满足不断变化的实际需求就显得十分重要，这是平面设计的一个出发点。

1）主站房平面设计

主站房选用柱网尺寸 8 m×12 m 和 118 m×6 m，总面宽 160 m，进深 30 m，建筑面积 6 192 m²，设计中将主站房前半部分用作进站大厅，这个大厅包括 4 项内容，即进站大厅、售票大厅、旅客等候休息厅以及充分利用建筑的层高而设置的夹层空间作为商业厅和快餐厅。

各部分位于不同区域,既相互联系又各自独立。根据现有的资料及对客运站的实际调查,将售票窗口数量设为 24 个。长途汽车客运在高峰和非高峰客流量差别很大,高峰期客流量通常为平时的 2 倍左右,为此,可利用非高峰则段从事商业服务,提高空间利用率,而在旅客高峰期则提供尽可能大的停留等候空间。将售票窗口集中在大厅一端,高峰期通过设置灵活隔断、导向标志来区分引导人流(见图 6-37、图 6-38)。

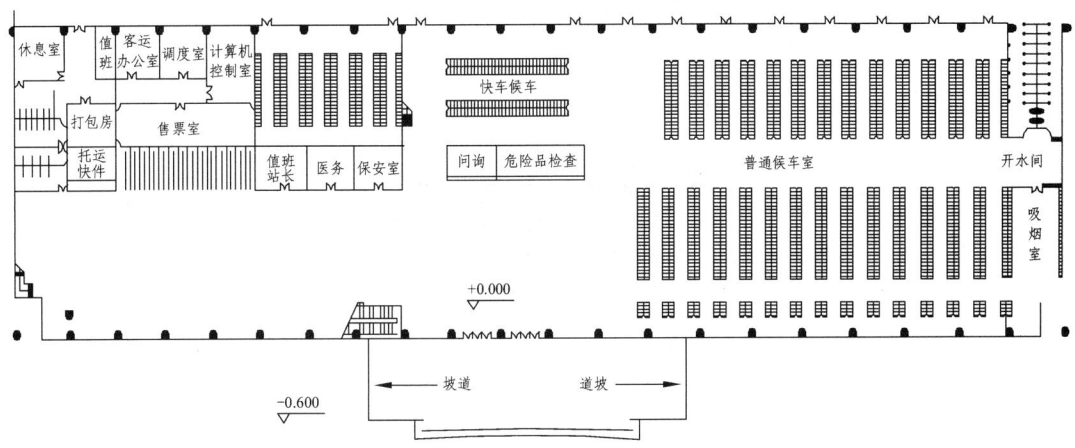

图 6-37 客运主站房首层平面图(单位:m)

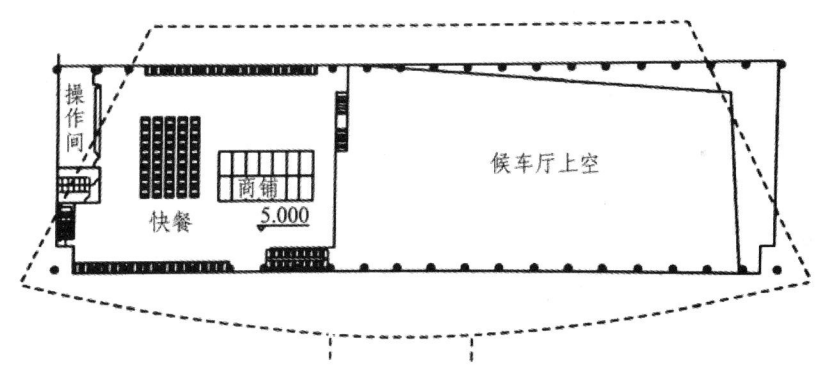

图 6-38 客运主站房夹层平面(单位:m)

2)到发车位设计

在到发车位的设计中,根据设计资料营运时间按每日 12 h 计算,每个发车位按每小时发车 2 个班次计算,则站场宜设发车位 38 个,而根据实际情况设 45 个发车位,另设 10 个到站车位,并将到、发车位连续地设置,在二者之间不做固定分隔,站房外也不另设落客区,这样有利于根据到发车情况灵活调整到、发车数量,而且可将出站厅与进站厅连通,方便旅客中转换乘,减少旅客行走路程,充分体现现代建筑灵活性、适应性的特点。

3)客运指挥调度中心

客运指挥调度中心选用柱网尺寸 8 m×8 m,建筑面积 6 580 m²,位于用地转角处南侧,共 7 层,其中 1~5 层为站务管理办公室、驻站公司办公室,6~7 层为江门市公路运输管理信息中心。在二层设有走廊直接与主站房相连,便于内部工作人员联系。

4)司助公寓综合楼

司助公寓综合楼选用柱网尺寸 4 m×8 m,建筑面积 2 545 m²,布置在用地南边,与指挥调度中心相连,共 4 层,首层设厨房、餐厅,餐厅临五环路,便于对内、外开放提高经营灵活性。2~3 层为司助休息用房,共 70 个标准间。

5)附属用房

维修、安检等附属用房安排在用地的西南侧,单层建筑,约 1 000 m²。

4. 建筑空间及造型设计

1)空间设计

建筑空间作为一种客体存在,具有物质和社会的双重属性,其物质属性主要表现在它是以定的形状、大小、方位、色彩、肌理和相互间的组配关系等可感现象存在于物理世界之中,是一种信息的载体。不同的建筑往往具有不同的空间形式,应采用多种建筑设计手法进行空间组合来创造特有空间形态满足功能需求。本次设计充分利用主站房 10 m 的层高,在售票厅上方设置夹层空间,安排配套商业服务功能,满足现代交通建筑多元化的需求,同时,空间上也产生了高低、大小的错落对比,加之在主站房顶设置天窗,将自然光引入室内从而产生丰富的光影效果,使商业空间亲切宜人,候车空间宽阔而不压抑。在室外,利用调度指挥中心与主站房之间的空间连廊,恰到好处地将二者合为一体,并巧妙地将交通广场、行政广场渗透到建筑群中,丰富了街道转角处的空间形态。

2)造型设计

建筑的整体造型是点、线、面、体在空间的凝结和集聚,并以某种形态表达一种有活力的、运动的、符合逻辑的秩序。正是基于此,本设计考虑到站场基地东侧为 40 m 宽的江沙路,南面为 50 m 宽的五环路,站场环境视野十分开阔的特点,将主站房的屋盖尽量水平延伸并与信息中心垂直的钟塔形成面与线、水平与垂直的对比效果。沿江沙路形成简洁明快的柱列,使整体形态充满韵律和节奏感。柱顶的伞状钢撑,使屋面更为轻巧舒展。巨大波浪状的飘篷,具有极强的标志引导性,突出侧墙的屋面板、两端的角柱及其上部屋盖的圆洞,打破对称建筑的呆板,明快而有趣味性。

同时,设计中还力求将技术与形式融合,大胆采用现代科技和材料,充分利用光、玻璃、金属等构成元素来创造一个流畅明快、简洁大方的"都市之门",体现了时代精神,实现了交通运输行业在诸行业中的特殊印象。

复习思考题

1. 绘出汽车客运站站务作业示意图,并指出客运站内的主要流线有哪些?
2. 在组织客运站工艺流线时,主要满足哪些要求?
3. 简要说明汽车客运站的选址原则。
4. 什么是旅客最高聚集人数?通常可采用哪些方法来确定?

5. 简要说明客运站总平面布置的基本原则和要求。
6. 汽车零担货运站装卸站台的类型有哪些?
7. 集装箱公路中转站的主要组成部分有哪些?
8. 绘图并简要说明车辆停发和停放方式及各自特点。
9. 车辆停车带宽度和长度是如何确定的?

第七章 港 口

7.1 港口概述

7.1.1 港口在运输系统中的地位

港口作为综合交通的枢纽以及旅客和货物的集散地,在整个交通运输系统中历来就起着举足轻重的作用。合理的港口布局、适度的港口建设和高效的经营是一个国家发展旅客和货物运输,加强国际交往的重要保证。不仅如此,港口还是国民经济和地区经济发展的增长点。港口的运输功能、工业功能和商业功能的发展,加速了地区城市化的进程,促进了整个国民经济的发展。根据统计资料显示,在全国的对外贸易中,90%以上的货物是通过港口进出和装卸的。如上海,虽然其没有大量的工业用原材料和燃料等资源的蕴藏,但凭借其优越的地理位置和四通八达的运输网络,尤其是便利的内河运输和沿海的集疏运条件,该城市已经成为我国的经济、金融、贸易的中心,并正向国际经济、金融、贸易和航运中心的目标迈进。如荷兰的鹿特丹港作为世界第一大港,每年吞吐约 3 亿吨货物,与阿姆斯特丹港一起,使荷兰这个地域小国成了世界贸易大国,而其异常发达的港口工业为该地区和整个国家的繁荣做出了贡献。港口活动产生于贸易和运输,从这个意义上,对外开放的港口已成为国际运输链和国际生产贸易体系中活跃的参与者和组成部分。随着我国经济和对外贸易的发展,我国港口正面临功能扩展、完善和稳步建设的新阶段。

7.1.2 港口的发展及其功能

1. 港口的发展

从港口的功能上看,一般将其发展历史划分为以下阶段。

第一阶段:18 世纪以前,当时的港口仅是作为从事船舶装卸活动的场所。在此阶段,港口主要完成货物的装卸、仓储、运输功能,为完成这些功能,港口还需要具有运输组织的功能。同时,港口还需要为船只以及人员提供必要的服务功能。

第二阶段:从 18 世纪末至 20 世纪中叶,港口的功能已扩展到贸易领域和转口功能,即港口不仅是为船舶从事装卸活动的场所,而且港口也是贸易活动的领地,以港口装卸活动保证贸易活动的开展,为转口贸易提供便利条件。

前两个阶段,港口生产的特点主要是货物流动、简单的个别服务和很少的增值服务。港口发展的关键因素是劳动力和资本。

第三阶段:开始于 20 世纪 50、60 年代,伴随着工业技术革命,港口工业迅速兴起,出口加工工业、自由贸易工业不断借助港口优势在港区内建设起来,将港口与城市发展、港口与出口加工工业等有机地结合起来,使港口成为集疏运中心、贸易中心、金融中心和工业中心为一体的综合性区域,港口活动已不再仅限于码头本身,而是扩展到了周边地区。港口与用户之间有了较密切的关系,港内各种活动逐渐走向统一和协调,但港口与所在城市间只有非正式关系。港口的生产特点主要是货物流动、货物加工换装、提供联合服务,增值服务范围进一步扩大,港口发展的关键因素是资本与技术。

第四阶段:20世纪80年代~21世纪初的工业化后期。经济全球化趋势开始出现并迅猛发展,全球性的产业结构调整和信息技术的广泛应用,使得港口功能得到进一步扩展。成组货和集装箱运输已成为件杂货的主要运输方式,集装箱、干散货和液态散货运输船舶向大型化发展,泊位向深水化、专业化发展。港口采取完全商业化的发展态势,逐渐发展成为国际贸易的运输中心与物流平台,主要业务范围从货物装卸、仓储和船舶靠泊服务,到货物的加工换装及与船舶有关的工商业服务,扩大到货物从码头到港口后方陆域的配送一体化服务。港口逐步成为统一的,集运输与贸易一体化的经济共同体。跨国公司的加入,提出了及时服务、零库存等要求,围绕着运输链的起始点,港口活动的范围已大大超出了传统的港口界限。港口与所在城市关系也更加密切,在组织功能上日益扩大。港口的特点是货物流与信息流、资金流、人才流一体化,通过货物与信息的综合配送,可提供一揽子综合服务,港区增值服务也大大增加。港口发展的关键因素是技术、信息和服务。

第五阶段:进入21世纪后的后工业化时期。工业向柔性和个性化方向发展,虚拟企业开始出现,港口成为全球生产、销售等整个供应链中重要的节点,又加上高新技术在港口领域得到全面应用,港口功能进一步完善,已发展为综合物流中心,成为全球资源配置枢纽。港口生产经营从追求规模化转向追求规模化与满足个性,提供全程、全方位和多层面服务,提出建设生态港目标,强调持续发展。港口与所在城市的发展更为紧密,与人类社会更为协调,从而形成区域经济、技术、文化、利益共同体。在这一阶段,人才与环境成为决定港口发展的关键因素。

2. 港口的功能

随着经济快速发展和科学技术水平的提高,特别是全球经济和运输一体化进程的加快,对港口的要求越来越高,因而港口功能也在不断拓宽和延伸,呈现多元性和发展性两个特征,多元性是港口在社会经济运行过程中的许多方面都或多或少地发挥着一些作用;发展性是指港口的功能是不断发展变化的,总的趋势是港口功能越来越多,越来越复杂。

现代港口主要具有以下几个大方面的功能:

1)运输功能,包含两方面的内容:

(1)船舶进出港的相关活动。如引航、拖船、向船舶提供燃料、物资、淡水、维修、通信、为船员提供的生活娱乐服务、海关、商检、港监、卫检和动植物检疫等;

(2)与货物和旅客中转相关的活动。如组织货源,集并出港物资,输送进港物资,货物装卸、搬运、仓储等。其中装卸和仓储是港口最基本的功能。

2)工业功能,包括两种:

(1)依靠港口深水条件并服务于航运业的工业,如造船、修船、港口工程等;

(2)以原材料和产成品大量依靠船舶运输的工业,如冶金、石油、汽车工业等。

经济学家在分析商品成本时发现，运输成本在商品成本中占很大的比重，尤其是那些原材料需要大量进口或产品需要大量远销的工业。根据规模经济理论，大批量的运输可以降低单位成本。而船舶正是这种大批量运输的理想工具，因此，在港口城市建立工业，不仅可以利用大船运输的优势节省成本，而且在港口城市建厂可减少原材料和产品的中转次数，从而降低成本，这种情况在建有港口保税区和开发区的港口已十分普遍。

3）港口的商业和贸易功能

（1）港口的仓储功能。现代港口的仓储已不仅仅是为了继续运输的需要，已成为综合物流的一个重要环节，由于大船运输成本低，这样将大批量的货物存储在港口就可以既不间断的供应市场，同时又可以降低成本，不少国际大公司在港口建立配送中心，因此世界大港口均专门开辟了一定的区域，配备了所需的设施为企业提供仓储和配送所需要的所有服务。

（2）港口的贸易功能。贸易功能是港口的派生功能，由于国际港口与国际交易市场紧密相连，很容易及时地将货物从港口运往市场，这就促成了众多的贸易公司在港口和港口城市设立机构，以方便及时地了解市场行情，及时购入、抛出某种商品，随着工业和贸易功能的增强，一些为产业服务的行业，如金融保险等也随之发展起来。

4）港口的信息功能

通信及信息服务系统是港口现代化的重要组成部分，也是形成物流服务中心及管理中心的重要基础。现代港口是多种信息的汇集中心，同时也是各种信息的服务平台，其主要信息包括：

（1）船舶与航线、货源与车源、车辆调度、货与车跟踪、仓储与库存控制、运输与配送计划、物流作业统计以及物流成本分析与控制等物流供应链上的各种信息；

（2）国内和国际商贸有关信息；

（3）"一关三检"（即海关、动植物检疫、卫生检疫和船舶检疫）所需的服务信息；

（4）多式联运有关资料信息；

（5）信息服务与咨询。

7.1.3 港口的定义和分类

1. 港口的定义

目前，关于"港口"的概念尚无统一的定义，不同专家不同学者从不同的角度都对港口概念进行过描述，本书主要介绍一些典型定义：

（1）于2003年6月28日通过并于2004年1月1日起正式实施的《中华人民共和国港口法》对"港口"的概念作了以下的描述：

港口，是指具有船舶进出、停泊、靠泊，旅客上下，货物装卸、驳运、储存等功能，具有相应的码头设施，由一定范围的水域和陆域组成的区域。港口可以由一个或者多个港区组成。

（2）在《中国大百科全书（交通）》中，对"港口"作了以下定义：

具有一定面积的水域和陆域，供船舶出入和停泊，货物和旅客集散的场所。

港口的任务是为船舶提供能安全停靠的设施，及时完成货物和旅客由船到岸或由岸到船以及船到船的转运，并为船舶提供补给、修理等技术服务和生活服务。

港口的水域包括：进港航道、港池和锚地；陆域包括：港内水域及紧接水域的陆地。

（3）在《辞海》中的"港口"定义是：

位于江、河、湖、海或水库沿岸，具有一定的设备和条件，供船舶往来停靠，办理客货运输或其他专门业务的地方。港口范围包括港内水域及紧接水域的陆地。

（4）就其作用而言，是交通枢纽、水陆联运的咽喉；是水陆运输工具的衔接点和货物、旅客的集散地。目前，港口除了具有运输功能外，还有工业功能、贸易功能、商业功能、信息服务和物流等功能。

（5）就其工程内容而言，是各种工程建筑物（水工、房建、铁路、道路、给排水等）设备的综合体，而港口水工建筑物是这个综合体的主要部分。

综合来看，本书认为以下定义更确切：港口，是位于江、河、湖、海或水库沿岸，具有明确界限的水域和陆域及相应的设备和条件，提供船舶出入和停泊，旅客上下船，货物装卸、储存和驳运，以及船舶补给、修理等技术和生活服务的场所。

2. 港口的分类

由于港口与港口之间在功能、位置、规模、能力、自然条件等方面的差异，不同的港口对国家国民经济发展的影响是不一样的。因此不同国家对港口的分类也不一样，主要从地理位置、用途、自然条件及重要程度等方面进行分类。

（1）按照用途分类。

商港：也称贸易港，以一般商船和货物运输为服务对象，供商船进出使用的公共性质的港口，商港一般均兼运各种各类货物，因此设有不同货种的作业区，它不但要有优良的作业条件，还必须具备工商业集中、经济发达、交通便利等条件。如我国上海港、香港港、青岛港和大连港等。世界上很多大港口如鹿特丹港、汉堡港、纽约港、横滨港、神户港等都是世界上著名的商港。

工业港：供大型企业输入原材料及输出制成品而设置的港口，也称业主码头，主要为企业自己使用的港口，如上海地区位于长江南岸的宝钢码头等。

军港：用于军事目的，为舰艇停泊并取得所需战术技术补给的港口，在港口选址、总图布置、陆域设施等与上述港口有较大差别。如美国的珍珠港和中国的旅顺港。

渔港：为渔船停泊、捕捞渔货保险、冷藏加工、修补渔网、中转外调渔货和渔船补给的基地。如我国的舟山港和大连渔港。

旅游港：为游艇停泊和上岸保管而设计的港池、码头及陆域设施的港口。

避风港：供船舶在航行途中，或海上作业过程中躲避风浪和取得少量补给的港口。

（2）按照地理位置分类。

海港：指在自然地理条件和水文气象条件方面具有海洋性质的港口，又可分为海岸港和河口港。海岸港位于有掩护的或平直的海岸上。属于前者大都位于海湾中或海岸前有沙洲掩护。如旅顺军港、湛江港和榆林港等，都有良好的天然掩护，不需要建筑防护建筑物。若天然掩护不够，则需加筑外堤防护，如烟台港。位于平直海岸上的港一般都需要筑外堤掩护，如塘沽新港。河口港位于入海河流河口段。历史悠久的著名大港多属此类。如我国的上海港和广州港，国外的鹿特丹港、纽约港、伦敦港和汉堡港均属于河口港。

河港：指位于河流沿岸，具有河流水文特征的港口。如我国的南京港、武汉港和重庆港均属于此类，可供内河运输船舶装卸作业，旅客上下和补给燃物料等。河港直接受河道径流的影响，天然河道的上游港口水位落差较大，装卸作业比较困难；中、下游港口一般有冲刷或淤积的问题，常需护岸或导治。河港包括水库港和湖港。水库港指建于大型水库沿岸的港口。水库港水位受工农业用水和河道流量调节等的影响，变化较大。湖港指位于湖泊沿岸或江河入湖口处的港口。一般水位落差不大，水面比较平稳，水域宽阔，水深较大，是内河、湖泊运输和湖上各种活动的基地。

（3）按照自然条件分类。

天然港：具有天然的船舶停靠和避风条件，有足够的水域面积和天然水深条件，地质适于锚泊的港湾。如我国的大连港、宁波港（北仑港区）、香港港，美国的旧金山港和日本的东京港等。

人工港：经人工开凿的航道和港池，并建有防波堤的港口。如法国的勒阿弗尔港和我国的天津港等。

（4）按港口的层次地位分类。

航运中心港：这是港口高度集约化的产物，这类港口所在城市的经济、金融与贸易十分发达，有广阔的经济腹地，有众多的固定航线通往国内外各主要港口。航运中心港一般都是集装箱枢纽港。

主枢纽港：这类港口地理位置优越，辐射面广、货源充足、有较多的固定航线，设施与设备先进，是功能齐全的重要港口。其一般位于综合运输主骨架的交汇点，是客货集散中枢和各种运输方式的相互衔接处。

地区性枢纽港：这类港口的服务范围主要是某个地区，其航线数量、服务功能、服务设施与设备等方面都不如主枢纽港，但它具有优越的地理位置、较先进的服务设施与设备以及较齐全的服务功能，是地区客、货集散中枢和综合运输的枢纽。

地区性重要港口：在地区经济发展及对外开放中发挥重要作用的港口。依托所在地区的重要城市，具有良好的陆路运输条件，对周边地区有一定的辐射作用。

其他中小港口：除上述以外的大量沿海中小港口，作为沿海地区交通基础设施的一部分，对所在地区经济发展起积极的促进和保障作用，也是完善沿海港口布局的重要补充。

（5）按集装箱运输份额分类。

国际集装箱枢纽港：国际集装箱运输主干航线的起始港、终点港或主要挂靠港，是所在地区集装箱及货物集散的枢纽。

区域性枢纽港：国际集装箱运输主干航线挂靠港或区域性国际航线起始港、终点港，本地区及邻近地区集装箱货源较充足，并有一定数量的支线港（喂给港）。

支线港（喂给港）：区域性集装箱国际航线或分支航线的挂靠港，或是少数区域性国际航线及国内集装箱航线的起始港、终点港。

（6）按装卸货物的不同分类。

综合性港口指装卸多种货物的港口，大多数商港均为综合性港口。

专业性港口为装卸某单一货类的港口，如石油港、矿石港、煤港等。一般说来，由于专业性港口采用专门设备，其装卸效率和能力比综合性港口高，在货物流向稳定、数量大、货类不变的情况下，多考虑建设专业性港口。典型的专业性港口有散货港和油港等。

散货港指专门装卸大宗矿石、煤炭、粮食和砂石料等散货的港口。专门装卸煤炭的专业港称煤港。这类港口一般都配置大型专门装卸设备,效率高、成本低,如海南八所港。

油港指专门装卸原油或成品油的港口。为了防止污染和安全起见,油港距离城镇、一般港口和其他固定建筑物都要有一定的安全距离,通常以布置在其下游、下风向为宜。

7.1.4 港口的基本组成

从平面布置图上看,港口主要由水域和陆域两部分组成,如图7-1所示。水域部分主要包括航道、锚地和港池,陆域部分主要包括码头岸线、泊位、仓库和堆场,除此之外还包括港口工程建筑和港口装卸、起重、搬运机械、为装卸生产服务的各种配套设施以及港口管理与装卸生产组织机构。

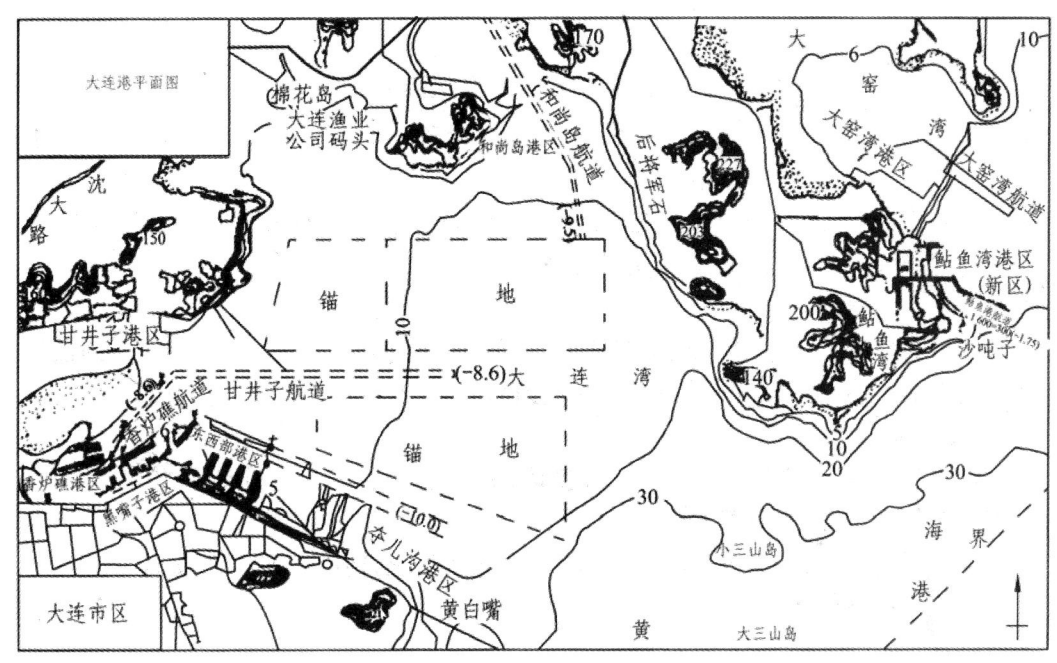

图7-1 大连港平面图

现代港口生产作业及主要设施可归结如表7-1所示。港口生产作业是系统化生产,各部分必须相互适应、各个作业系统能力必须协调、配合才能形成港口的综合生产能力——通过能力。

表7-1 港口作业系统及主要设施

作业系统	主要设施
船舶航行作业系统	航道、通讯导航设施、助航拖船、锚地、回旋水域、港池、航修设施、船舶供水、供油、船舶废弃物收集
乘降、装卸作业系统	码头、装卸作业锚地、装卸机械、运输机械、旅客上下船设施、防波堤、控制中心、计算机中心
存储、分运作业系统	港内各种仓库、堆场、库内机械、分运中心(分拨中心)、客运站、宾馆
集疏运作业系统	铁路、公路(进港高速路)、水网、管道

续表

作业系统	主要设施
信息与商务系统	港口 EDI 商务中心（电子数据交换系统）、贸易服务中心（世界贸易中心）
环境保护	港区各种绿地、各种污水（含油、含煤、洗箱）处理、废弃物处理、油回收船、海面清扫船

7.1.5 港口营运概述

1. 货物种类

为了装卸、运输、储存的方便，货物需分门别类，在国际上统计货类时，大分类分为 9 类，中分类为 17 类，细分类 56 种，见表 7-2。

表 7-2　港口统计货物品种分类

大分类（9 种）	中分类（17 种）
农水产品	粮谷类
	水产类
	其他
林产品	林产品
矿产品	煤炭
	沙、食材
	原油
	其他
金属机械工业品	金属类
	其他
化学工业品	石油类
	水泥
	其他
轻工业品	轻工业品
杂工业品	杂工业品
特殊货类	特殊货类
其他	其他

从港口的运输、存储和装卸工艺的角度，货物可分为 3 类：

（1）件杂货：凡成件运输和保管的货物，无论有无包装，都可称为件杂货。它们的型式、形状、大小、重量各不相同，种类繁多。

（2）干散货：这种货物包括散装谷物、煤炭、矿石、散装水泥以及化学性质比较稳定的块状或颗粒状货物，干散货一般都是大宗的，不能相互混杂，有的还带污染性，因此通常设置专用码头。

（3）液体货：这种货物包括原油、成品油、植物油、液化气等。

目前集装箱发展迅速，已单独进行装卸与运输，有专门的装卸设备，专门的集装箱船和集装箱码头，适合于集装箱装箱的货种很多，但并不是所有的货物都适合集装箱运输。根据适合装箱的程度，货物可分为：

（1）最适合装箱货物。

指货价高、运费也较高、体积不很大的商品。这一类货物有针织品、酒、医药品、各种小型电器、光学仪器、电视机、小五金类等。

（2）适合装箱货物。

指货价、运费较适合集装箱运输的货物。如纸浆、电线、电缆、面粉、生皮、皮革、炭精、金属制品等。

（3）边际装箱货物。

边际装箱货物，这种货物可用集装箱来装载，但其货价和运价都很低，用集装箱来运输，在经济上不合算。而且，这类货物的大小、质量、包装也难于集装化，如钢锭、生铁、原木、砖瓦等。

（4）不适合装箱货物。

这是指从技术上装箱有困难的货物，或货流量大时用专用运输工具运输更适宜的货物。如原油、矿砂等均有专门的运输工具，不宜装箱运输。

2．货物在港内的作业方式

货物通过港口通常要经过装卸、存储和短途运输 3 类环节，图 7-2 所示为出口货物在港内的装卸过程。货物从进港到出港所进行的全部作业过程，是由一个或多个操作过程所组成。

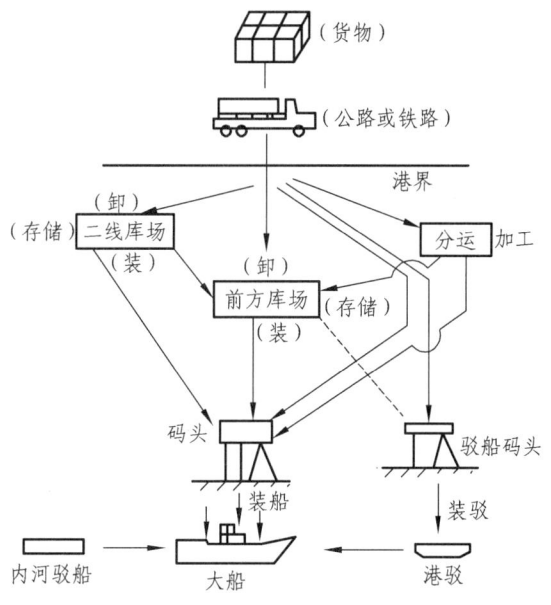

图 7-2　出口货物在港内的装卸过程

所谓操作过程是指货物由某一运输工具（或库场）到另一运输工具（或库场）的整个装卸搬运的过程，即根据一定装卸工艺完成一次货物的搬运过程，港口操作过程一般可划分为以下 6 种：（1）船-船；（2）船-车、驳；（3）船-库、场；（4）车、驳-库、场；（5）库、场-

库、场；(6)车、驳-车、驳。

3. 港口作业评价指标

港口作业评价指标主要包括吞吐量指标和装卸作业指标。

港口吞吐量分旅客吞吐量和货物吞吐量。旅客吞吐量是指经由水运乘船进、出港区范围的旅客人数；货物吞吐量是指经由水运运进、运出港区范围，并经过装卸的货物数量。

港口客、货吞吐量是衡量港口生产任务大小的主要指标。它反映港口在整个国民经济物资交流中所起的作用和进行港口规划、建设、劳动力配备和计划管理的主要依据。从它的构成、流量、流向的变化，又可反映出各港口之间的经济联系，腹地范围及其生产配置和对外贸易发展等情况。

根据规定，货物吞吐量的计算方法为：

（1）自本港装船运出港口的货物，计算一次出口吞吐量。

（2）由水运运进港口卸下的货物（包括建港物资）计算一次进口吞吐量。

（3）由水运运进港口经装卸又从水运运出港（包括船-岸-船，船-船）的转口货物，分别按进口和出口各计算一次吞吐量。

（4）凡被拖带或流放的竹、木排，在本港进行装卸（包括拆、扎排）者，分别按进、出口计算吞吐量。

（5）补给国内、外运输船舶的燃物料（不包括船用淡水及生活用品），计算一次出口吞吐量。

（6）对邮件及办理托运手续的行李、包裹，计算进口或出口吞吐量。

下列情况，不计算货物吞吐量：

（1）在本港港区范围内的短途运输（包括轮渡）物资，以及为运输船舶装卸货物服务和作业区之间转库的驳运量。

（2）在同一市区内，港与港之间的货物运输。

（3）由同一船舶运载进港，未经装卸又运载出港（包括原驳换拖）的货物。

（4）自同一船上卸下，随即又装上同一船舶的货物，或装船后未运出港，又卸回本港的货物。

（5）路过的竹、木排，在本港进行原排加固、小排并大排或大排改小排等加工整理的。

（6）渔船或其他船舶直接自江、海、湖泊中捕捞运进港口的水产品以及挖掘的河泥。

（7）在港区内装船运至港区以外倒入海内的废弃物。

港口装卸作业指标主要包括操作量、装卸自然吨、操作系数等。

操作量是指通过一个完整的操作过程，所装卸、搬运的货物数量，计算单位为操作吨。在一个既定的操作过程中，一吨货物不论经过几组工人或几部机械的操作，也不论搬运距离的远近，是否有辅助作业，均计算一次操作量。操作量是反映装卸工作量大小的数量指标。编制计划时，操作量是根据吞吐量与各种货物操作方案，通过操作系数确定的。在统计时，则是根据报告期实绩累计求得的。

装卸自然吨是指进、出港区并经装卸的货物数量。一吨货物从进港至出港（包括水进水出，陆进陆出，或只进不出，只出不进的物资，以及用于本港消耗的建港物资等），不论经过几次操作，均只计算一个装卸自然吨。

在计算装卸自然吨时，除进港后不再出港，在港区内消耗的建港物资等是在进港时统计外，其余一律于装船或装车出港时统计。

装卸自然吨与吞吐量之间最大的区别在于水水中转货物，在港口进行换装作业时，每一装卸自然吨计算为 2 个吞吐量。由于装卸自然吨不随货物流向和操作过程而变化，因此，装卸自然吨通常是计算港口装卸成本及其他一些标准的基础。

4. 港口通过能力

港口通过能力是指一年间在既定的设备条件下，按合理的操作过程、先进的装卸工艺，和生产组织所允许通过的货运量称为港口通过能力，计量为货物的自然吨。

港口通过能力反映的是港口企业生产能力，它是在一定的外部环境条件下港口各项生产要素和经营管理者诸条件综合作用的效果。

计算港口通过能力可以使企业了解自己的潜力，从而确定企业的经营战略和编制生产计划。同时，计算的结果也是一个重要的反馈信息，对港口生产进行全面的分析，发现港口生产系统中的薄弱环节，了解造成薄弱环节的原因，从而采取必要的措施加以消除，以提高港口的综合通过能力，减少船舶和货物在港口的滞留，提高企业的经济效益和社会效益。

港口规划和运营过程中就是要不断地通过技术改造，管理科学和基本建设使港口的各个系统取得平衡、协调，以扩大港口通过能力。

7.2 港口布局与规划

港口规划是指对未来一定时期港口布局和发展规模的预测和设想。港口规划的主要内容包括港口的性质、发展目标与规模，港口陆域、水域及岸线布置，吞吐量预测、功能划分和集疏运系统等。

根据《中华人民共和国港口法》，港口规划包括港口布局规划和港口总体规划。港口规划在层次范围内可分为港口布局规划、港口总体规划和港口港区规划 3 个层次。按时间序列又可分为：远景规划、中期规划和近期规划。

港口远景规划和中期规划都要求进行港口总体规划，两者涉及的面是一致的，但深度要求有差异。水域、海岸线和岸上土地使用，是远景规划所要求的总体规划中最主要的。这 3 点都必须根据可望增加的远景运量加以预留。

我国国民经济发展计划以 5 年为一周期，因此港口发展规划的时间段亦应以 5 年为一个阶段，以便于与国家计划协调配合。

7.2.1 港口规划设计条件

在港口规划工作中，只有对港口现状做出客观、真实的评价，对未来吞吐量发展趋势进行科学的预测，才能提出切实可行、符合实际的规划方案，发挥投资的最大效益。

港口现状调查和吞吐量预测工作，不但是提出切实可行而又有一定前瞻性规划方案的前提条件和出发点，而且在港口规划的前期工作中，还将为港口的定位直接提供论证依据。港口的定位应依据港口依托城市的规模及其经济结构、腹地大小及经济发达程度来综合确定。

1. 港口现状调查

港口现状的调查工作应包括腹地的经济、交通状况、港口的地理位置、港口的自然条件等多方面，范围十分广泛。港口现状调查工作进行得越细致、越深入，获得的资料越丰富，提出的规划方案就越可能切合实际。

港口规划首先涉及对腹地内经济发展、运输设施能力等方面的经济调查与分析，其次是相关的社会调查，经济和社会条件调查项目可参考表7-3。

表7-3 经济和社会条件调查项目

分类		调查项目
港口及城市现况	旅客、货运	公路、铁路、航空客运量，国内、国际货运量，各种运输工具运价比较
	主要企业	企业产值，原材料、成品运输量及流向，对各种运输工具依赖程度，发展规划
	港口现状	设施能力，利用现况，客货吞吐量，船舶周转量，企业财务效益
	主要问题	港址扩建可能性，与城市关系，港口能力薄弱环节，社会发展对港口的需求
相关设施	土地利用	土地利用规划，地价，城市用地布局
	主要设施	铁路线路、站场通过能力及扩大可能性，公路通过能力及发展规划，机场，仓储面积及能力，供电，供水，城市国际通信网条件
	设施规划	腹地重点建设项目布局规划，运输网规划与多式联运，港口城市规划
水面利用	水产	人工养殖设施，搬迁与赔偿，进岸渔业捕获量，小型渔港
	海滨旅游	滨江（沿江）公园，浴场，生活岸线，游艇基地
	航道	海损事故，船舶航行状况，航道拓宽浚深可能性
	临海沿江工业	原材料、成品运输，业主码头
与港口发展有利害关系的企业		远洋运输公司，地方航运公司，外贸有关部门、企业，仓储公司，各种代理公司，主要货主，各部门EDI系统状况

其中，港口现状调查的内容主要包括：

（1）现有海岸线的长度、利用程度、水域情况；现有泊位的数量、名称、靠泊等级，结构形式，前沿水深，泊位功能，泊位利用率等。

（2）现有航道长度、宽度、水深，调头区及锚地的基本情况。

（3）前、后方仓库的作业能力，结构形式，存储货种，包装形式，堆场面积，单位负载，库场利用率，货物周转时间等。

（4）各类货物在港内的作业方式，主要操作过程。

（5）船舶艘数、功率、性能及工作船码头。

（6）港口铁路长度，营运方式，车场布置，日装卸车数，港内道路交通状况。

（7）主要机修设备的型号、能力、辅助建筑物的布置。

（8）给排水、供电、通信以及其他为港口服务的各项设施。

（9）港口运营管理方式、收费规定等情况。

（10）与相邻港口的关系。本港所处位置的主要特点，区位优势，历史变革及变迁。

2. 港口吞吐量预测

吞吐量是确定港口规模的决定性指标，对于知道港口进行规划建设具有重要意义。吞吐量预测结果的可靠与否直接关系到港口未来的营运效果，预测量大大，而实际货源不足，将造成基础设施的浪费；预测量过于保守影响港口建设进度，则会造成货物滞留港内、压船、压港也会给港口运输造成被动局面。同时，城市围绕港口进行配套设施建设，也要求对港口吞吐量进行科学预测。因此，正确地预测未来港口吞吐量，为水运发展提供可靠依据，是港口规划工作的基础性内容。

港口是为腹地服务的基础设施，影响港口吞吐量的因素很多，主要包括腹地的经济发展水平、发展目标，腹地的经济结构，综合运输交通体系的状况以及周边港口间的竞争等因素。受自然条件和历史发展过程的影响，各地区建的生产力发展水平是不同的，港口的吞吐量预测应立足于腹地的经济发展现状，根据地区的发展规划，合理确定港口货运量的发展趋势。

3. 港口自然条件的调查与分析

对拟建港区的自然条件调查是规划调查的另一个方面。自然条件主要包括地理位置、气象、水文、海岸动力、泥沙、地质地貌和地震等（见表7-4），这是港口建设发展的先决条件。有些港口是天然良港，而有些港口则建设成本巨大。随着科学技术的发展，自然条件对港口影响的重要程度可能会有所变化，但不管如何，认真调查研究港口的自然条件都是港口规划所依据的基础。港口建设必须充分了解、掌握自然规律，按照客观规律去适应并改造自然。

表7-4 自然条件调查项目

分类		调查项目
地形	陆上地形	1:5 000~1:2 000地形图，局部1:500地形图，海岸稳定性
	水下地形	1:5 000~1:2 000水深图，海区海图
	河流	流量、流速、含沙量，河流变迁、沙洲及其稳定性，季节变化
地质	土壤类别	沙土类、黏土类，海相、河相沉积土
	岩基埋深	岩基标高、岩基性质
	土壤性质	贯入击数，物理力学指标
气象	风	风速风向玫瑰图，最大风速
	台风	通过频率、路径、大小，海岸设施破坏情况
	其他	气温，月最高、最低平均气温，降水量，降水日数，有雾日数及能见度
海象	潮汐	潮汐类型，特征潮位，河流潮区界，增减水
	海流	潮流椭圆、预留、流路
	波浪	波浪玫瑰图，特征波要素，台风期波要素
	泥沙	含沙量、粒径、泥沙运动特性、主要方向、输沙量
地震		震级、烈度鉴定
环境条件		水质、绿地植被、海岸侵蚀、污染源

1）地理位置条件的评价与分析

从历史上看，港口的形成是在社会经发展到一定时期，经济交往活动日益频繁，范围不断扩大的情况下，由于海运业的出现，使处于中心位置并且交通条件便利的沿海城市成为货物运输的港口，而新一轮的经济发展又可能使港口的布局发生调整。在港口总体布局规划中，对地理位置的描述是非常重要的，不仅要体现出港口所处位置在区域环境中的区位特点，同时还要对周边地区的基本情况，特别是主要经济交往地区情况，相互间交通运输条件等进行客观、严谨的描述。

2）气象条件

（1）风。

根据工程上的需要，把风记录资料分别按季度、年度、多年统计绘制成各级风的风向频率图（也称风玫瑰图），如图 7-3 所示。从图上可以明显看出某一级风所发生的风向和频率，确定出该区域的主导风向和强风向，以便于在港口总平面布置、建筑物施工和港口营运中考虑风的影响。

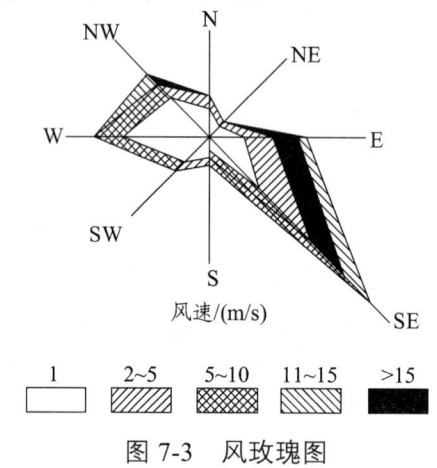

图 7-3 风玫瑰图

风对船舶运行及装卸作业都有较大影响，按照行业规范，各种作业所允许的风速参考值见表 7-5。港口作业天数是港口营运的重要参数，在计算港口作业天数时，应扣除风力超过允许值的天数。在统计中大风持续时间不足 24 h，大于 12 h 按 1 天计；不足 12 h，但大于 6 h 按半天计。

表 7-5 港口作业允许风速表

作业项目	允许风速/（m/s）	作业项目	允许风速/（m/s）
船靠码头门机装卸作业	7 级，13.9～17.1	引航船靠近船舶，引水员上船	6 级，10.8～13.8
船靠码头无装卸作业，顺风	8～9 级，20.7～24.4	拖船对船舶强制引水	6 级，10.8～13.8
船靠码头无装卸作业，横风	7～8 级，17.2～20.7	外海疏浚（自航式）	7 级，15
船靠离码头作业	6～7 级，13.9	打桩机、超重船作业	5 级，10.7

最大风速是在港口规划设计中的一项重要参数，强风常伴随着高潮、巨浪，对港口设施的破坏力巨大。此外台风对潮位的影响也很大。因此，对台风的发生规律及路径的调查，也

是规划的一项基础工作。

在分析利用现有气象台站资料时，要对资料的代表性进行仔细研究，如海岸地形复杂，可能产生局部地形对风的影响，即所谓地形风，注意其对船舶航行靠离码头的影响。一般情况海面风速总是大于陆地风，距海岸 2 km 风速比陆地大 10% 左右。

（2）降水。

港口规划设计统计降水日数、降水量和延时的目的在于分析它对港口作业天数、装卸质量和排水设施的影响，降水统计着重统计降水量、降水强度和降水日数等数据，对于日降水量大于 0.1 mm，即称为 1 个雨日，据此可统计出全年的降水日数、不同降水量等级的降水日数。

降水对装卸作业的影响，视货种和包装形式不同有很大差别。通常对煤炭、矿石等散货和集装箱的装卸影响较小，但有些杂货、粮食、水泥、化肥、农药、棉花等只要有雨即应停止装卸。一般情况下，日降水量超过 25 mm 即可停止装卸作业。

（3）雾。

雾妨碍海面能见度，影响船舶航行安全，不少海损事故都发生在雾日。通常用能见度来表示雾级的大小。通常能见度小于 1 000 m，船舶就不宜在港区及航道上航行，其出现的日数称为有雾日数。这样的雾日应从作业天数中予以扣除。在统计时，雾持续时间不足 24 h 但超过 12 h 即算一天，超过 4 h 算半天。

3）海象条件

（1）潮汐。

潮汐是海水到月球与太阳引力的作用而产生的一种规律性升降运动，是港口规划、设计和建设中的一个重要因素。与港口相关的潮汐特征主要有潮位和潮流流速。潮位对确定码头、防波堤高程以及港池、航道水深具有重要意义，在港口水工建筑物设计和施工中也是一个重要因素。潮流对船舶航行有一定的影响。对于潮位、流速特征应设观测站进行观测。对潮汐给港口规划、设计和建设可能带来的影响应通过数学模型或物理模型进行深入的分析和研究。研究前通常应针对大、中、小潮选择典型潮时，在较大海域上进行完整的一个潮周期的潮流、潮位同步观测，为进一步研究潮流运动规律以及潮流运动对泥沙运动造成的影响提供必要的资料。

我国现行规范规定特征潮位取值方法，是通过绘制潮峰、潮谷、累计频率曲线，即把完整的一年或多年实测高、低潮位，按大小次序排列起来做出高潮和低潮累计频率曲线。假设取潮峰累计频率 10% 的潮位设计高水位，低潮累积频率 90% 的潮位为设计低水位。

如有潮位历时累积频率统计资料，设计高、低水位也可分别取历时累积频率 1% 的高潮位和历时累计频率 98% 的低潮位。

新建港区往往缺乏长期完整的潮位资料。如果临近港口地理位置较近时，一般有 1~3 月的短期验潮资料，利用临近港口长期验潮资料，通过同步差比法求得各设计水位。

我国地面高程的基准面，即陆地测量零点通常采用 85 高程基准面（黄海平均海平面），海图零点采用理论最低潮面。

1980 年后，国家规定港口工程零点亦采用上述基准面。一些老港口历史上都有各自的驻港零点，各港驻港零点与理论最低潮面相差可达数十厘米。在实际工作中，应注意各种起算零点之间的换算关系。

我国绝大多数港口为不规则半日潮,即 24 h 50 min 内分别出现两次高潮和两次低潮,为了节省航道建设投资,在船舶密度不大的情况下,航道设计水位可选取所谓的乘潮水位,即船舶在高于乘潮水位的时段通过。

强烈风暴除形成很大波浪外,也使海岸或河口水位壅高或下降,称为增水或减水。增水如与高潮同步,可能会淹没港口陆域设施;减少如与低潮同步,会造成水位降低,影响船舶安全。港口规划设计要注意到这一不利现象。

(2)波浪。

波浪是海洋最基本的海水运动形式,对港口的选址、平面布置和工程设计有较大的影响。在港口规划和平面布置时,为了合理地选择航道、防波堤轴线,布置码头方位以及分析港口营运条件、建设期间的施工条件等,必须对建港地区在 1 年内各个方位各级波浪的出现频率有一清晰概念,可以用波浪玫瑰图(见图 7-4)表示。

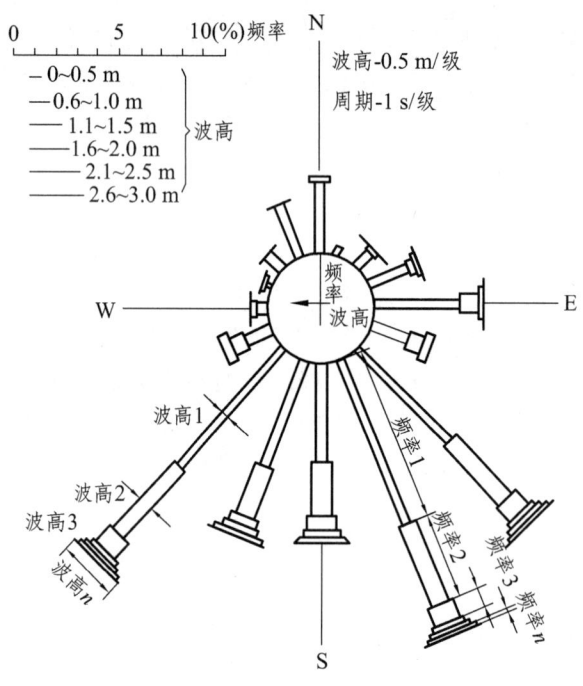

图 7-4 波浪玫瑰图

同样大小的波浪,船舶的颠簸程度会因与波向相对位置不同而有很大差异。船舶纵轴与波向线平行,即顺浪时船舶颠簸小;船舶纵轴垂直波向,即横浪时船舶颠簸大。在港口规划选择航道、防波堤的轴线位置时,应注意避免港池内产生过大的波浪,同时利用建港地点的波向波高分布特点,使船舶经常处于顺浪的工作条件是很重要的。

波浪的绕射、折射、反射特性也应引起重视。在港口平面布置中应分别进行计算分析,避免在港池内引发过大的波动。

波浪进入浅水海滩,水深小于一定深度后波浪破碎,从破碎点向岸波能逐渐耗散,产生大量紊动漩涡,床底受到较强烈的扰动,如果海底泥沙颗粒较细将会出现高含沙量。从波浪破碎点开始至岸边这一地带称为破碎带。破碎水深与海滩坡度等因素有关，为简化起见，波浪的破碎水深一般按波高的 1.28 倍考虑，依据具体条件下波高水深比可大致估算出破碎波带的范围。

（3）近岸海流。

近岸海流除了潮流外，还包括波浪破碎引起的沿岸流，由于盐度差异引起的密度流以及风引起的风生流。其中潮流的大小和方向呈周期性，其他流属单向流。这些流合成相当复杂的水流系统。因此对于这些海流一般采用数学模型方法结合实测资料进行分析。

在港址选择、抛泥区规划和船舶系缆力确定等问题上，都需要对海流情况进行深入研究。

随着港口建设的发展，建设地点越来越走向开阔的、掩护条件差的外海，而海流的作用力常常会超过风力的影响。因此在布置航道、防波堤及码头，分析沿岸泥沙运动规律方面，都必须认真研究港址处沿岸海流数值大小、流向变化、在平面和海深度上的分布特点和规律。

在规划阶段应对港址进行大面积流路测验，对可能布置航道、口门和码头的地点应进行单站（船）同步连续观测。潮流工作必须与潮位、风、浪同步进行。在泥沙活跃的海岸还需与含沙量测验同步进行，这样的综合观测有利于对海区条件进行综合分析。

（4）海冰。

海冰分为固定冰和流冰两大类，冰对港口有 3 种影响：严重冰封可使港口不能使用，减少作业天数；冰凌对建筑物产生压力（流冰撞击力、挤压力）；冰的冰融作用严重影响着位于潮差段混凝土的耐久性。此外流冰对建筑物的磨损有时也是很严重的，因此海冰对港口平面布置和港口航运都有一定的影响，港口口门的布置要避免流冰在港内堆积。港口航运中还要考虑因固定冰影响造成不能通航的天数。

（5）海岸泥沙运动。

影响泥沙运动的要素主要是波浪、近岸海流、潮汐及海岸地形等，海岸泥沙运动包括横向输沙和纵向输沙。沿岸泥沙运动是泥沙运动最剧烈的地区，通常在淤泥质海岸，波浪掀沙、潮流输沙是泥沙运移的主要形态。在沙质海岸，波浪是造成泥沙运动的主要动力，尤其是在波浪破碎时，它会造成相当大的紊动水流，掀起泥沙。这时如果波浪斜向岸传播，波浪破碎后所产生的沿岸流就会带动泥沙顺岸移动，如遇突堤等海岸建筑物或天然礁石，阻碍了泥沙运动，将造成堤的上游侧淤积，下游侧海岸冲刷后退；如遇离岸堤，由于堤后形成波荫区，其沿岸输沙能量减弱，若离岸堤距岸较近时，最终可能形成连岛沙坝型淤积。因此，在港口规划、平面布置时，应周密调查研究泥沙的主要来源及运动的主要方向等特性，了解泥沙运移形态，分析港口建筑物建成后导致的周围地区冲淤变化情况及港口自身的冲淤情况。

此外，港口自然条件调查分析还包括地质、地貌情况，地形调查，地震调查以及环境条件调查等方面的内容。

7.2.2 港口布局规划

港口布局规划是根据国家或地区资源、生产力布局和港口自身特点以及未来的发展战略，对港口的建设地点、类型、规模及建设时间做出的宏观安排，以充分满足国民经济长远发展的需要。港口布局规划是构成国家或地区经济发展规划,特别是国际贸易发展以及国家综合运输网规划的重要组成部分,是确保港口持续、稳定、协调有序发展的重要依据。

港口布局规划针对主要货运,如集装箱、能源、粮食、矿石、钢铁等大宗货流,结合国际航运网络发展趋势进行综合平衡,提出各类港口的数量及其发展方向;再依据地区的社会、工业、农业、自然条件、环境条件和城市条件进行实际的工程研究,提出重点港口的改建、扩建和新建港口的地区性安排。

1. 港口布局规划的内容

港口布局规划的内容主要包括:
(1)全国范围内的运输市场调查和预测;
(2)全国范围的港口、岸线资源的调查分析;
(3)货源分配,大宗货物运输的综合平衡;
(4)提出各类港口的合理布局、功能及发展方向;
(5)提出重点港口的建设安排纲要;
(6)提出投资规模及有关的政策、措施建议。

2. 港口布局规划的原则

(1)应以国家和地区的经济发展规律为基础,配合、支持和促进经济的发展。港口不仅是服务于区内既有经济的基础设施,而且是一个国家,地区或一个城市在全球范围内进行资源配置的重要场所,日本临海地区重工业及化工业的发展,新加坡、韩国及我国沿海深圳、宁波、厦门等港口城市多年来经济发展的经验,均表明了港口对地区经济的巨大贡献。港口不仅要满足本地区的交通运输需求,还要满足全国经济发展、产业布局和对外开放对全国综合交通网的需要。同时,港口布局应充分体现规划区域的经济特点,并适合区域经济向规模化、集约化和高附加值化发展的要求。

(2)港口布局规划应注意与综合运输体系的协调、衔接。公路、铁路、水运、航空及管道等多种运输方式共同构成了综合交通运输体系,港口是其中的枢纽。港口的发展与其他运输系统的发展紧密联系。港口布局规划应充分研究大的交通环境,注意与其他部门发展规划的衔接,进行深入的研究分析。

(3)港口布局规划应注意合理使用岸线资源。深水岸线和水域是国家的宝贵资源。随着船舶大型化的发展,深水资源显得更为珍贵,"深水深用、浅水浅用"是港口规划建设中一贯强调并遵守的原则。港口的布局规划应在全国范围内的岸线资源调查分析的基础上,合理安排使用岸线,优先保证深水岸线的有效利用。

(4)港口建设安排应与国家、地区经济发展相协调,与城市的总体发展规划相一致,适度超前发展。港口作为重要的交通枢纽,其建设发展与国家和地区的经济发展水平密切相关。在进行港口建设的同时,也应搞好与之相关的城建、市政、电力等配套设施建设。港口建设的投资较大,建设周期较长,因此应根据国民经济的发展预测,适度超前建设。

(5)港口布局应遵循综合平衡的原则,合理规划,节省投资,避免重复建设。国家或地区的港口布局应以其对内、对外贸易的运输量为依据，考虑自然条件的影响，有重点建设一批大型港口，发挥枢纽港的作用。同时，还应建设一些满足地方经济发展和大港疏运需求的中、小港口。各类港口应有计划的建设，以避免无序竞争和重复建设。

7.2.3 港口总体规划

港口总体规划是对一个具体港口建设发展的总体安排，是解决今后一定时间内的发展方向和分期、分阶段的发展计划。

  1. 港口总体规划的内容

港口总体规划涉及的主要内容有：

（1）对港口现状的分析评价，包括港口的地理位置和自然条件，港口状况的描述和评价，港口主要货类的构成分析，港口集疏运条件分析以及港口存在的主要问题分析等内容；

（2）港口经济腹地的发展分析和港口吞吐量发展水平预测：

① 注意腹地的经济发展水平、经济结构以及腹地之间的竞争关系，竞争可分为3个层次；

② 不同的港口群之间的竞争，由于内陆运输状况的改善，港口群间的运输越来越方便；

③ 同一港口群内的不同港口之间的竞争，这是港口竞争中最激烈的一层，由于其陆向腹地交叉、重叠，选择哪一个港口基本没有成本差别，港口只能靠服务质量和服务价格竞争；

④ 同一港口内不同港口企业之间的竞争，在世界上多数国家，同一个港口可以由多家港口企业经营，这些企业可以是同一个企业集团下的不同公司，也可是分属于不同企业集团的分支机构，出于对利润的追求，港口的各个经营企业之间的竞争非常激烈。随着中国港口的"政企分开"，港务局对港口经营干预的减少，竞争会越来越激烈。

⑤ 吞吐量的预测有 Dephi 方法，回归分析法，时间序列法等一系列模型使用。

（3）确定港口的基本性质和主要功能；

（4）到港船型发展及货流预测；

（5）确定主要港区港址；

（6）港口岸线利用规划；

（7）港口陆域布局规划；

（8）港口水域布局规划；

（9）港口的集疏运规划；

（10）港口配套设施规划；

（11）港口环境保护规划；

（12）建设资金筹措方案计划；

（13）提出规划的分期实施安排；

（14）港口信息与商务系统规划方案；

（15）绘制港口总体规划及各专项规划布置图；

（16）编写港口总体规划文件；

（17）其他有关问题和建议。

7.2.4 港口港区规划

除了小型港口和专业化港口外,通常大中型港口都由若干个港区或作业区组成。港口港区规划是对港口总体规划中涉及的组成部分进行深入规划,是实施港口总体规划的后续工作。

港口专业区划分就是将进出港的货物根据货物种类、船舶类型、货物流向、集疏运条件、自然条件及环境保护等因素,按照港口总体规划和功能布局的原则,划分成不同的专业区。综合性港口一般划分为集装箱区、件杂货区、干散货区、油品区和客运区等几大部分。

1. 港区规划的内容

(1) 详细地分析预测运量、船型和船舶周转量;
(2) 就已预测的各类货种运量,研究可选用的装卸工艺及其对未来生产效率的影响;
(3) 确定泊位组,提出恰当的水域、陆域尺度及相应的位置方案;
(4) 对所确定的每一方案的海岸段进行较深入地勘测,以利于调整泊位组位置和选择合理的布置方案;
(5) 仓储系统、分运中心方案布置;
(6) 集疏运系统能力与布置方案;
(7) 港区配套设施规划与配置;
(8) 投资估算和资金筹措方案选择,有弹性的建设时间表;
(9) 经济效益初步分析、经营思路调整;
(10) 环境评价与规划;
(11) 港口港区未来发展向自由贸易区(保税区)转变的规划方案(如有这种客观条件);
(12) 港区规划布置图;
(13) 编制港区规划文件报上级有关部门。

2. 港区规划的原则

港区根据货物种类、船舶类型、货物流向、集疏运条件和自然条件等因素,划分成不同的专业区。一般情况,除了小港和专业化的港口外,一个港口通常包括集装箱港区、多用途港区、散货(干散货、液体货)港区等。如秦皇岛港东港区为专业化煤炭和油的作业区,西港区为杂货、粮食和集装箱作业区。专业区划分是港口规划工作比较重要的环节,通常要遵循以下原则:

(1) 充分考虑各专业区的职能与相互关系,宜将不同货类分别集中布置在不同区域。

考虑常风向、强风向的影响,装卸粉尘大和有气味货物(皮革原料、某些化学品等)的码头,要尽量布置在其他码头段及城市的下风向。在同一区域内,注意不要将货物可能会产生相互影响的货种相邻。比如,粮食可位于木材、钢铁码头旁边,但不能靠近化肥。

油码头与其他码头的安全距离不宜小于 150 m。

港口装卸各类散货发生的粉尘量与装卸点多少、操作方式、设备条件等许多因素有关。这些粉尘依据气象条件、地形条件大量散布在 100~400 m 的半径范围内,距中心越远,浓度越低。在一般条件下,1 000~1 500 m 以外才不致感受到粉尘对环境的影响。

为了缩小作业性质不同区域间的彼此干扰，并改善港口景观，调解小区气候，设置缓冲绿地（林带与草坪）是十分有利的。

（2）规划专业化码头。

船舶专业化、大型化要求码头向专业化，深水化发展。高效率的专业化码头，在理论上有明显的优越性。在实践上必须货源稳定、量大，又确有保证时，才能取得预期的、比较好的经济效益。

结合我国具体条件，由于制约货物过港的因素常常把握不住，致使高效率的专业化码头货源不足，达不到预期效果，造成比较大的浪费。因此，当对某一货种的远景把握不准时，不要轻易规划建设专业化泊位，而以多用途泊位过渡，增大灵活性，中小港口尤为重要。

（3）在港区布置中要遵循大、中、小泊位相结合的原则，因地制宜，有利于不同等级的船舶停靠和货物的装卸，充分发挥港口的吞吐能力。

（4）大型散货区可根据船舶尺度大，港池深和船舶泊稳要求低等特点，选择开敞式布置，且与其他港区保持合理距离。

对大宗散货、大型深水泊位，特别是油码头，船舶泊稳标准要求低，与城市和其他区域需保持有合理的距离，在专业区划分时宜首先考虑开敞式布置方案，以减少投资。从营运方面考虑，只要全年平均有75%左右的工作天，就是一个适宜的开敞式港址。对小船同样也适用。

（5）集装箱区和杂货区的布置一般与有污染和有安全要求的专业区保持一定的距离，同时集装箱区应有较好的集疏运条件。

（6）客运区应布置在靠近城市的位置。

（7）工程船舶，如靠泊拖轮、引水船等工作码头可集中布置。

（8）在进行综合性港口的分区规划时，如果岸线有限，一般把毗邻岸线的陆域面积留给件杂货和集装箱区，把可以管道或皮带输送的大宗散货布置在后方。

（9）港口分区应充分考虑港口向国际现代物流中心发展的方向，在用地布置时留有发展余地。

7.3 港址选择

港址选择是依据自然及地理条件，从技术、营运、经济和环境等方面对港址做出选择和评价。港址选择工作属于港口布局规划的一部分。港口布局规划侧重于从宏观经济发展考虑，对港口选址做出地区性合理安排。港址选择是一项重要而复杂的工作，是一个港口合理发展的基础，直接影响港口各发展阶段的建设投资、建设速度、营运效益和船舶运营安全，对城市发展也会产生一定的影响。港址要选择得合理，必须对地区自然条件全面勘测、分析。根据自然条件特点，结合港口性质、发展规模进行港址的方案优选。

7.3.1 港口的平面布置形式

港口布置方案在规划阶段是最重要的工作之一，不同的布置方案在许多方面会影响到国家或地区发展的整个进程。

1. 港口平面布置要求

（1）巧妙地利用自然环境来满足港口营运的要求；

（2）节省建设投资和维护费用。

2. 港口平面布置形式

港口平面布置总是力求巧妙地利用自然环境来满足港口营运上的要求，并节省建设投资。常见的有如下几种基本布置形式：

（1）依自然地形布置。

图 7-5（a）所示为海岸地形的布置形式，一般在港湾型海岸上，这里泥沙一般不太活跃。图 7-5（b）所示为河口地形的布置形式，可称为天然港，多见于河口、海湾潮汐水道以及港湾形水道上，一般投资省，泊位基本沿岸线布置，船舶靠离比较方便。进出港航道和港池回淤常常被视为重要问题，疏浚往往是不可避免的。为了避免过大的维护性疏浚，要认真分析水动力条件和泥沙运移规律，这种布置形式适用于疏浚费用不太高的情况，一般在早期的港口选址时有较多机会。随着港口的建设，这种优良条件的港址已越来越少。

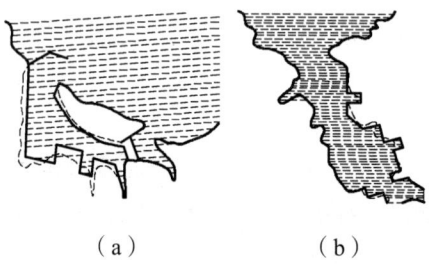

图 7-5 依自然地形布置

（2）填筑式。

图 7-6 所示是最常见的填筑式布置形式，大部分码头岸线伸出自然岸线，码头场地主要以填方形成。一般尽量将港池挖泥吹填至潮间带，经固结成为港口发展用地。把挖泥弃土与填土造地两种作业结合在一起，通常可以取得减少投资的效果，同时还可减少弃土对海洋环境的影响。

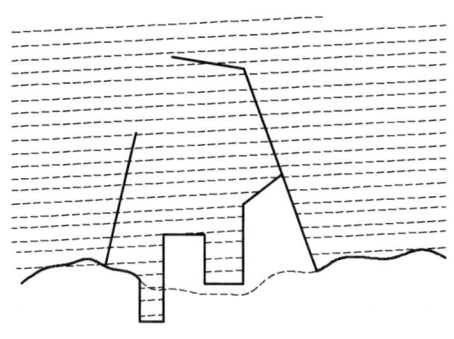

图 7-6 填筑式布置形式

（3）挖入式。

挖入式分为 Y 型挖入式和平行 Y 型挖入式，如图 7-7 所示。多见于河港、河口港以及海岸带的泻湖洼地，港池由开挖陆域而形成。它适合于水体悬移含沙量较低或泥沙运移以推移质为主的地点。挖入式港口一般在入口处修建防波堤，既防波又防止沿岸泥沙入侵。

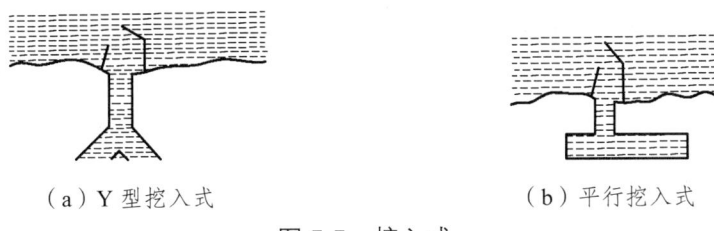

（a）Y 型挖入式　　　　　　　（b）平行挖入式

图 7-7　挖入式

选择何种布置形式需要根据当地自然条件，为了避免过多的维护疏浚，需要认真分析水动力条件和泥沙运动规律，所选布置形式是否适宜，应以加强天然水动力条件为准，而不是削弱或干扰它。

7.3.2　港址选择的基本要求

1. 总体发展要求

成功的港口选址工作至少应满足以下要求：

（1）港址选择必须符合国家港口布局的要求，符合国家或地区经济发展的需要。

（2）港口的现代物流和商贸功能将吸引跨国公司进入港区，扩充转口贸易量、发展分运业务。港址应便于促进国际商贸的自由港政策的实施和管理，港址与物流园区、自由贸易区（保税区）、出口加工区宜同步规划。

（3）港口对某些工业活动有天然的吸引作用，港址选择要考虑吸引工业区等的建立，更多地为促进城市和区域经济发展创造机会和条件。

（4）港址选择在因地制宜利用自然条件的前提下，港口港址（除去客运）不应是市区中心的岸线，不应被城市居住区包围挤压，而应移出老市区去形成新的港区和城区，寻求两者发展互不干扰的城市用地结构和布局。促使港区远离城区的另一个原因是现代港口装卸效率大大提高，库场及疏运设施所需的陆域面积越来越大，并且依港而发展的工业区、商贸区、金融区、各种代理以及现代物流业的发展也将占用大量陆域面积。

（5）一个好的港址要有利于起步工程，既要适应眼前的需要，但也必须着眼于遥远的未来，至少要为港口提供 30 年的合理发展基础，随运量增加可在此基础上陆续安排建设项目。

（6）新港址应与原有港区相协调，并有利于原港区改造，使之适应新的需要。新港址应有利于发挥老港区的综合功能，使老港区在原港口的基础上经过调整、改造发挥更大的作用。

（7）根据港口的性质和规模，合理利用拟选港址的自然条件，注意从全局出发，适度开发利用海岸资源。

（8）港口的配套实施应保证满足港口生产及未来发展的要求。

（9）港口的规划建设与运营应满足国家安全的要求。

2. 航行与停泊要求

（1）进港航道水深和码头水深条件，需满足相应吨级船舶吃水要求。一般港址天然水深很少能满足要求，通常要疏浚和开挖航道和港池。

（2）开挖的航道和港池，维护性挖泥量不能太大。从营运经济条件考虑，可大致估算每吨吞吐量所分担的维护挖泥量，以便于进行费用比较。

（3）水域宽阔，足够布置船舶回旋、制动、港内航行、停泊作业和港池等。水域最好有一定的天然掩护，以减少人工防波堤的工程量，以及水流、流冰等不致过分影响船舶作业。

（4）在大中型港口要有为布置地方小船、驳船、港作船和游艇的水域，并有适合的水域布置各种功能的锚地。

（5）水域地质条件好，承载力高，这往往可以减少水工建筑物的投资。

3. 岸线及陆域要求

（1）有足够的岸线布置不同的作业区，对危险品和污染严重的货种应设立专门区域，能与其他区域保持有足够的距离。

（2）有足够的布置分区车场及港口车站的面积和适宜的地形。

（3）港口运输系统应与港外交通运输系统紧密衔接，港外疏港道路能方便地与国家高速公路公路干道相衔接，不穿越或少穿越城市干道及城市生活性交通道路系统。而对港城自身的货物又能方便地与城市道路衔接联系。

（4）在内河水网发达地区，港址可充分利用水运集疏运条件，包括可能开挖一定长度的运河使港区与水网连接。

（5）水、电连线方便，区外工程投资适度。

（6）尽量少占农田。

（7）随着技术进步、装卸效率提高和船舶吨位增大，对大量岸上土地的需要越来越迫切，因而港区纵深越来越大，否则将会限制港口效率的发挥。综合港区的陆域平均纵深应大于1 000 m，一般要求达到1 000~3 000 m。

7.3.3 港址选择的一般规定

（1）港址选择应符合国民经济发展和沿海经济开发的需要，并应满足港口合理布局的要求。港口的性质和规模应根据腹地经济、客货流量及集疏运条件确定。

（2）选址应根据港口性质、规模及船型，按照深水深用的原则，合理利用海岸资源，适当留有发展余地，并应进行多方案比选。

（3）选址应统筹兼顾和正确处理商港、渔港、军港、临海工业、旅游以及其他部门之间的关系，并与城市及交通运输规划互相协调。

（4）选址时宜利用荒地、劣地，原则上不占或少占良地，避免大量拆迁，确有困难时应进行论证。有条件时应充分利用疏浚土方或就近取土造陆。

（5）港址选择应充分注意保护环境，对环境影响大的项目，应根据国家现行有关规定经论证后确定。

7.3.4 港址选择的原则

（1）所选港址应满足建港任务要求，并应做到技术上可行，经济效益、社会效益和环境效益良好。

（2）选址阶段应对拟建地区的地形、地貌、地质、气象、水文、地震等自然条件和城市依托、供电、供水、通信、施工条件以及社会、人文情况等进行调查分析和必要的勘测。

（3）对拟选港址的铁路、公路、水运现状和发展规划、集疏运方式和能力以及引接条件等，应进行充分的调查分析和比较，因地制宜地选择集疏运方式，优先考虑水运及原有集疏运设施，有条件时可采用多种集疏运方式。

（4）老港改建、扩建时，应妥善处理同一地区新港与老港之间的关系，以及综合性港区与各种专业性港区或码头之间的关系；应充分利用原有设施，并避免重复建设和互相之间的干扰。

（5）港址的天然水深要适当，不宜在地形、地质变化大和水深过深以及水文条件复杂的地段建造港址建筑物，也不宜在水深太浅而使疏浚和维护挖泥量过大的场所选址。

（6）港址宜选在地质条件较好的地区。对岩石海岸，应查明岩层分布和岩面起伏状况，应避开活动性断裂带、软弱夹层和炸礁工程量较大的地区；对软土地区，应避免在软土层较厚的地区选址。必要时，应经充分论证后确定。

（7）港址应选在对抗震相对有利的地段，未经充分论证，不得在危险地段选择港址。

（8）对深水区贴近海岸的港址，当陆上有大面积滩地或低洼地可供开挖港池时，选址中可考虑建设挖入式港区的可能性。

（9）地方中、小型港口的选址，应注意因地制宜便于起步的原则，可利用河口、泻湖和浅水海湾建港。当船型尺度较大而泊位较少时，港址宜选在天然海湾无明显泥沙堆积的湾口岬角或利用泻湖口深槽建设泊位，但须对深槽的稳定性进行充分论证后确定。

（10）港口应有足够的水域和陆域面积。港口水域宜选在有天然掩护，浪、流作用小，泥沙运动较弱的地区；宜利用天然深槽，减少疏浚和助航设施的工程量。在冰冻地区，应考虑冰凌对港口的影响。港口陆域纵深应满足拟建码头装卸工艺、生产及管理对陆域的要求，有条件时，应留有一定的发展余地。

（11）应充分考虑港口工程与泥沙运动间的相互影响，避免导致港口严重淤积和海岸或河口的剧烈演变。

（12）当港址不具备天然掩护条件时，可考虑开敞式或岛式码头建设方案，其位置可选在天然水深适宜，波浪、水流对船舶影响小，离岸较近的水域。

（13）对大型深水油码头的选址，当深水区离岸较远且无良好的掩护条件，可供建设常规码头或开敞式码头时，可考虑单点或多点系泊建设方案的可能性。设置单点或多点系泊的海域应有足够的天然水深和平面尺度，满足大型油船的系泊需要，尽量避免人工疏浚，海域的波浪及水流强度要相对较小，其位置应靠近水下管线的登陆点，并应考虑到水下管线敷设和登陆的方便条件。

7.3.5 港区与城区

港口活动关系到各部门的生产活动，它处于一个大的环境系统中；城区是环境系统中的重要依托。了解港区城区间的关系，是港址选择的重要内容，也是港区布局时协调与周围环境关系的主要方面。

由于历史的原因，我国不少港口和港口城市建设不注意协调一致的发展规划，造成城市环境质量差、城市功能分区混乱，城市包围港口，使港口陆域纵深狭窄，库场面积严重不足，进出港口交通堵塞，适宜建港的岸线被乱占用，形成了用地布局与发展相互干扰的局面。

港区与城区始终协调地发展，在港口规划港址选择和制定城市总体规划时，应注意下列几点：

（1）岸线合理分配是协调发展的基础。岸线包括一定范围的水域和一定纵深的陆域。岸线是港口城市的前沿，是港口城市最重要的组成部分。妥善岸线分配规划，才能为港区和城区协调发展创造前提条件。

港口岸线应坚持"深水深用、浅水浅用、合理安排、统筹兼顾、留有余地、各得其所"的原则。特别是适宜建深水泊位的岸线段和岩盘埋藏较深、易于开挖改造成深水港区的浅水岸段，不要因近期港口计划而挪为他用，城市规划要为建港预留，注意统一规划，远近结合。只有这样，才有利于港区和城区不断地取得发展中的、新的平衡。

（2）港址和港区用地是决定城市城区布局的重要因素。港口城市中，港区用地不仅在数量上占有一定比例，往往在港城建设中具有主导地位。港区的形成和发展，特别是它的每一次重大变化，在很大程度上影响到港城用地的合理布局。

20世纪70年代，宁波港的新港区选择在距老港区下游20 km的镇海，城市用地布局亦随之向两江下游推移（见图7-8），北仑港区的建设，使港区由南江入海口延伸到东海岸边，结束了宁波港在甬江停留一千多年的历史，而宁波市的用地布局也发生了根本变化，突破了原来单一的江边城市布局。港址的外移，为吸引各种工业、改善老城区环境质量和城市发展提供了新的动力。再如天津、福州，国外的伦敦、汉堡、纽约、圣彼得堡和鹿特丹等，城市用地均随新港区建设而不断形成带状组群或组团的城市布局。港口规划工作者应该很明确地看到，港口的上述宏观功能，在港址选择上尽力使港口将来能发挥更大的宏观功能；城市规划工作者亦应很明确地意识到，港口是促进港城发展的巨大的潜在力量，在用地等各个方面为港口不断发展创造条件。

（3）新港区的建设不能有损于原有港城结构的合理性。新港区建设要有利于促进港城发展，要考虑不要有损于原有城区用地结构的合理性。

（4）港口城市用地布局宜注意下列几点：港口和城市发展的主要方向应互不干扰；港口最好设在城市的下风侧；港口中为当地工业生产和人民生活服务的客货码头宜布置在市区或接近市区；保有一定的海滨、沿江公共活动岸线，市中心临近水面，使城市充满海滨、沿江气息；进港铁路最好不分割城区，铁路与港区工业区、仓库区有方便的联系。

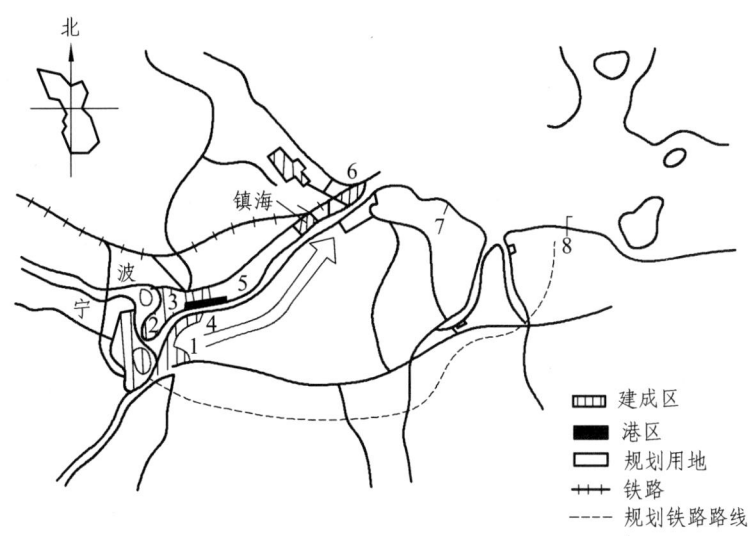

图 7-8 宁波港港区和城区推移略图

1—地方驳运码头;2—客运码头;3—三区杂货码头;4—危险品码头;
5—港作码头;6—镇海新港;7—油港;8—北仑矿石码头

7.4 港口水域的平面布置

港口水域包括港池、航道、锚地、回旋水域、防波堤、口门以及导航设施等。水域设施的合理布置将有利于水上作业系统的有效运作。

水域设施的要求如下:

(1) 港口水域中的进出港航道和码头前沿水域需具有足够的水深,满足相应吨级船舶吃水的要求;

(2) 进出港航道走向的布置应满足船舶安全进出港口;

(3) 航道和港池的维护性挖泥量应尽量小;

(4) 港池内应有良好的泊稳条件,以便船舶能安全、顺利地完成货物装卸作业和旅客上下船;

(5) 港口水域尺度应能满足船舶回旋、制动、港内航行、停泊作业的要求;

(6) 除应满足设计船型(是用于确定码头、港池和航道尺度的船型,按其确定的尺度能保证所有使用码头、港池和航道的船舶在给定的条件下均能安全操作)的航行、停泊所需的水域外,还应考虑港口辅助船舶(如工作船、救护船等)的航行和停泊要求,在有小船运输的港口,还应考虑这部分船舶对水域的要求,但在布置上应尽量减少大小船之间的干扰。

7.4.1 航道

1. 航道的概念和分类

航道是指沿海、江河、湖泊、水库、渠道和运河内可供各类船舶在适当水位期安全通航的水域。航道是港口为船舶安全航行提供的一条特定的航行线路。多数情况下,近海自然水深不能满足船舶吃水要求，需要经人工开挖形成航道。船舶进出港口必须在规定的航道内航行，一是为了贯彻航行规则，减少事故；二是为了引导船舶沿着足够水深的路线行驶。进出港航道通常是港口规划、设计和维护的最重要问题之一。

航道应当满足以下条件：足够的水深、宽度和弯曲半径；足够的水上净空，包括净空高度和净宽高度；适宜的航行条件，包括风、浪、流和能见度等自然条件；必要的助航设施。

航道划分种类较多，主要有：按成因分为天然航道和人工航道，天然航道在低潮时其水深已足够船舶航行需要，即无须人工开挖航道，为了满足船舶航行所需的深度和宽度等要求，需进行疏浚的航道称为人工航道；按使用性质分为公用航道和专用航道；按所在港区位置分为港内航道、港外航道、主航道和支航道；按所在水域位置分为沿海航道、潮汐河口航道和内河航道；按职能管理部分分为国家航道、专用航道和地方航道；按船舶航行方式分为单线航道、双线航道和多线航道。

对船舶航行特性有明显影响的是按航道断面形式划分：分为天然水深航道[见图 7-9（a）]、挖槽式航道[见图 7-9（b）]和运河式航道[见图 7-9（c）]。

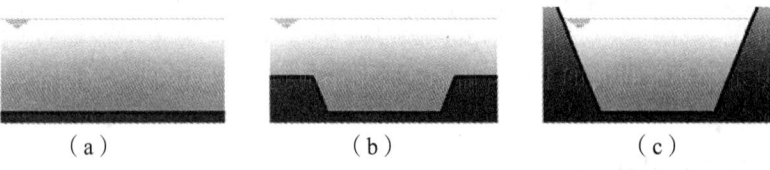

图 7-9　航道断面形式

航道可分为非限制性航道与限制性航道。所谓非限制性航道是指船舶在这样的水域内航行，与在无限深水域航行相比，其特性没有变化，即航速、航行阻力、航行下沉量等没有变化。而船舶在限制性航道内航行，与无限深水域相比，将产生速度降低，阻力增大，航行下沉量增加等现象。

非限制性浅水航道一般为非限制性航道；挖槽式航道当其底宽小于船舶航行的影响宽度时为限制性航道，反之为非限制性航道；运河式航道一般为限制性航道，其显著特点是岸坡露出水面，有明显的船-岸效应。

2. 航道设计的目标和影响因素

航道设计的首要目标是确保船舶航行的安全，其次是在保证航道通过能力的前提下降低航道建设和维护的成本。影响航道设计的主要因素有：

1）设计船型

船舶尺度决定航道的主要尺度。在设计中，航道宽度通常以船舶宽度的倍数表示，弯道的曲度半径以船舶长度的倍数表示，而航道深度则与船舶吃水直接相关，此外航道的净空要满足船舶水线以上的高度需求。航道尺度要满足船舶安全航行，船型尺度直接影响航道尺度，因为设计船型尺度是影响航道设计的主要因素。

设计船型的选取，需要对未来可能使用航道和港口设施的船舶做出预测，有时甚至需要对船型的发展做出预测。设计船型的选择应遵从以下一个或多个准则：

（1）船舶固有操作性能较差；
（2）在进出港的船舶中尺度很大；

(3)受风面很大;

(4)装载特定的危险货物。

如果航道设计仅与一种船型有关,则船舶的长度、宽度和吃水的选择是简单的。但这种情况并不多见。如果航道通行船舶的类型较多,可能需要一种以上设计船型,例如,吃水较大的设计船型可用于确定航道的水深,吃水较浅但受风面积大的设计船型可用于确定航道宽度。在这种情况下,应使用设计船型(组)的概念。

2)船速

通常情况下,船舶速度越快,其保向性越好,航行时的航迹带宽度会较小。同时船速越快,船舶的航行下沉量越大,两船间的相互作用和岸壁效应也会增大。因此,船舶航行速度影响航道设计。

3)船舶操纵性

船舶操纵性是指船能保持或改变航速、航向和位置的能力,主要包括航向稳定性、回转性和转艏性。航向稳定性是指在直线航行时,如果受外力干扰而偏离原来航向,当外力消除后保持原有航向的性能。回转性是指船舶经操纵后,船舶改变原航向作圆弧运动的性能。转艏性是指船舶回转初期对舵的反应能力。转艏性好,则船在驾驶者操纵后能较快地进入新的航向,或者在船舶偏离航向经操纵后能很快回到原航向上来。

具有良好操纵性的船舶,能够根据驾驶者的要求,既能方便、稳定地保持航向,又能迅速地改变航向、航速,准确地执行各种操纵任务。因此在航道设计中还应满足操纵性能较差的船舶安全航行。

4)水位

最高通航水位和最低通航水位及出现的频率、历时等参数是影响航道设计的重要因素。深水航道的水位变动受潮汐、风暴潮、河流下泄径流等的影响。最高通航水位一般用于确定水上建筑物通航净空、整治建筑物(防浪、防沙、导流等建筑物)的顶部高程以及波浪传播条件等。

5)风

风作用于船舶会横向漂移和偏转,对其航迹带宽度将产生显著影响。

6)浪

船舶在波浪作用下会产生6个方向的运动,对航道设计有一定影响。

7)流

均匀流场虽然不改变船舶水动力,但造成船舶顺流漂移,影响船舶运动的航迹和位置。如果局部水流不均匀,船舶运动较为复杂,特别是在一个船长范围内流向、流速分布不同时,容易引起意外发生。

8)操纵水平

驾驶者的操纵水平直接影响到船舶航行的状态,在航道设计中对驾驶员的操纵水平也应适当考虑。

9)航道底质

航道底质主要影响航道建设的成本和航道边坡的坡度。处于航行安全的考虑,对于航道的底质和边坡较硬的情况,航道宽度要有所增加。

10）航道回淤

航道回淤量是计算航道维护成本的重要依据，航道的备淤深度也应由回淤量确定。在航道设计中，对航道的回淤量进行预测是十分必要的。在航道选线论证阶段，航道回淤维护成本应作为一项重要的考虑因素。

11）船舶货物类型

装载不同类型货物的船舶，其船型尺度差异较大，受风、浪、流作用规律不同，在航道设计中应对各种可能出现的危险情况予以考虑。（装载对海洋污染较严重和危险品的船舶，如油轮、液化气船、化学品船等，出于安全考虑，其航道尺度比装载其他类型货物船舶的航道尺度要大）

12）船舶航行密度

对于单向航道，当航行船舶较多时，会导致船舶在锚地等待时间过长，这时应考虑建设双向航道。对于双向航道，当船舶航行密度较大时，出于安全考虑，要适当增加航道内船与船之间的距离。

3. 航道设计的内容

航道设计包括航道选线、航道尺度（包括宽度、水深及转弯段参数等）以及导助航标志等方面的内容。

1）航道选线

选择海上航道轴线必须掌握建港地区海域海象、气象和地质条件的特点，充分利用自然条件来最大限度地满足船舶航行要求，注意适应港口平面布置和远景发展对航道的要求。

为了提高船舶进出港的安全性，满足良好的操船作业条件，航道选线应注意：

（1）当横风风力超过 7 级时，以微速（4 kn）航行的大型船舶较难以控制航向，因此航道轴线应尽量避免与强风或频率较高的风呈大交角，以减少船舶在强横风下航行的可能。

（2）1 kn 横流使微速航行的大型船舶产生较大的偏位，航道轴线宜尽量避免与流速大于 1 kn 的水流呈大交角。强风力很容易被发现，而流力则比较隐蔽，容易造成发现时已"来不及"的险情。

（3）航道轴线应尽量顺直，避免"S"形航路。受地形、地质条件限制必须多次转向时，宜加长两次转向间距。转向角 φ 宜控制在 30°以内（见图 7-10），航道转弯半径 R 宜大于 3~5 倍设计船长，并需将航道按规范要求加宽。当转向角较大、航速超过 8 kn、航道水流条件较差时，应加大转弯半径 R，R 大于 10 倍船长时较为理想。

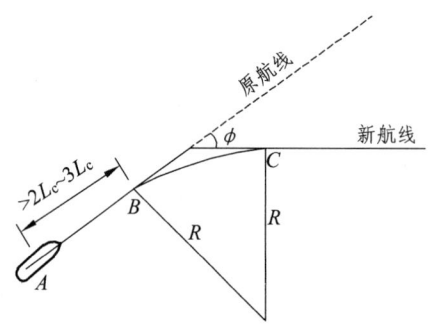

图 7-10　航道轴线转向

(4)为了防止船舶进入防波堤口门前发生事故,防波堤口门外的航道应满足船舶制动需要的直线段。

(5)几乎所有的航道都有不同程度的回淤,需要维护疏浚,所以防止航道在波浪和潮流的作用下产生回淤是选择航道轴线的重要因素。一般而言,以推移为主的输沙情况,航道轴线与主波向、主流交角越大,淤积率亦越大。在泥沙活跃的海岸,航道淤积应作为专门课题,结合模型试验研究确定合理的布置方案。

2)航道宽度

航道宽度是指航槽断面设计水深处两底边线之间的宽度。航道宽度一般由 3 部分组成,即航迹带宽度 A、船舶间错船富余间距 b 和克服岸吸作用的船舶与航道侧壁间富余间距 C,如图 7-11 所示。

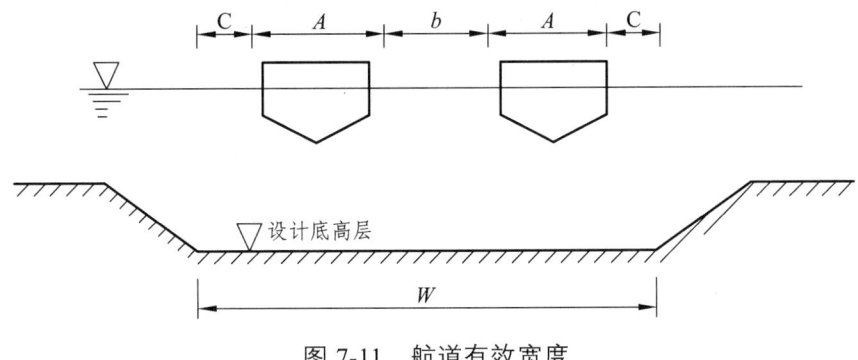

图 7-11 航道有效宽度

(1)航迹带宽度。

船舶在航道上行驶受风、流影响,其航迹很难与轴线平行,即使在无风、流状态下行驶,由于螺旋桨产生的横力矩,亦迫使船舶偏转。船舶常需不断地操作舵角才能保持航向,故其航迹是在导航中线左右摆动呈蛇形的路线(见图 7-12)。船舶为了克服风、流的影响保持航向,常使船舶实际航向与真航向保持一风、流压偏角 γ,如图 7-13 所示。船舶以风、流压偏角在导航中线左右摆动前进所占用的水域宽度称为航迹带宽度。规范规定 A 按下式确定:

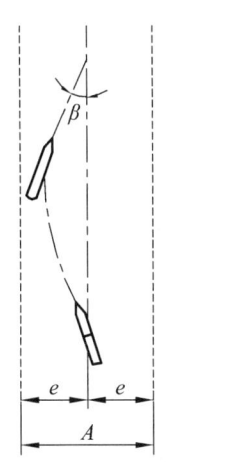

图 7-12 船舶航行的蛇形路线

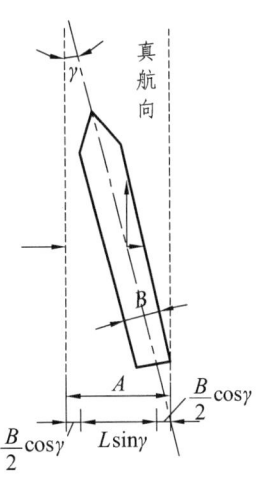

图 7-13 船舶真航向与风流压偏角

$$A = n(L\sin\gamma + B) \tag{7-1}$$

式中 n ——船舶漂移倍数，见表7-6；
  γ ——风、流压偏角，°；
  L ——船长，m；
  B ——船宽，m。

表7-6 船舶漂移倍数与风、流压偏角关系

风力	横风≤7级			
横流 $v/$（m/s）	$v\leq0.25$	$0.25<v\leq0.50$	$0.50<v\leq0.75$	$0.75<v\leq1.00$
n	1.81	1.69	1.59	1.45
$\gamma/°$	3	7	10	14

航迹带宽度一般在 $2.0B \sim 4.5B$ 的范围内。

（2）船舶错船富余间距 b。

船舶相遇错船时，为了防止船吸现象，保证安全，两航迹带间应留有一定距离。由于航迹带有一定宽度，错船时两船可注意调整船位，使本船尽量靠右舷侧航行，故此值取船宽 B。

（3）船舶与航道底边的富余间距 C。

人工开挖的航道，由于航槽内外水深差形成航槽壁，船舶在这样狭窄的航道内航行，为防止擦壁或搁浅船舷，必须与槽壁保持一定距离。更重要的，如果舷边与槽壁边坡没有足够的距离，船舶有被吸向岸坡的趋势，这将引起操纵上的困难。一般船舶与槽壁的间距越小、船舶航速越大，岸吸力越大，必须用大舵角才能克服岸吸力以维持航向；富余水深越小，岸吸力越大。另一些试验资料表明，排水量及方形系数大的船（即肥胖型船）较排水量及方形系数小的船岸吸力大。规范富余间距 C 按表7-7选取。

表7-7 规范富余间距表

船种	杂货船、集装箱船		散货船		油船或其他危险品船	
航速/kn	≤6	>6	≤6	>6	≤6	>6
C/m	0.50B	0.75B	0.75B	B	B	1.50B

综上所述，航道宽度 W 的取值：

双向航道 $W=2A+B+2C$ （7-2）

单向航道 $W=A+2C$ （7-3）

当航道较长、导标灵敏度不易控制、船舶定位困难和自然条件特别恶劣时，航道宽度可较上式加宽；相反的情况可以缩窄。

综上，典型的双向航道宽度约为 $8B$；单向航道宽度约为 $5B$。

对于硬底质且边坡较高的航道和交汇密度较大的双向航道应适当增加航道宽度。航道出现弯曲时，弯曲段需适当加宽。

3）航道水深

航道水深应能满足船舶航行要求，而又不过大，即要确定一个合理的富余水深。确定富

余水深大小所考虑的条件可分为两类：

（1）船舶航行或停泊不致触底所需的富余水深，影响船舶触底因素可能来自水深误差和因船舶运动吃水增加两个方面。

① 水深误差。

a. 水深变化。实际水位与测量水位之间有误差，可能来自潮高测验或预报误差。水位预报误差一般为 0.2 m，但由于港口营运均有自己的验潮站，故此误差一般不会超过 0.01～0.02 m；

b. 海图、水深图测量误差。浅海测深仪器的测深精度一般为±（0.05+水深/250）。国际海图标准容许误差：当水深小于 20 m 时为 0.3 m；水深 20～100 m 时为 1 m。我国港口工程测量技术规范规定：水深 10 m 以内为 0.15 m；水深 20 m 以内为 0.2 m；超过 20 m 时为水深的 1/50。

c. 船舶抛锚引起的富余量。船舶在航行中遇险紧急停船抛锚时，锚成为航道上的障碍物，因此必须有不让锚碰坏自己船底的富余水深。该值与锚的类型、重量、尺寸以及底质土壤性质有关。如 10 万吨级船，配锚重 13t，在不利下锚状态时，锚爪突出海底 1.3 m。

② 因船舶运动吃水增加。

船舶运动时较静止时吃水增大，一般主要考虑两方面：航行时船体下沉和因波浪作用船体产生的垂直运动。

a. 航行时船体下沉。船舶在浅水中航行时发生船体下沉和纵倾变化。这主要是由于船舶航行时将部分水体推向船后，使从船首分散的三向水流，在浅水中被强制变为二向水流，船侧流速较在深水中航行时为大，船体周围的水位降低也较在深水中航行时为大，因而促使船体下沉和纵倾。

b. 船舶在波浪中航行时的下沉。船舶在波浪中航行时，随波高、波周期、波向、船舶吨级（船长）和水深不同，将产生不同程度的纵倾、横摇和升降 3 种运动。一般而言，当波浪周期与船舶自振周期（纵摇、横摇、升降）接近时，船体相应形式的运动将会增大。

（2）减少船舶操纵困难所需的富余水深，一般包含两方面：

① 考虑船舶操纵性能所要求的水深；

② 保护船舶主机，避免冷凝器取水口堵塞所需要的水深。

船舶进入浅水水域中航行，舵效明显降低、船舶回旋性能下降，船舶回旋直径较在深水中增大。主机冷凝器取水口距海底泥面太近，吸入泥沙易损坏冷凝器。一般富余水深为冷却取水口口径的 1.5～2.0 倍，取水口口径很少会超过 0.2 m，因此富余水深一般取 0.3～0.4 m。

7.4.2 锚地、回旋水域

1. 锚地

在水域中指定地点专供船舶停泊及供船舶进行水上装卸作业的水域称为锚地。锚地按位置可划分为港外锚地和港内锚地。港外锚地供船舶候进、待泊、联检及避风使用；港内锚地供待泊或水上装卸作业使用。

锚地按功能可划分为：（1）装卸锚地：为船舶在水上过驳的作业锚地；（2）停泊锚地：包括到离港锚地、供船舶等待靠码头、候潮等用的锚地；（3）避风锚地：供船舶躲避风浪时的锚地;(4)引水锚地:供船舶进港前等候引水员上船领航和出港后引水员离船的锚地;(5)检疫锚地:为外籍船舶到港后进行卫生检疫,有时也和引水、海关签证等共用。

船舶在锚地的锚泊方式及其概略面积如图 7-14 所示。

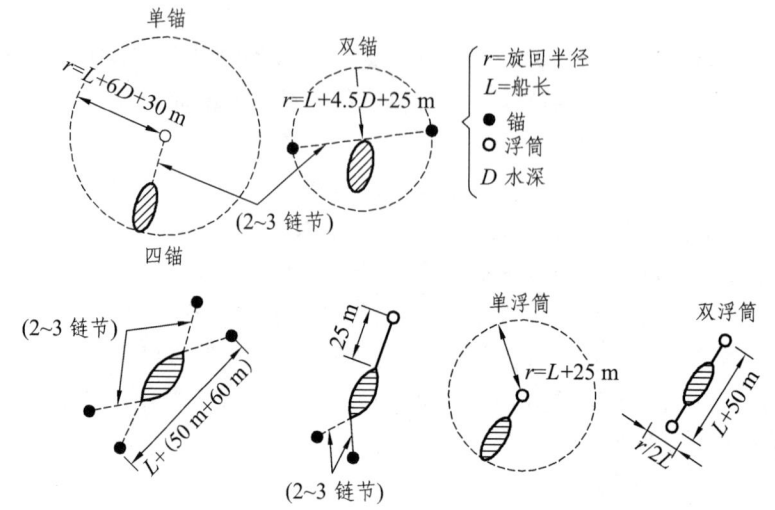

图 7-14　锚泊方式及所需概略面积

选择锚地位置时应注意:

(1)港外锚地边缘距航道边线不应小于 2~3 倍船长;单锚或单浮筒系泊的港内锚地距航道边缘不应小于 1 倍船长,而双浮筒系泊时不应小于 2 倍船宽。

(2)港外锚地水深不应小于船舶满载吃水的 1.2 倍,波浪累计频率为 4% 的当波高超过 2 m 时,尚应增加波浪富余深度。港内锚地水深应根据锚地区域的波浪、水流以及船舶吃水综合确定,通常情况下不宜小于码头前沿水深。

(3)锚地底质以软硬适度的亚砂土和亚黏土较好,其次是淤泥质沙土。

(4)应尽量避免在横流较大的地区设置双浮筒锚地。

(5)油船和危险品船应设置专用锚地或专用锚位,并应与其他锚地及水陆域设施保持安全距离。对液化天然气船舶应设置专用锚位,并可与其他危险品运输船舶共用锚地。

(6)严禁在海底管线工程区域设置锚地。

港口锚地的规模和数量应根据到港船型及其密度、港口生产组织和水域自然环境等因素综合确定。一般来说,规模较小、货种单一的港口可设置一个锚地承担多种功能。如天津港在大沽口外距港口 13 n mile 处,设置一个引航、检疫、停泊的多功能港外锚地。规模较大、货种较多的港口宜设置多处专用锚地,或根据功能将锚地划分片区使用。如上海港由长江口至吴淞口航道(南水道)全长 98 km,三处浅滩水深 7.0~7.4 m,故在吴淞口外设置的主要锚地有:① 绿华山锚地,位于长江口外东西绿华山两岛之间,供 4.5 万吨以上大船过驳减载和避风防台;② 长江口锚地,因铜沙浅滩水深 7.0 m,吃水大于 7 m 的船可在此候潮;③ 鸭窝沙锚地、吴淞口锚地等。

2. 回旋水域

船舶回旋水域应设置在方便船舶靠离码头或进出港口的地点。其水域可以和航行水域共用。回旋水域的尺度应考虑当地风、浪、流等条件和港作拖船配备、定位标志等因素，可按表 7-8 中建议的数值确定。

表 7-8　影响回旋水域尺度因素表

适用条件	回旋圆直径/m
允许借码头或转头墩协助转头的水域	1.5 L
有掩护水域、港作拖船条件较好，可借岸标定位	2.0 L
无掩护的开敞水域，或港作拖船条件差	2.5 L
受水流影响较大的河口港： 回旋椭圆水域宽度（垂直水流方向） 回旋椭圆水域长度（沿水流方向）	1.5～2.0 L 2.5～3.0 L

注：（1）回旋水域可占用航行水域，当船舶进出频繁时，经论证可单独设置；
（2）L 为设计船长，m。

船舶自行调头操作，水域比较平稳，风力少于 5 级时，回旋圆直径一般较表中数值为大，常需 3 L。未设首推进器的集装箱船其回旋直径可达 6 L，这是设计集装箱船泊位时应注意的。

7.4.3　防波堤与口门

1. 防波堤布置

防波堤是用来抵御港外波浪侵袭，兼作防沙减淤之用的外海水工建筑物。一般布置在港内水域的外围，保证港内水面平稳和具有足够的水深，使船舶能安全进出港口和进行装卸作业与停泊，有时也兼防泥沙、水流及冰凌对港口和进港航道的侵袭。

影响防波堤设置的因素有：波浪、流、风、泥沙、地形地质等自然条件，船舶航行、泊稳和码头装卸等营运要求以及建设施工条件和投资限制等因素。过去我国修建的防波堤水深很少超过-10 m，如今国外在-20 m 处修建防波堤已不罕见，并将其工程称为大水深防波堤。我国援建的马耳他马尔萨什洛克港防波堤水深-27 m。防波堤工程投资占某些海港相当大的投资比重，水深-10 m 处修建防波堤每米投资大约 20 万元左右（1996 年价格）。防波堤布置得合理与否，直接影响港口营运，固定资产投资及维护费用大小和长远发展，是某些海港总平面布置的关键性工作。

1）防波堤的布置原则
（1）防波堤轴线布置要与码头布置相配合，码头前水域要满足允许作业波高值。
防波堤的布置和选型应特别注意长周期波的影响。长周期波对船舶装卸作业及安全停靠危害极大，其周期超过 30 s，甚至以 min 计，波高很小亦会引起系泊船舶很大的运动量，并导致船舶断缆。对有长期波的地点，应研究防波堤所围成水域港池的自振周期，防止与长周期波产生共振。还应防止长周期波穿透抛石堤对港内泊稳的影响，我国援建毛里塔尼亚的友谊港曾出现长周期波穿透块石堤而引起船舶断缆的现象。
（2）防波堤所围成的水域应有足够的面积和水深，满足布置码头岸线、码头前停泊水域、调头水域以及航道的需要。口门外有横流的情况下，应考虑船舶进口门前航速及航角对进口门后船舶航行的影响，如图7-15所示。从船舶航行安全方面考虑，进入口门后应有足够的航行水域作为缓冲和对准泊位航行。口门内水域面积轮廓应满足船舶调头作业的要求，宜容纳一直径为3倍设计船长的圆，如图7-16所示。

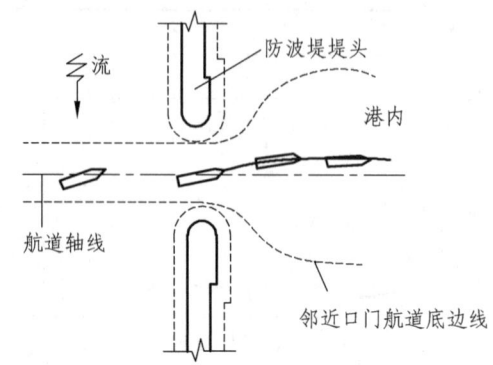

图7-15　船舶入港后航迹

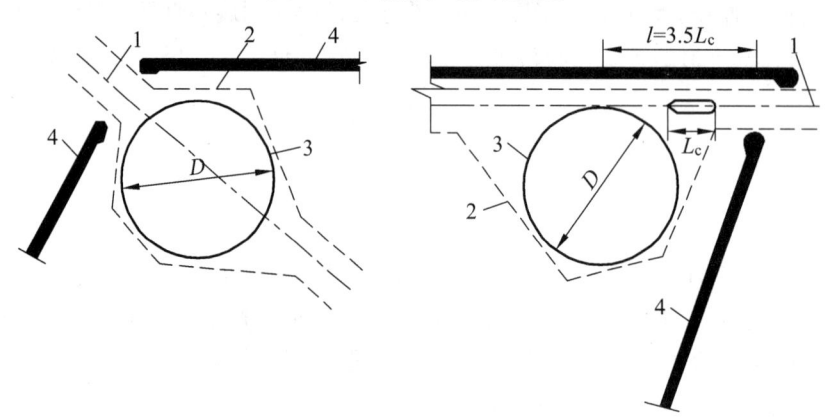

图7-16　口门附近水域

1—口门轴线；2—锚地边界；3—掉头水域的边界；4—防波堤

（3）防波堤所包围的水域要为港口今后的发展留有余地，尽可能顾及港口的规模"极限"和极限船型。同时，还应注意防波堤所包围的水域内风成波对泊稳条件的影响。在淤泥质海岸的港口，应注意到泥沙以悬移状态进港，由于港内水域平稳、流速减少，悬沙落淤，因此，水域面积越大，纳潮量越大，淤积总量亦越大。从这一角度考虑，应缩小无用水域面积，以减少纳潮量和进港泥沙。

（4）要充分利用有利的地形地质条件，将防波堤布置在可利用的暗礁、浅滩、沙洲及其他水深不大的水域中，以减少防波堤投资。

在泥沙运动十分活跃的海域，把防波堤布置在近岸浅水区，人工疏浚航道港池，并将挖泥吹填至陆域，在很多情况下是可比方案之一。青岛港老港大港区原为一浅滩，水深0～-4 m，防波堤就修建在这样的水深上，航道和部分港池挖至-10 m，挖出的沙土吹填至港区陆域。

（5）港内水工建筑物为直立式结构时，应注意结构造成的多次反射引起对港内泊稳的影响。当通过模型试验研究表明有泊稳恶化的情况时，则应采取消波措施。

上述原则有时是矛盾的,在具体港口防波堤布置中,多方案比较对求得效果最佳方案是很有益的。

2) 防波堤平面布置类型

常见的防波堤平面布置类型有单突堤、双突堤、岛堤和混合堤,如图7-17所示。

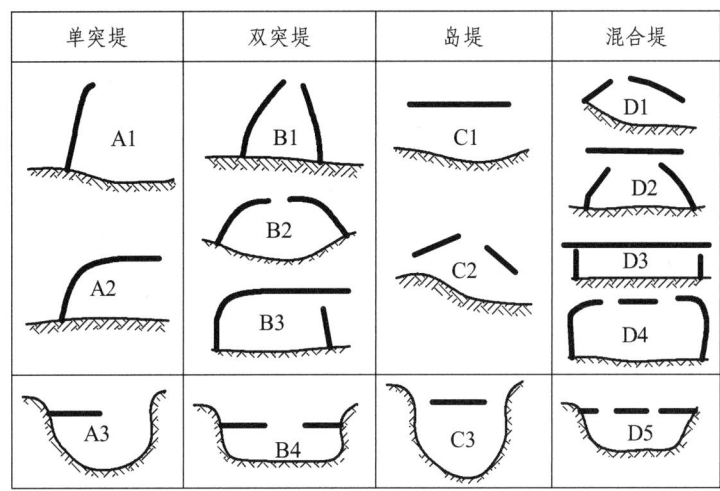

图 7-17 防波堤平面布置类型

(1) 单突堤。

单突堤是在海岸适当地点筑一条堤,伸入海中,使堤端到达适当深水处。当波浪频率比较集中在某一方位,泥沙运动方向单一,或港区一侧已有天然屏障时采用 A1 或 A2 式。但它所围成的水域有限,多半仅能形成一小港。当强风浪变化范围较大时,此种布置只能一时阻挡一面风浪,而不能挡住全年各方风浪,又不能有效地阻止漂沙进入港内,故在沿岸泥沙活跃地区不宜采用。A3 式适用于海岸已有天然湾澳,其水域足以满足港区使用的情况。此种天然湾澳,漂沙量一般不大(因若漂沙量大,即无法形成广阔的天然湾澳),最适合布置单突堤。

(2) 双突堤。

双突堤是自海岸两边适当地点,各筑突堤一道伸入海中,遥相对峙,达深水线,两堤末端形成一突出深水的口门,以围成较大水域,保持港内航道水深。B1 式双突堤用于海底平坦的开敞海岸,形成狭长而突出的港内水域,可以阻挡两侧方向的波浪与漂沙进入港内,迎面而来的波浪亦因港口缩突而减小。在漂沙方面,亦因堤端已伸达深海水流,含沙量较小。但此种堤式只适用于中、小型海港。B2 式用于海底坡度较陡,希望形成较宽港区的中型海港。两堤轴线向内弯曲环抱而成近似三角形或方形的港口水域,如一侧风浪特强,两堤可长短不一,下风一侧堤较短。B3 式多建于迎面风浪特大,海底坡度较陡且水深的海岸。B4 式为海岸已有天然湾澳,湾口中央为深水的情况,港内水面平衡,淤沙极少,筑堤费用亦较省。

(3) 岛堤。

岛堤是筑堤于海中,形同海岛,专拦迎面袭来的波浪与漂沙。堤身轴线可以是直线、折线或曲线。C1 式岛堤堤身与岸平行,可形成窄长港区,适用于海岸平直、水深足够、风浪迎面而方向变化范围不大的情况。C2 式岛堤适用于港址海岸稍具湾形而水深的情况。港内水域进深长度不够时,C2 式堤比 C1 式堤距岸较远,可以增加港内水域面积。C3 式堤用于已有足够宽的水域之湾澳，两岸水较深而湾口有暗礁或沙洲。利用此地势，筑岛堤于湾口外，形成两个港口口门，以供船舶进出，并阻挡迎面的风浪。

（4）混合堤。

混合堤是由突堤与岛堤混合应用而成。大型海港多用此类堤式。D1式堤是因突堤端有回浪而必须再建岛堤以阻挡。D2式是岛堤建于双突堤口外，以阻挡强波侵入港内。D3式堤适合于岸边水深大，海底坡度甚陡的地形。若海岸曲折或海底等高线曲折，岛堤轴线也可因形而曲折，此式能建成大港。D4式堤适用于岸边水深不大，海底坡度平缓，须借防浪堤在海中围成大片港区的情况。D5式堤适用于已有良好掩护并足够开阔的天然湾澳，可建成大型海港。

3）防波堤结构类型

防波堤的结构一般可分为重型和轻型两类：前者是传统和常用的防波堤形式，包括斜坡堤、直墙堤和混成堤等；后者是近数十年来发展起来的，根据波能集中于表层的特点，结合工程的特殊需要而研究出来的各种轻型防波堤，如透空堤、浮堤、喷气堤和射水堤等。如图7-18所示。

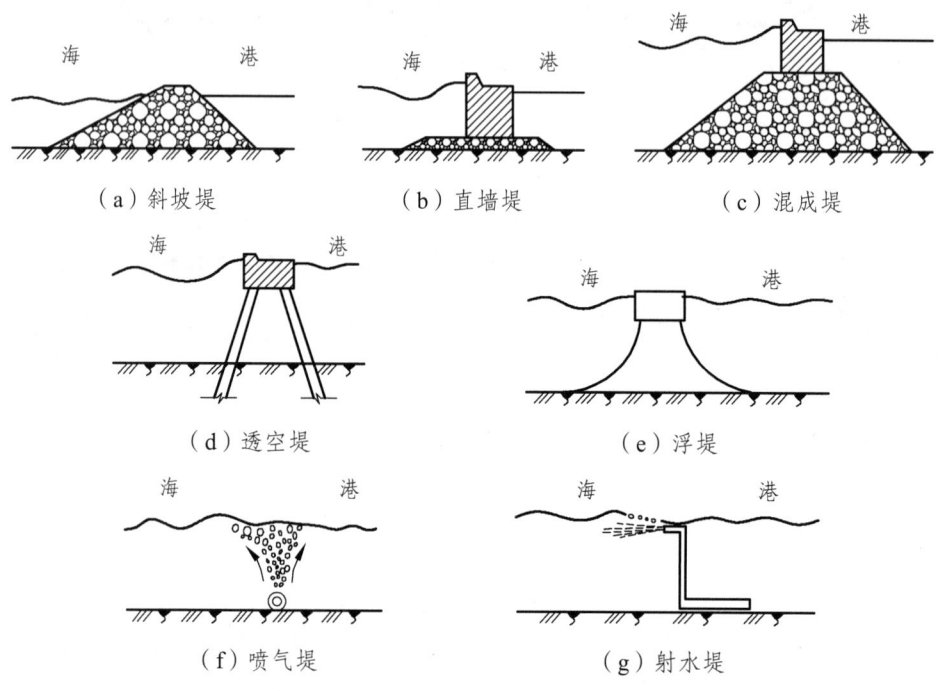

图7-18　防波堤结构类型

（1）斜坡堤。

斜坡式防波堤一种较常用的经典防波堤形式，波浪与斜坡式防波堤作用产生显著变形，发生破碎，给斜坡造成局部集中的动水压力以及底流作用，同时在水下防波堤坡面还会产生向上作用的反压力。因此，斜坡式防波堤外坡通常采用天然块石或者混凝土块体作为护面，从而防止波浪冲刷，堤身一般用分层分级块石堆成梯形断面；堤顶高程主要根据波浪在护面上的上爬高度和容许越波量来确定。在实际工程应用中，斜坡式防波堤主要用于浅水区以及软土地基的情况。它的优点是：对地基承载力的要求较低；施工比较简单，在施工过程中或建成之后，如有损坏，较易修复；在使用方面，由于波浪在坡面上破碎和较少反射，所以消波性能良好。缺点是：需要的材料数量大，斜坡上的护面石块或人工块体如重量不足，将受波浪作用而滚落走失，需要经常修补；在使用方面，堤的内侧不能用作靠船码头。

（2）直墙堤。

正向波浪在直墙堤前将发生完全或不完全反射，形成立波。完全立波波高约为两倍原始波高，波长不变；在墙面和墙前半波长处波峰与波谷交替出现，称为波腹；在墙前 1/4 波长处水面几乎不动，称为波节。这样，直墙将承受立波的压力和浮托力，因此常采用钢筋混凝土沉箱或混凝土巨块构筑，波浪较小时也可采用木笼，近来也有采用大型管柱排列的结构。直墙堤适用于岩基或较密实的地基，墙底常铺一层碎石基床，堤外基床面视需要铺设护面块石，堤内侧可兼作码头用。容许越浪时堤顶高程可降低，有时还采用削角顶盖和带消浪空室的沉箱以减少立波压力。斜向波浪或不规则波的方向谱分量，在直墙前反射形成三向波，峰谷呈棋盘状交替出现，确定沿堤线波浪的合压力需要考虑直墙分段的影响。一般比较适用于海底土质坚实，地基承载能力较好的情况。但如水深过大，墙身过高，又将使地基承受较大的压力。其优点是：水深较大时，所需的材料比斜坡式堤节省；在使用上，其内侧可兼供靠船之用。缺点是：由于波浪在墙面反射，消波的效果较差，影响港内水面平静；同时，直立式堤的地基应力较大，不均匀沉降可使堤墙产生裂缝，较难修复。

（3）混成堤。

上部为混凝土直墙、下部用斜坡式抛石突基床混合组成的防波堤。严格说来，在混合式和直立式之间并不存在明显界限。增加直立式堤的基床厚度，即形成混合式防波堤。混合式防波堤适用于水深较大的情况。因为在水深大的情况下，建造直立式防波堤在技术上比较困难，同时，因墙身很高，使作用在地基上的压力很大，天然地基可能承受不了。建造斜坡式防波堤，因堤体断面随着水深增大而急剧增加，耗用材料很多，也不经济。采用混合式，可减少直立墙高度和地基压力，斜坡式堤基断面也不必过大，因此比较经济合理。

（4）浮式防波堤。

具有不破坏海洋生态环境，保证防波堤前后水体自由流动，保持海洋天然生态环境和海水清洁，对地基要求不高、不需要另进行地基处理，造价随水深变化不大等优点。但目前的浮式防波堤结构形式对短波的掩护效果尚好，但对于长波的透过率仍然很高。

（5）透空堤。

把上部防浪结构安设在桩、柱支撑上，构成下部可以透水的防波堤。在波浪小、水深大的水域修建重型防波堤工程量大，不经济。根据波浪能量集中在海水表层的特点，可以采用这种轻型透空堤。由于 3 倍波高的表层水深内集中了 90% 以上的波能，防浪结构伸入水下 2～2.5 倍波高处就可以发挥防浪掩护作用。结构形式有空箱、一两道直挡板、斜板、平板等，其中箱和板也可做成透水的。桩、柱等支撑为透空结构，下部波能仍可以穿越。透空堤是采用挡板固定在桩台两侧的结构，一侧用来防浪，另一侧可以用作码头。透空堤要按波浪荷载设计。空式防波堤在材料使用上和经济上看来都较为合理，特别适用于水深较大、波浪较小的条件。但透空式堤不能阻止泥沙入港，也不能减小水流对港内水域的干扰。

（6）浮堤。

浮堤是由浮体和锚系设备组成的防波堤，可以消减表面波能。浮体结构有排筏、气囊、空箱或其他特殊形体，常用铁锚系在沉块上。每道浮堤要有足够的宽度，有时需设数道浮堤才能有效地防浪，再加上其结构的活动性，常须考虑平面布置问题。浮堤有易于搬移的特点，可以多处使用。浮堤结构有较多的局限性，主要用于水深大而波浪小的水域或某些需临时防波设施之处。其不受地基基础的影响，可随水位的变化而上下，能削减波浪，修建迅速，且拆迁容易，但不能防止其下的水流及泥沙运动。

浮式防波堤较适合于波浪较陡和水位变化幅度较大的场合，又由于它易于拆迁，因而可以用作临时工程的防浪措施。

（7）喷气堤和射水堤。

利用空压机，通过安置在水底的有孔管道喷排气泡，形成气幕和两侧的环流，阻碍并消减波浪的装置为喷气堤；利用水泵，通过安置在水面的喷嘴喷射水流，以达到消减波能的装置为射水堤。两者都易于搬移，适用于施工、维修等临时性工程，喷气堤还用于防护爆炸冲击波。喷气堤与射水堤耗电量大，易发生锈蚀和生物附着，实际应用中还存在不少具体问题。上述所有轻型防波堤都适用于陡波条件，对长波的掩护效果较差，都有结构单薄、易于损坏、维护要求高等弱点。其最大优点是：当喷气管安设在足够的水深时，船舶可以经越其上驶入港内，畅通无阻。喷气消波设备的初期投资小，造价与水深无关，施工简单，拆迁方便，但喷气消波设备在使用时，空气压缩机等所需动力较大，运转费用较高。

4）防波堤轴线布置

（1）防波堤轴线布置应能使港内水域迅速扩大，使进入口门的波能很快扩散，波高迅速减小。这样布置轴线也有利于在口门附近布置方便船舶航行的调头圆，如图7-19所示。

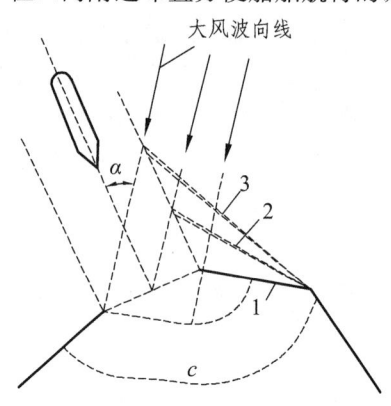

图7-19 口门布置位置的说明图

（2）防波堤轴线转弯时，折角 θ 宜在 $120° \sim 180°$（见图7-20），折角处根据结构要求，尽量以圆弧或多折线形连接。

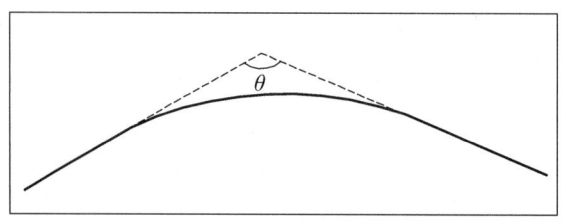

图7-20 防波堤轴线转弯时折角

（3）尽量缩短防波堤与当地最大波向正交的长度，减小作用在堤上的波力。

（4）布置防波堤轴线要注意小范围内地质条件的变化，有时轴线稍加移动，可减少大量的地基处理费用。

2. 口门

口门布置可分为侧向式和正向式。若船舶进出港方便，海岸泥沙不活跃，采用侧向式可避免强浪直射码头，为码头布置有更多灵活性创造条件。口门布置对港口使用及将来发展影响较大。主要有以下布置要点：

（1）口门位置应尽可能位于防波堤突出海中最远、水深最大的地方，以方便船舶出入。

在沙质海岸，口门宜布置在泥沙完全移动临界水深之外，以减少口门外泥沙进港和口门淤积。如图 7-21 所示，我国某港，建于 20 世纪 50 年代，由于口门处水深小于沙的完全移动临界水深，口门方向又与该地区北和东北向的强风一致，因此波浪掀起的泥沙从口门搬运到港内，进港的波浪又直射进口门的东岸，将泥沙推向西部停泊区，形成了东部冲刷、西部淤积的情况。

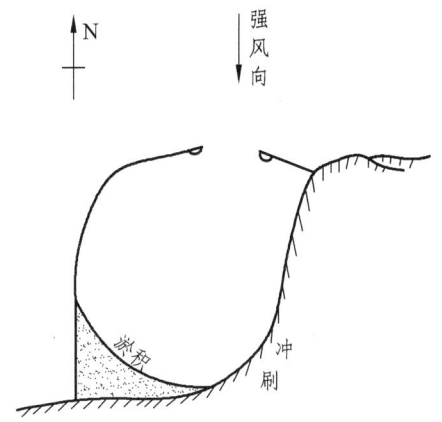

图 7-21 失败的口门布置图

在淤泥质海岸，泥沙在波浪作用下以悬移形态运移，水深越大含沙量越小。口门宜布置在远离破碎带、含沙量小的深水处。天津港口门从 -0.5 m 延伸至 -2.5 m 处，平均含沙量可从 0.3 kg/m^3 减少到 0.16 kg/m^3，预估回淤量可减少 40%，水深 -4.5 m 处年平均含沙量仅 0.06 kg/m^3，有可能根本上解决回淤问题，但建堤投资将是巨大的。

（2）从口门至码头泊位，一般宜有大于 4 倍船长的直线航行水域和 3 倍船长的调头圆，以便于船舶进入口门后控制航向、减低航速、与拖船配合完成转头等操作。布置直线航行水域有困难时，亦可布置在半径大于 3~4 倍船长的曲线上。

（3）口门方向力求避免出现大于 7 级的横风、大于 0.8 kn/h 的横流、船尾直向强风（即从船尾方向吹来）和波高大于 2.5~3.0 m 的尾追浪，以使操舵稳定。一般来说，船舶进口门航向与频率较大的强风强浪夹角在 30°~60° 为最好。

（4）口门的布置还应使从口门进入的波能尽可能少，以维护水域泊稳要求。如图 7-19 所示，口门方向与大风向夹角在 30°~60°，且将防波堤位置由 1 改为 2 时将遮挡一半进入口门的波能,若移到3的位置,将遮挡全部的波,但建设费用相应地增加了。

(5)口门宽度:船舶在通过口门时一般不考虑错船或超越。口门宽度在任何情况下不宜小于设计船长,并应认真研究和预测本港最大船型的船长要求。

(6)对潮差较大,港内水域面积宽阔,而防波堤又是不透水结构时,应该验算通过口门的涨落潮速度,流速一般不应大于 2.5~3 kn,有的地区平潮时间较长,验算时要注意处理。

(7)口门数量与航行密度、港口性质、环境条件等因素有关,在满足泊稳要求的条件下,两个口门一般比一个好。两个口门可以大小船分开进出港区,或分别适宜于不同风浪向进出,或不同性质船舶(商港、渔港等)分开进出等,增加运行的灵活性。两个口门也有利于环保,增强港内水域的水体交换和自净能力,但在泥沙活跃的海岸则需做具体分析。在船舶周转量大的港口,要核算一下口门的通过能力。

7.4.4 港口导航设施

港口导航设施包含内容较为广泛,大致分为两类:一类是常规(航标)助航标志,有浮标、固定标、导标和灯塔等;另一类是电子方面的助航设施——船舶通航服务站(VTS),包括雷达和甚高频无线电话(VHF)、卫星导航(GPS)系统。

港口导航设施包含内容较为广泛,大致分为常规、电子和卫星导助航设施。常规导助航标志也称为航标,有浮标、固定标、导标和灯塔等。电子导航设施即船舶通航服务站(VTS),利用岸上雷达测定进出港船位,用甚高频无线电话(VHF)向船舶提供导航信息,协助船舶进出港航行。卫星导航(GPS)系统是先进的导航设施,它在陆上和船上分别设有接收和发射装置,通过人造卫星传递信息,从而及时、准确地控制船位,使船舶安全进出港口。

1. 航标

设置航标的目的在于标明航道的界限,针对暗藏的危险障碍物,如岩礁、浅滩、拦门沙和航道弯段等,给予警示和引导,使船舶得以安全而迅速地到达目的地。航标包括以下多种类型:

(1)用于标示航道和港口水域中通航部分外廓线的浮标和固定标;

(2)设立在岸上塔架结构上的导标,用以引导船舶通过航道和港口口门;

(3)灯塔,用以引导远处船舶接近港口,或用以指示礁石、浅滩等危及航道的障碍物;

(4)设置于防波堤堤头、码头、系船墩和其他突出于航行水域中的建筑物上的灯标,用以表明这些建筑物的外廓边界;

(5)灯船和灯塔的作用基本相同,只是用于难以建立灯塔的地点。

1)浮标

浮标是漂浮于水面上的标志,用锚固定在需要的位置。视具体情况,它可以是有灯光的,也可以是无光的。为了保障航行安全,便于识别,按照浮标的位置、作用(如航道侧标,方位标志,孤立危险物标志和安全水域标志等),浮标应按国际统一的要求漆上颜色并附加标志性的上部轮廓。最常用的浮标是有灯光设备的浮标,一般采用蓄电池(或干电池)为能源。如有必要,在灯浮标的中心架上还可以安装雷达反射器。灯浮标的光型有闪光和间歇光等。

为了保障航行安全，避免因各国海区浮标制度不同给航海人员带来不便，或因辨认失误造成航行事故，我国海区航标采用国际航标协会（IALA）推荐，并为多数航海国家所接受的海上 A 系统浮标，其颜色和标志参考国标（如 GB 4696—84）。

灯浮标标体外径 2.1～2.8 m，用于海上时自重一般为 5～6 t。

2）导标

为了引导船舶安全地通过狭窄而带有危险性的或曲折的航道和港口口门，除在航道两侧设置灯浮标外，还需设置导标。导标成对地设置在航道中心线或港口口门中心线的延长线上。导标一般均建在岸上，后标需在前标之后有一定的距离，且应较前标为高，以保证必要的精度。导标的灯光可以有各种颜色，可以为固定光或闪光，且必须在其周围环境中极易识别。塔架可安装雷达反射器。

导标设计要点包括：

（1）后标应比前标高出充分的高度，当船舶驶近到最小距离时，前后两标的灯光不应重合成一个灯。同时，前标和后标之间应有一段距离，使它在导向上具有要求的灵敏度。

（2）在设计中，航道宽度是十分重要的，它将决定前标与后标之间的距离。两标的最小间距必须保证船舶在航道边界范围内航行，而最大间距又不应使其灵敏度过高，以便于船舶驾驶员仍可利用航道的侧边部分。

（3）如航道有弯转而采用多组导向灯标时，各组灯标的灵敏度应尽可能相同。

（4）导标的灯光亮度应为所要求的能见度，且前后标的亮度大致相同。

3）灯塔

灯塔是高塔形建筑物，在塔顶装设灯光设备。其位置应明显，并注意其特有的建筑造型，易于船舶分辨，同时也成为港口景点之一。由于地球表面为一曲面，故塔身须有足够的高度，使灯光能被远距离的船舶所察见，一般视距为 15～25 n mile；但灯光也不宜过高，以免受到高处云雾的遮蔽。

根据灯塔大小和所在地点的特点，灯塔可以是有人看守的，也可以是无人看守的，重要灯塔宜有人看守。

大型灯塔地点合适时，可以考虑和船舶通航服务站结合建设。

2. 电子助航设施

船舶通航服务站（VTS）利用岸上雷达测定出进出港船位，用甚高频无线电话（VHF）向船舶提供导航信息，协助船舶进出港航行。

船舶通航服务站（VTS）又称航管站，主要由岸上雷达系统（包括电视扫描光栅显示器）和无线甚高频（VHF）电话岸台组成。

雷达系统可以在各种气候条件下发现并测定水上船舶的位置。因此，如果在雷达屏幕上显示出航道、锚地等地图形状（视频地图），则可方便地观测到船舶在雷达覆盖区内的移动状态，并通过计算机测定船舶的航向及航速。船舶通航服务站一般具有下述功能：

（1）监视进港航道、锚地、调头区的船舶动态；

（2）在视线不良或雾天通过甚高频无线电话向船舶提供导航信息，如船位、航向、航速及到达转向点距离，偏离航道轴线情况及周围相关目标动态等；

（3）在恶劣气候或台风季节，监视抛锚船舶的锚位移动并及时发出警告；

（4）监视水上航行危险区或禁止抛锚区，遇有危险状态或违章现象及时发出警告。

船舶通航服务站（VTS）是港口现代化的重要标志之一，可大大减少事故率。1995 长江口由于建立 VTS，海损事故下降了 37%，经济损失减少了 49%。鹿特丹港建立 VTS 后事故率由 1.1‰降至 0.26‰。

卫星导航（GPS）系统是先进的导航设施，它在陆上和船上分别设有接收和发射装置，通过人造卫星传递信息，从而及时、准确地控制船位，使船舶安全进出港口。

7.5 港口陆域设施

7.5.1 概述

港口陆域是指从事与港口功能相关服务的陆上区域。主要组成有：

（1）生产设施：码头、仓库、堆场、铁路、公路、港区道路、装卸机械和运输机械。

（2）生产辅助设施与信息控制系统：给排水、供电照明、通信导航、办公、维修基地等；除库场等直接为生产服务的建、构筑物外，还应包括铁路、道路、给排水、供电等生活设施、环保设施以及为港口正常营运所需的各种设施。

现代港口正逐步成为国际贸易的综合运输中心和国际贸易的后勤基地。因此，适应国际贸易的商务信息系统、分运中心等已成为现代港口的组成部分。港口陆域应从传统的封闭港区向开阔的"港口社区"布置方向发展，这也是港口生产经营模式发展的需要。

港口陆域用地布局，按生产作业性质分为装卸作业地带、辅助生产作业地带、铁路站场用地和预留发展用地构成。现代港口还应规划商务信息设施用地、分运中心等用地，它们的位置宜选在毗邻传统港区的市区。港口港区正由封闭的港区向开阔的"港口社区"布局发展。

装卸作业地带布置有供装卸运输机械操作运行的码头前沿作业地带、仓库堆场及集疏运设施，如图 7-22 所示。辅助作业地带布置有各种流动机械库、工具库、器具修理厂、总降压站及变电站、供热建筑、消防车库、材料库、作业区办公楼等设施。铁路站场一般由港口车站、分区车厂、装卸线及配套设施所组成。

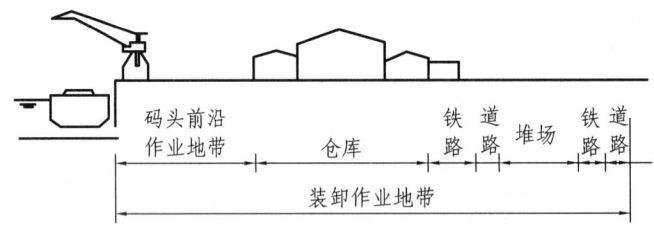

图 7-22 码头前沿装卸作业地带

港口陆域平面布置是根据港口生产活动的各个环节，合理安排陆域的装卸作业区、辅助生产作业区、铁路公路等，并要合理确定陆域规模。港口陆域平面布置应为港口的长远发展留有余地。

在研究港口平面布置方案时，应注意港口布置形式与自然条件的相互协调。依据不同的自然条件应选用不同港口布局类型。港口平面布置应力求巧妙地利用自然环境来满足港口营运上的要求，并节省建设投资。

7.5.2 码头布置

码头从广义上理解为码头建筑物及装卸作业地带的总和，即码头建筑物自身外还有装卸设备、库场和集疏运设施。这样码头才能完成靠船、系船、进行装卸作业、上下旅客和对船舶进行必要的补给等多种功能。因此，码头是完成水路货客转换机能设施组合的总称。为了简便，在码头水工建筑物的文献和书籍中，通常把码头建筑物自身称为码头，这是对码头狭义的定义。本章提及的"码头"一般采用广义的定义。

1. 码头分类

码头的分类方法很多，本书主要按码头功能和码头平面布置形式两种分类方法进行讨论。

1）按码头功能分类

从货物种类和包装形式上分：杂货码头、集装箱码头、多用途码头、专用码头。以装卸普通件杂货为主的码头称为杂货码头；装卸集装箱的码头称为集装箱码头；能装卸集装箱、普通件杂货、重件等货物的码头称为多用途码头；仅能装或卸一种类型货物的码头称为专用码头，如煤炭装船码头、原油码头等。

从贸易或商务上分：外贸码头和内贸码头。以装卸外贸进出口货物为主的码头称为外贸码头；以装卸国内进出口货物为主的码头称为内贸码头。当货物只有一个流向时，常冠以出口或进口外贸（或内贸）码头。

从隶属关系上分：货主码头、公用（通用）码头。仅为一个公司（集团）或少数几个公司原材料或制成品装卸服务的码头，一般称为货主码头，这类码头一般由使用码头的厂矿投资建设；由交通部门投资建设，为腹地货主服务的码头称为公用码头；当能适用多种类型货物装卸时，习惯上又称为通用码头。

从客货上分：货运码头和客运码头。货运码头以装卸货物为主；客运码头是上下旅客的码头。

2）按码头平面布置类型分类

码头平面布置影响因素主要有自然条件、船舶作业、陆上货物集疏运、存储等营运条件，码头前沿的布置形式应按照地形因地制宜进行布置，应满足陆上集疏运和库场作业的要求，有利于船舶作业和陆上货物集疏运。常见的布置形式有以下几种：

（1）顺岸式布置。

码头前沿线大体上与自然岸线平行或成较小角度，如图 7-23 所示。其中图（b）为顺岸布置的变形，前沿线成锯齿形轮廓。这种布置对前沿必须布置铁路线，而在较多泊位布置成一直线对铁路调车走行不方便时才采用。在河港、河口港为顺应河道自然走向，常将前沿布置成折线形，如图（c）和图（d）所示。有时，为了减少码头对河势的影响和节省建设投资，码头前沿布置在水深较大处，用引桥与后方陆域联系。

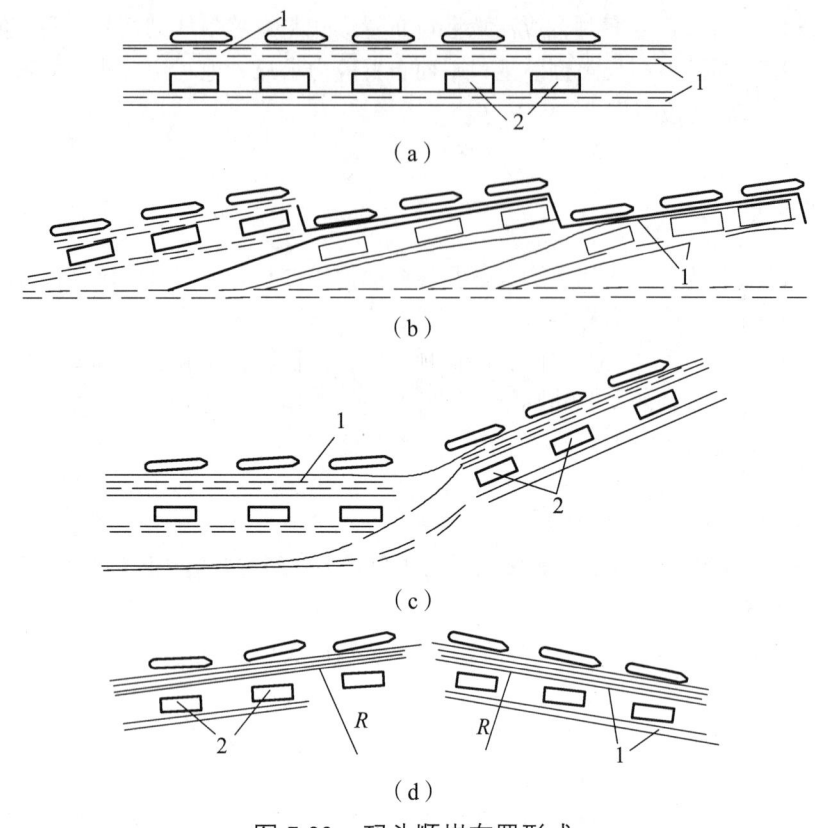

图 7-23 码头顺岸布置形式

顺岸式布置的好处在于后方可以有较大的陆域面积,便于布置仓库、堆场以及其他辅助设施;在大陆域面积的情况下,港口布置倾向于顺岸布置的优势越来越明显。顺岸式布置对原有的水流形态影响小,广泛应用于河港或河口港,如重庆朝天门码头、深圳蛇口客运码头。

(2)突堤式布置。

码头前沿线与自然岸线成较大角度的布置形式,如图7-24所示,图中一码头、二码头、三码头和四码头称为突堤式码头。图中甲码头、乙码头和丙码头称为顺岸码头。大连突堤码头和顺岸码头成直角布置。一般交角不小于45°或不大于135°。斜交布置中锐角一带不好利用,角度越小岸线利用越差。

突堤式布置的最大优点是:占用自然岸线少;港区布置紧凑,易于管理,用于掩护的防波堤短。但随着现代码头所需堆场面积的不断增大,宽突堤布置形式逐渐取代了过去那种窄突堤布置,这一点在集装箱码头布置时尤为突出。窄突堤布置往往在突堤后方的陆域上布置二线库场,但一线库场的集疏运条件较差。在宽突堤码头有足够前方库场面积的情况下,可适当减少二线库场面积。突堤式码头广泛应用于海港,如青岛港、宁波舟山港部分码头。

突堤式布置和顺岸式布置各有特点。同样泊位数量,突堤式较顺岸式占用自然岸线少,布置紧凑,故在岸线较短的条件下,宜优先考虑突堤式。同样,为了减少必须掩护码头岸线所需的防波堤长度时,突堤式较为有利。在河道、河口处,由于突堤式过多地伸向河中,破坏了原有水流形态,易于引起冲淤,并过多地占用河道宽度,影响通航,一般宜采用顺岸式布置。突堤式布置广泛用于海港,而顺岸式布置广泛用于河港和河口港。

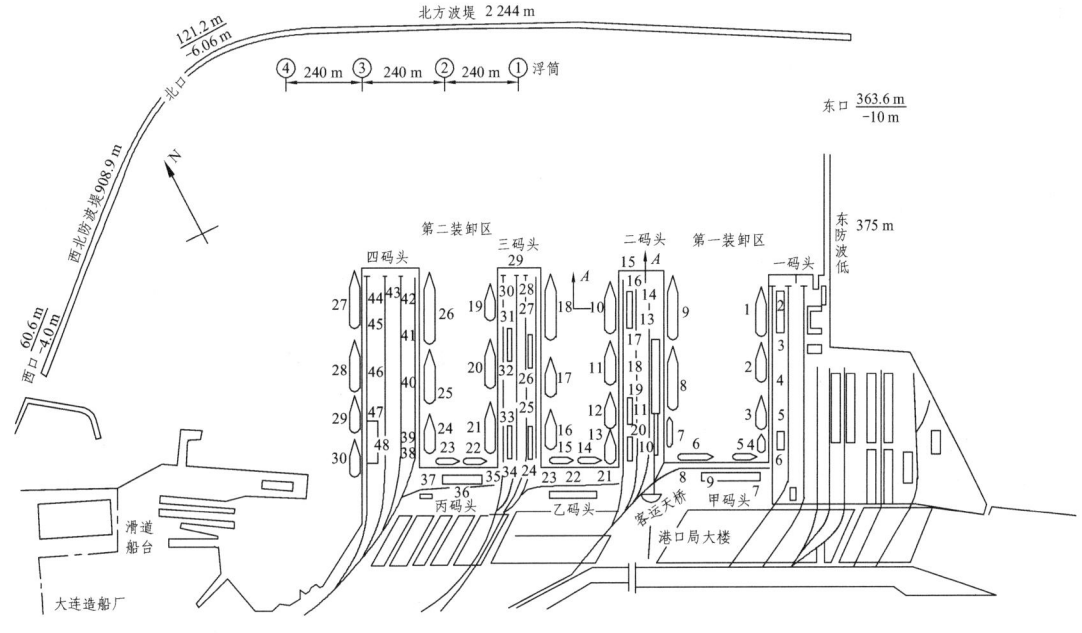

图 7-24 大连港东西港区布置图

（3）挖入式布置。

这是一种向岸侧开挖港池和航道，港池深入到陆域内的布置形式，可适应特殊地形和要求而布置。开挖港池和航道的方量与回填造陆工程量对比，常成为选择此种布置方案的重要因素之一。挖入式过去多见于河港和河口港，如南通港狼山港区、德国汉堡港、荷兰鹿特丹港等。如唐山港就是在平直海岸上开挖建设的，第一、第二港池为"F"形布置。

（4）防波堤内侧布置。

这是一种常见的布置方案。防波堤与码头布置在一起，可以节省工程量，一般适用于泊位较少的港口或专业化港口。一般码头泊位布置在堤根处，因为那里水域相对平静，与后方衔接方便，但开挖量增加；布置在堤头虽然可以减少挖方量，但码头与后方的衔接较差。也有为了减少挖泥将泊位布置在防波堤深水部位。当需要改善沿堤布置泊位的泊稳条件时，可增设与防波堤轴线近似垂直的短堤。

对于有防浪要求的泊位，为防止越浪，防波堤顶应有防越浪措施，此时会增加工程量。经验表明，当防波堤外波浪较大时，尽管防波堤胸墙设计很高，在风的伴随下，溅浪越过堤顶是不可避免的，这种溅浪可飞溅至胸墙几米处。在此范围不宜布置固定装卸运输设备，可布置如矿石之类的不致因溅浪而影响货物质量的堆场。

（5）岛式或开敞式布置。

码头布置在离岸较远的深水区，一般为开敞的，不设防波堤，当发生超过作业标准的自然条件时，泊位停止作业，船舶暂时离开码头。这是一种为了适应现代大型油船而发展起来的将码头布置在离自然岸线较远的深水区的布置方案，特别适合大宗矿石码头、煤码头和石油码头。码头结构一般为透空的墩式结构，由中间装卸作业平台、2个靠船墩和4个系缆墩所组成，可采取栈桥或水下管线（油、气码头）与岸相接，堆场或罐区设在岸上。

大型干散货码头亦多采用开敞式布置，通过布置在栈桥上的工艺设备与岸连接，故将此类码头称为栈桥式布置。

2. 码头规模的确定

码头是港口生产的中心。一个港口可同时停靠码头进行装卸作业的船舶数量，即泊位数，是港口的主要规模之一。港口其他设施的规模一般均与码头泊位数量配套或相互协调。因此，确定码头规模是确定港口规模的主要内容之一。

码头规模包含泊位停船吨级和泊位数量两个指标。

码头停船吨级是指所能停泊的标准吨级的船舶。停船吨级主要取决于货种、航线运距和吞吐量。一般情况，运距越长，船舶吨位越大。但在实际运营中停泊船是多样的，如 1.5 万吨级多用途泊位，它可能接待相当多万吨级及万吨以下的船舶，这都是降低泊位吞吐能力的因素。专业化大宗散货泊位的停船吨级，其经济运营船型可粗略用单吨运输成本和必要运费率两个指标来选择，同时考虑航运市场运力分布和运价变化的一般规律。结合我国大宗散货、集装箱等进出口运距，近年来各类船型发展趋势并考虑到建立我国港口内部规模的合理性，码头停船吨级可参考表 7-9。

表 7-9　码头停船吨级表

船种	航线		备注
	远洋	沿海、近洋	
多用途船、普通杂货船	1.5 万吨级	5 000 吨级	
集装箱船	干线：4 300～6000TEU	1 500～2 100TEU	准备 6 000TEU 以上
成品油船	6～8 万吨（巴拿马型）	300 吨级、3 万吨级	
原油船	25～28 万吨（进口）	5 万吨级、12～15 万吨级	选择极限 30 万吨
矿石船	15～18 万吨（进口）		选择极限 25 万吨
粮食船	8～12 万吨（进口）	3 万吨级、巴拿马型	
煤船		3 万吨级（卸）、10 万吨级	

泊位数量取决于码头装卸效率和船舶周转量（1 年间到港的船舶数量）。船舶周转量除与吞吐量有关外，还取决于船舶在本港的平均装卸量。船舶在码头平均装卸量小，则船舶周转量大，因而船舶占用泊位时间中非生产性的辅助作业时间长，影响泊位吞吐能力。泊位装卸效率随系统水平的不同可以有很大差别，在规划设计阶段难以精确确定。

码头所需泊位数 S 为：

$$S = \frac{Q}{P_t} \tag{7-4}$$

式中　Q——码头年作业量，万吨；

P_t——一个泊位年通过能力，万吨/年。

通常确定泊位数是根据装卸系统设计，选择适当系数、指标，较精确地估算 P_t 来确定泊位数。

$$P_{t}=\frac{T_{y}\cdot G}{\dfrac{t_{z}}{24-\sum t}+\dfrac{t_{f}}{24}} \tag{7-5}$$

式中 T_y——泊位年运营天数；

t_z——装卸一艘设计船型所需时间，h；

$$t_{z}=\frac{G}{\rho} \tag{7-6}$$

式中 ρ——设计的船时效率，按运量、货种、船舶性能、作业线数和运营管理因素综合考虑，t/h；

G——设计船型在本港的装卸量；

t_f——船舶的辅助作业、技术作业时间及船舶靠离泊位时间之和（h），当无统计资料时，可参考表 7-10 选取；

表 7-10 船舶作业参考技术表

项目	靠泊时间	离泊时间	开工准备	结束	公估	联检
时间/h	0.50~1.00	0.501~0.75	0.75~1.00	0.75~1.00	1.50~2.00	1.00~2.00

船舶靠离泊时间同航道、锚地、泊位前水域及港口作业方式等条件有关，一般为 1~2 h。

$\sum t$——昼夜非生产时间之和（h），包括工间休息、吃饭及交接班时间，应根据本港实际情况而定，对集装箱泊位不宜超过 1 h。

ρ——泊位利用率，选用规范中数据或参考表 7-11 选取。

表 7-11 泊位利用率技术规范表

S			2	4	6
泊位利用率/%	停靠不定期船	适宜值	33	54	64
		极限值	43	63	72
	停靠班轮	适宜值	46	66	74
		极限值	58	73	80

在规划设计阶段，泊位的通过能力 P_t 可参考表 7-12 中的数据。

表 7-12 泊位通过能力技术参考表

泊位种类	停船吨级	流向	通过能力/万吨	备注
多用途	5 000 t	装·卸	20~30	以件杂为主，当集装想超过 1 万 TEU 时，可提高 20%~30%
			30~40	以散杂为主
	15 000 t	装·卸	40~50	以件杂为主，当集装想超过 1 万 TEU 时，可提高 10%~20%
			50~60	以散杂为主

续表

泊位种类	停船吨级	流向	通过能力/万吨	备注
集装箱	1 500~2 100TEU	装.卸	2×(15~18)万 TEU	2个泊位、4台装卸桥
	4 300~6 000TEU	装.卸	2×30 万 TEU	2个泊位、6台装卸桥
成油品	3 000 吨	装.卸	50~70	
	3 万吨	装.卸	400~500	
	6~8 万吨	装.卸	600~700	
原油	5 万吨	装.卸	500~600	
	25~28 万吨	装.卸	1 700~2 000	
矿石	15~18 万吨	卸	1 200~1 300	2台卸船机(2 500 t/h)
粮食	3 万吨	卸	150~200	采用大船是为降低单运输成本
		装	300~350	
	8~12 万吨	卸	500~700	
煤	5 万吨	卸	300~400	门座抓斗起重机3~4 台
		装	800~1 000	装船机6 000 t/h、串联翻车机

有关最优泊位数的确定可采用运筹学中的排队论方法。

码头前沿高程一般应考虑当地潮位特征、作业要求以及与后方地形衔接等几个方面的因素，并本着节省投资的原则综合确定。

有掩护情况下的码头高程一般应满足在大潮时不被淹没的要求，按基本与复核两个标准分别计算，并取最大值，具体确定方法如表 7-13 所示。

表 7-13 有掩护情况下的码头前沿高程

基本标准		复核标准	
计算水位	超高值/m	计算水位	超高值/m
设计高水位（高潮累计频率10%的潮位）	1.0~1.5	极端高水位（重现期为 50 年的年极值高水位）	0~0.5

开敞式码头的前沿高程应满足码头面不被波浪淹没的要求。开敞式码头一般为透空结构，由于波浪与码头上部结构作用时将产生较大波浪力，上部结构仅为承受这部分力而加大断面尺寸是不经济的。一般的做法是将上部结构的底缘高程抬高。由此，规范规定码头面的顶高程可按下式计算：

$$E=HWL+\eta_0+H+\triangle \tag{7-7}$$

式中 E——码头面高程，m；

HWL——设计高水位，m；

η_0——设计高水位时重现期为 50 年一遇静水面以上的波浪锋面高度，m；

H——码头上部结构高度，m；

$\triangle$——波峰面以上到上部结构底缘的富余高度，m，一般不超过 1 m。

当上部结构允许承受波浪力时，可根据结构的受力条件，适当降低码头面高程。

3. 码头泊位尺度

泊位一般是指一艘设计船型停靠码头时所占用的空间，即泊位长度（所占用的码头岸线长度）、泊位宽度（码头前水域宽度）和泊位水深（码头前的水深）。

（1）泊位长度。

整个码头线只布置一个泊位。此时泊位长度主要取决于首尾缆的系缆角度和长度。首位缆限制船舶移动的功能取决于首尾缆的水平系缆角（α）和垂直缆角（β），这里因为 α 和 β 决定着首尾缆平行码头线和垂直码头线的系缆力。α 和 β 与船型尺度、潮位及装载状态有直接关系，经分析 α 在 35°~40°时系缆综合效果较好。对有掩护港口的通用码头，单个泊位的长度可用下式计算：

$$L_b = L + 2d \tag{7-8}$$

式中 L_b——码头泊位长度，m；

L——设计船长，m；

d——富余长度，按表 7-14 选取。

表 7-14 船长与泊位间富余长度技术表

L/m	<40	41~85	86~150	151~200	201~230	>230
d/m	5	8~10	12~15	18~20	22~2	30

对于专业码头，有时式（7-8）所确定的长度不能满足装卸工艺要求，此时应服从工艺要求。式（7-8）适用于有掩护的水域泊位长度计算。系泊位在开敞式码头的船舶，由于受力较有掩护水域复杂，除系缆角度适宜外，缆绳应有足够长度以吸收船舶动能减小系船力。一般泊位长度取值为：

$$L_b = (1.4 \sim 1.5)L \tag{7-9}$$

以上为设置单个泊位时泊位长度计算方法。实际中，还有连续设置多泊位及折角布置泊位的情况，在本书中不予讨论。

（2）泊位宽度。

泊位宽度，即保持码头前水深不变的宽度，确定此宽度要考虑到船舶系泊时可能产生的漂移量。吹开风，加之尼龙缆的变形以及潮位变化均是导致船舶飘逸的原因，一般泊位宽度取 2 倍船宽。

（3）泊位水深。

泊位水深，即码头前沿水深，通常是指在设计低水位以下深度。由停靠本泊位的设计船型满载吃水和必要的富余水深构成。船舶在码头前航速很小，一般不超过 0.2 m/s，几乎不存在因船舶航行增加船舶吃水的现象。因此，富余水深主要考虑水深误差、波浪引起的船舶垂直升降、配载增加的吃水等因素，码头前沿水深可用式（7-10）计算：

$$D = T + Z_1 + Z_2 + Z_3 + Z_4 \tag{7-10}$$

式中 D——码头前沿设计水深，m；

T——设计船型满载吃水，m；

Z_1——龙骨下最小富余深度，m；

Z_2——波浪富余深度，m；

Z_3——船舶因配载不均而增加的尾吃水，m；

Z_4——备淤深度，m；

船舶龙骨下最小富余深度 Z_1，主要是防止船舶触底，同时兼顾防止从冷却取水口吸入泥沙。防止船舶触底需要考虑水位、水深测量误差和海底土壤的软硬程度。深度测量误差一般不会超过 0.2 m，软土万一触底也不会招致严重后果，防止冷却取水口吸入泥沙一般不超过 0.3 m，所以我国规范取值主要依海参底土壤性质按表7-15取值。对采用抛石基床的码头，其基床宽度超出码头护舷前沿时，Z_1 值按岩石土考虑。

表7-15 我国规范海参底土壤性质表

海底底质	淤泥土	含淤泥的沙、含黏土沙、松沙土	含沙或含黏土的块状土	岩石土
Z_1/m	0.2	0.3	0.4	0.6

波浪对停泊船舶的影响与对航行船舶的影响规范采用不同的取值方法，码头前沿波浪富余水深 Z_2 按式（7-11）计算：

$$Z_2 = K(H_{4\%}) - Z_1 \tag{7-11}$$

式中 K——系数，顺浪取0.3，横浪取0.5；

$H_{4\%}$——码头前允许停泊的波高（m）。在有掩护水域通常小于 1.0 m，故式（7-11）为负值，出现这种情况时，取 $Z_2=0$。

船舶配载从航行方面考虑，船长们希望尾倾，以减少航行阻力且对舵效、车效有利并增加安全感，油船和散货船多为满载营运，一般首尾吃水差 0.3~0.6 m。此项配载尾倾系为人为控制因素，为节省投资，对设计船型不宜取得过大，故规范规定油船和散货船 $Z_3=0.15$ m。

备淤富余深度 Z_4 决定于码头前回淤情况及前后两次疏浚时间间隔。Z_4 不应小于挖泥船挖土的最小厚度，一般不小于 0.4 m。

值得指出的是，式（7-11）所确定的水深 D 为设计水深。码头的"有效"水深或公告水深不应包含回淤富余深度 Z_4，习惯上常把二者混淆。

4. 仓库与堆场

仓库是为了存放怕受自然条件影响的货物、危险货物和贵重货物而修建的封闭式建筑物。库内设有必要的通风、防火设备，可用于堆存件杂货。

1）仓库的形式

仓库按层数可分为单层仓库、双层仓库和多层仓库。单层仓库与双层及多层仓库相比，具有结构简单、造价低、使用方便的优点。由于货场内的仓库一般为临时存放货物，搬运作业比较频繁，为了作业的方便，一般采用单层仓库。在货运量大、用地困难，又有相应的装卸机械设备时，应研究采用双层或多层仓库。

仓库按与铁路装卸线的配置可分为库外布置装卸线和跨线仓库两种形式。一般采用库外布置装卸线形式。在雨雪天多、风沙大或气候严寒地区，当作业量较大时，可以设计为库内布置装卸线，即跨线仓库。跨线仓库的优点是在库内作业，不仅改善了装卸工人的劳动条件，并可以保证在雨雪天不中断装卸作业，并使货物免收湿损。

2）仓库的设置位置及设计要求

为了提高装卸搬运作业效率，仓库应尽可能设置在货物站台上。仓库两侧应设置雨棚，雨棚的宽度应与站台边缘对齐，在多雨地区且作业量较大时，雨棚宽度应伸出站台边缘一定距离。仓库外墙轴线至站台边缘的距离应根据运输方式以及采用的装卸工具类型确定。

库外布置铁路装卸线的仓库，一侧布置装卸线，另一侧布置道路。跨线仓库有双侧跨线式和单侧跨线式两种。双侧跨线式仓库，两侧均布置道路；单侧跨线式仓库，一侧为装卸线，另一侧为道路。

修建仓库时，应遵守以下基本要求：

（1）仓库位置应便于货物的入库、装卸和提取，库内区域划分明确，布局合理；

（2）集装箱货物仓库与零担货物仓库尽可能分开设置，库内货物应按发送、到达、中转货物分区存放，并分线设置货位，以防商务事故发生；要尽量减少货物在库内的搬运距离，避免任何迂回运输，并且要最大限度利用空间；

（3）有利于提高装卸机械的装卸效率，满足先进的装卸工艺和设备的作业要求；

（4）仓库内应配备必要的安全、消防设施，以保证安全生产；

（5）仓库货门的设置，既要考虑货车集中到达时的同时装卸作业要求，又要考虑由于增设货门而造成堆存面积的损失；

（6）要留有适当的理货空间；

（7）设置适当的货架，以充分利用仓库空间提高面积与空间利用率；

（8）仓库的容量应与货运量相适应，并考虑到未来发展。

存放具有某种特殊性质的货物（如危险货物，特别是其中的爆炸品、放射性物品）、易腐货物时，应设置专门的仓库。

3）仓库长度和宽度的确定

仓库的宽度应根据货运量、货物种类、作业性质及采用的装卸机械类型等因素确定。仓库的宽度既要满足存放货物的需要，又要为装卸机械化作业创造方便条件，以提高装卸作业效率。仓库的总长度可根据仓库的需要面积和采用的宽度加以确定。

堆场是用来堆存适于露天保管、不怕湿的散堆装货物、粗杂品、集装箱和长大笨重货物的场地。

堆场按地面条件可分为：自然地面、一般加工地面、砌石地面以及混凝土地面等。自然地面是仅在自然的土地上加以平整后用于堆放货物的货场，一般仅适于堆存不怕水湿与日晒的货物，如矿建材料中的沙、石等。一般加工地面是对自然的地面进行了一般加工而形成的货场，如经填土整实，敷设排水设施等。这是一种简易货场，一般用于堆存不怕水湿的堆装货物、件货，如袋装盐等。混凝土地面的货场是比较好的露天货场，凡适用于露天堆放的各类货物均可使用。在有铺垫和遮盖的条件下，可以堆存普通的件杂货。

堆场按其水平面的高度可分为平货位堆场和低货位堆场。

（1）平货位堆场。

平货位堆场是指地面与装卸线相平的堆货场。平货位堆货场的宽度及场地布置应根据货运量、货物种类、装卸机械类型、货位布置形式、货位排数及货位宽度等来确定。平货位堆货场的长度可根据堆货场的需要面积和所采用的宽度加以确定。

（2）低货位堆场。

低货位堆货场，简称低货位，是指地面低于线路路肩的堆货场。低货位堆货场适于大量散堆装货物的卸车作业，既可以减轻劳动强度、提高卸车效率，又可增大货位容量。低货位的深度应根据货物的种类、运量大小、卸车次数、出货能力、货位周转及地形地貌等因素确定。

低货位的长度除应满足堆货场面积需要外，还应满足取送车组长度的需要。

低货位堆货场有斜坡式和直臂式两种类型。斜坡式低货位比直臂式低货位投资少，修建容易，但容量较小，占地较多，在地形条件允许或利用既有装卸线的路基修建时可采用。直臂式低货位也称高架线，多采用钢筋混凝土结构，具有货位容量大、占地少的优点，散堆装货物运量较大时可采用。

5. 港口装卸机械

装卸机械是港口最基本的设施之一。通常将港口机械分为4大类：起重机械、输送机械、装卸搬运机械以及专用机械。

现代港口装卸工作基本上都由各式各样的机械来完成。它们在港口通常进行以下工作：对船舶实施装卸作业；对火车和汽车实施装卸作业；在船舱内进行各种搬运、堆码和拆垛等工作；在库场内进行起重、搬运、堆码、拆垛等工作。

港口码头前方的机械多数用于对船舶装卸，其起重量的大小，往往决定了来港货物单元的组成；港口后方机械则多用于库场与库场、库场与车辆之间的倒载，此类机械的起重量一般不是很大。

对于专业化的码头通常设有专门的装卸机械，如煤炭装船码头设有装船机，散粮卸船码头设有吸粮机，集装箱码头前方设有集装箱桥，后方设有跨运车、重型叉车，等等。

6. 两种常见码头的平面设计

1）多用途杂货码头、件杂货码头

多用途杂货码头与传统件杂货码头的差别有两点：（1）多用途杂货船装载货物类型比较多，从集装箱到各种包装形式的杂货，乃至散货。因此，装卸设备配套能力比传统件杂货码头强；（2）多用件杂货码头纵深大，以适应多类型货物存储，特别是集装箱占用场地大（包括集装箱库）。

图7-25所示是多用途两泊位的布置图。视货种情况有三种布置：

（1）前沿仓库式，即临近前沿布置仓库，适用于货物入库比重较大泊位；

（2）前沿堆场式，即临近前沿为堆场，其后为仓库；

（3）半库半场式，是一种灵活布置，对货种适应性较好。

图7-25所示是以集装箱、件杂货为主的半库半场式的布置，表7-16是其装卸设备配置的参考数据，泊位按2个1.5万吨级泊位设计，可同时停靠1个2万吨级船和1个万吨级船，或3个5 000吨级船。

由于车船两者容量相差很大，必须在船岸间的快速货流和码头腹地间缓慢、零散地集疏运间设置缓冲存储区，以加速车船周转。此外，进出口货种繁多，到发地各异，在库场内还需分类、核查，履行必要的验关和发货手续。码头上库场对加速车船周转，提高港口通过能力是十分重要的。

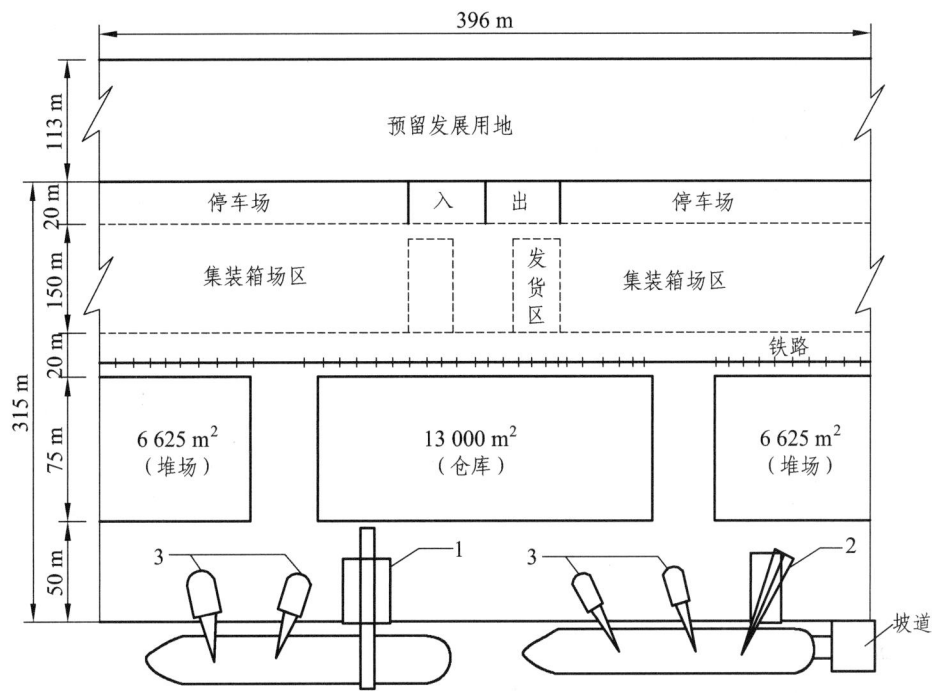

图 7-25 多用途两泊位装卸作业地带布置

1—箱货两用门座起重机（装卸桥）；2—门座起重机；3—轮胎吊

表 7-16 多用途杂货码头设备一览表

设备名称及能力		单位	数量	备注
箱货两用门座起重机	40 t	台	1	装卸船
门座起重机	25 t	台	1	装卸船
轮胎式起重机	30 t	台	1	装卸船
轮胎式起重机	20 t	台	2	装卸船
轮胎式起重机	6 t	台	2	装卸船
叉车	36 t	台	1	堆场
叉车	16 t	台	10	堆场
叉车	5 t	台	7	堆场
叉车	3 t	台	6	堆场
牵引车	40 ft	辆	3	
牵引车	Q20	辆	14	
底盘车	40 ft	辆	8	
平板车	5 t	辆	18	
平板车	10 t	辆	4	

库场面积计算方法参考《海港总体工艺设计规范》。件杂货、散货库（场）总面积通常按下式计算：

$$A = \frac{E}{qK_k} \tag{7-12}$$

式中 A——库（场）总面积，m^2；

q——单位有效面积的货物堆存量，t/m^2，参考表7-17；

K_k——库（场）总面积利用率，为有效面积占总面积的百分比，参考表7-18；

E——库（场）所需容量，t。

表7-17 货物堆存量表

货物名称	包装	$q/(t/m^2)$	
		库	场
糖	袋	1.5~2.0	
盐	袋	1.8~2.5	
化肥	袋	1.8~2.5	
水泥	袋	1.5~2.0	
大米	袋	1.5~2.0	
面粉	袋	1.3~1.8	
棉花	袋	1.5~2.0	
纯碱	袋	1.5~2.0	
纸	袋	1.2~1.5	
小五金		1.5~2.0	
橡胶	块	0.5~0.8	
日用百杂货		0.3~0.5	
杂货	箱	0.7~1.0	
综合杂货		0.7~1.0	1.5~2.0
生铁			2.5~4.0
铝，铜，锌类			2.0~2.5
马口铁，粗钢，钢板			4.0~6.0
钢制品			3.4~5.0

注：（1）当开展成组装卸作业时，单位有效面积的货物堆存量应按设计条件确定，但不能低于表中数值；

（2）大宗货物，如化肥、糖、大米等宜在堆场堆垛，q值可取上限；

（3）仓库楼层可取 $q \leqslant 1.5\ t/m^2$。

表7-18 库（场）总面积利用率表

库场类型	K_k	
	大批量货物	小批量货物
单层库	65~75	60~65
多层库	55~65	50~60
堆场	70~80	

库（场）所需容量按下式估算：

$$E = \frac{Q_h \cdot K_{Bk} \cdot K_r}{T_{yk}} \cdot t_{dc} \tag{7-13}$$

$$K_{Bk} = \frac{H_{max}}{H} \tag{7-14}$$

式中　Q_h——年货运输量，t；

　　　K_{Bk}——库（场）不平衡系数；

　　　K_r——货物最大入库（场）百分比，%；

　　　T_{yk}——库（场）年营运天数，d；

　　　t_{dc}——货物平均堆存期（d），可取 7～15 d，码头前方库场不宜超过 10 d；

　　　H_{max}——月最大货物堆存吨天，t·d；

　　　H——月平均堆存吨天，t·d。

表 7-19 所示是我国几个港口件杂货码头实际库场总面积。一般来说，停泊 1.5 万吨级杂货船的泊位，临近前沿部分的前方库（场）面积不小于 10 000～12 000 m²，相当于容纳混合货物 6000～8000 t。

表 7-19　我国主要港口件杂货码头实际库场总面积表

港区	平均每泊位库场总面积/m²	港区	平均每泊位库场总面积/m²
秦始皇甲码头	18 200	上海港九区	21 600
烟台港	18 700	上海港十区	16 100
天津港三突堤	30 000	南京港新生	24 000
天津港三港池	31 000	南通港狼山	30 000
连云港一、二码头	23 700	黄埔港东墩头基	29 000
上海港八区	22 400		

2）集装箱码头

目前航行于国际干线的集装箱船，由于船舶大型化规模效用的影响，巨型巴拿马型船、超巴拿马型船逐渐增多，船舶大型化的趋势仍在发展。国际集装箱围绕着东亚-欧洲，东亚-美洲，欧洲-美洲 3 条主干线，形成了不同航线交叉和衔接的转运港口，组成了一系列干线、支线的班轮航运网络。因而港口也将被区分为干线港和支线港，只停泊航行于支线集装箱船的港口就是支线港，同时停泊航行于支线、干线集装箱船的港口就是干线港。航行于支线的小型集装箱船向航行于干线的大型集装箱船喂给需远航的集装箱。因此，集装箱码头规划时大致可参考表 7-20 所列的 3 个级别进行。第一代集装箱船航行于支线，一般不必规划此一等专用集装箱码头，除非运量 3 航线特别适宜，通常可考虑与多用途泊位结合规划或并入表 7-20 中序号 1。表中序号 3a 与 3b 的主要差别在船宽度上，3a 船甲板上装载 13 排箱，而 3b 为 15 排、16 排，已出现 17 排，从而引起装卸桥外伸臂的差别。

表 7-20　四代集装箱船比较表

序号	船型	载重量/TEU	载重吨/DWT	参考船型尺度/m				占集装箱船总箱位的/%	航线
				全长	船宽	型深	吃水		
1	前巴拿马型（第二代）	1 200~2 000	21 300~29 800	187.4	28.70	15.10	10.55	24.70	支线
2	巴拿马型（第三代）	2 200~3 000	42 100~44 300	243.7	32.20	19.50	11.86	28.12	干线
3a	巨型巴拿马型（第三代）	2 800~4 700	57 900~62 100	292.7	32.20	21.40	12.90	17.79	干线
3b	超巴拿马型（第四代）	4 340~	54 500~	275.6	39.40	22.40	12.50	9.00	干线
		4 400~	57 000~	299.9	37.30	22.50	13.30		

注：此表为 1993 年统计数据。

图 7-26 所示是停靠巴拿马型集装箱船的码头装卸作业地带布置图。

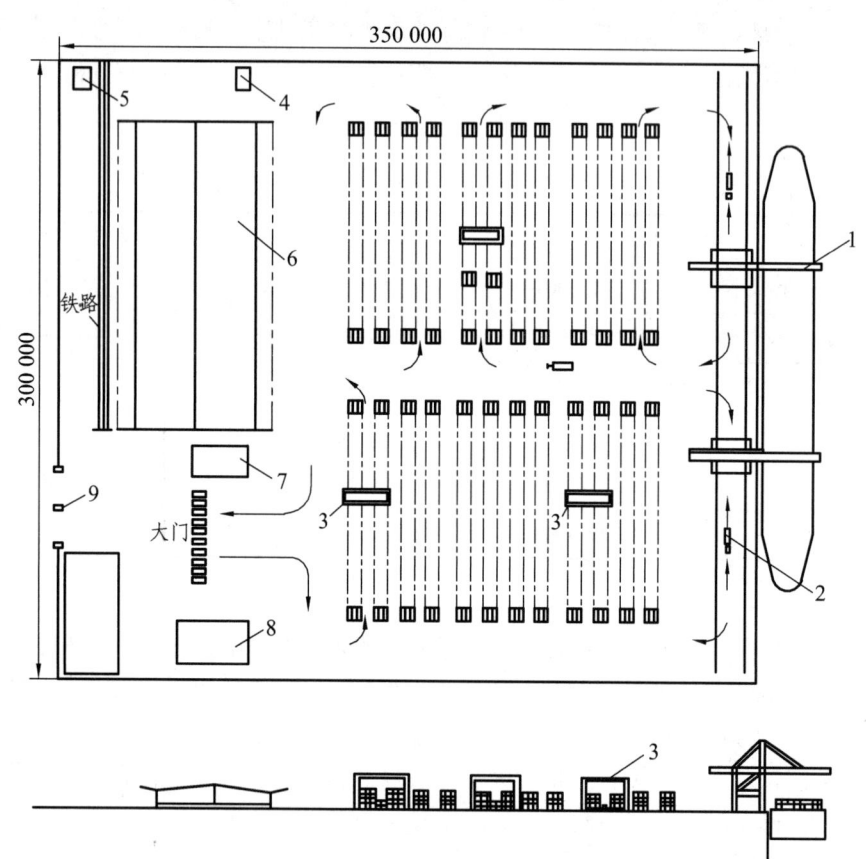

图 7-26　集装箱码头平面布置

1—岸边集装箱装卸桥；2—拖挂车（牵引车-底盘车）；3—轮胎式龙门起重机；4—加油站；5—电力站；6—拆装箱库；7—办公室；8—维修车间；9—门房

（1）码头装卸作业地带。

集装箱码头装卸作业地带一般包括：
① 码头前沿作业地带；
② 集装箱堆场；
③ 拆装箱库，货运站（CFS）；
④ 停车场，通道及管理中心。

一般船岸间作业均采用集装箱装卸桥，装卸桥性能列于表 7-21 中。停靠巴拿马型船的码头前沿作业地带的宽度需 70~80 m。

堆场装卸工艺系统通常有两种主要形式：① 轮胎式龙门超重机系统，天津港、大连港、盐田港区等均采用此系统；② 跨运车系统，欧洲港口多采用此系统，如鹿特丹港、汉堡港、不来梅港等。

表 7-21 巴拿马型船各项性能表

船型	吊重 /t	轨距 B/m	前伸臂长 C/m	后伸臂长 C/m	上举高 D/m	卷上速度 /(m/min)	横行速度 /(m/min)	装卸效率 /(TEU/h)
前巴拿马行船	30.5	16	32	9	19.5	30	130	30
巴拿马型船	30.5	30.5	36.1	16	25	40	152	37
巨型巴拿马型船	36				29			
超巴拿马型船	50	30.5, 36	47.5	25	33	52	210	45~75

注：本表中装卸效率为 40 ft 箱占 50%时的数据。

堆场所需平面箱位数和面积大小决定于泊位运量、堆存天数、堆箱层数和装卸系统等因素。

$$n_{\min} = \frac{Q}{N} \cdot \frac{t}{h\beta} \tag{7-15}$$

式中 $n_{\min}$——最低平面箱位数；
　　Q——泊位年吞吐量，TEU；
　　N——堆场年工作天数，d；
　　t——集装箱在堆场平均堆存天数，d；
　　h——集装箱堆存平均层数；
　　β——箱位利用率，一般取 0.7~0.8。

集装箱堆存期可参考表 7-22，集装箱堆存平均层数一般不超过 4 层，在实际营运中个别港口已出现 7~8 层（9 层）。每个 20 ft 箱平面箱位所需面积依据装卸系统一般在 22.7~28.8 m²，40 ft 箱为 44.6~56.8 m²。年通过能力 20 万 TEU 的堆场约需 2 000 个平面箱位，年通过能力 30TEU 时约需 3 200 个平面箱位，此时堆场面积 7.3~9.3 万平方米。

表 7-22 国内外集装箱作业比较表

堆存性质	国内/d	国外/d	堆存性质	国内/d	国外/d
进口	12	7	空箱	20~30	20
出口	7	5			

集装箱泊位宜采用成组多泊位直线布置，不搞孤立的单个泊位。装卸工艺系统以泊位组

为单元进行设计设备，装卸桥跨泊位工作以缩短船舶在港时间。

（2）拆装箱库。

我国集装箱运输在腹地尚未形成标准化系统时，拆装箱比重较大，目前已发生了很大变化。国外供进行拆装集装箱的场地已发展为集装箱集散地或货运站（CFS），向着"分运"的国际贸易后勤服务的功能方向发展。汉堡港 10 个泊位共设两座（1×30 000 m², 1×38 000 m²）货运站，布置在堆场后方。鹿特丹港将货运站布置在毗邻码头的独立区域，分 3 处：仓库 11.3 万平方米、14.8 万平方米和占地 125 万平方米在建库场。货运站已成为"分运"中心的主要组成部分并进行"增值"服务。

（3）入口大门。

我国集装箱码头车流量比较大，一般两个泊位出入口车道数需 6~8 条。大门不仅是出入口，还承担称重、检查、交接、指挥等功能。

除了以上介绍的多用途杂货码头、件杂货码头和集装箱码头，还有一些码头如油码头、液化石油气（LPG）专用码头、滚装码头等，在此不再一一介绍。

7.5.3 铁路与道路

我国幅员辽阔，海港大多集中在东部地区，腹地纵深辽阔，铁路和公路是我国港口货物集疏运的主要方式。

1. 港口铁路

在港口规划设计中合理配置铁路，对扩大港口的通过能力是十分重要的。

1）港口铁路的运输作业及其组成

港口出口货物时，铁路的作业为：

（1）接入从正线铁路（接轨站）到达港口的列车；

（2）按货物的去向（前方库场、二线库场、分运中心或码头装卸线）进行车辆分类；

（3）将车辆按作业进度要求送至前方库场、二线库场、分运中心或码头装卸线。

港口进口货物时，铁路的作业为：

（1）分送空车至各装车点（前方库场、二线库场、分运中心或码头装卸线）；

（2）在各装车点将待装货物装车后，进行车辆分类、集结；

（3）按车辆编组要求后送至正线接轨站。

从上述港口铁路各作业环节可以看出，完整的港口铁路布置应由港口车站、分区车厂及货物装卸线 3 部分组成。各部分的基本功能为：

（1）港口车站：承担列车到发、编解、选分车组和向分区车场或装卸地点取送车辆等作业。港口车站距码头、库场作业区不宜太远，以便于取送车作业。

（2）分区车场：承担分管范围内车辆分组、集结及向前方库场、二线库场、分运中心或码头装卸线取送车作业。根据车流的性质，有条件时亦可编组直达列车。分区车厂宜布置在临近泊位或库场装卸线的位置。

（3）装卸线：即布置在库场上供停车进行装卸作业的线路。一般码头前沿不设供车船直取的码头装卸线，仅在重件码头等有特殊要求时才布置码头前沿装卸线。

来自路网的列车，一般在接轨站解编后，以小运转方式牵引至港口车站，路港之间一般在接轨站或港口车站的到发线办理车辆交接手续。到达港口车站的列车，在港口车站按码头作业区分类编组后送往分区车场。一个分区车厂一般分管若干个泊位的库场装卸线。到达分区车场的车组，尚需按去往的装卸线编解，然后按作业进度随时向装卸线取送车辆。在港口完成装卸作业后的车辆，在港口车站集结后，以小运转方式牵引至接轨站。

由于运量、货种、接轨站与港区位置和管理方式等因素，港口铁路也可以布设港口车站，其功能由接轨站承担。对货种单一、运量稳定、开行单元列车的专业化港口，列车不在港内进行解编作业，港口铁路只设空、重车场（即出发场、到达场）和装卸线。

集装箱专列比较适宜在分区车场解编和集结。

2）港口铁路总布置图

港口铁路按其组成的各部分配列的位置，可分为纵列式、横列式和混合式3类：

（1）纵列式

图7-27所示为港口车站、分区车场和装卸线纵列布置形式。其车辆取送按顺序进行，无折返行程，车站咽喉区负担平衡，各车场的调车作业互不干扰，通过能力大，其最大的缺点是需要较长的场地。

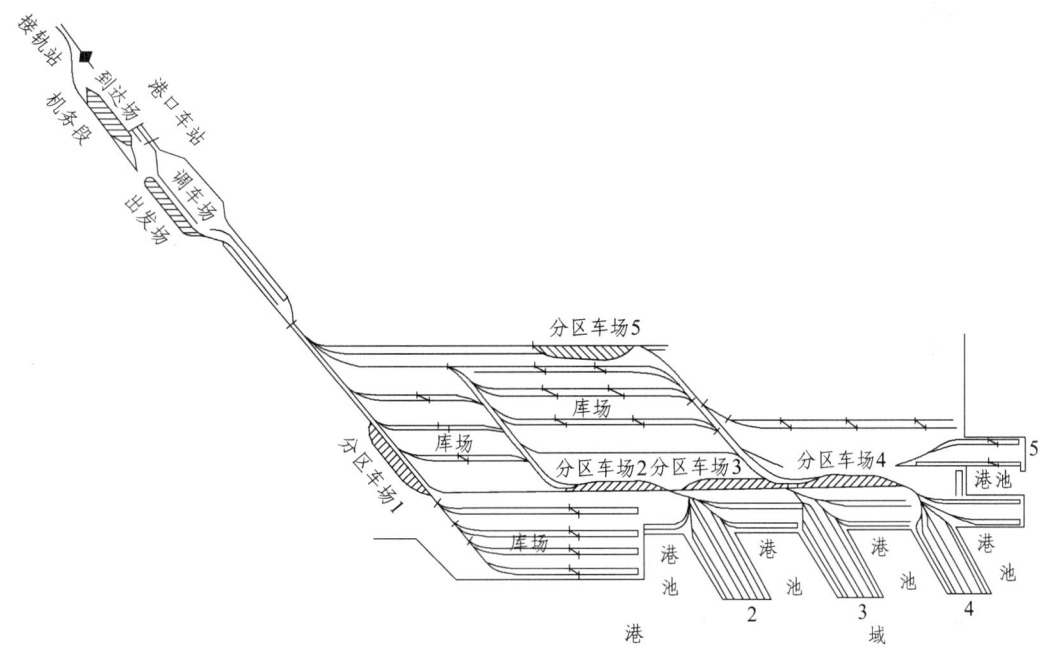

图 7-27 港口车站、分区车场和装卸线纵列布置

（2）横列式。

港口车站、分区车厂和装卸线并列布置，由于车辆取送折返行程，咽喉区交叉干扰较多，一般不宜采用。

当编组作业量不大，在到发场用坐编的方式编组列车，采用横列式布置可满足作业要求。这种布置占地少、管理方便，但作业量大时将会出现作业干扰大等缺点。

铁路正线到发线有效长度分为：1 050 m、850 m、650 m 和 550 m 不同等级。港口车站一般不会超过 850 m。如果考虑与路网铁路车站一致，到发线有效长度为 850 m，则港口长度的占地长度大约 1 200～1 500 m。采用小运转列车到发时，可考虑正线的 1/2。

（3）混合式。

港口车站与分区车场纵列式布置，分区车厂与装卸线横列布置。港口车站和分区车场间车辆取送按顺序进行，无折返行程，但分区车场与装卸线为非顺序取送车交叉干扰较多。

当横列式不同点是将到达场上移，使到达场与编组场纵列。适宜港口吞吐量较大、编解作业量较多时，站折返行程少，但占地较长、较多。

3）港口车站布置形式

港口车站的规模，应根据运量和作业要求确定，一般应具有下列路线：

（1）接发接轨站列车的到发线，通常是小运转列车，即非正线整列到达；

（2）按港口各分区车场进行车辆选编的编组线；

（3）机车走行线、牵出线、连接线以及机务整备线等。

4）分区车场布置

设置分区车场的目的是为了缩短装卸线调车作业时间，及时为装卸线供应所需车辆。划分分区车场时，应使各分区车场的作业量均衡，一般情况宜按一台机车调车作业能力来考虑，同时尽量与港口作业区划分一致。分区车厂内线路数量设置应包括：

（1）到达线，接纳来自港口车站的车组；

（2）编组线，供分编去往各装卸线的车辆用；

（3）集回线，停放各装卸线集回车辆，以便送往港口车站；

（4）机车走行线，机车在车场内的通行线。

分区车场线路不必像港口车站那样各股道功能要明确，可灵活调度使用。

港内铁路联络线的平面曲线半径一般不小于 250 m，纵坡一般不大于 2.5%。港口铁路区间正线一般地可采用上述数据。港口铁路布置的实际困难，常常发生在依据当地条件如何满足铁路平面、纵断面的技术要求。港口铁路的技术条件执行《工业企业铁路技术标准》。

2. 港口道路

随着我国公路建设，特别是高速铁路的快速发展，公路运输在港口对外集疏运所占的比例越来越高，一些综合性港口其公路运输比例已超过铁路运量。公路运输成为我国目前港口集疏运的主要方式。港口道路包括进港道路及港内道路两部分。

1）进港道路

进港道路按口公路货运量大小分为两类：

（1）1 类：公路年货运量（双向）等于或大于 200 万吨的道路；

（2）2 类：公路年货运量（双向）200 万吨以下的道路。

2）港内道路

港内道路按其重要性分为以下 3 种：

（1）主干道：全港（或港区）的主要道路，一般为连接港区主要出入口的道路；

（2）次干道：港内码头、库场、生产辅助设施之间交通运输较繁忙的道路；

（3）辅助道路：库场引道、消防道路以及车辆和行人均较少道路。

港内道路系统应包括停车场、汽车装卸台位等设施。港口道路的建设要充分考虑汽车运输大型化趋势及一些专用车辆的运输要求。

7.6 港口布置方案的综合评价

1. 综合评价加法模型

港口总平面布置方案（或港址）的比较、评价、选择是对方案加深认识不可缺少的工作，是推荐切合实际较好方案的系统工作过程。

通常在方案比较时，将不同方案的优缺点罗列成表，展示出不同方案在需要比较的若干方面（或指标）的彼此优势。一般而言，列出方案在某方面的优劣并不困难，困难是如何把这些优劣综合成一个可以明确的"指标"，借以观察方案的优先次序。上述列表综合时，优点多的方案有时不一定就是最好的，这里有量的问题，也有质的问题。列表综合没能揭示各指标对工程方案重要程度的影响大小，因此其综合判断过程是模糊的，使方案评价选择带有较大的主观随意性。

港口总平面布置是涉及多因素的复杂系统，因此，要研究如何提高港口总平面布置方案评价的科学性而又不过于烦琐。为此提出综合评价加法模型，就是试图将方案需要比较的各个方面，或各独立的指标，考虑其对方案重要影响程度大小，然后采用加法模型将其综合成为一个可以定量的指标。

为了求得一个综合评价指标，需要解决两个问题：（1）设法把不同量纲的指标转化为无量纲数；（2）选择需要比较指标对工程方案影响大小的定量数值。第一个问题是将各指标处理成无量纲数后，其数量即可代表该指标的得分。第二个问题是规划设计者结合工程实际，运用主观判断，给各指标的重要程度打分，通常对最有影响的指标打 10 分，即满分，最不重要的打 1 分。将每项指标的得分与对应指标的重要程度得分相乘，然后将所有乘积相加，便得到每个方案的综合评价指标，数值大的方案为最有吸引力的方案。

2. 德尔菲法

德尔菲法是 20 世纪 50 年代由美国著名的咨询机构——兰德公司创造的，这种方法的名称"德尔菲"是以古希腊预言神殿所在的历史名城德尔菲命名的。该方法又称专家调查法或专家意见法。此法适用于需要多种知识、多门类专家进行综合判断的问题。有些问题的判断需要结合实际环境和多种知识，这些知识甚至是很难确切判定是属于某一学科，靠专家"猜测""直觉"。虽然"猜测""直觉"还没有形成清晰的观点，但它常常是知识作用的结果。这类问题运用多专业专家集体智慧来帮助决策，常可获得有益的启示。

德尔菲法要点如下：

（1）对征询研究的问题，将内容列为若干条，题意要十分明确，并规定统一的评估方法。一般采用百分制评分，或对可能产生的结果以概率表达，总之，需以具体数字来回答。

（2）选定专家数量应根据涉及专业的多少，一般以 10~20 人为宜。应选择精通业务，治学态度严谨的专家,背靠背地征询意见。注意对专家姓名严格保密,从而消除专家间的顾虑或串联,保证意见的独立性。

(3)专家意见收回后,分别对每个问题进行定量统计归纳。一般可用回答问题的中位数作为反映专家的集体意见。中位数就是把数据按从小到大的顺序排列,居于中间位置的那个数据即为中位数。中位数将数列分为上下两半数列,再对上下两半数列分别求出它们中位数,称为上四分位数和下四分位数。用上下四分位数的数区描述意见的分布情况。

(4)将统计归纳后的结果反馈给专家。每个专家根据这个统计归纳结果,慎重考虑其他专家的意见,再一次表述自己的意见。由于整个过程是背靠背进行,这种修改容易做到客观。对回答超出四分位数的专家,可以采用适当方式请他们说明特殊理由,以防止忽略了那些有特殊科学根据的意见。

港口规划中重选腹地的运量分流问题,对新建港口是明确又模糊的问题,不仅涉及港口自身建设条件和管理水平,还涉及腹地集疏运条件、航运经营管理、外贸经营管理以及可提供的商务条件等综合因素影响。新建 B 港与 D 港腹地重叠,D 港是大港口,吞吐量已超过 4 000 万吨;B 港研究新建的 6 个万吨级泊位,建成后根据非金属矿、钢铁、化肥、农药等货物与 D 港的分流比率趋势,以进一步完善自己的规划。鉴于模糊因素较多,采用德尔菲法。假如 10 位专家做了回答,其中化肥可能分流比率数从小到大排列见表 7-23。

表 7-23 分流比率数

排序	1	2	3	4	5	6	7	8	9	10
分流比率	0.10	0.12	0.13	0.15	0.16	0.19	0.20	0.20	0.21	0.25
特征数	下四分位数				中位数			上四分位数		

从表 7-23 中看出,第一轮征询结果,上、下四分位数描述了意见的分布,即化肥分流的比率数在 13%~20%,而中位数为 17.5%。将上述特征数反馈给专家,请专家们提出自己进一步的分析判断意见。

例如,某港专业化港区港址比选的德尔菲法,先结合该港实际选择了 5 个方面 23 个指标。征询专家意见时向专家提供了两港址的预可行性研究报告。统计汇总时首先采用德尔菲法确定重要度 I,即有了统一的重要度后再进行 IR 综合。应该把对征询结果的认真分析,视为对港址的再认识过程,不应该是有了结果就完事。某专业化港区港址方案比较(德尔菲法)格式见表 7-24。

表 7-24 某专业化港区港址方案比较格式

因素	序号	指标	满分	赋分(R)		重要度 I	IR	
				东方案	西方案		东方案	西方案
投资	1	投资额	40					
	2	股东投入意向	30					
	3	财务评价	30					
		小计	100					

续表

因素	序号	指标	满分	赋分（R）		重要度 I	IR	
				东方案	西方案		东方案	西方案
布局	4	港城协调发展	20					
	5	岸线合理利用	20					
	6	土地的合理运用	20					
	7	集疏运设施布置	20					
	8	工业协作可能性	10					
	9	发展弹性	10					
		小计	100					
经营管理	10	集疏运组织管理	15					
	11	存储管理	10					
	12	装卸设施维护管理	25					
	13	船舶作业条件	20					
	14	公司管理系统	30					
		小计	100					
建设条件	15	铁路、公路	20					
	16	工程地质条件	20					
	17	水工建筑物	20					
	18	依托条件	20					
	19	工期保证	20					
		小计	100					
环境影响	20	对近岸养殖业影响	30					
	21	建设期	20					
	22	营运期	30					
	23	城市景观	20					
		小计	100					

7.7 案例——青岛港前湾集装箱港区三期规划设计

1. 港口概况

青岛港位于山东半岛南岸的胶州湾内，始建于1892年，具有120年的历史，是我国重点国有企业，也是我国第二个外贸亿吨吞吐大港。是太平洋西海岸重要的国际贸易口岸和海上运输枢纽。港内水域宽深，四季通航，港湾口小腹大，是我国著名的优良港口。它主要由大港、中港和黄岛港组成。各港码头均有铁路相连，环胶州湾高等级公路与济青高速公路相接，腹地除吸引山东外，还承担着华北对外运输任务。青岛港虽然开展集装箱业务起步较晚，但发展迅猛，潜力巨大。1985年集装箱吞吐量仅为1.2万TEU，1990年为13.5万TEU，1995年完成60.3万TEU。2000年达到212万TEU，2010年达到1 201万TEU，居世界第8位，居中国第6位。

青岛港的集装箱港区由前湾港区和老港区两部分组成。2003年以前青岛港的集装箱业务都在老港区进行。最初是在52号泊位、47号泊位，随着箱量的增长及船型的增大，自1992年开始至1998年，青岛港陆续对八号码头的47号、49号、48号、45号、46号泊位进行了改造，改造后的泊位水深达到了13.0 m，可停靠满载30 000 DWT的集装箱船。但老港区仍然存在着诸多不足，最突出的是陆域狭小，堆场严重不足及航道水深浅等，八号码头的宽度仅为225 m，且两侧靠船，为了保证码头的接卸效率，不得不采用了向周边箱站大量倒箱的作业方式。航道底高程为-10.6 m，由于受口门的限制，无法加深拓宽，因此，在老港区继续建设及改造大型集装箱码头已不再可能。

自20世纪80年代后期青岛港开始在黄岛以南建设新港区——前湾港区。起步的一期工程建设了2个煤炭泊位和4个散杂泊位。1999年竣工的前湾港区二期工程建设了3个集装箱泊位和3个杂货泊位，集装箱泊位分别是1万吨级、2.5万吨级、5万吨级，前两个泊位底高程为-11.6～-11.8 m，5万吨级泊位为-14.5 m。最大停靠过5 250TEU的"鲁河"号集装箱船。由于陆域布置的缺陷，1万吨级泊位没有堆场，实际上只能发挥两个泊位的能力。二期工程陆域纵深达到了910 m，但堆场纵深只有476 m，而且呈平行四边形。铁路设置了3条长度仅为330 m的铁路装卸线，后来，杂货码头进行了改造，二期突堤端部也安装了设备，进行集装箱作业。二期工程年通过能力为135万TEU。

2. 港口自然条件

（1）风况。

夏季多南风及东南风，冬季多北风及西北风。每年7级以上大风天约8天；台风每年发生1～2次，对港口影响甚少。

（2）降水。

年平均降水量为755.6 mm，6～8月降雨最多，占全年的70%。雾况：年平均雾日51.6天，每年4～7月为最多，对航运生产影响不大。

（3）气温。

年平均气温为12.1 ℃，极端最高气温35.4 ℃，极端最低气温-16 ℃。

（4）潮汐。

为正规半日潮型，平均高潮位 3.85 m，平均低潮位 1.08 m，最高高潮位 5.36 m，最低低潮位 0.70 m。

（5）潮流。

属半日潮流，特点是涨潮流速大于落潮流速，涨潮历时小于落潮历时，潮流基本属于往复流，最大流速方向同海岸平行。前湾最大涨潮流速 0.51 m/s，最大落潮流速 0.33 m/s。

（6）波浪。

胶州湾波浪主要为湾内小风区波浪及外海波浪经湾口的折射波、绕射波。

3. 港口总体规划

前湾港区三期工程规划建设 7 个集装箱泊位，岸线全长 2 413 m，泊位底高程-16～-17.5 m。2003 年 9 月 29 日，前 4 个泊位竣工投产。后三个泊位也于 2005 年底正式竣工验收。三期工程陆域纵深 1.5～1.9 km，堆场纵深 900 m。建设了两条整列的整箱铁路装卸线和一条铁路拆装箱装卸线。2005 年三期前 4 个泊位完成了 390 万 TEU，每百米岸线完成 26.4 万 TEU，码头能力居世界前列。

前湾港区集装箱码头三期设计通过能力为 475 万 TEU。自从 2002 年 11 月青岛港外贸集装箱业务从老港区西移至前湾港区后，前湾港区就承担起青岛港全部的外贸、内支线的集装箱运输。在前湾三期后 3 个泊位尚没有形成能力的情况下，仅仅依靠二期及三期前 4 个泊位，2005 年前湾港区就完成集装箱吞吐量 544.3 万 TEU，占全青岛港 630.7 万 TEU 的 86%，前湾港区集装箱码头较好地发挥出了其核心港区的作用，每个泊位设计完成近 80 万 TEU，能力已属世界前列。前湾港区集装箱码头基本参数见表 7-25。

表 7-25 湾港区集装箱码头基本参数

项目	前湾二期	前湾三期 1#～4#泊位	前湾三期 5#～6#泊位
开工时间	1995.5	2000.6	2003.8
完工时间	1999.12	2003.9	2005.12
泊位数量/个	3（4）	4	3
泊位长度/m	766（1 026）	1 480	933
泊位底高程/m	-11.6，-11.8，-14.5	-16，-17，-17.5	-17.5
港池底高程/m	-13.0	-15.0	-15.0
码头宽度/m	56	68.5	68.5
陆域纵深/m	910	1 490～1 723	1 723～1 946
陆域面积/万平方米	71.4	352.7	
堆场/万平方米	25	96.0	70.8
绿化/万平方米		10	5

续表

项目	前湾二期	前湾三期 1#～4#泊位	前湾三期 5#～6#泊位
岸桥数量/台	8	14	12
轮胎吊数量/台	21	40	30
进出道口/个	6	18	10
设计通过能力/万 TEU		290	185
吞吐量/万 TEU	154.3	390	
建设投资/亿元	15	31	18

4. 港区规划

1）功能定位

青岛港是我国沿海主要港口、北方地区主要集装箱干线港和区域性枢纽港，是山东沿海港口群的核心，是我国综合交通运输体系的重要枢纽，是山东及河南、河北、山西、陕西等中西部地区外贸、能源和原材料运输的主要转运基地，以及上述地区经济发展的重要依托，以集装箱运输为重点，全面发展原油、矿石、煤炭等大宗货物中转运输，是加快拓展山东省半岛城市群和制造业基地建设的重要基础。青岛港将以国际集装箱干线港口物流、保税、信息、商贸等服务功能，积极带动临港工业和半岛制造业基地建设，成为多功能、现代化的综合性国际大港，成为建设区域性国际航运中心和区域性国际物流中心的核心载体。

前湾港区是青岛港综合运输核心港区，将以国际集装箱干线运输为主，同时承担青岛港铁矿石上岸、煤炭下水等大宗干散货运输服务，兼顾钢铁等杂货运输，全面开展港口综合物流、专线物流、商贸、信息、综合服务等现代化服务功能，形成现代化的大型国际化综合深水港区。

集装箱码头规模和通过能力：前湾港区北岸的二、三期工程，11 个集装箱泊位（含二期改造的 1 个泊位）设计通过能力 650TEU，通过增添设备，最终通过能力可达 700 万 TEU 以上。湾底的招商局码头，6 个集装箱专用码头，2 个 3 万吨级多用途泊位，设计能力为 250 万 TEU，最终通过能力可超过 300 万 TEU。南岸的 12 个大型集装箱泊位通过能力在 1 000 万 TEU 以上。整个前湾港区集装箱码头的通过能力最终可达 2 000 万 TEU。

2）码头布局

前湾是一个口朝向东北的海湾，前湾港区的码头围绕湾的周边分布，自然形成北岸、湾底及南岸 3 个作业区，3 个部分既相联系，又在位置上相对独立。港湾水域呈内小外大的喇叭形。湾底水域宽度为 900 m，口门处的宽度为 1 200 m，湾内用于船舶掉头的水域宽度为 720～850 m，够一条 8 000～10 000 TEU 船舶的回旋使用。

前湾港区的建设是从北岸的湾口开始的，最开始建设的前湾港区一期工程建设了突堤式的两个 5 万吨级煤炭出口码头及顺岸的 4 个 2 万～5 万吨级散杂货泊位，煤码头既自身掩护，也构成了整个前湾的湾口。1995 年建设的前湾二期接着一期的顺岸泊位继续向西延伸建设 1 万吨级、2.5 万吨级、5 万吨级 3 个集装箱泊位后又形成了小型散杂货突堤，突堤东侧布置了

3个1.5万吨级散杂泊位。三期工程自突堤西侧继续建设大型顺岸泊位7个，西至镰湾河为止。岸线长2 413 m，水深-16.0～-17.5 m，可以停靠目前世界3个最大的集装箱船。

镰湾河西岸以西即连接前湾南、北两岸的湾底，其三段岸线由香港招商局建设的集装箱泊位（1～3万吨级4个，10万吨级1个）及2个3万吨级多用途泊位组成。南岸呈一条长顺岸，总4 636 m，建设大型深水集装箱码头，分别由香港招商（2个）、青岛港集团（4个）、迪拜环球（4个）、泛亚（2个）负责建设。

前湾北岸港区以外是青岛市配合港区规划建设的物流园区，面积1 000 m²，湾底香港招商在建设码头的同时设立保税物流园区，物流园区占地1 000 m²，规划为国际中转区、国际转口区、国际采购区与配送区等功能区。南岸港区的南侧是青岛市保税区（3 800 m²）和青岛市经济技术开发区。

物流园区、保税区、开发区与港区的组合形成了相互依赖、互相促进、共同发展的良好格局，成为前湾港区健康快速发展的可靠保证。

3）集疏运

公路：青岛环胶州湾高速公路和胶州湾大桥将青岛市与前湾港区所在的黄岛联系起来。前湾港区北岸的二、三期工程的港区门口有直达胶州湾高速公路的专用高架疏港路，双向4车道。通过专用疏港路，可达同三高速；经环胶州湾高速公路可进入济青高速、青银高速。

铁路：伴随前湾港建设的黄岛站，目前承担着前湾港区的矿石、煤炭、集装箱及其他货种的铁路运输，在铁路规划中也预留了黄岛站扩建的空间。黄岛站至胶州的胶黄线正在进行电气化改造，而胶济铁路则是四线的电气化铁路，运能巨大。前湾港区北岸建设了两个分区车场，第一车场处理煤、矿石（整列），第二车场处理杂货及集装箱（半列）。

4）航道

前湾港区位于胶州湾口附近，胶州湾口有水深达25 m以上的天然深槽，30万吨级船舶可以自由通行。胶州湾口外水深稍浅，水深也在20 m左右，对于最大的集装箱船的航行没有任何障碍。在前湾至胶州湾深槽有一段人工航道，长约2 000 km，在三期工程的建设中投入巨资，开挖1000多万立方米，炸岩80万立方米，建设了一步到位的深水航道。航道宽度已达260 m，底高程-15 m。由于大型集装箱船通常达不到满载吃水，所以现有航道可以满足最大集装箱船的不乘潮进港。

5. 平面布置

1）断面布置

前湾港区三期工程的陆域纵深达到1 500～2 000 m，其总体功能分为3大部分，前方码头作业区与后方物流区、铁路作业区的结合，体现了现代集装箱港区的功能需求。前方码头作业区纵深900 m，面积1 980 m²；铁路作业区195 000 m²；后方物流及辅助建筑区纵深600～1 100 m，面积1 280 m²。前4个泊位投产以来，后方物流园进驻了众多的航运及物流企业，为港口提供和延伸了服务，是前湾港集装箱业务飞速发展、码头作业水平达到世界最高水平的有力保证。

码头作业区的断面布置自码头向陆域依次是：码头前沿区、堆场区、大门及关检区。码头前沿区含码头线至岸桥前轨的系缆区、岸桥轨距 35 m、岸桥后轨的舱盖板区和道路区，宽度 68.5 m，堆场区 800 m。

2）码头水深

前湾港区二期工程的三个泊位，水深为-11.6 m、-11.8 m、-14.5 m。前湾三期共 7 个泊位，第 1、2 个泊位底高程为-16.0 m，第 3 个泊位高程为-17.0 m，第 4~7 个泊位均为-17.5 m。三期工程泊位水深按建设顺序逐步加深的过程体现了码头设计力求适应船舶大型化发展趋势、满足甚至超越当时最大船型尺度要求的努力。

在三期工程建设之初的 2000 年，世界上最大的集装箱船为一艘号称 8 000TEU（马士基公司）的改装船，吃水 14.5 m。其他最大船舶 6 000TEU，吃水在 14 m 以内。按照最大船型计算的泊位底高程确定为-16 m，已经超过当时最大船型吃水需要的 0.5 m。近 10 年来集装箱船舶大型化表现得更为明显。在建设过程中，大型化速度也在加快，基于对集装箱船舶大型化的坚定认同，在建设前 4 个泊位过程中，又将 3、4 号泊位底高程加深到-17.0 m 和-17.5 m。超出最大船型需要 1.5~2 m。后 3 个泊位的底高程全部定位-17.5 m。2005~2006 年，世界投入运营的最大集装箱船已由 2000 年的 8 000TEU 上升到 9 600TEU。青岛港到港的最大集装箱船中远宁波号，载箱量也已达 9 460TEU。2006 年 6 月首航的世界运营中最大集装箱船（9600TEU）"新洛杉矶"号满载吃水达 15 m，表明集装箱船进一步的大型化会带来船舶吃水的增大。

在设计确定码头线走向的时候已经考虑了为更大型泊位建设做预留。可研阶段确定的原码头线走向是垂直于二期的突堤方向，为了获得较好的基岩埋深，减少炸岩量，更重要的是为后续建设的泊位加深创造好的条件，在三期工程初设阶段，将码头轴线由最初的垂直于二期突堤向海侧微旋 3.9°。西段岸线的基岩高程由-14~-15 m 增至-9~-21 m，为后三个泊位建设-17.5 m 的泊位创造了条件。

青岛港进一步的发展目标是建设国际中转港，对于国际中转枢纽，具备接纳超大型船舶的能力是其最基本的条件之一。对于未来的 10 000TEU、12 000TEU 的船舶，前湾三期工程都能接纳，为青岛港向国际中转港迈进提供了基础保证，事实证明三期工程的水深标准具有科学的前瞻性。

3）堆场及道路布置

顺三期工程的码头走向，对应 2 413 m 长的码头岸线，堆场分为 9 块街区，每块长 246 m，区间道路宽 27 m，其中含轮胎式场桥的转场跑道梁。沿纵深方向，分为三线堆场。前两线为重箱，靠后的是空箱堆场，从平面布置到地基荷载均预留了堆存重箱的可能。得益于山东水产农业的发达，青岛港的冷藏箱所占比例一直较高，工程设计中冷藏箱比例占到了重箱的 12%。在一线堆场的最后两条堆场布置了大量的冷藏箱堆场。

在三期前四个泊位和后三个泊位的设计中均考虑了危险品箱堆场，前 4 个泊位的危险品堆场设置在东侧 3 号大门以内东侧的不规则地块，约 5 万平方米；后 3 个泊位则在三线堆场的最西部布置了危险品堆场，由于前 4 个泊位的危险品堆场没有实施，后 3 泊位的危险品堆场考虑了 7 个泊位的需要，面积约 8 万平方米。由于危险品箱目前总量不大，在港区以北的临时危险品堆场尚可满足需要，所有作业区内的危险品堆场目前没有实施。

4）大门及外部道路系统

前湾港区三期工程总体考虑了 3 个集装箱进出大门，自东向西依次为 1 号、2 号、3 号。前 4 个泊位建设 1 号（7 车道）和 2 号门（10 车道），分别承担进港和出港的功能，后 3 个泊位建设 3 号门（15 车道），可以进出兼顾。对应大门的设置，大门外的后方陆域道路布置成环状（4 车道），交通组织方式是单向逆时针环形，这样可以减少车流的交叉，提高车流速度，提高道路的通行效率

在实施中，海关出于减少查验设施的目的，想通过一个海关查验场地实现对整个三期、二期的监管。所以包括二期已建大门在内的全部 4 个集装箱大门均不能按集装箱车流的规律发挥功能。实施中，根据海关要求，在 2 号门东侧建设海关查验场地（约 6 万平方米），全部车辆都走 2 号门。由于大门的改变，后方道路也需做相应调整，加宽正对 2 号门的道路及其出港的局部路段。

运营实践表明，虽然海关的监管方便了，但造成了严重的拥堵。也许，随着海关监管方式的进步，港区设置的集装箱大门及道路系统将来会发挥其应有的作用。

在港区门口，有青岛市修建的疏港专用高架路（双向 4 车道）直达环胶州湾高速公路收费站。疏港车辆可以从港区直接经疏港高架路上环胶州湾高速公路，或通过联络线上同三高速。经环胶州湾高速可进入济青高速和青银高速。

5）铁路运愉

青岛港要成为国际集装箱枢纽港，国际中转集装箱的份额非常关键，同时不容忽视的是，青岛港一直是、将来也同样会是一个腹地型港口。青岛港是我国沿黄海地区、中原地区以及广大西部地区最便捷的出海口。2005 年由铁路承担的运量在 50 万 TEU 左右，占全港吞吐量的比例不足 2%，但青岛港已开通了至乌鲁木齐、成都、重庆、西安、郑州、济宁、济南、上海、兰州、武汉等地的铁路集装箱专列，也开通了至欧洲的新亚欧大陆桥过境运输。随着西部地区开发的深入、经济结构的调整以及铁道部集装箱节点站的全国布网建设，可以预见的是青岛港经由铁路疏运的比例会有较大幅度的提高，铁路对于青岛港的长期持续发展至关重要，青岛的集装箱节点站建在胶州。青岛港在三期工程中，依托现有铁路车场（二期车场）及线路设施、巧妙利用地形特点，布置了 3 条整列铁路整箱装卸线（长 850 m）、一条铁路拆装箱线及两座仓库，仓库总面积为 19 840 m^2。铁路作业区的位置选址在既有铁路线路旁布置，且毗邻码头作业区，既保证了铁路作业区与码头作业区间便捷的运输联系，又方便了铁路作业区与物流区的联系，同时铁路线与港区的道路系统没有增加任何的平面交叉。港区铁路经黄岛港前站接入胶州站及集装箱节点站，完整地构成了前湾港海铁联运的功能。

前湾港区铁路伸入堆场内部，避免了经铁路运输的集装箱经过港区的卡门，简化了装卸作业流程，提高了集装箱进出港效率，为海铁联运提供了更加广阔的发展空间。

6）建设环境友好型港区

尽管港区陆域为人工形成，投资较大，在寸土寸金的港区内注重绿化，建设宜人的港区环境是以人为本、走可持续发展道路所必需的。在港区设计中，努力构造生态型港区，特别将道路两侧的绿化隔离带拓宽至 9 m，在大门、建筑物周边见缝插针地植树栽花种草，并将蓄水池改造成花坛，前湾港区总绿化面积达到了 15 万平方米。

复习思考题

1. 港口布局规划的影响因素和应注意的问题是什么？
2. 简述港口的选址原则。
3. 进出港航道、锚地与回旋水域的设计要求是什么？
4. 防波堤设计与口门布置应符合哪些要求？
5. 码头平面布置形式有几种？各有何优势？
6. 码头前沿高程和泊位尺度怎样确定？
7. 举例说明港口布置方案比选综合评价方法的运用。

第八章 航空机场

随着经济建设的高速发展，社会活动节奏的不断加快，以高科技为基础的航空运输得到了前所未有的迅速发展。民航运输已成为国际间往来的主要通道。在国内，民航运输量也在增加。民航运输快捷、舒适，对政治、经济、文化以及社会生活带来了巨大影响。

民航运输系统由飞机（机队）、机场、航路和客户4部分组成。四者之间有机结合，在空中交通管理系统的协调控制和管理下，分工协作，共同完成航空运输的各项活动。随着飞机性能的提高和载重的增加以及机队的扩大将为客户带来方便，推动运输业的发展，但也对机场提出了更高要求。

8.1 机场概述

8.1.1 机场的概念与分类

1. 机场的概念

机场，又称飞机场、空港，较正式的名称是航空站、航空港，是指可供飞机起飞、降落、滑行、停放的场地和有关的建筑物及设施的总称。

机场一般分为军用和民用两大类，用于商业性航空运输的机场又称航空港（Airport），国际民航组织将航空港定义为：供飞行器起飞、降落和地面活动而划定的地域或水域，包括域内的各种建筑物和设备装置。

我国把大型民用机场称为空港，小型机场称为航站。本书的机场主要指民用机场。

1995年颁布的《中华人民共和国民用航空法》第53条将民用机场定义为：是指专供民用航空器起飞、降落、滑行、停放以及进行其他活动使用的划定区域，包括附属的建筑物、装置和设施。

2. 机场的分类

（1）按服务对象分类，可分为军用机场、民用机场和军民合用机场。其中，民用机场分为商业运输机场（航空港），通用航空机场和其他机场（用于科研、生产、教学和运动）。通用航空机场是指使用民用航空器从事除军事、警务、海关缉私飞行和公共航空运输飞行之外的飞行保障活动的机场。通用航空机场主要用于通用航空，为专业航空的小型飞机或直升机服务。在我国，有些机场属单位和部门所有，如飞机制造厂的是飞机场，体育运动的专用机场和飞行学校的训练机场。在国外还有大量的私人机场，服务于私人飞机或企业的公务飞机，这种机场一般只有简易的跑道和起降设备，规模很小，但数量很大。

（2）按航线性质划分类，可分为国际航线机场（国际机场）和国内航线机场。国际机场有国际航班进出，并设有海关、边防检查（移民检查）、卫生检疫和动植物检疫等政府联检机构。国际机场又分为国际定期航班机场、国际不定期航班机场和国际定期航班备降机场。

国内航线机场是专供国内航班使用的机场。我国的国内航线机场包括"地区航线机场"。地区航线机场是指我国内地城市与港、澳等地区之间定期或不定期航班飞行使用的机场，并设有相应的类似国际机场的联检机构。

（3）按机场在民航运输网络系统中所起作用划分为：枢纽机场、干线机场和支线机场。

① 枢纽国际机场指在国家航空运输中占据核心地位的机场，这种机场无论是旅客的接送人数还是货物吞吐量，在整个国家航空运输中都占有举足轻重的地位，其所在城市在国家经济社会中居于特别重要地位，是国家的政治经济中心或特大省会城市。例如北京首都国际机场、深圳宝安国际机场、上海浦东国际机场、广州白云国际机场、香港国际机场、成都双流国际机场、哈尔滨太平国际机场、沈阳桃仙国际机场、重庆江北国际机场、武汉天河国际机场、杭州国际机场等。

② 区域干线机场所在城市是省会（自治区首府）、重要开放城市、旅游城市或其他经济较为发达城市，人口密集的城市，如大连、厦门、桂林和深圳，旅客的接送人数，还是货物吞吐量相对较大。如天津滨海机场、石家庄正定机场等。

③ 支线机场是除上面两种类型以外的民航运输机场。虽然它们的运输量不大，但作为沟通全国航路或对某个城市地区的经济发展起着重要作用。如北京南苑机场、唐山三女河机场、张家口宁远机场、秦皇岛山海关机场等。

（4）按机场所在城市的性质、地位分类，可分为Ⅰ类机场、Ⅱ类机场、Ⅲ类机场、Ⅳ类机场。

Ⅰ类机场，即全国经济、政治、文化大城市的机场，是全国航空运输网络和国际航线的枢纽，运输业务繁忙，除承担直达客货运输外，还具有中转功能。北京、上海、广州3城市机场均属于此类机场，亦为枢纽机场。

Ⅱ类机场，即省会、自治区首府、直辖市和重要的经济特区、开放城市和旅游城市，或经济发达、人口密集城市的机场，可以建立跨省、跨区域的国内航线，是区域或省区内民航运输的枢纽，有的可开辟少量国际航线，亦为干线机场。

Ⅲ类机场，即国内经济比较发达的中小城市，或一般的对外开放和旅游城市的机场，除开辟区域和省区内支线外，可与少量跨省区中心城市建立航线，故也可称为次干线机场，如青岛、温州、三亚等机场。

Ⅳ类机场，即省、自治区内经济比较发达的中小城市和旅游城市，或经济发达但地面交通不便城市的机场。航线主要是在本省区内或连接邻近省区。这类机场也称为支线机场。

（5）按旅客乘机目的划分，可分为始发、终程机场、经停（过境）机场和中转（转机）机场。

始发、终程机场中，始发和终程旅客占旅客的大多数，始发和终程的飞机或掉头回程架次比例很高。目前国内机场大多属于这类机场。

经停机场往往位于航线的经停点，没有或很少有始发航班飞机，只有比例不大的始发、终程旅客，绝大多数是过境旅客，飞机一般停驻时间很短。

中转机场中，有相当大比例的旅客下飞机后，立即转乘其他航线的航班飞机飞往目的地。

除以上所述 4 种划分机场类别的标准外，从安全飞行角度考虑还必须确定备降机场。备降机场是指在飞行计划中事先规定的，当预定着陆机场不宜着陆时，飞机可前往着陆的机场。在我国，备降机场是由中国民用航空局事先确定的。起飞机场也可以是备降机场。

8.1.2 机场的功能与构成

1. 机场的功能

机场是航空运输网络中的节点（航线的交汇点），是航空运输的起点、终点和经停点。机场还是空中运输和地面运输的转接点，概括来说，民用机场的基本功能有以下几点：

（1）基本的营运服务，保证飞机安全、及时起飞和降落，保障机场用户的安全，如空中交通管制（ATC）、飞机进近和着陆、气象服务、通信、安保、消防、急救和跑道维护等。

（2）为旅客、货物及邮件的运输服务，安排旅客和货物准时、顺利地上下飞机。

（3）提供便利和便捷的地面交通连接市区。

（4）其他方面的服务，飞机的清洁、动力的提供、经营商店、饭店、停车场等商业活动。

2. 机场的构成

机场系统的组成可简单地划分为供飞机活动的空侧部分和供旅客和货物转入或转出空侧的路侧部分。空侧部分包括供飞机起飞和降落的航站区空域及供飞机在地面上运行的飞行区两部分。路侧部分包括供旅客和货物办理手续和上下飞机的航站区、各种附属设施和地面运输区。因此，机场主要由飞行区、地面运输区和航站楼 3 个部分构成，如图 8-1 所示。

飞行区是飞机起飞、着陆和滑行的飞机运行区域，通常还包括用于飞机起降的空域，主要包括跑道、滑行道、登机坪、停机坪、升降带和机场净空等。

地面运输区是车辆和旅客活动的区域，其功能是把机场和附近城市连接起来（通常是通过公路，也包括铁路、地铁、轻轨、水运码头等），将旅客和货邮及时运进或运出航站楼；

航站区是机场的客货运输服务区，是旅客登机的场所，也是飞行区和地面运输区的接合部位，航站区主要包括航站楼和航站楼路侧交通设施（如停车场和道路等）。

除了以上 3 个组成部分，一般机场还包括货运区、机务维修设施、供油设施等，具体如下：

1）货运区

货运区由业务楼、货运库、装卸场及停车场组成。货运手段有客机带运和货机载运两种：客机运载货物的装卸，通常在客机坪上进行；货机载运货物的装卸，通常在货机坪上进行。小型机场，其航站楼往往兼顾客货运输。大型机场往往专设货运站，包括货运库、货运坪、货物收发、安检、分拣和装卸等设施、设备。

一般货运区应与旅客航站区及其他建筑物保持适当距离，以便将来发展。当预测货物大部分有客机带运，货运区应设在便于通往客机坪的地方。若预测货机载运的货物占有明显的比例，货运区应设货机坪，其位置要尽量靠近平行滑行道，使货机滑行至跑道的距离很短。

2）机务维修设施

机场的机务维修设施，一般根据所提供的机务维修服务类别进行设置，分 3 类：

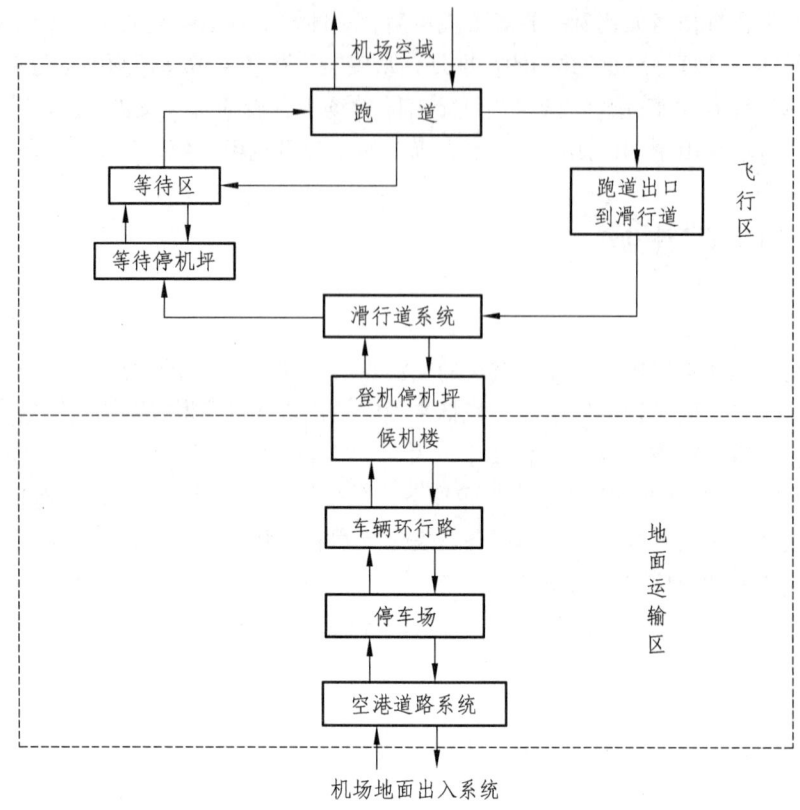

图 8-1 机场构成示意图

(1) 航线飞行维护机场:即对飞机在过站、过夜或飞行前进行例行检查、保养和排除简单故障,通常在站坪上进行,只需设置外场工作间、设备工具间、充电间、航材库,并配备电源车、气源车、牵引车等即可。

(2) 航空公司驻地机场:由于要承担定检(定期检修)任务,需要在机场建设机库、停机坪、修机坪和各种维修车间,设施、设备规模较大。

(3) 航空集团公司基地机场:除承担航线飞行维护和一般定期检修外,还承担航空集团公司和全民航同型飞机的结构检修以及附件翻修任务。因此,除了在航站楼附近设置供航线飞行维护用的设施外,还要在远离航站楼处设置维修基地。在维修基地设有较大的机库,供飞机定期检修和结构检修用。机库前有较大的修机坪,机库旁有各种修理车间及航材库等。

3) 供油设施

机场供油设施通常包括卸油(铁路或码头)、储油库、机场使用油库、中转油库、航空加油站、汽车加油站和机坪加油管线、加油栓井等。

卸油站应设在靠近便于接轨的火车站或便于设置油码头,并且交通方便、水电供应充足的地方。储油库宜与卸油站建在一起。

机场使用油库应设在靠近站坪,不宜超过 1 000 m,应远离其他各种建筑物。油库高度应符合机场净空要求。航空加油站应设在站坪附近。

为机场内部车辆和特种车辆服务的加油站应设在特种车辆出入机坪的内场道路旁。对外营业用的汽车加油站应设在进场路旁,并适当靠近航站区。

机场供油设施的容量应根据航空业务量预测确定。近期建设规模宜为:总容量按 1.5~2 个月的用油量确定;使用油库为 10~20 天用油量;储油库及卸油站不少于接卸铁路油槽车一批或油轮一艘的来油量。

当机场高峰小时飞机加油量少于 100 m³,或高峰小时加油的大、中型飞机不超过 4 架,或每天加油的大、中型飞机不超过 15 架时,宜采用加油车给飞机加油。如加油量超过上述数量,应采用机坪管线加油系统。

3. 机场的设置要求与特点

机场可以在地面上或水面上设置。机场应包括相应的空域及相关的建筑物、设施与装置。民航机场与其他交通运输站场相比,有一些不同,如机场占地面积大、位置选择要求高,而且还包括相应的空域。机场必须要有足够的面积容纳飞行区和候机楼区,并要求平坦开阔;由于噪声影响以及为长远发展考虑,机场应适当远离城市市区;机场的设置不仅应满足占地面积的要求,还应考虑周围地势、海拔高度、气象(尤其是风向)、相邻机场距离和方位、附近居民区和工业区状况、陆上客货运输工具进出机场的方便程度等;机场对净空区域的要求是特有的,是飞机安全和有序起降的基本条件。

8.1.3 机场的规模等级

为了合理地配备机场的人员和相应设施,以保障飞机安全、有序和正点起降,促进优质服务并提高经济效益和社会效益,必须给机场划分等级。

1. 按航站业务量规模等级划分

最常见的主要按航站业务量(年旅客吞吐量或年货邮吞吐量)规模划分等级。业务量的大小与航站规模及其设施有关,也能反映机场繁忙程度及经济效益。表 8-1 为按航站业务量划分的参考标准。若年旅客吞吐量与年货邮吞吐量不属于同一等级时,可按较高者定级。

表8-1 航站业务量规模分级标准表

航站业务量规模等级	年旅客吞吐量/万人	年货邮吞吐量/kt
小型	<10	<2
中小型	[10,50)	[2,12.5)
中型	[50,300)	[12.5,100)
大型	[300,1 000)	[100,500)
特大型	≥1 000	≥500

2. 飞行区等级

跑道的性能及相应的设施决定了什么等级的飞机可以使用这个机场,机场按这种能力的分类,称为飞行区等级。机场飞行区等级表征着机场飞行区对飞机的接纳能力。

飞行区等级用编码表示,编码由两部分组成,具体见表 8-2:

第一部分是数字,反映飞机性能所对应的跑道性能和障碍物的限制——表示所需要的飞行场地长度(第一要素代码),是指飞机以规定的最大起飞质量,在海平面高度、标准大气条件、无风和跑道纵坡为零条件下起飞所需的最小飞行场地长度。

第二部分是字母,反映飞机的尺寸所要求的跑道和滑行道的宽度——表示相应飞机的最大翼展和最大轮距宽度(第二要素代字),应选用翼展和主起落架外轮外侧间距两者中要求高的代码。

表 8-2 飞行区基准代号表

第一要素		第二要素		
代码	飞机基准飞行场地长度/m	代字	翼展/m	主起落架外轮外侧之间距/m
1	<800	A	<15	<4.5
2	[800, 1 200)	B	[15, 24)	[4.5, 6)
3	[1 200, 1 800)	C	[24, 36)	[6, 9)
4	≥1 800	D	[36, 52)	[9, 14)
		E	[52, 65)	[9, 14)
		F	[65, 80)	[14, 16)

我国大部分开放机场的飞行区等级均在 4D 以上,世界各国际空港的飞行区等级都是 4E 级以上,可以满载起降波音 747 客机,如北京首都机场、上海浦东机场、沈阳桃仙机场、杭州萧山机场、广州白云机场、武汉天河机场、成都双流机场、西安咸阳机场、乌鲁木齐地窝堡机场等。

3. 跑道导航设施等级

跑道导航设施等级按配置的导航设施能提供飞机以何种进近程序飞行来划分。

(1)非仪表跑道(V)——供飞机使用目视近进程序飞行的跑道。

(2)仪表跑道——供飞机使用仪表近进程序飞行的跑道,根据精密程度分为 NP、CAT Ⅰ、CAT Ⅱ、CAT Ⅲ 等。

① 非精密进近跑道(NP)——装备相应的目视助航设备和非目视助航设备的仪表跑道,能足以对直接进近提供方向性引导。

② Ⅰ 类精密进近跑道(CAT Ⅰ)——装备仪表着陆系统和(或)微波着陆系统以及目视助航设备,能供飞机在决断高度低至 60 m 和跑道视程低至 800 m 时着陆的仪表跑道。

③ Ⅱ 类精密进近跑道(CAT Ⅱ)——装备仪表着陆系统和(或)微波着陆系统以及目视助航设备,能供飞机在决断高度低至 30 m 和跑道视程低至 400 m 时着陆的仪表跑道。

④ Ⅲ 类精密进近跑道(CAT Ⅲ)——装备仪表着陆系统和(或)微波着陆系统的仪表跑道,并沿道面着陆及滑跑。根据对目视助航设备的需要程度又可分为 3 类,分别以 CAT ⅢA、CAT ⅢB、CAT ⅢC 为代字。

4. 民航运输机场规划等级

以上 3 种划分等级的标准,从不同的侧面反映了机场的状态:能接收机型的大小、保证飞行安全和航班正常率的导航设施的完善程度、客货运量的大小。

在综合上述 3 个标准的基础上，提出了一种按民航运输机场规划分级的方案，如表 8-3 所示。当 3 项等级不属于同一级别时，可根据机场的发展和当前的具体情况，确定机场规划等级。

表 8-3 民航运输机场规划等级表

机场规划等级	飞行区等级	跑道导航设施等级	航站业务量规模等级
四级	3B、2C 及以下	V、NP	小型
三级	3C、3D	NP、CAT I	中小型
二级	4C	CAT I	中型
一级	4D、4E	CAT I、CAT II	大型
特级	4E 及以上	CAT II 及以上	特大型

8.2 影响机场布局的因素

航空运输布局是指航线、机场和运力在一定地域空间上的分布与组合，跟其他社会生产部门布局一样，也受地理位置、自然条件、社会经济、科学技术、人口条件等因素的影响和制约。但是，航空运输以其速度快、机动灵活、建设周期短、运载量小、运价高等特点，使空运布局受上述条件影响的程度有所区别，具体如下。

8.2.1 地理位置

地理位置指地球上某一事物与其他物之间的空间关系。地理位置包括经纬度位置，自然地理位置，政治地理位置和经济地理位置等。影响空运布局的地理位置主多指空运区位，即在空运网络中的位置与作用。它在一定时期内，一定程度上影响航空运输的发展及其布局。

8.2.2 自然条件

自然条件指影响人类活动的自然环境要素，它包括地貌、地质、气象气候、土地、水、动植物等，这些要素相互联系，共同构成自然环境。在社会发展的一定阶段内自然条件对生产布局有较大影响，特别对农业、采矿业以及铁路、公路、水运等交通部门有决定性的影响。但是，由于航空运输本身的特性，使某些要素仅在一定范围内一定程度内影响航空运输的发展及其布局。

1. 地面自然要素

航空运输与其他运输方式一样，都离不开固定的地面点站、机场、导航台站、地面雷达等，都对地面自然条件提出一定的要求。

地形地貌是修建机场和确定航路的重要条件。通常一个机场的建设至少需要长 30 km、宽

10 km 的平坦场地；同时，还要求四周地形平缓，视野开阔。在崎岖的山区，很难找到理想的场址。几乎所有的大型机场，特别是国际机场总是建在平原、盆地或宽阔的谷地。导航台站还要受周边电磁环境的影响。

2. 气象气候条件

如前所述，飞行活动明显受到天气条件的影响和制约。天气条件在很大程度上决定飞行的安全与正点。天气现象虽千变万化，但总有一定规律可循。各种危险大气的产生具有一定的地域性和季节性，例如台风、飓风、热带风暴多产生于赤道地区以外的热带海域。在温带地区，雷暴总是在夏季和初秋频繁出现。在冷流经过的海岸、冰雪区的上空，在盆地、山谷则常常出现大雾天气。在不同的气候区，危险天气出现的概率不同。因此，航线应尽量避开危险天气的易发地区而选择最安全的飞行路线。

在机场，飞机的起降主要受地面风速、风向、低空风切变、地面与空中能见度、降水等因素的制约。气候条件的差异往往决定上述因素的好坏。特别是盛行风向、风速对机场的地址及跑道的走向都有较大影响。飞机起降的理想条件是逆风起降，这就使跑道的走向必须与当地的盛行风向一致。

8.2.3 经济条件

经济条件是影响航空运输布局的最重要因素，它包括经济发展水平、经济重心区的分布、对外经济联系、相关的经济部门及行业。

1. 经济发展水平

航空运输是经济发展到一定水平上的产物。一个国家或地区没有一定的经济基础，就不可能有发达的航空运输业。世界各国航空运输的发展大多与经济发展水平紧密相关。从目前世界航空运输布局现状分析，大多数经济发达国家的航空运输业也比较发达。欧洲、北美、俄罗斯、日本等国家和地区的航空运输业要远远超过大多数发展中国家。

衡量一个国家或地区经济发展水平的指标是国内生产总值（GDP）以及人均 GDP。按照发达国家的发展历程，人均 GDP 在 1 000～4 000 美元期间是航空运输需求快速增长阶段。2003年，中国人均 GDP 已经超过 1 000 美元，按照实际购买力测算，人均 GDP 已超过 4 000 美元。目前，中国已成为世界第四大经济强国、第三大进出口贸易大国。可以判断我国在 2006～2020 年期间将处于航空客运需求快速增长、货运需求最为旺盛的时期。

国民经济支撑航空运输的发展，航空运输又反过来促进国民经济的发展。两者之间具有紧密相关关系。而世界经济发展水平的差异，必然造成当今航空运输生产布局的不平衡。

2. 经济重心区的分布

在经济水平相近的条件下，经济重心区的分布与联系对航空运输的生产布局产生较大影响。目前，几乎所有各国的经济重心区都是空运发达地区。大国地域辽阔，经济分布相对分散，为了加强国内的经济、政治联系，就必须发展国内航空运输，而小国国内的航空运输微不足道。

我国航空运输布局与区域经济发展密切相关，目前，我国基本形成了沿海、沿江两大经济带；长三角、珠三角、环渤海三大经济核心区以及东北、华中、西北、西南等次一级的经济重心区。在所述经济重心区均形成了相适应的机场群，如北京、上海、广州等。

3. 对外经济联系

航空运输快速、省时的特点，使之成为国际间长途运输的理想方式。因此，一个国家或地区的对外经济联系基本决定了其国际航空运输的规模。对外开放程度较大的国家，其国际航空运输发展迅速。每个国际大都市都拥有一个以上的大型国际机场。我国门户机场的分布基本体现了对外经济联系。

反之，对外联系甚少的封闭型国家，其航空运输就较为落后。事实上，几乎所有空运发达国家都有着广泛而密切的对外经济联系。在一些自给自足的农业国，对外联系甚少，关门闭守，其航空运输也相对落后。

4. 相关经济部门及行业

航空运输作为经济部门之一，与其他相关的经济部门之间形成有机的经济联系，这些部门的发展也必然对航空运输产生影响。相关部门及行业有：

（1）交通运输业。

航空运输是交通运输的五大部门之一，各部门按自身的特点承担相应的客、货运输业务，从而适应国民经济对交通运输的需要。铁路、公路与航空运输之间既有竞争又有合作。

我国自"九五"以来，铁路通过提速不加价、夕发朝至、网络销售等竞争手段，已经对1 000 km左右航程的航班构成威胁。

以高速公路和铁路为主的地面交通打破了原有的时空界限。地面交通的突破对民航有两方面的影响：一是明显抑制支线航空的发展；另一方面加大了主要机场的辐射范围。

现代物流业的迅速发展，对交通运输体系产生较大影响。其运输体系涉及铁路、公路、航空、海运等众多运输部门。航空物流业对传统航空货运提出更大挑战，从而对航空货运布局产生深刻的影响。

（2）旅游业。

航空运输是"大旅游业"的重要组成部分。航空运输作为现代旅游交通的主要方式，与旅游业相辅相成。

目前，中国已经成为世界的旅游大国，且正在从旅游接待国逐步发展为旅游输出国，我国作为旅游客源输出大国的巨大潜力必将对航空运输布局产生重大影响。

（3）第三产业。

实践表明，以旅游、物流、金融、房地产、贸易、服务业等为主的第三产业已经成为航空运输的重要支撑。一个地区和城市第三产业的比重越大，对航空运输的需求越大。

（4）高新技术产业。

以信息技术、生物工程、新能源、新材料、微电子为代表的高新技术产业对于航空货运的促动越加明显。高新技术产业的高附加值产品对航空货运和现代物流业产生更大需求。按照世界经合组织（OECD）的预测，在全球贸易的货物中，就价值而言，大约 1/3 要通过航空运输。

（5）劳务输出。

劳务输出是一种特殊的对外经济活动，它通过劳动力在世界范围内的流通、调配，为国家和地区间的经济合作与技术交流提供人力资源服务。世界主要劳务市场集中在欧洲、北美等经济发达地区以及中东、北非的产油国。劳务输出国集中在东亚、南亚、拉美等人口密集的地区。

我国劳动力资源充足，劳务输出市场巨大，随着我国对外合作的发展，未来劳务输出规模将不断扩大，从而对航空运输产生更大需求。

8.2.4　政治因素

政治属于上层建筑的范畴，在某些特定的情况下，政治因素可以对整个国家或地区的经济发展和生产布局产生重要影响。国家的政策、法令对各行各业具有明显的促进和制约作用。航空运输是进行政治、外交活动的有力工具，政治因素对航空运输的影响是不容忽视的。

在国际航空发展过程中，经常受到各种政治因素的影响。许多世界性和地区性的国际航空组织往往带有政治色彩。国际间制定的一系列航空法规、公约往往都有其特定的政治背景。为了维护国家主权，保护本国航空运输的发展，各国都制定了相应政策、法令。由于政治体制、竞争能力上的差异，其航空政策也不尽相同。目前国家间的双边、多边航空运输协定有 2 000 多个，其中许多协定都是在一定的政治前提下而达成的。

美国政府在 20 世纪 70 年代末实行的"放松管制"和"开放天空"，对世界航空运输的发展产生了极为深刻的影响。

海湾战争、亚太金融危机、"9·11"恐怖活动、伊朗和朝鲜的核试验危机等政治、军事的突发事件，无一不对世界航空运输产生深刻影响。

8.2.5　科学技术

科学技术是影响生产布局最积极、最活跃的因素。自然、经济等条件往往对生产布局起到制约作用，使生产的分布适应自然条件和经济发展的需要。而科学技术的发展，经常主动影响生产布局，重大的科技成果往往使生产布局突破某些自然和经济条件的制约，使生产布局发生变化。科技条件对航空运输有深刻的影响。自 20 世纪初航空运输问世以来，随着科学技术的发展，飞机的性能、地面设备及线路状况不断得到改善，促使航空活动的能力不断增强，活动范围不断扩大。

8.2.6　人口条件

人口既可以成为航空运输的对象，也可以作为航空运输所需的劳动力。作为运输对象的人口，其数量、密度、经济收入、职业构成、文化程度、亲缘分布等，都可能影响航空旅客运输量大小。在一定的社会经济条件下，人口的总数越大、密度越高、经济收入越高，则航空旅客运输量越大，反之则小。对某一个国家来说，人口数量大、密度高的地区，往往经济较为发达，个人的经济收入相对较高，而且其对内对外的经济联系紧密。因此，这些地区的航空运输就比较发达。而在人烟稀少的偏远地区，航空运输业也相对落后。

在经济水平相近的情况下，两地间人口的多少，基本上决定了两地间客运联系的强弱。显然，两地间的客运联系要通过贸易、旅游、探亲、访友等社会活动所形成。为了定量表示客运联系的强弱国内外多采用人口引力模型进行量化计算。

人口引力模型将物理学中万有引力的思想方法用于客运需求预测，这对于两地间航线的开辟、航班密度的确定、客源组织具有重要参考价值。

人口对航空货运也有一定影响。人口稠密的地区，经济相对发达，物资交换频繁，对各种产品消费量大。人口稠密的集镇、城市往往成为各种物资的集散地。

8.2.7 已有空运网络

空运网络的整体性与连续性，使已经形成的机场、导航台站、航线网络对新建机场、新辟航线造成一定影响和制约。在我国，尤其是空军、海军航空兵的机场、陆军靶场均对民航空运网络发展形成制约。

上述 7 个方面影响因素不是孤立存在的，它们之间往往具有一定的内在联系。一般来说，自然条件优越的地区，其开发历史悠久，经济发展水平较高，人口集中。在一个历史悠久的地还能留下一定的名胜古迹，为旅游业的发展提供必要的物质基础。并非每一个地区的航空运输布局都必定受到这几种因素的共同作用，一般以其中 1~3 种为主导因素。

8.3 航站楼规划设计

8.3.1 航站区规划设计

旅客航站区是乘机旅客和行李转换运输方式的场所，主要包括航站楼和航站楼陆侧交通设施两个部分。它的一侧供旅客和行李离开或进入地面交通系统；另一侧供旅客和行李进入或离开飞机。航站区本身则提供转换场所，以办理各种转换手续，汇集登机的旅客和行李，疏散下机的旅客和行李。航站楼的规划和设计，应能经济有效地使旅客和行李方便、舒适和快速地实现地面与航空运输方式的转换。旅客航站楼指标应按影响机场飞行区指标及航站楼规模划分，如表 8-4 所示。

表 8-4 航站楼指标

代码	1	2	3	4	5	6
年旅客吞吐量/万人	<10	[10, 50)	[50, 200)	[200, 1 000)	[1 000, 2 000)	≥2 000

1. 航站楼基本设施

航站楼内部主要供旅客办理各种进出港和中转手续及候机之用，包括值机柜台（供旅客办票、托运行李）、安全检查、旅客登机（如登机口、旅客集中休息厅、登机桥、自动客梯、升降登机车）、行李提取（行李分拣装置、行李车、传送带、行李取柜台）等设施。国际机场的航站楼还设有政府联检设施。航站楼内通常设有航空公司（售票、问询台）和机场管理部门的办公室和办公设备等。除必备的航空业务设施外，为提高服务水平，满足旅客多方面、多层次的需求，大型机场航站楼通常规划大量空间设置旅客生活、娱乐保障设施，如商店、免税店、银行、饭店、酒吧、网吧、会议厅、健身房、娱乐厅、书店、医务室、母婴室、宾馆预订、租车服务等。上述设施不仅满足了旅客需求，还为提高机场的非航空收益做出了重要贡献。

旅客航站楼通常包括以下的基本设施：

（1）航站楼前路边。指航站楼同地面交通的交接面。按旅客进出楼内办理手续的流动路线最短而又便捷的原则设置。

（2）航站楼公共大厅。供办理票务和交运行车用。大厅的尺寸取决于办票柜台线总长度、柜台前旅客排队的长度和周围流通的空间。

（3）安全检查系统。

（4）政府管制机构。包括海关、边防和检疫等，是国际航班旅客必须通过的关卡。

（5）候机大厅。作为出发旅客等待登上特定航班飞机集合和休息的场所。

（6）过厅或走廊。连接上述各单元，供旅客内部流通的场所。

（7）行李设施系统。主要办理行李交运和提取手续，进行行李分拣、装运或卸运等。

（8）登、下机设施。有客车转运和采用登机桥两种主要方式。

（9）办公区。包括机场、航空公司和政府管制部门的办公室和相关设施。

（10）旅客服务设施。为旅客和送行者提供的各种服务设施。

2. 平面布局方案

航站楼的平面布局同旅客量、飞机运行次数、交通类型（国内或国际）、使用该机场的航空公司数、场地的物理特性、出入机场的地面交通模式等许多因素有关。按航站楼的功能要求进行平面布局时，主要考虑处理好 3 方面关系：一是不同类型的旅客办理手续（例如，国际和国内航线，不同航空公司等），是集中在一个区域内顺序进行，还是分散在不同的区域内分别进行；二是航站楼空侧边上下飞机所需的门位数和空间，同其陆侧边出入地面交通所需的路边线或空间之间的矛盾；三是控制旅客从航站楼一侧进入到另一侧离开之间的步行距离，使之在可接受的长度内。为了妥善处理好这 3 方面问题，提出了许多布局方案，归纳起来主要有 4 种：

（1）单线式[见图 8-2（a）]。这是最简单的一种布局，即飞机停靠在候机楼墙外，沿候机楼一线排开，旅客出了登机门直接上机。航站楼的进深较浅，一般为 20～40 m。门位数少时，旅客可以步行较短的距离即可到达指定门位。门位数多时，主楼向两侧扩展，因而步行距离增长。这时，可采用将航站楼分散为多个单元的方法（例如国际和国内分开）。它的好处是简单、方便，但只能处理少量飞机，一旦交通流量很大，有些飞机就无法停靠到位，造成延误。北京首都机场 T3 航站楼布局即为此形式。

（2）车辆运送式[见图 8-2（b）]。此种布局形式也称作远距离登机坪。飞机停放在离候机楼较远的停机坪上，旅客通过地面摆渡车辆载运出入航站楼。其主要优点是大大减少了建筑费用，航站楼利用率高，扩展的灵活性大，旅客步行距离较短。其主要缺点是旅客登机时间增加，服务水平下降，原因是机坪上运行的车辆较多，机场上的服务工作人员增加，导致旅客登机的时间增加，而且使旅客增加了上、下摆渡车等不便。为了解决后面两个问题，美国有些机场使用了移动登机桥，在汽车底盘上装上大型的可升降的车厢，旅客登车后，运至飞机旁边，车厢可升至机门相同高度，旅客直接进入飞机。

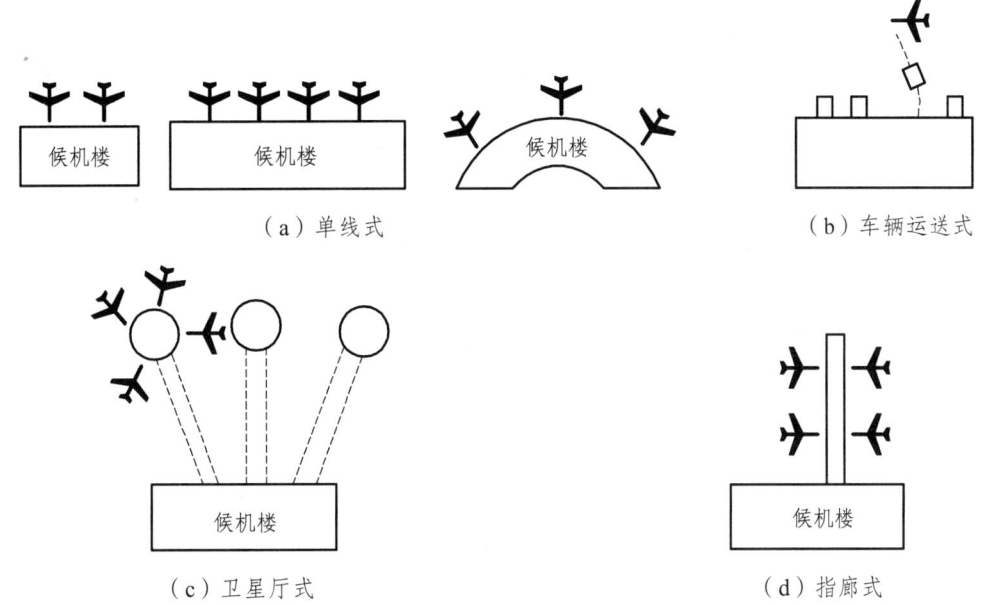

图 8-2　常见的航站楼平面布局

（3）卫星厅式[见图 8-2（c）]。一座或多座卫星式建筑物，卫星厅通过通道同主楼连接。旅客在主楼内办理手续。它比指廊式优越的地方是卫星厅内可以有很多航班，各航班旅客登机时的路程和耗用时间大体一致，旅客在卫星厅内可以得到较多的航班信息，而指廊式的登机坪，旅客到最末端的登机门所用的时间比起始端的要长。其主要缺点为通道造价较高，建成后不宜进一步扩展，旅客步行距离较长。北京首都机场 T2 航站楼布局即为此形式。

（4）指廊式[见图 8-2（d）]。由候机楼伸出指形廊道，旅客办理手续都在主楼内进行，廊道两侧各有一排门位，并提供候机室和走廊，其优点是增加门位数时，可只扩建廊道而不变动主楼，由于飞机停靠在走廊两旁，可以停放多架飞机，因此是目前空港中使用比较多的一种布局形式，走廊上通常铺设活动人行道，减少旅客的步行距离。

机场的平面布局并不是单一固定的，可以采用各种缓和形式。另外，航站楼的设计，不仅要考虑其功能，还要考虑其环境、艺术氛围及民族（或地方）风格等。

3. 竖向布局方案

航站楼竖向布局主要考虑的是把出发和到达的旅客流分开，以方便旅客和提高运行效率。视旅客量的多少、航站楼可使用的土地面积和地面交通系统等情况，可将航站楼布置成单层、一层半和两层或多层系统。旅客量小时，通常都布置成单层，出发和到达旅客在同一层面，但在平面上分隔开。一层半系统是将旅客出入航站楼安排在一楼，而上下飞机都安排在二楼上利用登机桥进行，但在平面上分隔开。两层系统则是把出发和到达旅客的活动完全分隔开，分别安排在上层和下层进行。

8.3.2 机场停机坪种类及布置要求

停机坪，是指在航站楼的空侧一边划定的一块供飞机停放以及上下旅客、装卸货物和邮件、加油或维修之用的场地。停机坪上设有供飞机停放的划定位置，即机位。

停机坪包括站坪、等候停机坪、维修机坪、隔离机坪、等待起飞机坪等。候机楼空侧所设停机坪称作站坪（或称登机停机坪），可供飞机滑行、停驻机位、停靠门位以便上下旅客、行李和货邮及加油。站坪包括客机坪和货机坪。等待停机坪是供飞机等待或让路，以提高飞机地面活动效率的场地。等待起飞机坪应能容纳 2 至 4 架飞机，并有足够的地面使一架飞机绕过另一架飞机。

停机坪的面积要足够大，以保证进行上述活动的车辆和人员的行动，机坪上用漆标出运行线，使飞机按照一定线路进出滑行道。停机坪（特别是客货机坪）供飞机长时间停放、满载滑进滑出，其受载条件与跑道端部相近，因此其厚度亦应与跑道端部相等。

8.3.3 机场登机机坪布局

登机机坪是指旅客从候机楼上机时飞机停放的机坪，这个机坪要求能使旅客尽量减少步行上飞机的距离。

1. 登机机坪的布局形式

客机坪的平面布局受以下因素的影响：机位的数目、飞机停靠方位及进出机位方式、机位尺寸、旅客登机方式、飞机地面服务要求、候机楼布局等。

（1）所需的机位数目：取决于预定需容纳的高峰小时飞机运行次数和每个机位的容量。而每个机位的容量决定于机位占用的时间和机位利用情况。大部分机场的机位数（或候机楼的门位数）变动在每百万年旅客量 3~5 个。

（2）飞机停放的方式：主要有机头向内、机头斜角向内、机头斜角向外和机头平行于航站楼 4 种。而飞机进出机位有 3 种方法可以采用：飞机自行操纵进入和退出、自行操纵进入但由牵引车推出，以及由牵引车拖进和推出。机头向内停放方式需要最小的机位面积，产生较低的噪音，有助于旅客上下，但必须依靠拖拽设备才能离开机位，其他停放方式下，飞机均可靠自身动力离开机位。

（3）机位尺寸：主要取决于飞机的几何尺寸（机身长和翼展）、转动半径以及与建筑物之间的距离。表 8-5 列出了几种飞机采用两种常用进出机位方法时所需占用的机位尺寸。可以看出，由牵引车推出较自行滑出所占用的机位尺寸小。飞机自行操纵进入和退出时占用的机位尺寸，则较前两种情况更大。

图 8-3 飞机停放方式

表 8-5 飞机推出和滑行出机位（机头向内）时所占的机位尺寸

飞机型号	牵引车推出			自行滑出		
	长/m	宽/m	面积/m²	长/m	宽/m	面积/m²
DC-9-10	41.0	35.1	1 366	45.4	42.7	1 863
B-727	52.8	39.0	2 059	59.1	46.6	2 757
B-737	36.3	34.4	1 260	44.3	42.1	1 863
B-747	73.3	65.7	4 845	100.0	73.4	7 333

（4）旅客登机方式。主要有 3 种：在站坪上步行、通过登机桥、用车辆（转运车、摆渡车）运送。

（5）飞机地面服务要求。飞机停放在机位上时，需要地面服务，这些都要靠各种车辆和设备完成。为此，必须占用一定的机坪面积。地面服务有时会使得机坪拥挤。并且对飞机运行安全不利。因而，出现了无车辆站坪的概念（即用固定在机位站坪下的各种设备取代地面车辆），可减少在站坪上活动的地面服务车辆。

（6）候机楼布局。布局形式见文面所述航站楼平面布局。

2. 停机位置的设施

以上的各种形式的登机坪，除远距离登机坪外，在登机的停机位置都需要一定的设施帮助驾驶员把飞机停放在准确的位置，让登机桥能和机门连接。

登机桥是一个活动的走廊，它是可以伸缩的，并且有液压机构调整高度，以适应不同的机型，当飞机停稳后，登机桥和机门相连，旅客就可以通过登机桥直接由候机楼进出飞机。

在停机位置处，侧面有侧标志板，画有各种机型的停机指示线，当驾驶员左肩对准所驾驶机型的指示线时，飞机机门的位置就对准了登机桥。此外，还有停机对准系统，驾驶员由前方的灯光显示，判断机头是否对正滑入停机位的方向，在停机位的前方滑行道上还铺有压力传感垫，飞机前轮压上传感垫之后，在机头前方的显示板上会显示出前轮停放位置的偏差。在远处机坪停放的飞机，有专门的停机坪调度员引导飞机进入正确的停机位置。

8.4 机场飞行区设计

飞行区为飞机活动的地域，是指机场内用于飞机起飞、着陆、滑行和停放的部分，由运转区（机场内用于飞机起飞、着陆和滑行的部分）和机坪构成。飞行区地面设施一般包括跑道、停止道、净空道、跑道端安全区、升降带、滑行道、机坪（包括登机机坪和停机坪）、飞机维修机库等诸多设施。

8.4.1 机场跑道

跑道是机场工程的主体，机场的构形主要取决于跑道的数目、方位以及跑道与航站区的相对位置。

跑道是供飞机起降的一块长方形区域。它提供飞机起飞、着陆、滑跑以及起飞滑跑前（和着陆滑跑后）运转的场地。

1. 跑道的基本参数

跑道的基本尺寸指跑道的长度、宽度和坡度。

1）跑道的长度

跑道的长度是衡量机场飞行区能否满足多重的飞机起降要求的关键参数，是机场规模的重要标志，它直接与飞机起降安全、运行效率和保障水平有关，但是跑道长度应坚持恰到好处的原则，长度过长会增加机场占地、建设投资和维护支出，而且影响功能区的规划布局。

设计跑道长度一般要考虑以下几个影响因素：

（1）使用跑道的关键飞机的性能。

机场的跑道通常要服务于多种机型，不同机型的跑道长度需求是不同的，通常涉及跑道长度主要与预计使用该机场飞机的起降特性有关（特别是要求跑道最长的那种机型的构形和性能特点），飞机的起飞质量、发动机推力、襟翼角度等都对其跑道长度需求有重要影响。飞机的起飞（或着陆）时质量越大，离地速度（或接地速度）越大，所需的滑行和爬升距离便越长，因而所需的跑道长度也越长。

通常，起飞长度要求按飞机的最大起飞质量确定，而着陆长度要求按最大着陆质量确定。最大起飞质量受飞机结构的限制，与大气、机场压力高程、跑道特性等因素无关。在起飞爬升面上有障碍物而必须以重大的坡度爬升时，起飞质量按低于最大值的障碍物限制质量确定，障碍物限定质量与障碍物的位置和高度情况有关，也与机场的压力高程和大气条件有关。

（2）气象条件。

气象条件主要包括气压、密度、温度和风（风力、风向），它们对跑道长度要求有较大的影响。如果空气的压力和密度降低，飞机的升力会下降；发动机的功率和推进效率也会降低，而着陆时的阻力会减小。因而，起飞和着陆所需的长度都会随之而增加。在压力一定而温度增高时，空气密度会因之而下降，从而使发动机在起飞时的效率降低。因此，考虑起飞长度要求时，应计入环境温度的影响，温度对着陆长度要求的影响较小。

以机场气象台所记录的平均年最热月内的日最高气温的月平均值，作为机场的基准温度。随温度升高，所需的跑道长度增加。一般情况，基准温度比标准大气温度每增加 1 °C，所需的跑道长度要增加 1%。当海拔高度高，空气稀薄，地面温度高时，发动机的功率就会下降，因而都需要加长跑道。西藏邦达机场的跑道长达 5 500 米，是当今世界上海拔最高、跑道最长的机场。

风对飞机的起降也有影响。顺风起降时，跑道长度需增加。风速每增加 9.26 km/h，跑道所需长度要增加 7%。逆风起降时，跑道长度可减小。风速每减少 9.26 km/h，跑道长度可减少 1%。

（3）跑道条件。

① 跑道表面状况，干湿、冰雪、积胶等都对跑道长度需求有影响，但在跑道长度计算时，一般只考虑正常情况。

② 跑道纵坡，可分为平均纵坡和有效纵坡。平均纵坡为跑道中心线两端高差除以跑道长度；有效纵坡是指跑道中心线上的最高点与最低点的标高差与跑道长度之比。跑道长度计算通常采用平均纵坡。飞机逆坡起飞所需跑道较长，顺坡起飞所需跑道较短。跑道长度通常按逆坡起飞的不利情况确定。粗略估计时，可按逆坡（纵向有效坡度）每增高 1%，跑道长度增加 10%。

（4）机场所在环境，如机场高程和地形。机场高程通常指主跑道中线上最高点的高程。机场高程不同，大气压力也不同。随着机场高程的增加，大气压力降低，大气密度下降，于是飞机发动机推力降低、飞机离地速度和接地速度均要增加，使得起飞滑跑距离和着陆滑跑距离相应增大，故跑道长度需求增加。高原机场跑道比相同等级的平原机场跑道要长，原因就在于高原气压比平原气压低。粗略估计时，可按机场高程每增高 300 m，跑道长度增加 7%来计算。计算跑道长度时，气压应根据机场所在地气象台实测资料确定，采用相应于计算气温（机场基准温度）的实测气压。

机场跑道长度通常由下列 3 个长度的最大值确定：正常起飞（全部发动机工作起飞）所需跑道长度、起飞出现一发故障所需跑道长度、着陆所需跑道长度。由于运输机着陆所需跑道长度较短，所以在确定供运输机起飞着陆用的跑道长度时，通常可以不计算着陆所需跑道长度。

通常，飞机生产厂都提供适当的飞机手册用于机场跑道长度设计。飞机手册以图线和表格的形式给出飞机的起降性能。当飞机手册没有提供海拔、气温等修正数据时，可利用基本跑道长度按下列方法修正跑道长度。基本跑道长度是在标准大气条件下、海平面、无风、平坡，满足起飞或降落的跑道长度。

（1）海拔修正。机场海拔高度每高出海平面 300 m，跑道长度增加 7%。非常热或高海拔地区另外考虑。

（2）气温修正。机场基准温度每超过机场海拔高度的标准大气温度 1 ℃，起飞跑道长度增加 1%。气温修正是在海拔修正的基础上进行的。如海拔和气温两项修正的总量超过修正前长度的 35%，应做专门研究。

（3）坡度修正。下坡起飞，滑跑距离缩短；上坡起飞，滑跑距离增长。经过海拔和气温修正后，跑道长度再按跑道有效坡度（跑道中心线上的最高点与最低点的标高差与跑道长度之比）进行修正。有效坡度每增加 1%，跑道长度增加 10%。

此外，还有风向、风速、道面摩擦系数等引起的跑道长度修正。

2）跑道的宽度和坡度

飞机在跑道上滑跑、起飞、着陆不可能总是沿着中心线，可能会有偏离，有时还要掉头。因此，跑道应有足够的宽度，跑道的宽度主要取决于飞机的翼展和主起落架的轮距，一般不超过 60 m，还跟跑道运行类别（仪表跑道、非仪表跑道，精密进近、非精密进近）、飞机滑跑时的横向偏移、飞机开始滑跑前机体纵向轴线与跑道中线的吻合程度等有关，具体跑道宽度要求见表 8-6。

表 8-6 跑道最小宽度　　　　　　　　　　　　　　　单位：m

飞行区指标 I	飞行区指标 II					
	A	B	C	D	E	F
1*	18	18	23	-	-	-
2*	23	23	30	-	-	-
3	30	30	30	45	-	-
4	-	-	45	45	45	60

注：飞行区指标 I 为 1* 或 2* 的精密进近跑道的宽度应不小于 30 m。

为了保证飞机起飞、着陆和滑跑的安全，应尽量避免沿跑道的纵向坡度及坡度的变化。在有些情况下，可以有 3º 以下的坡度。

跑道横向应有坡度，且尽量采用双面坡，以便加速道面的排水。横坡坡度不小于 0.01，但也不能大于 0.015（基准代字为 C、D）或 0.02（基准代字为 A、B），以利于飞机滑跑安全。

3）跑道的方位、跑道号和跑道的数量

跑道的方位即跑道的走向。飞机最好是逆风起降，而且过大的侧风将妨碍飞机起降。因此，跑道的方位应尽量与当地常年主导风向一致。

跑道方位以跑道磁方向角度表示，由北顺时针转动为正。

跑道号按照跑道中心线的磁方向以 10º 为单位，四舍五入用两位数表示。

跑道的数量主要取决于航空运输量。运输不很繁忙，且常年风向相对集中的机场，只需单条跑道。运输非常繁忙的机场，则需要两条或多条跑道。

4）跑道道面的平整度、粗糙度和强度

跑道的道面需要具有良好的平整度，使飞机在高速滑跑时不产生颠簸，否则乘客将感觉不舒服，且妨碍驾驶员对飞机的操纵，还会造成雨后积水，引起飞机"飘滑"。

跑道道面还应具有良好的摩擦特性，以便保证飞机滑跑时的稳定性、着陆滑跑和中断起飞时飞机的减速以及飞机接地时机轮的正常转动。

跑道道面分为刚性和柔性道面。

刚性道面由混凝土筑成，能把飞机的载荷承担在较大面积上，承载能力强，一般中型以上空港都使用刚性道面。

柔性道面有草坪、碎石、沥青等各类道面，这类道面只能抗压不能抗弯，因而承载能力小，只能用于中小型飞机起降的机场。

高级道面一般由面层、基层、垫层等结构和压实土基组成。

跑道道面强度设计要考虑 3 方面的因素：运行荷载、运行次数和覆盖次数。

道面要有足够强度和刚度，以承受飞机运行的荷载，否则道面会因产生过大的应力和变形而受到损坏。

2. 跑道的布置形式

依据所需容量、风向、地形和地质、周围障碍物情况、出入机场地面交通条件等方面的考虑，跑道可布置成单条跑道、平行跑道、交叉跑道和开口 V 形跑道等基本构形。跑道的布置形式取决于跑道的数量和方位。在航空交通量小、常年风向相对集中时，只需设置单条跑道；在航空交通量大时，则须设置两条或多条跑道。目前，我国有两条以上跑道的机场有：北京首都机场、上海浦东机场、广州白云机场等大型枢纽机场。

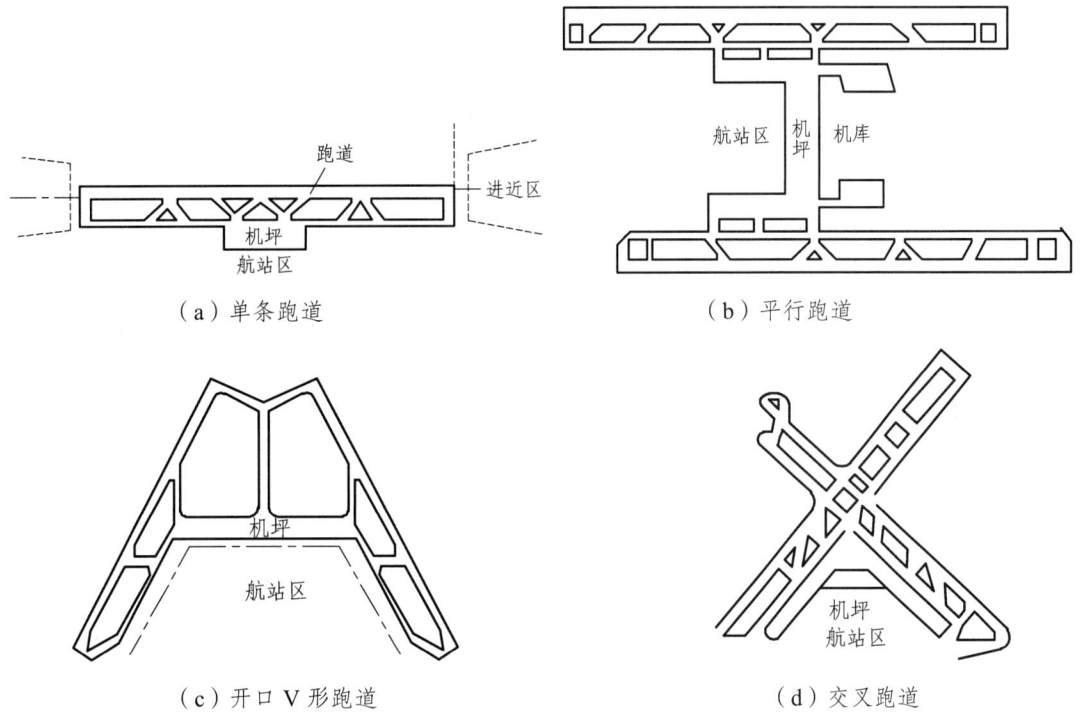

图 8-4　跑道的构形

1）单条跑道

单条跑道是最简单的一种跑道构形。单条跑道在目视飞行规则（VFR）条件下的小时容量约在 50～100 架次之间；在仪表飞行规则（IFR）条件下的小时容量约在 50～60 架次，而年容量约为 19～24 万架次。在预计的需求量低于这一容量阈限的情况下都可采用单条跑道方案。

在确定跑道的方位时，应避免使飞机飞越人口稠密地区的上空和避开障碍物。同时跑道的方向应平行于主导风向，使飞机在一年内能有 95%以上的时间可在侧风风速低于容许值的情况下使用该跑道。为此，需对机场的风向和风速进行统计分析。当单条跑道的布置无法找到能满足这个要求的方位时，需增设一条侧风跑道（布置成开口 V 型和交叉跑道），使机场的利用率保证在95%以上。

2）平行跑道

当需求量超过单条跑道的容量时可采用平行跑道方案。平行跑道的容量在很大程度上取决于跑道的数目和跑道之间的距离，一般为两条平行跑道或 4 条平行跑道。航站区如设在两条平行跑道之间（通常都采用这种方案），则平行跑道往往相隔得较远，以便有足够的地方布置下航站楼、滑行道、停机坪等。由于受场地形状的限制,或者为了减少飞机起降前后的滑行距离,可将平行跑道的入口位置错开布置。

航站区的位置,应布设在从它到跑道起飞端之间的滑行距离最短的地方,并且尽可能使降落飞机的滑行距离也最短。

对于单条跑道,如果在每个方向的起飞和降落次数大致相等,航站区设在跑道中部位置最为理想。这时不论哪一端用于起飞,其滑行距离均相等。在设置两条平行跑道的情况下,如果起飞和降落可在两个方向进行,则航站区设在中间部位最合适;如果一条供降落,另一条供起飞,则平行跑道的端部宜错开布置,航站区设在接近起飞端的部位,可使起飞或降落飞机的滑行距离都较短。航站区不宜放在两条跑道的外侧,因为它一方面增加了滑行距离,另一方面使飞机在滑行道外侧跑道时需穿越内侧跑道。

3)交叉跑道

两条或更多的方向不同的相互交叉的跑道,称作交叉跑道。当机场所在地区相对强烈的风向在一个以上时,如果只有一条跑道,就会造成过大的侧风,因此就要求有方向不同的交叉跑道。在风力强烈时,一对交叉跑道中,只能使用其中一条跑道,这就使飞行区的容量显著减少。如果风力相对较弱,两条跑道则可同时使用。交叉跑道的容量,在很大程度上取决于交叉点的位置(例如是在中间还是接近端部)和跑道的使用方式(例如是起飞还是着陆)。交叉点离跑道的起飞端和着陆入口越远,容量就越低;交叉点接近于起飞端和着陆入口时,容量最大,此时,交叉跑道的每小时容量为 60~70 架次(IFR)或 70~175 架次(VFR)。由于交叉跑道的相互干扰大,容量偏低,所以应尽量避免采用。

4)开口 V 形跑道

两条跑道散开而不交叉时,称为开口 V 形跑道。与交叉跑道一样,当某个方向的风力强烈时,只能使用一条跑道;当风力微弱时,两条跑道可以同时使用。跑道的容量与飞机起飞和着陆的方向有关。当起飞和着陆从 V 形顶端向外散开时,其容量最大,此时,开口 V 形跑道的每小时容量为 50~80 架次(IFR)或 60~185 架次(VFR)。

从跑道的容量和空中交通管制的难易情况来看,单向跑道是最可取的。因为,在其他条件相同时,单向跑道的容量比别的跑道要大。对空中交通管制来说,引导飞机在单方向运行不像多方向运行那样复杂。随着对常年风向的准确掌握和飞机侧风降落的能力的加强,新的大型多跑道空港都采用平行跑道布局。就交叉跑道与开口 V 形跑道两种形式比较,后者更为可取。

3. 跑道的附属区域

1)跑道道肩

道肩是指在跑道纵向侧边和相接的土地之间的一段隔离地段。在紧靠跑道两侧对称地设置道肩,其作用在于保护道面边缘。坚实平整的道肩可以增加道面的有效宽度,改善道面边缘工作状况,延长道面寿命。在飞机因侧风偏离跑道中心线时,不致引起损害。此外大型飞机很多采用翼吊布局的发动机,外侧的发动机在飞机运动时有可能伸出跑道,这时发动机的喷气会吹起地面的泥土或砂石,使发动机受损,有了道肩会减少这类事故。有的机场在道肩之外还要放置水泥制的防灼块,防止发动机的喷气流冲积土壤。

跑道道肩一般每侧宽度为 1.5 m,道肩的路面要有足够强度,以备在出现事故时,使飞机不致遭受结构性损坏。

2）跑道安全带

跑道安全带的作用是在跑道的四周划出一定的区域来保障飞机在意外情况下冲出跑道时的安全，分为侧安全带和道端安全带：

（1）侧安全带。指由跑道中心线向外延伸一定距离的区域。对于大型机场（3、4级）这个距离为150 m。在这个区域内，要求地面平坦，不允许有任何障碍物。

（2）道端安全带。指由跑道端至少向外延伸60 m的区域。建立道端安全地带的目的是为了减少飞机由于起飞和降落时冲出跑道的危险性。

在道端安全带中，有的跑道还有安全停止道，简称安全道。安全道的宽度不小于跑道，一般和跑道等宽，它的长度视机场的需要而定。它的强度要足以支持飞机中止起飞时的质量。

3）净空道

净空道指跑道端之外的地面和向上延伸的空域。它的宽度为150 m，在跑道中心延长线两侧为对称分布，在这个区域内除了有跑道灯之外不能有任何障碍物，可以是地面或水面。

净空道的作用在于飞机可在其上空进行一部分起始爬升，并达到安全高度（10.7 m）。跑道与安全道、侧安全带的关系如图8-5所示。

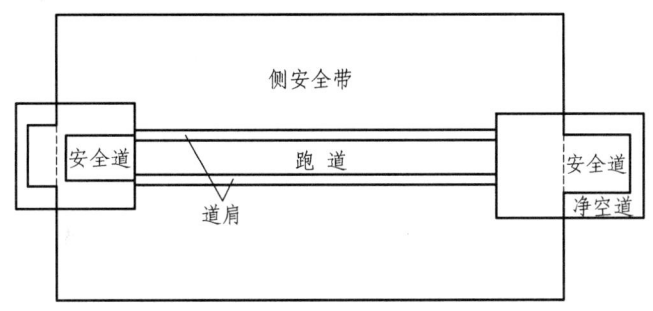

图8-5 跑道及附属区域

8.4.2 机场滑行道

1. 滑行道概述

滑行道是机场内供飞机滑行的规定通道。

滑行道的主要功能是提供从跑道到候机楼区的通道，使已着陆的飞机迅速离开跑道，不与起飞滑跑的飞机相干扰，并尽量避免延误随即到来的飞机着陆。此外，滑行道还提供了飞机由候机楼区进入跑道的通道。滑行道可将性质不同的各功能分区（飞行区、候机楼区、飞机停放区、维修区及供应区）连接起来，使机场最大限度地发挥其容量潜力并提高运行效率。

滑行道系统主要包括：主滑行道、进出滑行道、飞机机位滑行通道、机坪滑行道、辅助滑行道、滑行道道肩及滑行带。

主滑行道又称干线滑行道，是飞机往返于跑道与机坪的主要通道，通常与跑道平行。

2. 滑行道体系几何设计

滑行道几何设计的主要内容包括：确定滑行道、道肩和滑行带所需的宽度，布置出入口位置，选定曲线半径和计算曲线加宽，设计纵横断面，保障滑行道同跑道、其他滑行道或物体间的最小间隔距离要求等。

（1）宽度和坡度。

直线滑行道道面的宽度由使用机场最大的飞机的主起落架外缘的间距和外轮缘到滑行道边缘的净距决定（比跑道宽度要小）。技术标准规定的最小值见表 8-7 中。滑行道两侧设置道肩，并在滑行道外设置安全地带，称作滑行带。其宽度要求也列于表 8-7 中。滑行道的最大纵、竖曲线最小半径和视距要求，滑行道和滑行带的最大横坡规定，均见表 8-7。在滑行道转弯处，它的宽度要根据飞机的性能适当加宽，如表 8-7 所示。

表 8-7 滑行道设计标准

飞行区等级指标 II		A	B	C	D	E
最小宽度：滑行道道面/m		7.5	10.5	18	23	23
滑行道道面和道肩/m		-	-	25	38	44
滑行带/m		27	39	57	85	93
滑行平整部分/m		22	25	25	38	44
主起落架外轮缘到滑行道边缘最小净距/m		1.5	2.25	4.5	4.5	4.5
滑行道中线到下述中线的最小间距/m						
仪表跑道：	指标 I-1	82.5	87	-	-	-
	2	82.5	87	-	-	-
	3	-	-	168	176	-
	4	-	-	-	176	180
非仪表跑道：	指标 II-1	37.5	42	-	-	-
	2	47.5	52	-	-	-
	3	-	-	93	101	-
	4	-	-	-	-	105
机位至滑行通道中心线的距离/m		12	16.5	24.5	36	40
物体滑行道中心线距离/m		13.5	19.5	28.5	42.5	46.5
滑行道最大纵坡		0.03	0.03	0.015	0.015	0.015
最大横坡：滑行道道平面		0.02	0.02	0.015	0.015	0.015
滑行带平整部分，升坡		0.03	0.03	0.025	0.025	0.025
滑行带平整部分，降坡		0.05	0.05	0.05	0.05	0.05
滑行带不平整部分，升坡		0.05	0.05	0.05	0.05	0.05
纵向竖曲线最小半径/m		2 500	2 500	3 000	3 000	3 000
最小视距/m		150	200	300	300	300

（2）最小间距。

滑行道中心线与平行跑道或滑行道，或者与物体之间要保持一定的间隔距离。这一距离随翼展、外轮缘到滑行道边缘的净距和安全间距的不同要求而变化。各种情况下的规定值见表8-7。

（3）曲线和出口滑行道。

滑行道应尽量少转向，不可避免时，转角要小，其曲线半径应同飞机的滑行速度相适应，见表8-8。转弯时主起落架外轮缘同滑行道边缘的净距仍应满足表8-7中的规定。为此，需加宽道面宽度，以免轮子滑出道面边缘。

表8-8 飞机滑行速度与曲线半径关系

滑行速度/km·h^{-1}	16	32	64	80	96
曲线半径/m	15	60	240	375	540

进出（进口或出口）滑行道又称联络滑行道（俗称联络道），是沿跑道的若干处设计的滑行道，旨在使着陆飞机尽快脱离跑道出口滑行道大多与跑道正交，快速出口滑行道与跑道的夹角介于25º与45º之间，最好取30º。成直角时，由于转角大，飞机进入出口滑行道之前的速度必须降得低些，因而占用跑道的时间较长。快速出口滑行道设置的位置，按飞机进入跑道入口和出口滑行到入口时的速度等因素确定。其设计标准可参照表8-9。

表8-9 快速出口滑行道设计标准

飞行区等级指标Ⅰ	3或4	1或2
出口起点处速度/km·h^{-1}	93	65
最小曲线半径/m	550	275
滑行道中线标志起点距曲线起点/m	60	30
出曲线后直线线段长度不小于/m	75	35

8.4.3 机场净空区

飞机在机场起飞或降落必须按规定的起落航线飞行。机场能否安全有效地运行，与场址内外的地形和人工构筑物密切相关。它们可能会使可用的起飞或着陆距离缩短，并使可以进行起降的气象条件的范围受到限制。因此，必须对机场附近沿起降航线一定范围内的空域（在跑道两端和两侧上空为飞机起飞爬升、降落下滑和目视盘旋需要所规定的空域）提出要求，也就是净空要求，即不能有地面的障碍物来妨碍导航和飞行区域，以保证在飞机的起飞和降落的低高度飞行时不能有地面的障碍物来妨碍导航和飞行。这个区域称为机场净空区或进近区，它是机场的重要组成部分。机场净空条件的好坏，直接关系到旅客生命财产的安危。一旦净空条件受到破坏，其后果将非常严重。

机场净空条件的破坏通常是由超高障碍物引起的，空中飘浮物或烟雾、粉尘也会破坏机场净空条件。为此，必须规定一些假想的平面或斜面作为净空障碍物限制面（即净空面），用以限制机场周围地形及人工构筑物的高度。机场净空区的地面区域称为基本区面，在跑道周围 60 m 的地面上空由障碍物限制面构成，障碍物限制面有：

水平面：机场标高 45 m 以上的一个平面空域。

进近面：由跑道端基本面沿跑道延长线向外向上延长的平面。

锥形面：在水平面边缘按 1：20 斜度向上延伸的平面。

过渡面：在基本面和进近面外侧以 1：7 的斜度向上向外延伸。

由这些平面构成的空间，是飞机起降时使用的空间，由空港当局负责控制管理，保证地面的建筑（楼房、天线等）不能伸入这个区域，凡超过假想面之上的部分应除去或移走，以便达到净空标准。空中的其他飞行物（飞鸟、风筝等）也不得妨碍飞机的正常运行。

导航设施等级不同的跑道对净空面的要求不同。因此，从长远考虑，最好把所有净空面都按机场未来规划最严格的设计而设置，以使今后的扩建保持最大的主动权。

航空无线电导航是以各种地面和机载无线电导航设备，向飞机提供准确可靠的方向、距离及位置信息。来自非航空导航业务的各类无线电设备、高压输电线、电气化铁路、工业、科学及医疗设备等引起的有源干扰及导航台周围地形地物的反射或再辐射，都可能会对导航信息造成不良影响，严重时，可能使机场关闭。因此，对机场周围的一定范围内，还必须提出电磁环境的净空要求。

8.4.4　机场飞行区设施设备

进近和着陆阶段是飞行事故发生最多的阶段，因而航站导航设施、航空地面灯光系统、跑道标志组成一个完整系统作为机场的一个重要组成部分，以保证飞机的安全着陆。

1. 航站导航设施

航站导航设施也称为终端导航设施，它的目的是引导到达机场附近的飞机安全、准确地进近和着陆。

航站导航设备分为非精密进近设备和精密进近设备。

非精密进近设备通常是指装置在机场的 VOR-DME 台（甚高频全向信标测距仪）、NDB（无方向信标）台及机场监视雷达，作为导航系统的一部分，它们把飞机引导至跑道平面，但不能提供在高度方向上的引导。

精密进近设备则能给出准确的水平引导和垂直引导，使飞机穿过云层，在较低的能见度和云底高下，准确地降落在跑道上。

目前使用最广泛的精密进近系统是仪表着陆系统。还有部分使用的精密进近雷达系统以及正在发展并将最终取代仪表着陆系统的卫星导航着陆系统。

1）仪表着陆系统（ILS）

仪表着陆系统作为国际民航组织推荐的飞机标准进近和着陆设备，它能在气象恶劣和能见度差的条件下，给驾驶员提供引导信息，保证飞机安全进近和着陆，因此 ILS 在世界上得到了普遍使用。

仪表着陆系统的地面系统由航向台（Localizer）、下滑台（Glide slope）和指点信标 3 个部分组成。

飞机上的系统是由无线电接收机和仪表组成，它的任务是给驾驶员指示出跑道中心线并给出按照规定的坡度降落到跑道上的航路。

（1）航向台。

航向台是一个甚高频发射台，位于跑道中心线的延长线上，通常距跑道端 300~500 m。航向台提供了飞机下降时的水平导航（航向导航）。

（2）下滑台。

下滑台在跑道一侧 152.4 m，离跑道的进近端 304.8 m，它使用的频率在 325~329 MHz 之间，和航向台的波束相似。下滑台向飞机提供垂直导航。

（3）指点信标。

为了使驾驶员在降落时准确知道飞机所在位置，仪表着陆系统一般设置 3 个指点信标，使用 75 MHz 电波，每个信标信号有自己的编码。

仪表着陆系统按着陆的最小能见度分为 3 类：

Ⅰ类标准仪表着陆系统，它可以在跑道目视视程为 800 m 以上，决断高度 60 m 以上时使用。

Ⅱ类仪表着陆系统可在跑道视程为 360 m、决断高度为 30 m 以上的情况使用。

Ⅲ类仪表着陆系统没有决断高度限制，但是根据跑道目视视程不同又分为三个类别，Ⅲa 类对应视程为 200 m，Ⅲb 类为 50 m，Ⅲc 类则可在视程为 0 的情况下使用。

2）精密进近雷达系统（PAR）

由发射器、显示器和两个天线组成。一般装在可移动的车辆上，一个天线水平扫描，确定飞机相对跑道的横向位置，一个天线垂直扫描显示飞机的飞行高度，这两个信号同时出现在管制员的显示屏上，管制员根据显示出的航道向驾驶员发出指令或建议，引导飞机安全着陆。精密进近雷达系统是军用导航的首选。主要适合在偏远地区或紧急情况（如出现地震，突发事件等）时在民航中使用。

3）微波着陆系统（MLS）

微波着陆系统使用 5 031~5 091 MHz 的频段，这是超高频（UHF）波段，不易受干扰，而且频道数目为 ILS 的 5 倍。

微波着陆系统以和仪表着陆系统相似的方法实现飞机着陆导航任务，且 MLS 优于 ILS。

由于卫星导航技术的迅速发展及其优越性，国际民航组织不再积极推荐微波着陆系统，因而它只能在民航中得到有限的应用。

2. 航空地面灯光系统

1）跑道灯光

跑道侧灯沿跑道两侧成排安装，为白色灯光。当离跑道端 600 m 的距离时，透镜的颜色变为一面红色一面白色，红色灯光提醒驾驶员已经接近跑道端。

跑道端灯的情况与跑道侧灯相同，但是使用一面红一面绿的透镜，红色朝向跑道，绿色向外，驾驶员着陆时看到近处的跑道端是绿色灯光，远处的跑道端是红色灯光。

跑道中心灯沿跑道中心安置，间隔为 22 m 一个，跑道中间部分为白色，在距跑道端 300 m 之内，灯光为红色，提醒驾驶员跑道即将终结。

接地区灯从跑道端开始在跑道上延伸 750 m，白色灯光，嵌入地面，使驾驶员注意这是着陆的关键地区，飞机应该在此区域内接地。

为帮助驾驶员找到跑道出口，在滑行道的出口，有滑行道灯，使用绿色灯光，间隔为 15 m，滑行道的中心灯为绿色，边灯为蓝色。

2）仪表进近灯光

飞机在进近的最后阶段，一般都要由仪表飞行转为目视飞行。这时驾驶员处于高负荷的工作状态，对于夜航的驾驶员，使用进近灯光来确定距离和坡度，从而做出决断。

进近灯光根据仪表着陆的等级或非仪表着陆有着不同的布局，非仪表着陆的进近灯安装在跑道中线的延长线上，长度至少为 420 m，间距为 30 m，为白色灯光。

3. 空港跑道系统的标志灯具

跑道的类别不同，它的道面标志也不同。如前所述，跑道按使用目视飞行规则和仪表飞行规则分为目视（非仪表）跑道和仪表跑道，仪表跑道按所装备的仪表着陆系统的精度，分为非精密进近跑道和Ⅰ类、Ⅱ类、Ⅲ类仪表进近跑道，这 3 类跑道也称为精密进近跑道。

目视跑道有中心线、跑道号和等待位置 3 种基本标志。非精密进近跑道要加上跑道端标志和定距离标志；对于精密进近跑道还要增加着陆区标志和跑道边线标志。

跑道端标志表示跑道可用部分的开始，通常是把铺设道面的起点作为跑道端。但在有安全道或起降不能全部使用跑道时，跑道端就会移入跑道一定距离。

4. 飞行区的其他设施

1）测量基准点

空港的地理位置基准点，由国家的测绘机构定出准确的地理经度和纬度，作为这个机场的地理坐标。这一点通常选在空港主跑道的中点。

2）标高校核位置

空港的标高，指它的海拔高度，由于飞机在起飞前都要进行高度表设定，因此，一个空港要设置一个专门位置，为飞机在起飞前校核高度，这个位置在停机坪的一个指定位置。在停机坪高度变化不大时，整个机坪都是校核位置。

3）航行管制服务的设施

在飞行区设有航管中心、塔台和气象服务中心。

4）地面维护设施

地面维护设施主要包括机库（飞机维修和停放的地方）、货运中心或货场（处理空运货物的场所）以及油料供应的管道等。

5）消防和跑道维护设施

每个空港都有消防和急救中心，一旦飞机出事往往伴随着起火和伤亡。该中心在塔台的指挥下一旦有事就迅速出动。

跑道维护的主要任务是防止积雪、积水或其他磨损。此外，防止鸟撞及野生动物对机场道面的损害和阻碍，也是跑道维护工作的任务。

8.5 地面运输区规划设计

地面运输区包括空港进入通道、空港停车场和内部道路。

8.5.1 空港进入通道

空港是城市的交通中心之一,而且有严格的时间要求,因而从城市进出空港的通道是城市规划的一个重要部分。空港进入通道的功能是把机场和附近城市连接起来,将旅客和货邮及时运进或运出空港。进出机场的地面交通系统的状况直接影响空运业务。大型城市,为了保证空港交通的畅通都修建了市区到空港的专用公路和高速公路。为了解决旅客来往于空港和市区的问题。空港要建立足够的公共交通系统。有的空港开通了到市区的地铁和高架铁路。大部分空港都有足够的公共汽车线路,以方便旅客出行。在考虑航空货运时要把空港到火车站和港口的路线同时考虑在内。

8.5.2 空港停车场和内部道路

1. 空港停车场

除考虑乘机的旅客外还要考虑接送旅客的人,以及空港工作人员的车辆,观光者和出租车辆的需求,因此空港的停车场必须有足够大的面积。但停车场面积太大,也会带来不便。繁忙的空港按车辆使用的急缓程度,把停车场分为不同的区域。离候机楼最近的是出租车辆和接送旅客车辆的停车区,以减少旅客步行的距离。空港职工或航空公司使用的车辆则安排到较远位置或安排专用停车场。

2. 空港内部道路系统

空港内部道路包括候机楼下客区、停车场和旅客离开候机楼的通道(公共车辆、出租车、其他车辆的载客区和出入通道)。对通往候机楼的道路区要合理安排和有效管理,这里各种车辆和行人混行,而且要装卸行李,特别是在高峰时期容易出现混乱和事故。

港内道路的另一个主要部分是货运通路,货运通路应能使货物通畅地进出货运中心。

8.6 案例——上海浦东国际机场二号航站楼规划设计

上海浦东国际机场(SHANGHAI Pudong international Airport)是中国(包括港、澳、台)3大国际机场之一,与北京首都国际机场、香港国际机场并称中国3大国际航空港。上海浦东国际机场位于上海浦东长江入口南岸的滨海地带,距虹桥机场约40 km。目前浦东国际机场是亚太地区一流的综合性的国际空港,拥有2座航站楼、3条跑道,通航航空公司已达48家,航线覆盖135个国内外城市。

浦东国际机场航站区按东、西航站区的分配方案采用"东西相对独立,南北一体"的规划设计，如图 8-6 和图 8-7 所示。

由于已经建成的一号航站楼（T1）与其南侧的现有"专机坪"一体化的运行实体，新的规划将在一号航站楼南侧建设一个十字形卫星厅（S1），使现有"专机坪"上的远机位全部改造成近机位。这样，一号航站楼就将与卫星厅一道形成一个相对独立的运行实体。当然，其主楼部分的规模可能与卫星厅、机位数不相一致，其不足的部分可由三号航站楼（T3）补充。

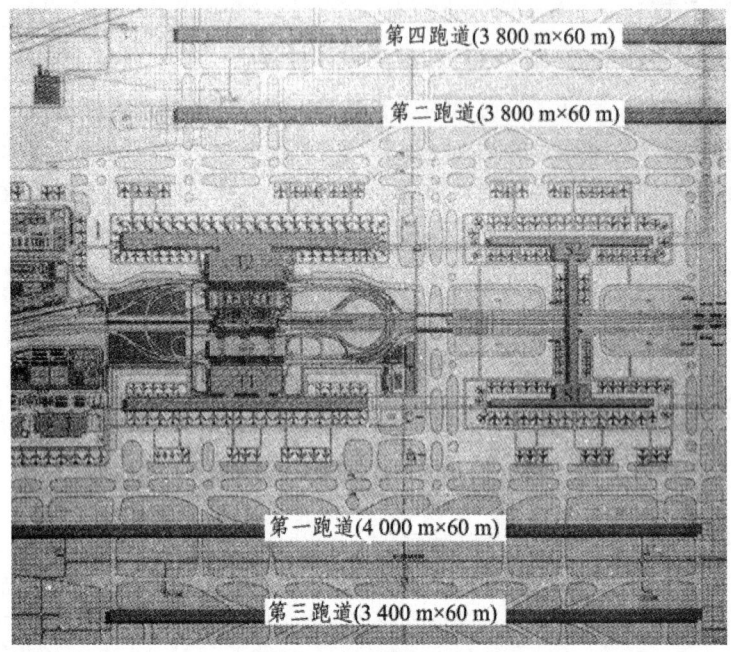

图 8-6　东西航站区示意图

图 8-7　东西航站区分工

新建的二号航站楼（T2）。其主楼已经考虑与其南侧的卫星厅（S2）相匹配，如果现在的预测与今后的发展实际有差距，也将由三号航站楼（T3）补充。

因此，三号航站楼（T3）实际上不是一个独立的运行实体，它的东部属于二号航站运行体系；它的西部属于一号航站运行体系。这样一来，航站区的客流（捷运系统）和行李流（行李系统）就呈现为"东西相对独立、南北一体"的运行模式。

两个卫星厅中一个 S1 以国内为主，另一个 S2 以国际为主。在东西两个卫星厅之间布置机位，可以用作转换机位。规划中今后用于一条廊道相连，仍然可以保留国际和国内之间中转的可能性。

下面主要介绍二号航站楼（见图8-8）的规划设计过程。

图8-8　浦东机场二号航站楼外观图

二号航站楼是在2008年3月26日投入使用的，与一号航站楼相比，二号航站楼在7个方面做了改进：（1）在国内首家设计了混流层，把国内到达和出发安排在同一层面，便利了中转流；（2）扩大了出发大厅；（3）补足了连接廊进深，安检、边检通道大大增加；（4）增加了厕所数量；（5）增加了检票口设置；（6）贵宾室相对集中；（7）设置了大面积的商业娱乐设施。

1. 二号航站楼的设计目标和特点

1）二号航站楼的设计目标

（1）二号航站楼的基本功能定位：以人为本，以功能为主，最大限度地方便旅客对航站楼的使用。

（2）二号航站楼的基本设计参数和设计标准如表8-10～表8-13所示。

表8-10　年旅客量和高峰小时旅客量

项目	2 200万年旅客量		4 000万年旅客量		4 000万年旅客量+500万到达年旅客量	
	国内（34.9%）	国际（65.1%）	国内（44%）	国际（56%）	国内（44%+500万中的48.7%）	国际（56%+500万中的51.3%）
年旅客量	7 678 000	14 322 000	176 000 000	222 400 000		
高峰小时双向参数	0.035 6%	0.038 9%	0.034 5%	0.037 7%	0.330%	0.036 0%
高峰小时旅客（双向）	2 733	5 571	6 075	8 445	6 075+877（500万到达年旅客量）	8 445+923（500万到达年旅客量）
高峰小时始发旅客	1 312	2 674	2 915	4 054	291	4 054
高峰小时目的地旅客	1 312	2 674	2 915	4 054	2 915+857	4 054+633
高峰小时中转/过境旅客	410	836	911	1 267	911+268	1 267+197

注：始发和目的地旅客量占总高峰小时旅客量的80%。中转和过境旅客量占总高峰小时旅客量的20%。始发和目的地旅客量采用20%集中率。中转和过境旅客量采用50%集中率。

表 8-11 基本设计参数

旅客处理手续	处理时间与设计指标
始发和目的地值机柜台	国内：90 s/人 国际：180 s/人
中转值机柜台	国内转国内：60 s/人 国内转国际：120 s/人（无托运行李） 　　　　　　180 s/人（有托运行李） 国际转国际：120 s/人（无托运行李） 国际转国内：60 s/人（有托运行李） 　　　　　　90 s/人（无托运行李）
交运行李	国内：1 件/人 国际：1.7 件/人
边检	国内：28 s/人 国际：28 s/人
安检	国内：22.5 s/人 国际：22.5 s/人
卫检	出发：15 s/人 到达：15 s/人
行李提取	国内：3 个航班/转盘 国际：2 个航班/转盘
行李转盘占用时间	国内：40 min/转盘 国际：60 min/转盘
入境海关	绿色通道：90% 红色通道：10%

*行李提取转盘数量采用行李总数量，每分钟行李在转盘均数量计算得出。

表 8-12 基本设计标准

旅客处理手续	国内		国际		IATA 设计标准 /min
	等候时间 /min	等候人数 /（个/通道）	等候时间 /min	等候人数 /（个/通道）	
始发和目的地办票	6.0	4	9.0	3	15.0～20.0
中转办票	6.0	国内/国内：6 国际/国内：6	6.0	国内/国际：3 国际/国际：3	—
出境海关			6.0	3.0	
出境边防	—	—	5.0	9	5.0
安检	5.0	13	6.0	15	3.0～5.0
卫检	—	—	1.0	12	—
入境边防	—	—	10.0	10	
入境海关（红色通道）			6.0	3	—

*国际航空运输协会 IATA《机场发展参考手册》第 9 版，2004 年 1 月

表 8-13 设计旅客与行李中转最短衔接时间

中转流程	设计中转最短衔接时间/min①	征集书要求/min	IATA 设计准则/min②
国内转国内	44	35~45	35~45
国内转国际	75	90	35~45
国际转国内	58	60	45~60
国际转国际	76	45~60	45~60

① 设计旅客与行李中转最短衔接时间不包括卫星厅。
② 国际航空运输协会 IATA《机场发展参考手册》第 9 版，2004 年 1 月。

（3）建筑规模及设施内容。

参照 IATA 设计准则和各功能区"A"、"C"的服务标准，确定了二号航站楼建筑规模和设施容量。

采用主楼部分处理年旅客量 4 000 万人次，并为远期三号航站楼预留处理 500 万达到人次的可能性，候机长廊分处理年旅客量 2 200 万人次。二号航站楼建筑面积为 48.55 万平方米（其中未包含航站楼内共同沟的 7 万平方米），分层建筑面积见表 8-14。

始发/目的地旅客设施容量见表 8-15，中转旅客设施容量见表 8-16。

表 8-14 建筑面积分层表（单位：m²）

位置	外形尺寸（长×宽）/m	层高程/m								小计
		24.600 28.800 33.000	19.600 (18.400)	13.600 (10.200)	8.400 (9.400)	6.000 (4.200)	±0.000 (-0.200)	-0.200	-6.000 (-0.6500)	
主楼	426×138		3 590	52 073	3 290	51 415	22 700	34 200	36 540	203 807
连接廊	294×60	15 550	5 730	17 080	1 230	17 835	1 450	161 500		74 665
候机长廊	1 414×42（66）		50 000	46 930	28 750	64 960	49 628		11 760	207 028
小计		15 550	10 370	116 082	33 270	134 210	73 778	50 350	48 300	
总计										485 500

表 8-15 始发/目的地旅客设施

设施		旅客处理时间/(s/人)	等候时间/min	设施需求量	设施提供量	备注
值机柜台	国内出发	90	6	74 个柜台；3 个岛	104 个柜台 3 个岛	提供岛式值机柜台。每个岛设置 32 或 36 个柜台。其中一个岛作为可转换值机岛。电子值机比率 5%
	国际出发	180	9	208 个柜台 7 个岛	248 个柜台 7 个岛	

续表

设施		旅客处理时间/(s/人)	等候时间/min	设施需求量	设施提供量	备注
边检	国际出发	45	5	58个通道	62个通道	
	国际到达	60	10	82个通道	80个通道	
安检	国内	22.5	5	19个通道	21个通道	每个通道1台X射线安检机和一台金属探测器
	国际	22.5	5	33个通道	32个通道	
卫检	国际出发			与海关共用X射线安检机	与海关共用X射线安检机	
	国际到达	5	3	8个通道	7个通道；与海关共用X射线安检机	
动植物检疫	国际出发			与海关共用X射线安检机	与海关共用X射线安检机	
	国际到达			与海关共用X射线安检机	与海关共用X射线安检机	
行李提取带	国内	1件/人	30	10个转盘	8个转盘，2个预留	6.00 m层20个转盘，其中2个90 m长提取带±0.00层6个转盘
	国际	1.7件/人	45	14个转盘	14个转盘，2个预留	
海关	国际出发			—	9个通道9台X射线安检机	
	国际到达：绿色	5（10%）		5个绿色通道	2个绿色通道	每个通道1台X射线安检机
	国际到达：红色	120（10%）	6	14个红色通道和4台X射线安检机	2个红色通道和4台X射线安检机	每个通道2台X射线安检机

表8-16 中转旅客设施

设施	中转形式	中转旅客比例/%	旅客处理时间/s/人	等候时间/min	设施需求量	设施提供量	备注
值机柜台	国内过境	5	60	6	2个柜台	2个柜台	
	国内转国内	10	60	6	4个柜台	4个柜台	电机值机比率5%
	国内转国际	35	120（70%不需提取行李）；180（30%需提取行李）	6	18个柜台 13个柜台	20个柜台 11个预留	电机值机比率5%

续表

设施	中转形式	中转旅客比例/%	旅客处理时间/s/人	等候时间/min	设施需求量	设施提供量	备注
	国际过境	5	120	6	5个柜台	5个柜台	
	国际转国际	10	120	6	9个柜台	9个柜台	电机值机比率5%
	国际转国内	35	60（70%）(70%不需提取行李)；90（30%需提取行李）	6	12个柜台 8个柜台	12个柜台 8个柜台	电机值机比率5%
安检	国际转国内	35	22.5	5	7个通道	6个通道	
海关	国内转国际	绿色	5（90%）	5	2个绿色通道 4个红色通道和2个X射线安检机	1个通道和1个X射线安检机	
		红色	120（10%）				
	国际转国内	绿色	5（90%）	5	2个绿色通道 4个红色通道和2个X射线安检机	1个通道和1个X射线安检机	
		红色	120（10%）				
动植物检疫						与海关共用X射线安检机	与海关共用X射线安检机

2）二号航站楼的特点

（1）三层式航站楼结构。

新航站楼在空侧自上往下分别为国际出发层（13.6 m）、国际到达层（8.4 m）、国内出发、到达混流层（4.2 m）等3个旅客活动层。这种"三层式航站楼结构"能更好地适应航空公司的中枢运作；能更好地适应国际与国内间中转旅客比较大的特点；能够更好地适应国际航班波与国内航班波在时间上错开的特点，最好的利用可转换机位，最大限度地提高近机位的使用效率，也就是说，可以在早上的国内高峰时间将最大42个机位全部提供给国内使用，在国际高峰时间最多提供26个机位给国际使用。

在二号航站楼中运行的航空公司的各种中转、过境旅客，包含国际转国际、国内转国内、国内转国际、国际转国内等，均在主楼与长廊的连接部分，即航站楼的中央部位完成，非常便捷。

（2）国内"集中与分散相结合的安检模式"和出发、到达旅客混流运行。

国内流程上采用"集中与分散相结合的安检模式"，从而达到出发旅客与到达旅客在同一层面上的目的。这种流程设计的最大好处是使旅客的换乘非常方便，同时还会大大提高商业、服务业的营业额，有利于国内枢纽的形成。

本次建设的国内安检系统分为4个组成部分。第一，大量出发旅客使用集中的安检设施；第二，中转旅客使用独立的安检设施；第三，远机位旅客到达分离，不参加混流；第四，对8个D、C类机位提供了进港安全设施。同时，由于浦东机场已有了一号航站楼，国内出发、到达是分离的，因此必须分离的航班应尽量安排在一号航站楼内。

由于这种集中与分散相结合的安检模式需要安检部门及时掌握航空器和旅客、航空公司的有关信息，安检部门需要有一个适合二号航站楼特点的"安检信息系统"。为此，专门开发一套符合上海需求的安检信息系统是必要的。

（3）一体化交通中心与 6.00 m 到达层。

要实现上述理念，关键是要在一号、二号两个航站楼之间建设一个"一体化交通中心"。

航站主楼的集中所带来的最大问题是陆侧车道边不够。因此，交通中心设计的主要任务是要尽可能多地增加车道边。交通中心设计中将所有到达社会车辆的车道边移至停车库内；将所有公共交通设计在轨道交通车站的东西两侧；而将出租车、大客车、贵宾车放在紧靠航站楼的到达车道边上；所有公交车、出租车的出发旅客均靠近出发车道边。

沟通上述所有车道边的就是 6.00 m 层的 3 大东西向通道。因此，将通常设计在±0.00 m 层的到达层放在了 6.00 m 层。这样，到达旅客可以平缓地进入一体化交通中心，然后进入个人应去的车道边。

一体化交通中心内除了轨道交通、机场专线公交、长途汽车、大巴车、出租车、各种社会车辆、贵宾车、机场内穿梭车，以及停车楼（场）、候车室等等的交通功能以外，还设计了近 10 000 m^2 的商业、餐饮设施和大量的无行李旅客值机柜台等其他功能设施和与之相适应的办公、机房等辅助设施。

（4）安全高效的行李系统。

行李系统是保证机场安全、高效运行的基础。因此，它的安全可靠性是第一位的。而最简单的系统是最安全可靠的系统。

在设计中首先要求系统能够最简单运行，即：行李从值机岛简单地送到出发行李转盘，这种运行是最安全可靠的。但仅有这样一种运行方式效率比较低，且不利于公共值机。所以，在此最简洁有效的系统的基础上设计了自动分拣系统，并保留了足够的冗余和备份。

行李系统的效率是不可忽视的。为了提高效率，设计了 3 个自动分拣转盘，且使用了螺旋式传送带，并尽可能地优化设计，减少传送带长度。

行李系统规模大、成本高，且生命周期短，建成后若不能发挥它的能力，就将是极大的浪费。因此，考虑在运量或中转量上升后再建设一套自动分拣系统及相关设施设备，在本次建设中只为其保留将来实施的可能性。

（5）全面研究、稳健操作的"节能设计"。

航站楼设施的节能问题是一个影响运行成本的重大课题，在航站楼以及整个机场的设计中开展了全面、系统的研究：

①大型机场供冷供热系统节能技术优化；
②航站楼维护结构热工分析及节能措施；
③航站楼自然通风；
④大空间气流组织计算机仿真；
⑤航站楼雨水回收利用；
⑥机场节水、节能及运行策略；
⑦机场用电节能研究；
⑧航站楼 BA 系统建设优化和运行策略。

（6）相对集中、高效的运行系统设计。

浦东机场在二期工程中设计了机场运行中心（AOC）、两个航站楼运行中心（TOC1、TOC2）、交通运行中心（TOC3）和基础设施运行中心（TOC4）。机场运行中心直接负责空侧的运行指挥和整个机场的运行协调；航站楼运行中心将东航站楼的运行指挥功能集中在一起，形成一个集中的航站楼运行指挥中心。而西航站楼中分散的运行指挥单元也计划通过改造集中在一起形成TOC2。交通运行中心是将一体化交通中心的全部监控系统、管理系统集中起来统一指挥的场所。航站楼运行中心集中了以下控制平台、系统终端、监视设施等：

① 航站楼内应急指挥协调；
② 安保（门禁、CCTV、安检）；
③ 航班信息相关功能（FIDS、PA）；
④ 旅客，航空公司及其他客户服务（离港、电话问询、查询）；
⑤ 行李、照明、电力、水、空调、机电设备等基础设备设施集中监视及节能优化运行；
⑥ 航站楼商业、租赁；
⑦ 参观；
⑧ 医疗急救；
⑨ 其他。

一般来说，集中产生效率。但集中统一的管理模式，亦即"航站楼运行中心"的设计，不同于在一号航站楼运行中采用的管理模式。这给管理者、指挥人员在思想上、业务上、技术上提出了较高要求，给运行和管理体制提出了新的要求，给运行管理人员、技术设备等都提出了新的课题。这些课题有待进一步的研究和探索。

2. 二号航站楼平面功能布局

二号航站楼由主楼、连接廊和候机长廊3部分组成，各层平面功能布局如图8-9所示，各层平面主要功能见表8-17。

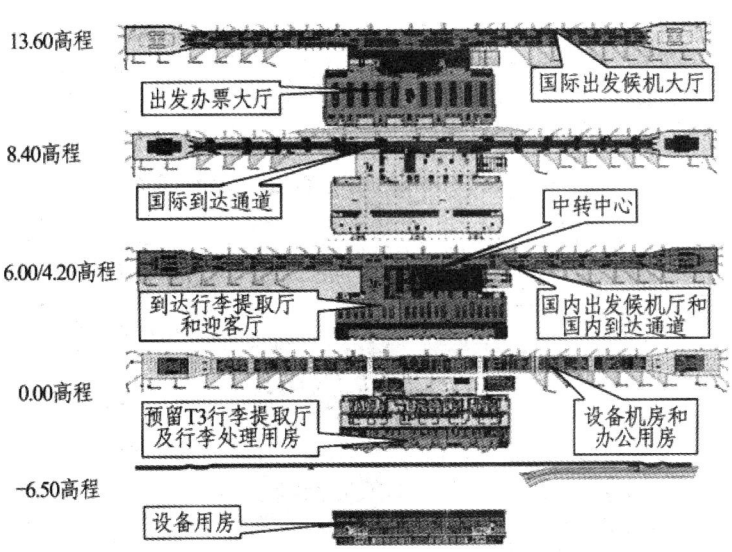

图8-9 二号航站楼各层平面主要功能布局

表 8-17　二号航站楼各层平面主要功能

部位	层	主要功能	备注
主楼	13.60 m 高程	国际、国内出发办票大厅	
	6.00 m 高程	国际、国内出发办票大厅	
	±0.00 m 高程	国际、国内出发办票大厅	近期可作商业和办公
	−2.00 m 高程	国际、国内出发办票大厅	局部
	−6.00 m 高程	设备机房	局部
候机长廊	13.60 m 高程	国际出发候机厅	
	8.40 m 高程	国际到达通道	夹层
	4.20 m 高程	国内出发候机厅和国内到达通道	
	±0.00 m 高程	机坪设备机房和办公用房	
连接廊	19.60 m 高程	计时旅馆和娱乐中心和办公用房	
	13.60 m 高程	国内出发通道国际出发联检区	
	6.00 m 高程	国内到达通道、国际到达联检区和中转中心	

行李提取厅安排在 6.00 m 层，与航站楼的步行系统有效联系，最大限度地减少了旅客的换层。

远机位到达入口与中转中心、行李提取厅入口合并，方便旅客中转换机和行李的快速分拣输送，缩短了国际、国内旅客的步行距离。

国内出发、到达旅客同层混流，有利于形成国内枢纽，促进商业运行，减少基建投资。

3. 二号航站楼的旅客流程

1）直达旅客流程

直达旅客流程如图 8-10 所示。

（1）国际出发、到达旅客流程。

国际出发、到达旅客流程如图 8-11 所示。

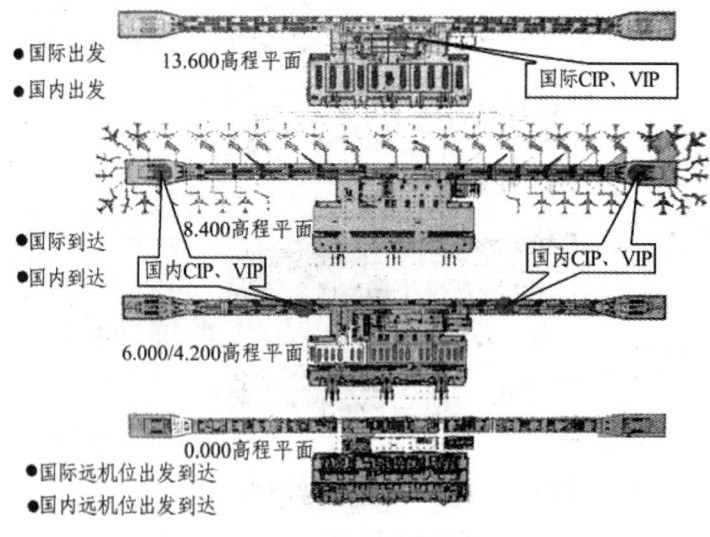

图 8-10　直达旅客流程

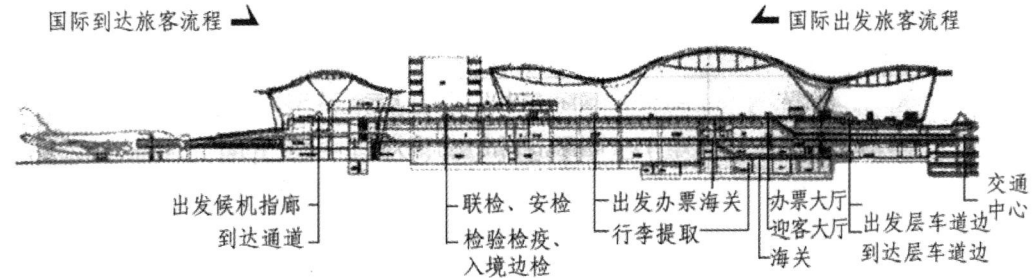

图 8-11 国际出发、到达旅客流程

国际出发：经 13.6 m 高程层出发车道边或从 6.00 m 层连接交通中心的通廊经自动扶梯和电梯直接步入出发层旅客大厅（13.6 m 高程）办理值机手续，再前往位于连接廊中部的国际出发联检大厅，办理海关和动植物检疫、边防出境和安检手续，然后进入 13.6 m 层国际候机厅长廊候机，登机时旅客先验登机牌，然后乘自动扶梯下至 8.40 m 层，经登机桥登机。

国际到达：通过固定登机桥上至 8.40 m 层的国际到达通道，至中央部位，下至+6.0 m 层的国际到达联检厅，办理落地签证、卫生检疫、边防入境手续，再步入行李提取大厅，提取行李后，经行李票检验、海关及动植物抽检，进入迎客大厅，旅客可直接从出口进入 6.00 m 层的连接廊至交通中心，或由自动扶梯、电梯、自动坡道至±0.00 m 层车道边换乘旅游大巴或出租车。

（2）国内出发、到达旅客流程。

国内出发、到达旅客流程如图 8-12 所示。

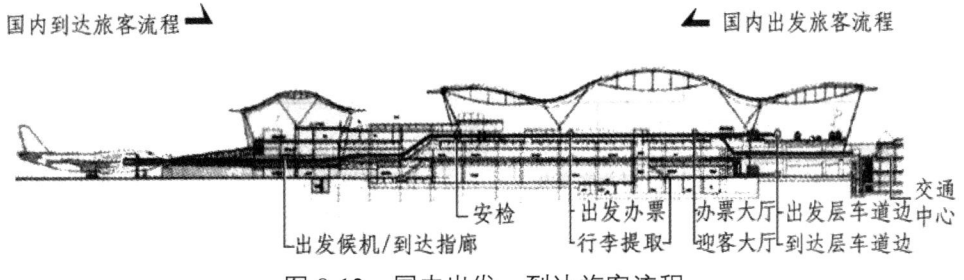

图 8-12 国内出发、到达旅客流程

国际出发：经 13.6 m 高程层出发车道边或从 6.00 m 层连接交通中心的通廊经自动扶梯和电梯直接步入出发层旅客大厅（13.6 m 高程）办理值机手续，再进入连接廊北侧的国内出发通道，办理安检手续，然后沿自动扶梯或电梯下至 4.20 m 层，进入国内候机长廊候车机。登机时旅客先验登机牌，后经登机桥登机。

国内到达：国内到达旅客经固定登机桥进入 4.20 m 出发到达层，由坡道上至 6.00 m 层的国内行李提取厅，提取行李后，经行李票查验，进入迎客大厅，旅客可直接从 E1 进入 6.00 m 层的连接廊至交通中心，或由自动扶梯、电梯、自动坡道至±0.00 m 层车道边换乘旅游大巴或出租车。

（3）远机位出发和到达。

国际远机位出发候机厅位于指廊站坪层±0.00 m 中部，国际出发旅客从位于国际候机长廊正中的自动扶梯或电梯可直达此处。候机厅东侧有旅客转驳车上车点直接连往空侧道路。

国内远机位出发候机厅也位于指廊站坪层±0.00 m，共两处，近邻国际远机位候机厅两侧。

国内出发旅客从位于 4.20 m 层国内出发到达长廊的自动扶梯和电梯可直达此处。同样的,候机厅东侧由旅客转驳车上车点直接连往空侧道路。

远机位国际和国内到达下车点在连接廊±0.00 m 层直接靠近航站楼主楼处,上行至 6.00 m 层后即汇入普通到达旅客流。

(4) 行李托运。

团体行李托运:团体行李值机办票点设于 13.60 m 层出发大厅办票岛前端两侧的第一个值机柜台,团体行李交运后即有工作人员运往-2.00 m 层出发行李处理房。

特殊行李托运:特殊行李托运设于±0.00 m 层沿东侧的两端,共 2 处,分别为 VIP 等旅客托运行李。

(5) 航空公司要客(CIP)出发。

国际 CIP 出发候机区位于国际空侧中心商业区夹层内,这个区域划分为若干个分区,在这里可以提供多样化的服务,旅客还可以享用空侧娱乐中心和计时旅馆设施。

国内 CIP 出发候机区在 4.20 m 层国内空测中心商业区南北侧各设 1 处,以及候机长廊两端 10.20 m 层各设 1 处,便于旅客使用和航空公司管理。

2) 中转和经停旅客流程

(1) 中转旅客流程。

中转旅客流程如图 8-13 所示。

国际转国内:国际乘客到达联检区后,通过为中转旅客专设的联检通道及手提行李海关,前往中转中心值机柜台办理再登机手续,经安检后进入国内出发候机长廊,汇入国内出发旅客流。

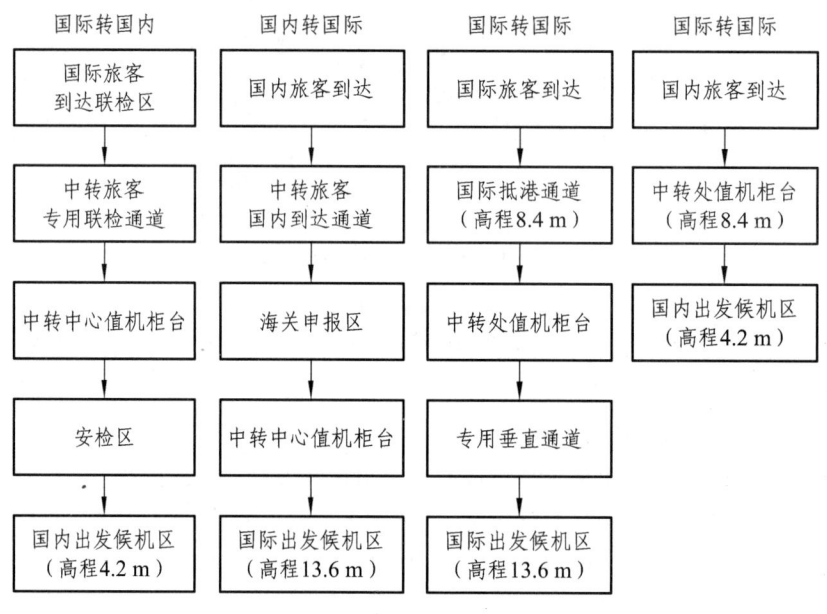

图 8-13 中转旅客流程图

国内转国际:国内到达旅客通过国内到达通道经海关申报进入中转中心办理再登机手续,然后经自动扶梯和电梯上至 13.6 m 层国际出发联检大厅边检出境检查前汇入国际出发旅客流。

国际转国际：从国际航班转往另一个国际航班的中转旅客应到位于 8.40 m 层国际抵港通道的中转处办理登机牌，之后通过专用垂直通道上行至 13.6 m 层国际出发联检区安检口前汇入一般国际出发旅客流。

国内转国内：国内转国内的旅客在 4.20 m 层就近的中转柜台办理登机牌，由此汇入一般国内出发旅客流。

（2）经停旅客流程。

国际段—本站—国际段：下机旅客不能与其他到达旅客混流，在下机处就近封闭监管，到时间后直接登机。

国内段—本站—国内段：经停旅客下机后在 4.20 m 层候机在登机，其他纳入国内到达流程、国内出发流程。

国内段—本站—国际段：分别纳入国内转国际中转流程、国内到达流程、国际出发流程。

国际段—本站—国内段：分别纳入国际转国内中转流程、国际到达流程、国内出发流程。

本站—国内段—国际段：国内乘客走正常的国内出发流程，国际旅客在国际办票岛办理登机牌后，汇入一般国内出发旅客流。

国际段—国内段—本站：旅客正常的国内到达和国际到达流程。

T1 与 T2 之间的中转流程：借助旅客转驳车在两个航站楼之间穿梭。T1 国际转国内至 T2 的旅客从 T2 国内远机位到达上行至 4.20 m 国内出发层；T1 国内转国际至 T2 的旅客从 T2 国际远机位出发口上行至 13.60 m 国际出发层，T2 中转至 T1 旅客则共用 T2 国际、国内远机位出发口登机。

4. 行李系统

1）航站楼使用功能及运行策略

航站区运行使用方案如图 8-14 所示。T1 与 S1 组成一个相对独立的运行整体。T1 内有国内、国际旅客，S1 主要用于国内旅客。西侧航站楼区（T1+S1）以国内为主。

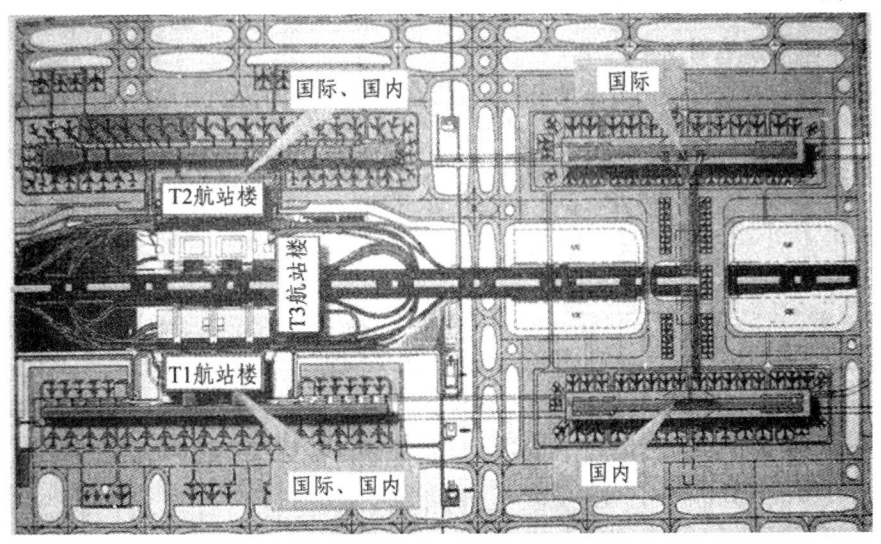

图 8-14　航站区运行使用方案

T2与S2组成一个相对独立的运行整体。T2有国内、国际旅客，S2主要用于国际旅客。东侧航站楼区（T2+S2）以国际为主。

为便于未来航站楼的管理和运营，一个航空公司（或航空联盟）只在一个航站楼（T1或T2）内运作，一个航空公司（联盟）内的始发、到达和中转旅客集中在T1一侧或T2一侧，从而使浦东国际机场形成"南北一体，东西相对独立"的格局。

2）航站楼旅客流量分布

远期目标年各航站楼旅客流量分布见表8-18。

表8-18 远期目标年各航站楼旅客流量分布

浦东机场远期目标年旅客吞吐量/（万人次/年）						
8 000						
国内旅客比例/%			国际旅客比例/%			
52.8			47.2			
国内旅客流量/（万人次/年）			国际旅客流量/（万人次/年）			
4 224			3 776			
T2-S2旅客流量/（万人次/年）			T1-S1-T3旅客流量/（万人次/年）			
4 000			4 000			
国内旅客比例/%		国际旅客比例/%	国内旅客比例/%		国际旅客比例/%	
44		56	61.6		38.4	
国内客流量		国际客流量	国内客流量		国际客流量	
1 760		2 240	2 464		1 536	
T2	T2	S2	T1	S1	T1	T3
1 760	440	1 800	464	2 000	1 536	

3）行李系统总体规划方案

在航站区规划和运行使用方案的基础上，结合各种可能的行李运输情况，形成行李系统总体规划方案。

行李系统总体规划方案如图8-15所示。

5. 二号航站楼站坪规划及设施布局

1）二号航站楼站坪规划原则

为确定T2的位置，应该遵循一定的规划原则，并对计划的滑行道布局方案做出进一步的评估。

（1）平衡航站楼与滑行道系统的容量。机场容量由它运行的每个关键功能区中最受限制的容量决定，其中包括机场进场道路系统、航站楼、门位、滑行道系统、跑道系统和空域。良好的规划应该使所有关键功能区的容量达到平衡，从而使有用的资源得到最好的利用，并避免过度开发某一个功能区的容量。

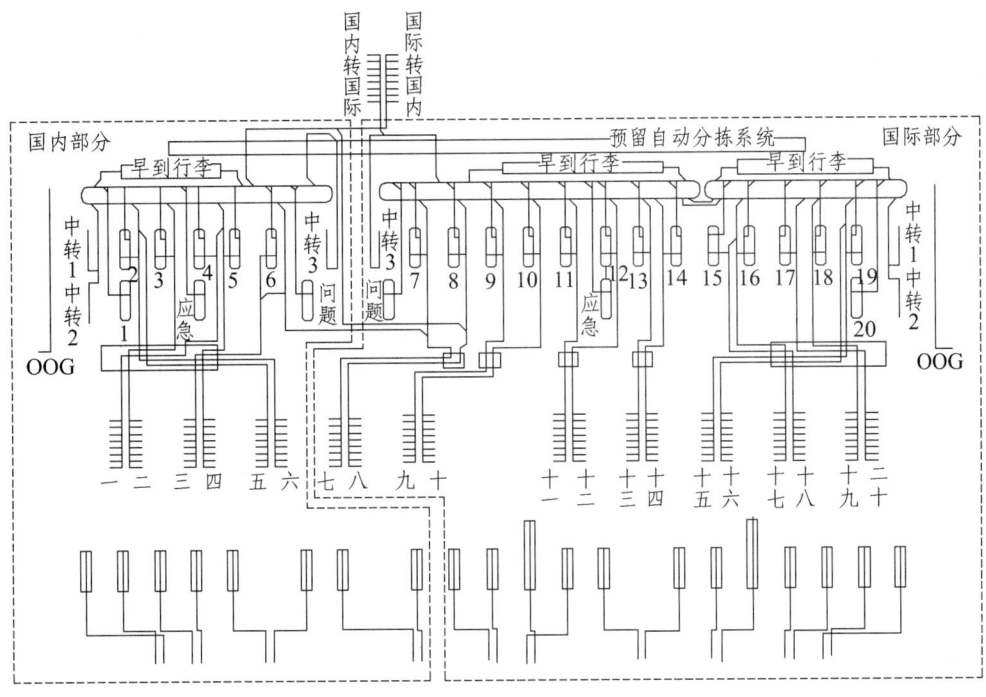

图 8-15 行李系统总体规划方案

（2）为适应未来的变化，应提供一定的灵活性。由于空中交通容量的需求在今后大量增长。应当取消飞机的远机位，为直通滑行道预留空间，以加强滑行道系统，提高飞机进/出停机位、机坪区域和货运区域的运行效率。在发展的初期阶段，交通需求量不高，因此不需要直通滑行道，这个区域可以用来设置飞机远机位，为航空公司提供方便灵活的门位运行。在未来航空公司的中转运行中，近机位的利用率将会增大，以有利于中转运行，那时远机位的使用将不再是有利的选择。为了更好地为飞机运行服务，应该移除这些远机位并在所得空间设置直通滑行道以增加滑行道容量。

（3）考虑到飞机的无阻碍滑行，以及相应减少飞机的等待和延误，滑行道系统应当不仅仅能够满足近期的使用要求，同时应当保证可持续发展的弹性以保证滑行道的容量来满足未来业务增长的需求。最后的滑行道系统方案应当能够满足关键情况下的滑行运行要求，同时保证各区域的使用需要。

2）影响 T2 站坪布局的因素

（1）机位间距。

T2 机位布置存在多种可能性方案，机位布置数量从 35 个到 45 个不等，最主要的原因就是机位间距问题。按照国际民航组织标准要求，两个机位的标准间距为 7.5 m。一期工程设计中机位间距采用的是 10 m。通过分析发现，增加机位间距并不能实现运营效率的增加，相反，机位间距的增加反而会增加站坪面积以及航站楼建筑面积。因此，最后确定将一期规划设计中执行的机位间距 10 m 减少为 7.5 m，以达到提高机坪效率的目标，这样可以停放更多的飞机。

（2）小机坪死角桥位的运行。

通过使用模拟工具来模拟代码为 D 和 C 的飞机各种可能的推出运行情况。结论是代码为

D 和 C 的飞机不需要过大的转角就可以从死角桥位的可用空间中被推出。但为适应代码为 E 的飞机的推出运行就需要做一些小的改动。结合机坪规划、机坪设计和航站楼设计以及运行安全等多家需求，最终确定两个死角桥位为北侧 D 类、南侧 C 类（考虑避让捷运通道），不考虑 E 类。

（3）远机位的规划与运行。

考虑到运行部门对远机位的需求以及 T2 的位置特点，分析出了两个可行的远机位布局方案，同时也考虑了飞机开启、关闭自身动力滑行到远机位的可能性，并且通过机位布局的优化决定出最终的推荐方案。飞机可以按两种方式停靠在东面的远机位：机头朝向 T2 和机头朝向新的东跑道。这两种停靠方式使得飞机既可带动力进、出停机位，也可以借助牵引出来完成。飞机在滑行道和机坪滑行道上以不同的速度滑行，因为两种滑行道功能的差异，通常在滑行道上的运行速度较大，滑行道的作用是使飞机能够高效率地进/出跑道，而机坪尚且行道是给飞机在航站楼周围和它们的桥位区域提供的运行空间。考虑到喷气吹袭的问题，代码为 E 的飞机通常不依靠自身的动力进、出它的停机位。对于代码为 D 的飞机，如果采取了必要的防止吹袭措施，并且不影响邻近飞机的运行，就可以带动力进、出停机位。因此，飞机带动力进、出滑行道将会减慢滑行速度，从而造成不必要的延误，最终确认为自滑进顶推出方式。

（4）T2 滑行道布局方案。

在未来飞机滑行需求容量增长的情况下，除了原有的两条平行滑行道和靠近机门位的滑行道，将远机位改变调整为一条新的平行滑行道。这时，向南向流模式下，滑行道 A 将用于离港飞机的等待队列，滑行道 B 和这条新的滑行道则分别服务于离港和进港飞机的不同流向，以提高滑行运行效率；而靠近机门的滑行道主要用于进港飞机的机门位驶入和离港飞机的推出。这样能够提供简单而又高效的滑行运行方式，进而将离港和进港的飞机滑行分离，将飞机推出和飞机滑行分离，将等待飞机和滑行飞机分离。

进入 T2 西侧小机坪的滑行道系统后期宜设置在航站楼东侧，这样可以为更多的机门位提供高效的滑行运行效率，包括拐角的机门位和跑道北端附近的机门位。为了减少延误，在进入拐角处提供了一个飞机等待区域，驶入的飞机可以等待其中的飞机从机门位推出直至滑出。这样，既可以满足更高的滑行运行效率，同时也可以减少拐角处区域的潜在延误问题。对于航站楼南端的转弯区域，由于空间和设施限制，设置了一条滑行道，同时，提供与垂直联络滑行道的双向连接通道，便于起飞和到达的飞机利用垂直联络滑行道与该区域的连接，以确保无阻碍滑行运行。T2 布局方案如图 8-16 所示。

3）东航站区的滑行系统

新的东平行跑道位于新的 T2 空侧面以东 653.3 m。该间距为飞机从 T2 空侧滑行至跑道的运营区域：

30 m——用于机位服务道路和登机桥前端；

80 m——含用于 F 类（A380）飞机停机坪的进深；

7.5 m——用于 F 类飞机停机坪后面的间隔距离（民航新规范已改为 3 m）；

7 m——用于机位服务道路后端；

42.5 m——用于 E 类飞机至 E 类飞机滑行联络道中心线的间距，作为飞机从 T2 登机口滑行及后推的区域；

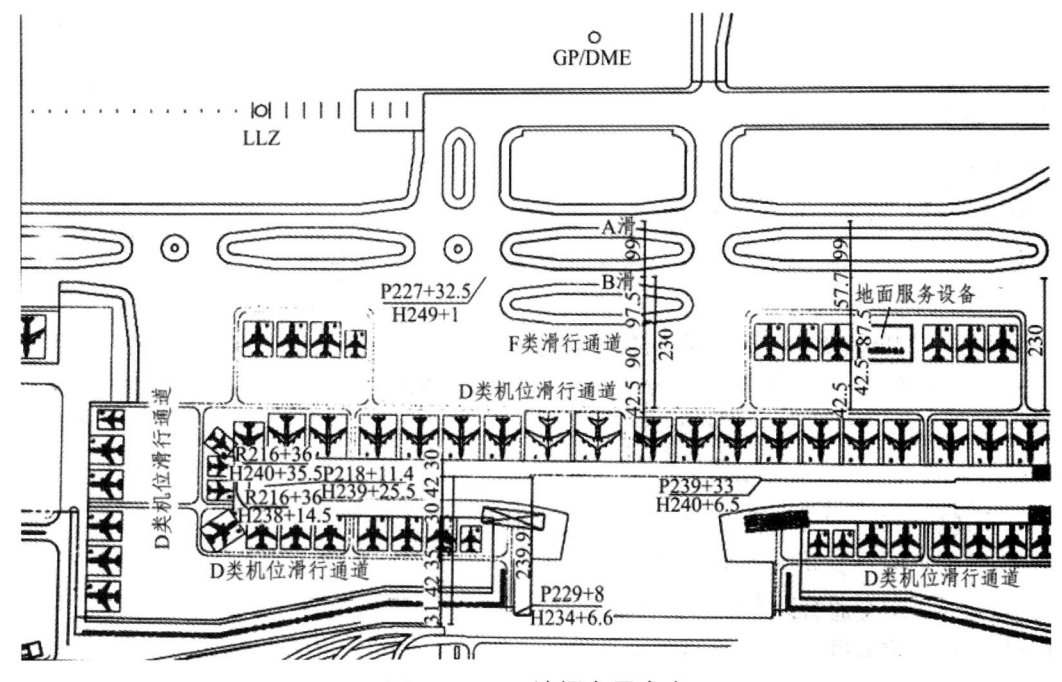

图 8-16 T2 站坪布局方案

90 m——用于 E 类飞机联系道至 F 类飞机滑行道中心线的间距，飞机翼尖之间的间距为 17.5 m；

97.5 m——用于 F 类飞机至 F 类飞机滑行道中心线的间距；

99 m——用于设计的 F 类飞机至 F 类飞机滑行道中心线的间距；

200 m——用于设计的 F 类飞机滑行道至 F 类飞机跑道中心线的间距。

这一连串的距离尺寸为 F 类飞机提供双向滑行道，以支持飞机在东跑道上双向运行。还将提供 F 类和 E 类飞机的双联络道，以支持飞机进出东航站楼机坪区的双向运行。规划的 T2 位置将为飞机提供无障碍运行系统，从而减少飞机等候和滑行的延误。另外，在 T2 北端和南端有可能设计两个远机位停机坪，这两个停机坪有能力为飞机提供动力进出停机坪，并能让飞机向东或向西停泊。新的 T2 和东跑道的间隔距离能使飞机有效、灵活地运行，从而使高峰运营阶段的运营延误保持在最低水平。

航站楼北端两条 D 类沿街道可以满足飞机无阻碍滑行至航站楼背面拐角区域的停机位，以减少潜在的滑行延误；在航站楼拐角区域提供一条 D 类滑行道，并在进入点位置提供一个飞机等待区域，可以方便飞机在此区域的滑行。

由于现在有设置的空间限制，航站楼南端提供一条 D 类滑行道，同时设置了两条 D 类滑行连接通道连接垂直联系道，以减少这一区域的滑行延误。

此布局的优点在于：

（1）空侧共有 42 个近机位，较原有的一期布局方法增加 5 个近机位，机型组合灵活：2F16E15D9C。相同用地范围近机位数量增加 33%。

（2）近机位中有 26 个国际门位均可作为可转换门位。

（3）根据国际、国内不同航班波错峰使用，机位使用效率大大提高，有利于中枢动作。

（4）远机位布局结合近、远同期容量发展需求与滑行道结合布置，增加了机坪的灵活性。

（5）航站楼西侧小机坪增设双滑行道和等待位置，避免了一期小机坪进出飞机滑行等待延误的问题。

复习思考题

1. 简述机场的构成及各部分作用。
2. 举例说明影响机场布局的因素有哪些？
3. 简述航站楼的构成及平面布局方案。
4. 简述机坪的分类、停机机坪的布置形式。
5. 简述机场飞行区的构成及各部分作用。
6. 跑道的布置形式有哪些？影响跑道长度的因素有哪些？
7. 简述滑行道功能及系统构成。
8. 查阅资料及实地调查，了解机场的具体规划内容及过程。

附录：相关国家标准、设计规范与要求汇总

1. 汽车客运站类

（1）《汽车客运站建筑设计规范》（JGJ/T60—2012）；

（2）《汽车客运站级别划分和建设要求》（JTT 200—2004）；

（3）《建筑设计防火规范》（GB 50016—2006）。

2. 公路货运站类

（1）《汽车货运站（场）级别划分和建设要求》（JT/T402—2016）；

（2）《集装箱公路中转站站级划分及设备配备》（GB/T12419—2005）。

3. 铁路站场类

（1）《铁路旅客车站建筑设计规范》（GB 50226—2007）；

（2）《铁路车站及枢纽设计规范》（GB 50091—2006）；

（3）《铁路车站及枢纽术语》（GB/T 15165—1994）。

（4）《铁路工业站港湾站设计规范》（TB 10078—2001）；

（5）《铁路集装箱货场设计规则》（TB J19—1988）；

（6）《铁路工程制图图形符号标准》（TB T10059—98）。

（7）《铁路货运场站及货运设备设计规范（征求意见稿）》2014；

（8）《铁路集装箱运输管理细则》2017；

（9）《铁路车站等级核定办法》（80）铁人字2184号，1980。

4. 地铁设计类

《地下铁道设计规范》（GB 50157—2003）。

5. 港口类

（1）《海港总平面设计规范》（JTJ 211—1999）；

（2）《内河航道与港口水文规范》（JTJ 214—2000）。

6. 民用机场类

（1）《民用机场总体规划规范》（MH 5002—1999）；

（2）《民用机场总体规划编制内容及深度要求》（AP-96-CA-01）2002；

（3）《特殊机场的分类标准及运行要求》（AC-121-17）2005。

7. 综合客运枢纽类

（1）《综合客运枢纽术语》（JT/T 1065—2016）；

（2）《综合客运枢纽换乘区域设施设备配置要求》（JT/T 1066—2016）；

（3）《综合客运枢纽通用要求》（JT/T 1067—2016）；

（4）《交通客运站建筑设计规范》（JGJ/T60—2012）。

8. 其他

（1）《汽车库建筑设计规范》（JGJ 100—1998）；

（2）《停车场规划设计规则（试行）》（公安部、建设部{88}公交管字92号，1998）；

（3）《汽车库、修车库、停车场设计防火规范》（GB 50067—1997）。

参考文献

[1] 胡永举,黄芳. 交通港站与枢纽设计[M]. 北京:人民交通出版社,2012.
[2] 张超,李海鹰. 交通港站与枢纽[M]. 北京:中国铁道出版社,2004.
[3] 张远. 运输港站与枢纽[M]. 南京:东南大学出版社,2008.
[4] 胡列格,刘中,杨明. 交通枢纽与港站[M]. 北京:人民交通出版社,2004.
[5] 宋年秀,王耀斌. 运输枢纽与场站设计[M]. 北京:机械工业出版社,2011.
[6] 李海鹰,张超. 铁路站场及枢纽[M]. 北京:中国铁道出版社,2011.
[7] 贾争现. 物流配送中心规划与设计[M]. 2版. 北京:机械工业出版社,2009.
[8] 王龙. 地下空间标识系统设计研究[C]. 上海:上海交通大学硕士论文,2008.
[9] 高晶鑫. 基于流线分析的客运枢纽内部设施布置优化研究[C]. 长春:吉林交通大学学院硕士论文,2009.
[10] 李得伟. 城市轨道交通枢纽乘客集散模型及微观仿真理论[C]. 北京:北京交通大学博士论文,2007.
[11] 范亚树. 上海港国际运输中心城市与交通流线设计[J]. 建筑技艺杂志,2009(5):74-81.
[12] 陈刚,杨宇,袁光明. 新成都站咽喉及疏解方案设计[J]. 铁道标准设计,2007(12):23-25.
[13] 朱小娟. 大型铁路客运站旅客流线布置研究[C]. 成都:西南交大硕士毕业论文,2008.
[14] 宁涛. 空间导向标识系统可用性研究[C]. 大连:大学海事大学硕士论文,2006.
[15] 李东屹,陈学武,王庆,等. 城市中心区地铁地跌车站导向设施设置的探讨-以南京市新街口地铁站为例[J]. 道路交通与安全,2007(7).
[16] 季剑锋,侯国祥,邹志云. 公路运输站场模型确定方法研究[J]. 公路与汽运,2006(10):23-25.
[17] 李玉民,李旭宏,毛海军,等. 物流园区规划建设模型确定方法[J]. 交通运输工程学报,2004,4(2):91-95.
[18] 罗开传,何少英. 江门汽车总站新站落成[J]. 广东交通,2007(12):33-34.
[19] 王国光,曾克明,朱雪梅. 江门长途汽车客运站设计研究[J]. 广东工业大学学报,2005(12).
[20] 铁道第四勘察设计院. 铁路工程技术手册——站场及枢纽[M]. 北京:中国铁路出版社,2004.
[21] 刘其斌,马桂贞. 铁路车站及枢纽[M]. 北京:中国铁路出版社,2004.
[22] 尹启泰,陈占芬. 铁路货运组织[M]. 成都:西南交通大学出版社,2007.
[23] 上海铁路南站工程建设指挥部. 上海南站交通枢纽工程建设[M]. 上海:同济大学出版社,

2007.

[24] 朱顺应，郭志勇. 城市轨道交通规划与管理[M]. 北京：人民交通出版社，2008.

[25] 深圳地铁有限公司. 深圳地铁一期工程建设与管理实践[M]. 北京：人民交通出版社，2007.

[26] 杨冰. 地铁建筑室内设计[M]. 北京：中国建筑工业，2006.

[27] 朱沛. 机场规划与运营管理[M]. 北京：兵器工业出版社，2005.

[28] 王小卫，吴万敏. 民用航空法概论[M]. 北京：航空工业出版社，2009.

[29] 洪德慧，江群. 航空运输地理[M]. 北京：国防工业出版社，2009.

[30] 王维. 机场净空管理[M]. 北京：国防工业出版社，2009.

[31] 谭惠卓. 航空运输地理教程[M]. 北京：中国民航出版社，2007.

[32] 钱炳华，张玉芬. 机场规划设计与环境保护[M]. 北京：中国建筑工业出版社，2004.

[33] 刘慧英，周勇. 空中交通管理系统导论[M]. 北京：国防工业出版社，2002.

[34] 赵建有. 道路交通运输系统工程[M]. 北京：人民交通出版社，2004.

[35] 王梦，张喜. 北京南站交通协调综合模糊评定分析[J]. 铁路计算机应用，2009.

[36] 刘其斌，马桂贞主编. 铁路车站与枢纽[M]. 2版. 北京：中国铁路出版社，2009.

[37] 杨少伟. 道路立体交叉规划与设计[M]. 北京：人民交通出版社，2002.

[38] 叶霞飞，顾保南. 城市轨道交通规划与设计[M]. 中国铁道出版社，2001.

[39] 中华人民共和国交通部. 汽车货运站（场）级别划分和建设要求[S]. 北京：人民交通出版社，1999.

[40] 文国玮. 公路运输站设计[M]. 西安：陕西科学技术出版社，1994.

[41] 刘得一. 民航概论[M]. 北京：中国民航出版社，2000.

[42] 章竟屋. 汽车客运站建筑设计[M]. 北京：中国建筑工业出版社，1997.

[43] 陆化普，等. 综合交通枢纽——基础理论与温州规划实践[M]. 北京：人民交通出版社，2001.

[44] 于汝民. 港口规划与建设[M]. 北京：人民交通出版社，2003.

[45] 叶红军. 港口法解析[M]. 北京：人民交通出版社，2003.

[46] 真虹. 港口管理学[M]. 上海：中国纺织大学出版社，2000.

[47] 姜帆. 城市大型客运交通枢纽规划理论与方法研究[D]. 北京：北方交通大学，2000.

[48] 韩凤春，刘冬. 交通工程学[M]. 北京：中国人民公安大学出版社，2002.

[49] 真虹. 港口管理[M]. 北京：人民交通出版社，2002.

[50] 邵振一，等. 道路运输组织学[M]. 北京：人民交通出版社，2003.

[51] 陈宜吉. 铁路运输组织[M]. 北京：中国铁路出版社，2001.

[52] 王耀斌，刘玉梅. 道路运输企业设计[M]. 北京：人民交通出版社，2004.

[53] 如宜红，等. 配送中心规划[M]. 北京：北方交通大学出版社，2002.

[54] 马桂珍. 铁路站场及枢纽[M]. 2版. 成都：西南交通大学出版社，2003.

[55] 铁道部第四勘察设计院. 站场及枢纽[M]. 北京：中国铁道出版社，2004.

[56] 陈宜吉. 铁路运输组织[M]. 3版. 北京：中国铁路出版社，2003.

[57] 王甦男. 旅客运输[M]. 2版. 北京：中国铁路出版社，2003.

[58] 前仲侯，杨爱芬. 铁路运营与经济指标[M]. 北京：中国铁路出版社，2003.

[59] 陈家源. 港口通过能力理论与计算方法[M]. 大连：大连海事大学出版社，2003.

[60] 中华人民共和国国家标准. 地下铁道设计规范[S]. 北京，中国计划出版社，2004.

[61] 张庆贺，朱合华，庄荣. 地铁与轻轨[M]. 北京人民交通出版社，2000.

[62] 张国宝. 城市轨道交通运输组织[M]. 北京：中国铁道出版社，2000.

[63] 刘凯. 现代物流技术基础[M]. 北京：清华大学出版社，北京交通大学出版社，2004.

[64] 张理，刘志萍. 物流运输管理[M]. 北京：清华大学出版社，北京交通大学出版社，2012.